Marion Müller
Einführung in die Interaktionssoziologie

Grundlagentexte Soziologie

Herausgegeben von
Nicole Burzan | Ullrich Bauer

Der Juventa Verlag hat eine lange Tradition in der Publikation sozialwissenschaftlicher Texte. Bereits in den 1960er Jahren wurden mit der Reihe „Grundfragen der Soziologie" (hrsg. von Dieter Claessens) programmatische Akzente gesetzt. Die Reihe hatte einen prägenden Einfluss auf die damals noch in den Anfängen stehende Disziplin Soziologie.

Die Reihe „Grundlagentexte Soziologie" knüpft an diese Tradition an. Die Soziologie hat sich seitdem in Deutschland als theoretisch und empirisch reichhaltiges wissenschaftliches Fach etabliert. Es fehlt ihr aber an Einführungstexten und Übersichtsbänden für den Lehrbetrieb in Universitäten, Fachhochschulen, Fachschulen und anderen Bildungseinrichtungen.

Dieser Herausforderung stellt sich die Reihe „Grundlagentexte Soziologie". Von fachlich gut ausgewiesenen Wissenschaftlerinnen und Wissenschaftlern werden Texte vorgelegt, die die wichtigsten theoretischen Ansätze des Faches, methodische Zugänge und gesellschaftswissenschaftliche Analysen präsentieren. Die Bände sind so zugeschnitten, dass sie sich als Basislektüre für Vorlesungen, Seminare und andere Lehrveranstaltungen mit einführendem Charakter eignen, dabei aber gleichzeitig auf der Höhe der aktuellen Entwicklung des Faches sind.

Marion Müller

Einführung in die Interaktionssoziologie

Die Autorin

Prof. Dr. Marion Müller, Jg. 1973, lehrt Soziologie an der Eberhard Karls Universität Tübingen. Ihre Arbeitsschwerpunkte sind Allgemeine Soziologie, Interaktionsforschung und die Soziologie der Personenkategorien (vor allem Geschlecht, Ethnizität und Behinderung).

Dieses Buch ist erhältlich als:
ISBN 978-3-7799-7104-7 Print
ISBN 978-3-7799-7105-4 E-Book (PDF)
ISBN 978-3-7799-8068-1 E-Book (ePub)

1. Auflage 2024

Illustrationen Julia Neller, Berlin
https://www.instagram.com/julia.neller/
https://de.linkedin.com/in/julia-neller
Herstellung: Ulrike Poppel
Satz: xerif, le-tex
Druck und Bindung: Beltz Grafische Betriebe, Bad Langensalza
Beltz Grafische Betriebe ist ein klimaneutrales Unternehmen (ID 15985–2104-100)
Printed in Germany

Weitere Informationen zu unseren Autor:innen und Titeln finden Sie unter: www.beltz.de

Für Leo

Inhalt

Abbildungsverzeichnis

Vorwort (für Lehrende)

Dieses Buch richtet sich primär an Studierende der Soziologie und möchte ihnen dabei helfen zu verstehen, was in sozialen Situationen passiert, wenn mindestens zwei Menschen gleichzeitig körperlich anwesend sind. Ich habe bewusst darauf verzichtet, die Bedeutungsnuancen des Interaktionsbegriffs innerhalb verschiedener Theorietraditionen zu beschreiben. Das wurde bereits häufig genug getan und verwirrt Anfänger:innen der Soziologie eher, als dass es ihnen hilft zu verstehen, was Interaktionssoziologie eigentlich ausmacht. Daher erscheint es mir sinnvoller, dieses Einführungsbuch auf der Basis eines facheinheitlichen Interaktionsbegriffs zu schreiben. Das ist sicherlich auch eine theoriepolitische Entscheidung, da sie darauf abzielt, den Interaktionsbegriff stärker in den Lehrplänen des universitären Soziologie-Studiums zu verankern und die Interaktionsforschung als eigenständige Bindestrich-Soziologie zu stärken.

Erstaunlicherweise ist nämlich die Interaktionssoziologie im Fach in den letzten Jahrzehnten etwas in Vergessenheit geraten. Es ist beinahe so wie in der Zeit vor Goffman und seinen Forderungen nach der Anerkennung von Interaktion als eigenem Forschungsgegenstand. Goffman wird zwar nach wie vor häufig gelesen, aber sein Verständnis von Interaktion als Kommunikation unter Anwesenden passt nicht mehr in eine Zeit, in der der Anteil von Video-vermittelter Kommunikation immer größer und selbstverständlicher wird. Aber anstatt einen bewährten Fachbegriff einfach fallenzulassen resp. durch verschiedene neue zu ersetzen, scheint es mir eher geboten, den herkömmlichen Interaktionsbegriff weiterzuentwickeln und gegebenenfalls zu präzisieren, sodass z. B. Unterschiede zwischen verschiedenen Anwesenheitsformen bei der Kommunikation erfasst und analysiert werden können. Nur so wird eine zusammenhängende systematisch aufeinander bezogene interaktionssoziologische Theoriebildung überhaupt möglich sein. Und genau das ist die Idee und das Ziel dieses Lehrbuchs.

Wie genau das Buch am besten eingesetzt wird, erläutere ich in der zweiten Einleitung, die sich primär an die studentischen Leser:innen (auch solche ohne Vorkenntnisse) richtet. Zuvor möchte ich allerdings noch einigen Menschen danken, ohne die dieses Buch vermutlich nicht zustande gekommen wäre: Das sind zunächst diejenigen, die mir bei der Suche nach anschaulichen Beispielen aus belletristischen Quellen geholfen haben, wie z. B. Bettina Heintz und Ingrid Hotz-Davies, die beide einfach unfassbar viele Bücher kennen (und sich auch noch an alle erinnern können!). Weiterer Dank gilt den zahlreichen Menschen (Mitarbeiter:innen, Kolleg:innen sowie Studierenden der Universitäten Tübingen und Bielefeld), die die einzelnen Kapitel geduldig gelesen und kommentiert haben. Dazu gehören u. a. Hannah Bennani, Regine Gildemeister, Stefan Kühl und Jörg Strübing – um hier zumindest einige zu nennen. Dank auch an Sophia Cramer und Sr. Sophia für die sorgfältige stilistische und formale Endredaktion.

Vorwort (für Studierende) und eine kleine Leseanleitung

Zwei verliebte Menschen, die sich tief in die Augen schauen, eine flüchtige Begegnung zwischen Fremden in einem engen Korridor, ein Spiel in der Fußball-Bundesliga und ein Passant, der sein Fahrrad durch die volle Fußgängerzone schiebt: Die Gemeinsamkeit all dieser sozialen Situationen besteht darin, dass sich Personen hier unmittelbar begegnen, d. h. sie sind gleichzeitig am selben Ort körperlich anwesend, nehmen sich wechselseitig wahr – wenn auch unterschiedlich intensiv – und reagieren in irgendeiner Art und Weise auf die Anwesenheit der anderen. Das sind die konstitutiven Merkmale einer besonderen Form von Sozialität, für die der soziologische Fachbegriff *soziale Interaktion* bzw. *Face-to-Face Interaktion* lautet. Er besagt, dass unter den Bedingungen der körperlichen Anwesenheit und wechselseitigen Wahrnehmung besondere Regeln für den Umgang miteinander gelten. Das ist die Ausgangsthese der Interaktionssoziologie, die sich mit der Erforschung eben dieser Regeln beschäftigt. Demnach macht es also einen Unterschied, ob Menschen sich direkt von Angesicht zu Angesicht begegnen oder nur vermittelt durch Schrift oder elektronische Geräte miteinander zu tun haben, wie z. B. in einem Brief oder einer E-Mail. So ist es z. B. viel einfacher auf eine E-Mail nicht zu reagieren, als eine Person zu ignorieren, die mich auf der Straße direkt anspricht oder grüßt. Die meisten Menschen werden den Gruß erwidern – und zwar unabhängig davon, ob sie die andere Person kennen oder nicht. Man kann gar nicht anders, sondern reagiert fast automatisch (auch wenn man sich danach vielleicht fragt, wer das eigentlich gerade war). Wie genau diese Art sozialer Alltagsmagie funktioniert und welche Regeln unter Anwesenden gelten, gehört zu den zentralen Fragestellungen der Interaktionsforschung und steht im Mittelpunkt dieses Einführungsbuchs.

Im Soziologiestudium spielt die Interaktionsforschung vor allem während der ersten Semester bzw. der soziologischen Grundausbildung eine wichtige Rolle. So werden Studierende häufig losgeschickt und sollen kleine alltägliche Begegnungen beschreiben und mit Konzepten der Interaktionstheorie analysieren. Das ist ein guter Einstieg in die Soziologie und lässt sich aufgrund der leichten Zugänglichkeit solcher kleinen Ereignisse leicht umsetzen. Die Studierenden fertigen Beschreibungen der beobachteten Situationen an, in denen sie sich von dem Geschehen distanzieren und statt eines Teilnehmenden die Perspektive soziologischer Beobachter:innen einnehmen. Auf diese Weise wird dann schnell klar, dass das, was sie sehen, gar nicht so selbstverständlich und unkompliziert ist, wie es auf den ersten Blick scheint. Man merkt z. B. schnell, dass die Kommunikation in vielen dieser Alltagsbegegnungen in Form bestimmter Paarsequenzen abläuft.

Ähnlich wie bei der Begrüßung auf den Gruß der Gegengruß folgt, so folgt auf das Stellen einer Frage („Wie geht's?") eine Antwort („Gut. Danke.") oder auf ein Angebot (Tür offenhalten) dessen Annahme (durchgehen und lächeln) oder aber Ablehnung („Nein danke, Sie zuerst!").

Auf den ersten Blick erscheinen diese kleinen wechselseitigen Rituale eher beiläufig und unwichtig, gleichzeitig merkt man schnell, dass sie nahezu omnipräsent sind und unser gesamtes Leben und unseren Alltag durchziehen. Außerdem üben sie einen gewissen Zwang auf uns aus, denn unter körperlich Anwesenden – und nur auf solche Situationen beziehen sich diese Überlegungen – ist es ziemlich schwierig und irgendwie unangenehm, nicht zurückzugrüßen, auf eine Frage nicht zu antworten oder auf eine offengehaltene Tür gar nicht zu reagieren. Die Leser:innen können das ja bei Gelegenheit mal versuchen und werden schnell merken, wie schwer das fällt und wie die anderen Menschen mit Irritation, wenn nicht sogar Ablehnung reagieren. Verweigert man diese ritualisierten Reaktionen über eine längere Zeit hinweg systematisch, gerät man schnell unter Verdacht, an einer Störung des Sozialverhaltens zu leiden, gilt als seltsam, wird gemieden oder sogar zum Arzt geschickt.

Bei der Auseinandersetzung mit diesen alltäglichen Interaktionsritualen fällt außerdem auf, dass viele der üblichen Methoden der empirischen Sozialforschung hier nicht funktionieren: So erscheint es wenig sinnvoll, die Interaktionsteilnehmer:innen danach zu fragen, was sie bei diesen Begegnungen denken, welche Absichten und Einstellungen sie haben und wie genau sie die Entscheidung treffen, einen Gruß zu erwidern. Weder kann man die Leute dazu interviewen (es ist zumindest nicht mit weiterführenden Antworten zu rechnen) noch scheinen Modellrechnungen bzgl. der Einflüsse auf ihre Handlungswahl hierbei zielführend zu sein. Stattdessen hat man beim Beobachten ihres Verhaltens den Eindruck, dass sie eher automatisch reagieren und manchmal selbst über ihre Reaktionen erstaunt sind. Die Anwesenheit anderer Menschen und das Bewusstsein, dass diese das eigene Verhalten wahrnehmen, scheinen einen gewissen Druck auszuüben, der eine Eigendynamik erzeugt. Entsprechend fokussiert die Interaktionssoziologie auch weniger den einzelnen Menschen, dessen Ziele und Absichten, als vielmehr die Verstrickungen zwischen anwesenden Personen. Goffman, der Gründervater der Interaktionssoziologie, hat es folgendermaßen formuliert:

„Ich setze voraus, daß der eigentliche Gegenstand der Interaktion nicht das Individuum und seine Psychologie ist, sondern eher die syntaktischen Beziehungen zwischen den Handlungen verschiedener gleichzeitig anwesender Personen. [...] Es geht hier also nicht um Menschen und ihre Situationen, sondern eher um Situationen und ihre Menschen." (Goffman 1973a: 8 f.)

Ein Leitfaden durch das Buch

Das vorliegende Einführungsbuch richtet sich vor allem an Anfänger:innen der Soziologie bzw. der Interaktionssoziologie, also Studierende in den ersten Fachsemestern. Zumindest die ersten beiden Kapitel setzen wenig Vorwissen voraus und die vorgestellten Begriffe und Zusammenhänge werden ausführlich erklärt. Da man dafür etwas mehr Seiten braucht, kann nur eine begrenzte Anzahl interaktionssoziologischer Konzepte vorgestellt werden, und an manchen Stellen werden bestimmte Anschlüsse aus Platzgründen nur angedeutet. Zusätzlich finden sich Vorschläge für eine vertiefende Lektüre. Fürs schnelle Nachschlagen gibt es ganz hinten im Buch ein Glossar mit wichtigen interaktionssoziologischen Fachbegriffen und Konzepten.

Dieses Buch basiert auf der Überzeugung, dass Begriffe in der Soziologie (wie in der Wissenschaft generell) eine wichtige Rolle spielen. Letztlich sind Begriffe die kleinsten Einheiten jeder wissenschaftlichen Analyse, daher sollten sie präzise, eindeutig und zweckmäßig sein (vgl. Opp 2014: 141 ff.). Das bedeutet, dass ihre Bedeutung klar und nicht missverständlich oder unscharf sein darf und ihre Verwendung einen analytischen Mehrwert bei der Untersuchung sozialer Wirklichkeit mit sich bringen muss, nur dann sind sie überhaupt brauchbar. Außerdem sollten sie an bereits bestehende andere soziologische Grundbegriffe anschlussfähig sein. Nur wenn diese Bedingungen erfüllt sind, lassen sich mithilfe von Begriffen auch klare theoretische Zusammenhänge formulieren. Das sind wichtige Voraussetzungen für das wissenschaftliche Arbeiten, aus denen sich schließlich auch der Aufbau dieses Buchs ergeben hat.

Zu Beginn steht eine (wirklich kurze) Geschichte des Interaktionsbegriffs und dessen Etablierung als soziologischem Grundbegriff. Das ist wichtig, um die zunehmende Präzisierung des Begriffs nachvollziehen zu können. Hier zeigt sich die Plastizität des Fachs und seiner Interessen (d. h. die Form- und Veränderbarkeit der soziologischen Fragestellungen), denn die Soziologie hat sich nicht immer für Sozialität unter Anwesenheitsbedingungen interessiert und der entsprechende Begriff wurde erst in den 1950er Jahren von Erving Goffman entwickelt. Gleichzeitig zeigt diese Darstellung aber auch, dass sich die Bedeutung solcher zentralen Fachbegriffe im Lauf der Zeit verändern kann. Zum anderen soll dieser historische Einstieg dabei helfen, theoriegeschichtliche Zusammenhänge in der Soziologie besser zu verstehen, also z. B. die Frage, an wessen Arbeiten Goffman eigentlich anschließt und warum ausgerechnet in dieser Zeit auf einmal direkte Begegnungen in den Fokus der Soziologie gelangen.

Im zweiten Kapitel werden die wichtigsten Grundannahmen und Konzepte der Interaktionssoziologie beschrieben und damit zahlreiche Instrumente und Heuristiken für die empirische Analyse sozialer Situationen geliefert. Es beginnt mit einer detaillierten Beschreibung der Besonderheiten unmittelbarer Begegnungen: Was genau passiert eigentlich aus einer soziologischen Perspektive, wenn mindestens zwei Personen körperlich anwesend sind? Zu welchen Problemen kann es kommen und wie lässt sich das beobachtbare Verhalten der Beteiligten erklären? Die Beschreibungen werden mit zahlreichen Beispielen illustriert. Hierbei handelt es sich sowohl um Analysen aus eigenen Forschungsprojekten, um die Vorstellung lesenswerter Ergebnisse von Kolleg:innen oder aber auch um passende Zitate aus der unterhaltenden, fiktionalen Literatur (Belletristik), also z. B. Romanen.

Im Zentrum des dritten Kapitels stehen die theoretischen und methodologischen Grundannahmen, die mit dem Interaktionsbegriff verbunden sind, die allerdings nur selten expliziert werden. Dieses Kapitel richtet sich nicht unbedingt an Anfänger:innen der Soziologie, sondern eher an Studierende höherer Semester. Ziel ist es, interaktionssoziologische Perspektiven in den größeren Zusammenhang soziologischer Theorien einzuordnen. Dazu wird zunächst der Interaktionsbegriff gegen andere Elementarbegriffe zur Erfassung von Sozialität abgegrenzt: Inwiefern unterscheiden sich Interaktionen von Handlungen, von Kommunikation oder sozialen Praktiken? Und in welchem Verhältnis stehen diese Begriffe zueinander? Anschließend werden die Grundannahmen der Interaktionstheorie vor dem Hintergrund verschiedener Typologien soziologischer Theorien beschrieben: der theoriehistorisch bedeutsamen Unterscheidung zwischen normativem und interpretativem Paradigma sowie der Differenzierung von Mikro- und Makrosoziologie. Für ein besseres Verständnis dieses teilweise sehr abstrakten Stoffs werden hier auch bildliche Darstellungen verwendet, die die Grafikerin Julia Neller in engem Austausch mit mir entwickelt hat.

Im vierten und letzten Kapitel werden schließlich zwei aktuelle Forschungsfelder der Interaktionstheorie vorgestellt sowie die damit verbundenen theoretischen Weiterentwicklungen in diesen Bereichen. Dieser Abschnitt richtet sich an Studierende, die die Grundlagen der Interaktionssoziologie bereits kennen und nun vielleicht auf der Suche nach einem passenden Thema für ihre Abschlussarbeit sind. Das sind zum einen Forschungsarbeiten zur Analyse technisch vermittelter Kommunikation (z. B. Videotelefonie) und der Frage, inwiefern sich diese noch mit dem klassischen Interaktionsbegriff erfassen lässt, und zum anderen Studien zu den Grenzen der Interaktion. Hier geht es u. a. um Begegnungen mit Menschen oder auch Tieren oder technischen Artefakten, in denen die von Goffman beschriebenen Interaktionsregeln nur bedingt anwendbar sind. Dieses Kapitel wurde gemeinsam mit meiner Mitarbeiterin Marie-Kristin Döbler verfasst.

Man kann dieses Buch von vorne bis hinten durchlesen, muss man aber nicht. Vor allem wenn man schon Vorkenntnisse hat und weiß, was eine soziale Interaktion ist bzw. worum es in der Interaktionssoziologie geht, ist es auch möglich, sich nur gezielt einzelne Konzepte, begriffliche Abgrenzungen oder Forschungsfelder anzuschauen – sozusagen nach Bedarf. Da die Beispiele und gelegentlich weiterführende Überlegungen in Form kleiner Exkurse typografisch abgesetzt sind, kann man diese bei der Lektüre auch überspringen, wenn man sie zum besseren

Verständnis nicht braucht. Wenn man noch keine Vorstellung von Interaktion hat (und für den historischen Abriss zu ungeduldig ist), sollte man vermutlich spätestens mit dem zweiten Kapitel in die Lektüre einsteigen. Auf die Lektüre der letzten beiden Kapitel kann man als Anfänger:in vielleicht noch verzichten und sie auf einen späteren Zeitpunkt im Studium verschieben. Und jetzt kann es losgehen.

1 Die Entdeckung der Interaktionsordnung

Interaktion gehört heute unbestritten zu den soziologischen Grundbegriffen und beschreibt verschiedene Formen des unmittelbaren Sozialkontakts unter mindestens zwei anwesenden Personen.[1] Das war jedoch nicht immer so und daher beginnt diese Einführung in die Interaktionssoziologie mit einer kurzen Begriffsgeschichte. Die historischen Hintergründe zu kennen, hilft nicht nur besser zu verstehen, was genau mit Interaktion gemeint ist, sondern fördert auch die Entwicklung eines soziologischen Bewusstseins, also der Fähigkeit, die Welt aus einer soziologischen Perspektive zu betrachten. Denn tatsächlich handelt es sich bei vielen Phänomenen, mit deren Analysen sich die Soziologie beschäftigt – und das gilt für die Interaktionssoziologie ganz besonders –, um Erfahrungen aus dem alltäglichen Leben. Daher ist es für Anfänger:innen der Soziologie wichtig zu lernen, sich von der gewohnten Sicht auf die Dinge zu distanzieren. Das wiederum macht es notwendig, soziologische Fachbegriffe und deren präzise Bedeutung kennenzulernen, die sich häufig deutlich von der alltagssprachlichen Verwendung unterscheidet. Um die Bedeutung sowie den analytischen Mehrwert eines Begriffs verstehen zu können, ist es hilfreich, sich mit der Herkunft dieses Begriffs und dem Ursprung des soziologischen Interesses daran zu beschäftigen. Bezogen auf den Interaktionsbegriff heißt das: Seit wann und warum hat die Soziologie irgendwann damit begonnen, sich mit direkten Begegnungen zwischen Menschen zu befassen? Was ist das Besondere daran? Seit wann gibt es einen Fachbegriff dafür und wer hat den erfunden?

1.1 Am Anfang stand die Wechselwirkung

In seiner alltagssprachlichen Verwendung hat der Interaktionsbegriff zunächst einmal keinen Bezug zu Sozialität. Vielmehr verweist er in seiner wörtlichen Bedeutung auf ein Geschehen bzw. eine Tätigkeit (*actio*), die sich zwischen (*inter*) verschiedenen Einheiten abspielt. Diese Einheiten müssen nicht notwendigerweise Menschen sein. So spricht man z. B. auch in der Medizin oder der Physik häufig von Interaktionen und bezieht sich damit auf die Wechselbeziehungen verschiedener Einheiten untereinander, wie z. B. zwischen Arzneimitteln oder Elementarteilchen. Im weitesten Sinne könnte man Interaktion also mit wechselseitiger Beeinflussung oder auch Wechselwirkung übersetzen.

---

1 Im Folgenden werden die Begriffe soziale Interaktion, unmittelbare/direkte Begegnung und soziale Situation weitgehend synonym verwendet.

In diesem sehr weiten Verständnis liegt auch der Beginn der Begriffsgeschichte von Interaktion in der Soziologie: So erklärte Georg Simmel (einer der Gründerväter der Soziologie, siehe Kasten) Anfang des 20. Jahrhunderts, dass Gesellschaft (er nannte das Vergesellschaftung) überall dort stattfindet, „wo mehrere Individuen in Wechselwirkung treten" (Simmel 1908a/1992: 17). Seiner Ansicht nach sollten eben diese Formen vergesellschaftender Wechselwirkungen den zentralen Untersuchungsgegenstand der neuen Wissenschaft der Soziologie bilden. Darin unterschied er sich von anderen Gründervätern der Soziologie, für die nicht diffuse Wechselwirkungen, sondern soziales Handeln (Max Weber) oder soziologische Tatbestände (Émile Durkheim) die kleinsten Einheiten von Sozialität und damit Hauptuntersuchungsgegenstände der Soziologie waren.

Simmel zufolge resultieren Wechselwirkungen daraus, dass „der Mensch in ein Zusammensein, ein Füreinander-, Miteinander-, Gegeneinander-Handeln, in eine Korrelation der Zustände mit anderen tritt, d. h. Wirkungen auf sie ausübt und Wirkungen von ihnen empfängt" (ebd.: 18). Das, was der eine erwartet, tut oder wahrnimmt, hat demnach Auswirkungen auf die Erwartungen, die Wahrnehmung und das Tun anderer. Wechselwirkungen verweisen also auf sehr verschiedene Formen sowie Aggregatzustände des Sozialen: von der flüchtigen Begegnung zwischen Fremden über kleine Gruppen wie Familien bis hin zu formalen Organisationen und Institutionen wie dem Staat. Der Begriff der Wechselwirkung umfasst Sozialität schlechthin und damit deutlich mehr als nur die unter Anwesenden stattfindenden Kontakte, die von Simmel nicht gesondert behandelt wurden. Bemerkenswert an Simmels Beschreibungen ist jedoch, dass er explizit auch kurze, unwichtig erscheinende Formen von Sozialität in seiner Arbeit berücksichtigt hat. Seiner Ansicht nach gehören soziale Mikro-Ereignisse ebenso zum Gegenstandsbereich der Soziologie wie größere, dauerhafte und gut sichtbare soziale Phänomene. Demnach gebe es „eine unermeßliche Zahl von kleineren, in den einzelnen Fällen geringfügig erscheinende[n] Beziehungsformen und Wechselwirkungsarten zwischen Menschen, die aber von diesen einzelnen Fällen in gar nicht abzuschätzender Masse dargeboten werden und […] doch erst die Gesellschaft, wie wir sie kennen, zustandebringen" (ebd.: 32). Demnach bilden diese ephemeren Wechselwirkungen die Grundlage und das Bindemittel der Gesellschaft und „knüpfen uns unaufhörlich zusammen" (ebd.: 33). Aufgrund dieser Überlegungen gilt Simmel auch heute noch als Gründervater der Mikrosoziologie[2] bzw. Wegbereiter der Interaktionstheorie.

2 Die Bezeichnung Mikrosoziologie wird bisweilen auch für handlungstheoretische Ansätze (vor allem für Spielarten der Theorie rationaler Wahl) verwendet. Im Unterschied zum hier verwendeten Verständnis von Mikrosoziologie werden in dieser Theorietradition soziale Phänomene durch die Reduktion auf die Handlungen Einzelner erklärt (vgl. Kap. 3.3.1).

Georg Simmel (1858–1918) – Begründer der Mikrosoziologie

Simmel gilt heute als „Klassiker der Soziologie" und als Begründer der (interaktionstheoretischen) Mikrosoziologie. Seinem Verständnis von Soziologie zufolge bildet *Vergesellschaftung* den zentralen Untersuchungsgegenstand. Darunter fasst er alle möglichen Arten und Formen von Wechselwirkungen, durch die Individuen aufeinander einwirken – und zwar auch flüchtige Begegnungen und kleine Ereignisse. Das Interesse daran spiegelt sich in den Überschriften seiner Arbeiten wider: „Soziologie der Mahlzeit", „Philosophie des Abenteuers" und „Exkurs über Treue und Dankbarkeit".

Simmels Idee einer Allgemeinen Soziologie wird auch als *Formale Soziologie* bezeichnet: Das bezieht sich auf die von ihm vorgenommene Trennung von Form und Inhalt der Wechselwirkungen. Während die Inhalte von Wechselwirkungen beliebig variieren können, bleiben die Formen seiner Ansicht nach historisch und kulturell stabil und lassen sich in praktisch allen Gesellschaften wiederfinden. Als Beispiele solch universeller Formen menschlichen Handelns und Zusammenlebens beschreibt Simmel z. B. den Streit, den Wettbewerb, die Figur des Fremden, die Dyade, die Triade sowie die Über- und Unterordnung. Auch wenn Simmel selbst weder den Begriff Interaktion verwendete noch das, was wir heute so nennen, bei ihm explizit beschrieben wurde, lässt sich das später von Goffman entwickelte Konzept der Interaktion als eine solche Form zwischenmenschlichen Zusammenlebens verstehen. Nicht zuletzt deshalb finden sich in Goffmans Texten zahlreiche Simmel-Zitate. Bis heute wird auch in aktuellen Arbeiten der Interaktionssoziologie sehr häufig eine Passage aus Simmels „Exkurs über die Soziologie der Sinne" zitiert. Darin beschreibt Simmel die herausragende Bedeutung der Augen für die wechselseitige Wahrnehmung in unmittelbaren Begegnungen:

„Unter den einzelnen Sinnesorganen ist das Auge auf eine völlig einzigartige soziologische Leistung angelegt: auf die Verknüpfung und Wechselwirkung der Individuen, die in dem gegenseitigen Sich-Anblicken liegt. Vielleicht ist dies die unmittelbarste und reinste Wechselbeziehung, die überhaupt besteht. [...] Die höchst lebendige Wechselwirkung aber, in die der Blick von Auge in Auge die Menschen verwebt, kristallisiert zu keinerlei objektivem Gebilde, die Einheit, die er zwischen ihnen stiftet, bleibt unmittelbar in das Geschehen, in die Funktion aufgelöst. [...] Die Enge dieser Beziehung wird durch die merkwürdige Tatsache getragen, daß der auf den Andern gerichtete, ihn wahrnehmende Blick selbst ausdrucksvoll ist, und zwar gerade durch die Art, wie man den Andern ansieht. In dem Blick, der den Andern in sich aufnimmt, offenbart man sich selbst; mit demselben Akt, in dem das Subjekt sein Objekt zu erkennen sucht, gibt es sich hier dem Objekt preis." (Simmel 1908a/1992: 723 f.)

Weiterführende Literatur:

Jung, Werner (2016): Georg Simmel zur Einführung. 2. vollständig überarbeitete Auflage. Hamburg: Junius.

Lautmann, Rüdiger/Wienold, Hanns (Hrsg.) (2018): Georg Simmel und das Leben in der Gegenwart. Wiesbaden: Springer VS.

Müller, Hans-Peter/Reitz, Tilman (2018): Simmel-Handbuch. Begriffe, Hauptwerke, Aktualität. Berlin: Suhrkamp.

Smith, Gregory W.H. (2022): Georg Simmel. In: Lenz, Karl/Hettlage, Robert (Hrsg.): Goffman-Handbuch. Leben – Werk – Wirkung. Berlin: J.B: Metzler, S. 89–96.

Tyrell, Hartmann/Rammstedt, Otthein/Meyer, Ingo (Hrsg.) (2011): Georg Simmels große „Soziologie": Eine kritische Sichtung nach hundert Jahren. Bielefeld: transcript.

Doch wie genau wurde aus dem doch recht weiten und unspezifischen Simmel'schen Begriff der Wechselwirkung schließlich Interaktion? Das passierte offenbar im Zuge der Rückübersetzung von Simmels Arbeiten ins Deutsche (vgl. Schoeck 1969: 176): So wurden bereits Anfang des 20. Jahrhunderts zahlreiche Texte Simmels von seinen Schülern ins Englische übersetzt. Darunter befanden sich auch Wissenschaftler der University of Chicago, die zeitweise bei Simmel in Deutschland studiert hatten (z. B. Robert Park) und die es später durch die Gründung der sog. Chicago School zu einiger Prominenz in der Soziologie bringen sollten (vgl. Bergmann 2011: 133). Sie übersetzten Simmels Wechselwirkung mit „interaction" und behielten zunächst noch die ursprüngliche, sehr allgemeine und breite Bedeutung des Begriffs bei. Im Lauf der Zeit verengte sich aber die Bedeutung immer weiter und wurde erst zu „social interaction" und schließlich zu „face-to-face interaction". In den 1960er Jahren kam Interaktion dann als Re-Import wieder nach Deutschland. Und auch wenn der Interaktionsbegriff in seiner heutigen Bedeutung kaum noch etwas mit Simmels Wechselwirkungen zu tun hat, bilden letztere den Ursprung dieser kleinen transatlantischen Begriffsgeschichte.

Erving Goffman – Der Gründervater der Interaktionssoziologie (1922–1982)

Goffman gilt als der eigentliche Begründer der Interaktionssoziologie. Zu Lebzeiten war er eine Art Superstar der Soziologie: Seine insgesamt elf Bücher wurden in viele Sprachen übersetzt und sind bis heute Bestseller – auch außerhalb der eigenen Disziplin. Sein erstes Buch „Wir alle spielen Theater. Die Selbstdarstellung im Alltag" („The presentation of self in everyday life") wurde 1959 veröffentlicht und gilt bis heute als eines der wichtigsten soziologischen Werke des 20. Jahrhunderts. Seine Bücher waren und sind u. a. deshalb so beliebt, weil sie witzig und leicht verständlich geschrieben sind und viele empirische Beispiele beinhalten. Im Zentrum seines Forschungsinteresses stand die Untersuchung direkter Interaktionen und der damit verbundenen Regeln unter den Bedingungen der körperlichen Kopräsenz von Menschen, der Interaktionsordnung (*interaction order*). Das war auch der Titel seiner letzten Publikation, einer Rede, die er 1981 als frisch gewählter Präsident des Berufsverbands der US-amerikanischen Soziolog:innen (*American Sociological Association*, ASA) halten wollte. Tatsächlich war er aber schon zu krank dazu und musste die Rede von jemand anderem vorlesen lassen. Die Reflektion über die merkwürdige Situation, die sich daraus ergab, machte er zum Bestandteil der Rede. Goffmans erklärtes Ziel war die Anerkennung von Interaktion als einem eigenständigen Untersuchungsgegenstand in der Soziologie. In diesem Sinne verstand er sich selbst als Interaktionssoziologe und widersetzte sich Zeit seines

Lebens allen Versuchen, seine Arbeiten in den bestehenden theoretischen Paradigmen der Soziologie zu verorten. So wird Goffman bisweilen dem Symbolischen Interaktionismus, der Ethnomethodologie, der Phänomenologie oder der Praxistheorie zugeordnet.

Typisch für Goffmans einzigartige Analysen von Interaktionen ist die Distanziertheit und Befremdung in seinen Beschreibungen menschlicher Begegnungen. Indem er die Ereignisse aus der Position eines Außenseiters beschreibt, verschiebt er die übliche Perspektive und stellt regelmäßig unsere Vorstellungen von Normalität in Frage: z. B., wenn er den Alltag als Theaterbühne begreift oder die Situation der Insassen einer psychiatrischen Klinik so beschreibt, dass man die Brüchigkeit sozialer Ordnung und die Anstrengung erkennt, die es kostet, sich ständig (situations-)angemessen zu verhalten. Zum anderen resultierte die Andersartigkeit seiner Sichtweise auch aus dem Einfluss ethologischer Forschungsarbeiten und seiner Adaption der dort verwendeten Techniken der Feldforschung und Detailbeobachtung tierischer Verhaltensmuster, die er in seinen Schriften auf sehr amüsante Art und Weise auf Menschen übertrug. Dazu gehören z. B. seine Beschreibungen menschlichen Markierungsverhaltens in Situationen, in denen wir unsere Territorien gegen das Eindringen anderer verteidigen und versuchen, entsprechende räumliche Besitzansprüche durch die Verteilung persönlicher Gegenstände geltend zu machen. Auf diese Weise gelang es Goffman, Interaktionssoziologie mindestens genauso unterhaltsam zu gestalten wie einen Zoobesuch.

Viele der von Goffman eingeführten Konzepte und Begriffe prägen auch heute noch die Interaktionssoziologie und werden daher in diesem Buch mehr oder weniger ausführlich vorgestellt, so z. B. die Unterscheidung zwischen zentrierten und nicht-zentrierten Interaktionen oder die höfliche Gleichgültigkeit. Wer sich ein genaueres Bild über die Person Goffmans machen möchte, kann sich im Internet die von Dmitri Shalin angelegten „Erving Goffman Archives“ ansehen, in denen man zahlreiche Zeitungsberichte, Interviews sowie Briefwechsel Goffmans mit Kolleg:innen, Bekannten etc. findet: http://cdclv.unlv.edu/ega/ (Abfrage: 30.05.2023).

Hier noch eine Liste der wichtigsten interaktionstheoretischen Publikationen Erving Goffmans (Originaltitel und deutsche Übersetzungen):

- 1959: The presentation of self in everyday life. New York: Doubleday Anchor.
- 1969: Wir alle spielen Theater. Die Selbstdarstellung im Alltag. München: Piper.
- 1961: Asylums. Essays on the social situation of mental patients and other inmates. New York: Doubleday Anchor.
- 1972: Asyle. Über die soziale Situation psychiatrischer Patienten und anderer Insassen. Frankfurt/M.: Suhrkamp.
- 1963: Behavior in public places. Notes on the social organization of gatherings. New York: Free Press.
- 1971: Verhalten in sozialen Situationen. Strukturen und Regeln der Interaktion im öffentlichen Raum. Gütersloh: Bertelsmann.
- 1967: Interaction ritual: essays on the face-to-face behavior. New York: Doubleday Anchor.
- 1971: Interaktionsrituale. Über Verhalten in direkter Kommunikation. Frankfurt/M.: Suhrkamp.
- 1971: Relation in public. Microstudies of the public order. New York: Basic Books.

- 1974: Das Individuum im öffentlichen Austausch. Mikrostudien zur öffentlichen Ordnung. Frankfurt/M.: Suhrkamp.
- 1977: The Arrangement between the sexes. In: Theory & Society 4 (3), S. 301–331.
- 1994: Das Arrangement der Geschlechter. In: Goffman, Erving: Interaktion und Geschlecht (hrsg. von Hubert Knoblauch). Frankfurt/M.: Campus, S. 105–158.
- 1983: The Interaction order. American Sociological Association, 1982 presidential address. In: American Sociological Review 48 (1), S. 1–17.
- 1994: Die Interaktionsordnung. In: Goffman, Erving: Interaktion und Geschlecht. Frankfurt/M.: Campus, S. 50–104.

Weiterführende Literatur:

Lenz, Karl/Hettlage, Robert (Hrsg.) (2022): Goffman-Handbuch. Leben – Werk – Wirkung. Berlin: J. B. Metzler.

1.2 Kleingruppenforschung und Interaktionssoziologie

Es gab also bereits in der ersten Hälfte des 20. Jahrhunderts in der US-amerikanischen Soziologie empirische Studien, die sich mit *interactions* beschäftigten. Zu dieser Zeit bezog sich der Begriff allerdings vor allem auf Dynamiken und Prozesse in kleinen Gruppen. Wenn in diesen Arbeiten die Rede von Interaktionen ist (so z. B. in Robert Bales' „Interaction Process Analysis" (1950) oder Eliot Chapples „Interaction Chronography" (1949)), dann sind damit soziale Beziehungen zwischen Individuen gemeint und nicht unmittelbare Begegnungen zwischen körperlich anwesenden Personen. Im Zentrum dieser sog. Kleingruppenforschung standen u. a. die Erforschung von Machtprozessen zwischen den Mitgliedern einer Gruppe, deren Strukturen, Leistungen, Bedingungen der Zusammenarbeit sowie Zufriedenheit in Gruppen etc.

Diese Arbeiten stammten nicht nur aus der Soziologie, sondern auch aus der Psychologie oder der Linguistik. Ihre Analysen differenzierten nicht zwischen Gruppenbeziehungen allgemein und dem Verhalten unter Anwesenheitsbedingungen. Die Feststellung, dass unmittelbare Begegnungen und Gruppen nicht identisch sind, verdanken wir Erving Goffman, dem eigentlichen Begründer der Interaktionssoziologie: Er wies darauf hin, dass direkte Sozialkontakte nicht immer nur in (Klein-)Gruppen stattfinden, sondern auch zwischen zufälligen, einander nicht bekannten Personen, z. B. Passant:innen auf der Straße. Im Gegensatz zu Face-to-Face Interaktionen bestehen Gruppen auch jenseits unmittelbarer Begegnungen weiter. Das Zusammentreffen ist also nur ein Moment innerhalb des Gruppenlebens, wie z. B. ein gemeinsames Abendessen mit der Familie, wobei letztere aber zweifellos weiter Bestand hat, auch wenn ihre Mitglieder nach dem Essen in ihren Zimmern verschwinden. Die Interaktion jedoch ist bei Verlassen des vorletzten Mitessers beendet. Gemeinsame Anwesenheit ist also kein konstitutives Merkmal von Gruppen, wohl aber von sozialen Interaktionen. Interaktionen sind anders als Gruppen wenig dauerhaft, sie können aber wiederholt werden. Und manchmal (aber nicht immer) entstehen aus solchen wiederholten Interaktionen Gruppen, so z. B. aus einem wöchentlich stattfindenden Seminar.

Soziale Gruppe

Hier haben wir es mit einem anderen soziologischen Grundbegriff zu tun. Wie so oft unterscheiden sich der sehr ungenaue alltagssprachliche Gebrauch und die wissenschaftliche Bedeutung des Begriffs deutlich voneinander. So verwenden wir die Bezeichnung Gruppe im Alltag sowohl für mehrere Personen, die einander gut kennen und sich regelmäßig treffen (z. B. eine Familie), als auch für eine willkürliche Menschenansammlung auf der Straße (das wäre eher ein Beispiel für eine Interaktion). Weitere alltagsweltlich Anwendungsfälle sind Personen mit gemeinsamen Merkmalen (das wäre aus soziologischer Perspektive eher eine Kategorie, wie z. B. Frauen, Männer oder Angehörige der Steuerklasse 1) und Menschen, denen kollektive Handlungsfähigkeit unterstellt wird (das wären imaginierte Kollektive, wie z. B. die Arbeiterklasse).

Die Bedeutung des Gruppenbegriffs in der Soziologie ist jedoch wesentlich präziser definiert und es gibt eindeutige Kriterien für die Bestimmung einer sozialen Gruppe (vgl. Neidhardt 1979): Demnach kann eine Ansammlung von Individuen nur dann als soziale Gruppe beschrieben werden, wenn es sich um *mindestens drei oder mehr Personen* handelt, deren Gesamtzahl jedoch dadurch begrenzt wird, dass *direkte Interaktion zwischen den Mitgliedern noch möglich* sein muss. Die Gruppe besteht aus einem fest beschreibbaren Kreis von Mitgliedern, die sich kennen und *diffuse Beziehungen* untereinander haben. Die Sozialbeziehungen zwischen ihnen sind also nicht auf spezifische Funktionsrollen eingrenzbar, sondern umfassen eine Vielzahl von Bezügen auf verschiedenen Ebenen. So können Kinder ihre Eltern nicht nur als Essenslieferant:innen und Geldgeber:innen adressieren, sondern sich auch von ihnen trösten lassen. Entsprechend sind die Angehörigen einer Gruppe auch nicht einfach austauschbar, wie bspw. die Mitglieder einer formalen Organisation. Darüber hinaus basieren Gruppen auf *dauerhaften* Formen von Sozialbeziehungen und im Unterschied zu sozialen Interaktionen bleiben sie auch nach dem Auseinandergehen der Mitglieder bestehen.

Bisweilen werden auch ein *Zusammengehörigkeitsgefühl* bzw. eine gemeinsame *Wir-Identität*, gemeinsame *Handlungsfähigkeit* sowie ein *gemeinsames Ziel* als konstitutive Merkmale von Gruppen genannt. Letztlich würde das jedoch die empirische Anwendbarkeit des Konzepts stark einschränken.

Weiterführende Literatur:

Kühl, Stefan (2021): Gruppe – Eine systemtheoretische Bestimmung. In: Kölner Zeitschrift für Soziologie und Sozialpsychologie 73, H. 1, S. 25–58.

Neidhardt, Friedhelm (1979): Das innere System sozialer Gruppen. In: Kölner Zeitschrift für Soziologie und Sozialpsychologie 31, H. 4, S. 639–660.

Tyrell, Hartmann (1983): Zwischen Interaktion und Organisation: Gruppe als Systemtyp. In: Neidhardt, Friedhelm (Hrsg.): Gruppensoziologie: Perspektiven und Materialien. Kölner Zeitschrift für Soziologie und Sozialpsychologie, Sonderheft 25. Opladen: Westdeutscher Verlag, S. 75–87.

Goffman begründete seine Forderung nach der Etablierung der Interaktionssoziologie als eigenständigem Forschungsbereich damit, dass sich bereits innerhalb flüchtiger Begegnungen unter Anwesenden elementare Formen sozialer Ordnung und Regelstrukturen nachweisen ließen und nicht erst in zeitlich stabilen Gruppenbeziehungen. Entsprechend finden sich in vielen frühen Arbeiten Goffmans mehr oder weniger elaborierte Abgrenzungen der Interaktionssoziologie von der Gruppenforschung und Überlegungen zu empirischen Kongruenzen und Unterschieden: Selbst wenn alle Mitglieder einer Gruppe anwesend seien, gehöre doch jedes von ihnen immer auch anderen Gruppen an, die jedoch niemals alle gleichzeitig anwesend sein könnten (vgl. z. B. Goffman 1973b: 9 ff.). Außerdem gebe es viele Versammlungen von Personen, die nicht zur selben Gruppe gehören, niemals ein Wort miteinander wechselten und trotzdem einheitliche Regeln des Umgangs miteinander befolgen würden, so z. B. während der Fahrt in einem Linienbus oder Zugabteil.

Dennoch hängen Gruppen und Interaktionen in der sozialen Wirklichkeit eng zusammen und sind bisweilen sogar aufeinander angewiesen: Auch wenn gleichzeitige Anwesenheit kein konstitutives Definitionsmerkmal sozialer Gruppen ist, ist zumindest das gelegentliche Zusammentreffen in Face-to-Face Interaktionen eine Grundbedingung für den Gruppenerhalt. Denn letztlich können diffuse Sozialbeziehungen – also solche, die sich auf ganze Personen richten[3] – nur in unmittelbaren Begegnungen aufgebaut und gepflegt werden (vgl. Neidhardt 1979: 645 f.).

Trotz dieser engen Zusammenhänge unterliegen Gruppen und Interaktionen unterschiedlichen Gesetzmäßigkeiten und bei der Analyse von Gruppenbegegnungen unter Anwesenden sollte das beobachtbare Verhalten entsprechend unterschiedlich zugerechnet werden. Man stelle sich z. B. die Mannschaftssitzung einer Fußballmannschaft vor. Dort werden gemeinsame Ziele besprochen, Trainingsstrategien und Taktiken für bevorstehende Spiele. Wer dabei in welcher Reihenfolge und wie lange sprechen darf, hängt vermutlich vor allem von der Gruppenstruktur und den Machtdynamiken innerhalb der Gruppe ab. Schließlich gibt es ja in einer Fußballmannschaft auch vorstrukturierte Rollenbeziehungen zwi-

3 Im Gegensatz dazu richten sich funktional spezifischen Beziehungen, wie z. B. in beruflichen Kontexten, nur auf klar bestimmbare Teile einer Person bzw. auf die von ihr ausgeübten Rollen (vgl. dazu Parsons 1957: 77). Diese Art Rollenbeziehungen ist in der Regel nicht so sehr auf Anwesenheit angewiesen und funktioniert auch, ohne dass die Beteiligten sich vorher schon begegnet sind.

schen den Mannschaftsmitgliedern. So wird vermutlich der Trainer die Sitzung eröffnen, er hat in der Regel auch die höheren Redeanteile, vergibt das Rederecht und trifft qua Rolle (und in diesem Fall auch Amt) letztlich auch die Entscheidungen (z. B. wer aufgestellt wird und wer nicht). Nach ihm ergreifen in der Mannschaftshierarchie hoch angesiedelte Spieler (z. B. besonders leistungsstarke Führungsspieler oder solche, die schon lange im Verein sind) das Wort, stellen Fragen, bestätigen die Ansicht des Trainers oder versuchen möglicherweise auch, dessen Anweisungen zu unterlaufen. All das lässt sich mit Verweis auf die Besonderheiten der Gruppe erklären.

Darüber hinaus gibt es aber in einer Mannschaftssitzung auch Verhalten, das den allgemeineren Regeln der Interaktion folgt, also mit der gleichzeitigen Kopräsenz mehrerer Personen zusammenhängt und nicht notwendigerweise auf Geschehnisse in Gruppen beschränkt ist. Dazu gehört z. B., dass verbale Kommunikation unter Anwesenden in Form von Zügen (*turns*) organisiert ist: Es kann immer nur einer nach dem anderen sprechen. Diese Sequenzialität ist eine Grundbedingung von Gesprächen und nicht nur eine Frage der Höflichkeit. Tatsächlich scheinen Menschen kognitiv gar nicht in der Lage zu sein, die gleichzeitigen Äußerungen mehrerer Personen zu verstehen oder während des eigenen Redens anderen zuzuhören (vgl. Kieserling 1999: 38 ff.). Das abwechselnde Sprechen bzw. der Sprecherwechsel funktioniert unter Anwesenden vor allem über wechselseitige Wahrnehmung und Augenkontakt.

Ein weiteres soziales Phänomen, das weitgehend unabhängig von Gruppenzugehörigkeiten funktioniert und stattdessen einzig und allein mit der gleichzeitigen Anwesenheit anderer zu tun hat, ist *Verlegenheit*.[4] Sie tritt in direkten Begegnungen auf und äußert sich als emotionale Reaktion der Situationsteilnehmer:innen auf eine unwillkürliche „Verletzung kultureller Standards und Erwartungen" (Dreitzel 1983: 150). Das Gefühl von Verlegenheit und die damit verbundene peinliche Situation entsteht z. B., wenn jemand kurzzeitig die Kontrolle über den eigenen Körper oder dessen Ausstattung verliert oder ein Defizit bzgl. erwarteter Interaktionskompetenzen erkennen lässt. Dadurch wird das Bild von sich selbst, das man in einer Begegnung abgeben wollte, diskreditiert (vgl. Goffman 1973g). Beispiele hierfür kennt vermutlich jede:r aus eigener Erfahrung: Das für alle gut hörbare Reißen einer Naht beim Aufstehen, der Rülpser bei Tisch, ein offener Hosenstall, ein Lachanfall oder eine falsche Geschlechtszuschreibung werden als peinlich wahrgenommen. So etwas kann nun auch während der Ansprache der Mannschaftssitzung der oben erwähnten Fußballmannschaft passieren. Man stelle sich vor, dass dem Trainer, während er gerade über die Faulheit der Außenstürmer schimpft, das Toupet verrutscht. Das ist dann für alle Beteiligten eine äußerst unangenehme Situation. Der Trainer hat das Gefühl, sich vor seinen

4 Die Begriffe Verlegenheit und Peinlichkeit werden im Folgenden synonym verwendet.

Spielern, die ja eigentlich Respekt vor ihm haben sollen, lächerlich gemacht zu haben, und die Spieler müssen versuchen, nicht zu lachen, da sie sonst alles nur noch schlimmer machen würden. Die hier von allen wahrgenommene Peinlichkeit hat aber nichts mit den besonderen Beziehungen innerhalb der Mannschaft zu tun, sondern könnte im Prinzip in jeder sozialen Situation entstehen. Entscheidend ist die gleichzeitige Anwesenheit mehrerer Personen, die sich wechselseitig wahrnehmen können und daher auch den Ausrutscher bemerken.

Ursprung der Verlegenheit ist also die Sorge um den Eindruck, den man auf die anderen Anwesenden macht, und die Erwartungen der anderen, die man damit enttäuscht zu haben glaubt. Interessanterweise fühlt sich aber nicht nur die Person, der das Missgeschick passiert ist, verlegen, sondern auch die anderen Anwesenden sind peinlich berührt und leiden mit. Verlegenheit ist sozusagen ansteckend! Entsprechend bemühen sich alle Beteiligten darum, die Situation wieder zu normalisieren, damit das unangenehme Gefühl der Verlegenheit verschwindet, alles wieder in geordneten Bahnen verläuft und die Interaktion fortgesetzt werden kann. Üblicherweise geschieht das vor allem dadurch, dass alle so tun, als wäre nichts passiert – obwohl allen sowohl bewusst ist, was geschehen ist als auch, dass es allen anderen ebenfalls bewusst ist. Man verhält sich also *taktvoll* und hilft damit anderen Personen, in einer peinlichen Situation *ihr Gesicht zu wahren*. Eine andere Möglichkeit Verlegenheit aufzulösen, sind Scherze oder kleine Frotzeleien, mit deren Hilfe es allen Beteiligten ermöglicht wird, das Geschehene abzumildern und dessen Ernsthaftigkeit in Frage zu stellen.

Verlegenheit ist deshalb für Soziolog:innen ein so interessantes Phänomen, weil es auf die Existenz bestimmter Regelstrukturen von unmittelbaren Begegnungen hinweist. Genau darauf bezieht sich Goffmans Interaktionsordnung. Unser aller Kenntnis dieses Gefühls belegt demzufolge unser gemeinsames Wissen über bestehende kulturelle und moralische Erwartungen, denen wir – zumindest in der Anwesenheit Anderer – versuchen, gerecht zu werden. Worin genau diese Erwartungen – und damit auch die Normalität von Interaktion – bestehen, lässt sich durch die Analyse peinlicher Situationen rekonstruieren. Sie zeigt, welchen Aufwand wir alle ständig betreiben, um die bestehende Ordnung aufrechtzuerhalten und Verlegenheit möglichst zu vermeiden.

Beispiel

Verlegenheit und peinliche Situationen

Eine anschauliche Beschreibung einer ausgesprochen unangenehmen Situation allgemeiner Verlegenheit findet sich in dem 1961 erschienenen Roman „Revolutionary Road" (dt. „Zeiten des Aufruhrs") von Richard Yates. Die Geschichte des Buchs spielt Mitte der 1950er Jahre in einer US-amerikanischen Vorstadt und handelt von den vergeblichen Versuchen des jungen Ehepaars April und Frank Wheeler, aus der Konformität und Oberflächlichkeit ihres Lebens auszubrechen. April ist Hausfrau und kümmert sich um die zwei Kinder, während Frank tagsüber in die Stadt pendelt und im Büro arbeitet. Beide glauben jedoch, sie seien eigentlich zu etwas Höherem berufen und träumen davon, ihren Alltag und die Enge der Vorstadt hinter sich zu lassen und nach Paris auszuwandern. Frank hält sich für einen Intellektuellen – wobei gar nicht so recht klar wird, was das eigentlich ist – und April wäre gerne eine berühmte Schauspielerin.

Das Buch beginnt mit der Beschreibung einer Theateraufführung der „Laurel Players", einer Laienschauspielgruppe, die von den Wheelers und anderen kulturell ambitionierten jungen Leuten aus der Gegend gegründet wurde. Die Aufführung findet in einer Schulaula statt und entwickelt sich zu einer großen Peinlichkeit für alle Beteiligten, obwohl es zunächst ganz vielversprechend beginnt. April Wheeler spielt die weibliche Hauptrolle in dem Stück und macht ihre Sache anfangs ganz gut. In der folgenden Passage beschreibt Yates, wie die Stimmung von Publikum und Darsteller:innen während der Premiere immer unsicherer und verlegener wird, bis die Situation schließlich für alle kaum noch zu ertragen ist:

„Ihr Name war April Wheeler, und bereits bei ihrem ersten Erscheinen auf der Bühne ging ein gerauntes ‚wunderschön' durch die Zuschauerreihen. Ein wenig später stupste man sich hoffnungsvoll an und flüsterte: ‚Sie ist wirklich gut'; einige, die zufällig wußten, daß sie keine zehn Jahre zuvor eine der führenden Schauspielschulen New Yorks besucht hatte, nickten in gebührendem Stolz. [...] Die übrigen Schauspieler, die hinter den Kulissen kauerten und zuhörten, bewunderten sie plötzlich. Oder zumindest waren sie bereit, sie zu bewundern – selbst diejenigen, die ihr bei den Proben gelegentlich ihre mangelnde Bescheidenheit übelgenommen hatten; auf einmal war sie ihre einzige Hoffnung.

Der Hauptdarsteller war am Morgen an Darmgrippe erkrankt. Mit hohem Fieber war er im Theater erschienen, hatte behauptet, er fühle sich gut genug, um zu spielen, hatte sich dann aber fünf Minuten vor der Vorstellung in seiner Garderobe erbrochen: dem Regisseur war nichts weiter übriggeblieben, als ihn nach Hause zu schicken und die Rolle selbst zu übernehmen. Alles geschah so rasch, daß niemand mehr auf den Gedanken kam, vor die Bühne zu treten und den Ersatzmann anzukündigen [...]. Der Regisseur gab sich alle erdenkliche Mühe und verlieh jeder Textzeile einen fast professionellen Schliff, doch es ließ sich nicht leugnen, daß er – gedrungen, nahezu kahlköpfig und schier blind ohne seine Brille, die er auf der Bühne nicht tragen wollte – vom Äußeren her für die Rolle des Alan Squier überhaupt nicht geeignet war. Bereits sein erster Auftritt hatte dafür gesorgt, daß die Mitspieler einander ins Wort fielen und vergaßen, wo sie zu stehen hatten, und nun, im ersten Akt, mitten in seinem bedeutenden Monolog über die Nutzlosigkeit seines Daseins [...] stieß er beim Gestikulieren mit der Hand ein Glas Wasser um, dessen Inhalt sich über den Tisch ergoß. Er versuchte die Sache mit einem Kichern und einer Reihe improvisierter Zeilen zu überspielen – *‚Seht ihr? So nutzlos bin ich. Dann will ich mal aufwischen helfen.'* –, doch der Rest der Textstelle war ruiniert. Der Virus des Scheiterns, der die ganzen Wochen über geschlummert hatte, war nun schlagartig aktiv geworden und hatte sich von dem hilflos sich erbrechenden Mann aus verbreitet, bis alle Mitspieler infiziert waren – außer April Wheeler. [...]

Sie war nun ganz auf sich allein gestellt und wurde mit jeder Textzeile sichtlich schwächer. Vor dem Ende des ersten Akts merkten nicht nur die Players, sondern auch die Zuschauer, daß sie ihre Rolle nicht mehr im Griff hatte, und bald waren alle peinlich berührt. Mittlerweile bewegte sie sich abwechselnd zwischen unechten Bühnengebärden und furchtsamer Reglosigkeit; sie zog verkrampft die Schultern ein, und trotz der dicken Schminke war zu erkennen, daß ihr die Schamröte in Hals und Gesicht stieg. [...]

In der Pause ging das Publikum grüppchenweise nach draußen; man rauchte, spazierte unbehaglich durch den High-School-Flur, studierte die Anschlagtafel und rieb sich die feuchten Hände an den schmalgeschnittenen Hosen und eleganten Baumwollhemden ab. Niemand wollte zurück in den Saal und den zweiten und letzten Akt über sich ergehen lassen, aber dann taten sie es doch alle. Auch die Players kamen wieder, und ihr einziger Gedanke, klar wie der Schweiß auf ihren Gesichtern, bestand inzwischen darin, dieses wahrhafte Trauerspiel so rasch wie möglich hinter sich zu bringen. Die Aufführung schien sich stundenlang hinzuziehen, eine grausame, endlose Geduldsprobe; April Wheelers Darbietung war so schlecht wie die der anderen, wenn nicht sogar noch schlechter. [...] Das Fallen des Vorhangs war ein wahrer Gnadenakt.

Der gedämpfte Applaus wurde bewußt so lange ausgedehnt, daß es zwei Vorhänge gab; beim einen waren die Players gerade auf dem Weg in die Seitenkulissen und stießen, als sie kehrtmachten, miteinander zusammen, der andere erwischte die drei Hauptdarsteller in einem flüchtigen Tableau menschlicher Trostlosigkeit [...].

Kurz darauf gingen die Lichter an, und niemand im Publikum wußte, wie er sich verhalten oder was er sagen sollte. Mrs. Helen Givings, die Immobilienmaklerin, ließ mit unsicherer Stimme immer wieder ein ‚*sehr* hübsch' vernehmen, doch die meisten Zuschauer blieben stumm und steif und fingerten, als sie aufstanden und in die Gänge zwischen den Reihen traten, nach ihren Zigarettenpäckchen. [...] Dann gingen die Lichter aus [...]. Nun sah man nur noch die Gesichter der Zuschauer, die durch die Gänge und Hauptausgänge hinausstrebten. Beflissen und mit großen Augen bewegten sie sich paarweise voran, als wäre ein ruhiger und geordneter Abgang von dieser Stätte auf einmal ihr einziges Lebensziel, ja, als würden sie überhaupt erst wieder zu leben beginnen, wenn sie draußen wären [...]." (Yates 2008: 15 ff.)

Voraussetzung für die Entstehung von Peinlichkeit in dieser Situation der Theateraufführung ist zuallererst die Anwesenheit des Publikums: Denn die Verlegenheit entsteht nicht einfach durch die Inkompetenz der Laienschauspieler:innen, sondern vor allem dadurch, dass das Publikum dieses Unvermögen mitansehen muss. Die Peinlichkeit und das damit verbundene unangenehme Gefühl betrifft sowohl die Verursacher:innen (in diesem Fall die Schauspieler:innen) als auch die Zuschauer:innen: Während jedoch die Schauspieler:innen fürchten, durch ihren verpatzten Auftritt einen Gesichtsverlust und damit eine Schädigung ihres gesellschaftlichen Ansehens zu erleiden, versucht das Publikum, sie eben davor zu beschützen. So vermeiden taktvolle Menschen es üblicherweise, andere Menschen in eine peinliche Situation zu bringen bzw. ihnen dabei zuzusehen, wie sie das selbst tun. Aus Rücksichtnahme (Goffman: *referential avoidance*) und Taktgefühl bleiben die unangenehm berührten Zuschauer:innen dann aber auch noch nach der Pause im Theater und tun so, als handelte es sich um eine ganz normale Theateraufführung (man klatscht sogar). Sie schauen bis zum bitteren Ende zu, um die Darsteller:innen, die ja ihre Nachbar:innen, Bekannte und/oder Kund:innen sind, nicht noch weiter zu demütigen. Auch den Schauspieler:innen ist bewusst, wie sehr sie sich gerade blamieren. Anders als in vielen Alltagssituationen lässt sich ein Theaterstück jedoch kaum vorzeitig beenden, ohne dass es einer besonderen Erklärung bedürfte, mit der sie vermutlich ihre Blamage und Inkompetenz öffentlich eingestehen müssten. So bleibt Publikum und Darsteller:innen nichts anderes übrig, als die Sache zusammen durchzustehen, und es ist für alle schließlich eine Erleichterung, als sie am Ende des Stücks die Situation verlassen und die Interaktion beenden können.

Der Vollständigkeit halber sei hier noch kurz der Unterschied zur Scham erwähnt: Peinlichkeit bzw. Verlegenheit sind situationsbezogene Emotionen und hängen unmittelbar mit der Wahrnehmung des Wahrgenommen-Werdens zusammen (vgl. Lenz 2016: 94). Verlässt man jedoch die Situation, hört auch die Verlegenheit auf. Im Gegensatz dazu ist die Scham ein stärker auf die Person bezogenes Gefühl und kann auch allein gefühlt werden ohne Anwesenheit anderer. Ausgangspunkt von Scham können zwar peinliche Situationen sein, das Gefühl von Unzulänglichkeit und Fehlerhaftigkeit des eigenen Selbst setzt sich jedoch auch über die Grenze einzelner Begegnungen hinaus fort. Eine gute Beschreibung hierfür findet sich in dem 2008 erschienenen Roman „Der Turm" von Uwe Tellkamp.[5] Der folgende Ausschnitt fokussiert das Erleben eines der drei Protagonisten des Buchs, Christian Hoffmann, ein 17jähriger Schüler, der in den 1980er Jahren in der DDR aufwächst.

„Er mochte große Feiern nicht, wie die heute abend, zum fünfzigsten Geburtstag seines Vaters, aller Voraussicht nach eine sein würde, und war lieber allein als in großer Gesellschaft. Er war keineswegs menschenscheu. Die Abneigung gegen Gesellschaft hing mit seinem Äußeren zusammen. Wenn es etwas gab, wofür Christian sich schämte, so war es sein Gesicht, gerade das, wohin Menschen eben immer sahen, wenn sie einen ansahen. Sein eigentlich anziehendes und ausdrucksvolles Gesicht war von Pubertätspickeln übersät, und er empfand gräßliche Scham bei dem Gedanken an all die Augenpaare, die ihn forschend, vielleicht auch spöttisch oder angeekelt anstarren würden. Gerade vor diesem Ausdruck des Ekels fürchtete er sich, das kannte er zur Genüge. Jemand drehte sich um, sah ihn an, konnte seine Bestürzung oder sogar Abscheu nicht verbergen und zeigte die Empfindung für den Bruchteil einer Sekunde ganz nackt. Dann bekam er sich in die Gewalt, bedachte, daß es Christian wohl verletzen müsse, wenn er ihn so erschrocken angaffte, und griff sich schnell ein anderes, ein möglichst unbeteiligt wirkendes Gesicht aus dem Vorrat an Gesichtern heraus, den die meisten Menschen benutzten, wenn sie anderen Menschen begegneten, die sie nicht näher kannten. Aber gerade dieses unbeteiligt wirkende Gesicht war es, was Christian um so mehr verletzte, denn es war für ihn erst das Eingeständnis, seine, Christians, Entstellung bemerkt zu haben und sie nun durch Nichtbeachtung zu übergehen. Christian empfand das meist so stark, daß er innerlich vor Abscheu über sein unreines Gesicht brannte." (Tellkamp 2008: 39)

In der vorliegenden Szene ist Christian mit seiner Scham allein. Das Gefühl wird bereits ausgelöst durch den bloßen Gedanken an direkte Begegnungen mit anderen Menschen und deren Wahrnehmung seiner Person. Besonders eindrücklich sind hier die detaillierten Beschreibungen der von ihm antizipierten Reaktionen der anderen auf seinen Anblick (die er als Ekel deutet) sowie ihre Versuche das vor ihm zu verstecken, was er jedoch zu durchschauen glaubt.

Sighard Neckel (1991: 109) bringt den Unterschied zwischen Scham und Peinlichkeit folgendermaßen auf den Punkt: „Scham wird hervorgerufen, wenn ein Akteur vermutet, dass andere im Einklang mit seiner eigenen Wertung das eigene Selbst irgendwie defizitär betrachten, während Peinlichkeit durch die Wahrnehmung entsteht, dass andere die Präsentation dieses Selbst als unzureichend halten."

---

5 Für den Hinweis auf diese Szene danke ich Wolf-Peter Stiftel.

(Weiterführende) Literatur:

Döring, Julia (2015): Peinlichkeit. Formen und Funktionen eines kommunikativ konstruierten Phänomens. Bielefeld: transcript.

Goffman, Erving (1973): Verlegenheit und soziale Organisation. In: Ders.: Interaktionsrituale. Über Verhalten in direkter Kommunikation. Frankfurt/M.: Suhrkamp, S. 106–123.

Tellkamp, Uwe (2008): Der Turm. Frankfurt/M.: Suhrkamp.

Yates, Richard (2008): Zeiten des Aufruhrs. Übersetzung von Hans Wolf. München: dtv.

1.3 Anwesenheit und der Zwang zur Selbstdarstellung

In der Abgrenzung zu anderen bestehenden Theorietraditionen und Forschungsarbeiten (wie z. B. der Kleingruppenforschung, aber auch der normativen Handlungstheorie von Talcott Parsons) behauptet Goffman also, dass die gleichzeitige Anwesenheit der Akteure von Relevanz sei für deren Handeln. Wie aber begründet er das? Warum sollte es einen Unterschied machen, ob Individuen, wenn sie aufeinander bezogen handeln, das unter der Bedingung körperlicher Kopräsenz tun oder in Abwesenheit?

Zur Erinnerung hier noch einmal die bis dahin in der Soziologie verwendeten zentralen Grundbegriffe: *Émile Durkheim* erklärte *soziale Tatbestände* (*fait social*) zum Hauptuntersuchungsgegenstand der Soziologie, also gesellschaftlich vorgegebene Normen und Arten des Handelns, denen sich der Einzelne zu fügen hat. *Max Weber* fokussierte *soziales Handeln* und die sich daraus entwickelnden *sozialen Beziehungen* als kleinsten Bestandteil gesellschaftlicher Prozesse. Damit bezog er sich auf an anderen Menschen orientiertes Handeln bzw. im Fall der Beziehung auf ein „gegenseitig [aufeinander] eingestelltes und dadurch orientiertes Sichverhalten mehrerer“ (Weber 1921/1980: 13). *George Herbert Mead* beschäftigte sich mit *Kommunikation*, deren Sinn aber nicht mehr im Bewusstsein des Einzelnen gesucht werden sollte, sondern in beobachtbaren Gesten und Äußerungen. Mit seiner Theorie des Sozialbehaviorismus erklärte er, dass menschliche Handlungsfähigkeit und Selbstbewusstsein überhaupt erst entstehen können durch die sozialen Begegnungen mit anderen Menschen, deren Sichtweise (auch auf sich selbst) im Prozess der Sozialisation internalisiert werden. *Alfred Schütz*[6] bearbeitete vor allem das *Intersubjektivitätsproblem*, also die Frage, wie wir uns überhaupt mit anderen Personen verständigen können und der Eindruck entsteht, dass wir einander sogar verstehen, obwohl Sinn nur im jeweiligen Einzelbewusstsein hergestellt werden kann. Und *Talcott Parsons* voluntaristische Handlungstheorie schließlich unterstellt, dass die Handlungsziele von Akteuren durch bestehende Normen und

6 Etwas genauere Angaben über Schütz' Perspektive auf Face-to-Face Interaktionen finden sich im Kasten auf S. 91.

Werte eingeschränkt werden. Keine der genannten Konzepte und Fragen berücksichtigte in irgendeiner Form die Überlegung, ob die beteiligten Akteure dabei gleichzeitig körperlich anwesend sein müssen oder nicht, bzw. ob das irgendeinen Unterschied machen würde.

Demgegenüber geht die Interaktionsforschung davon aus, dass sich unter der Bedingung körperlicher Kopräsenz eine spezifische Art von Sozialität herausbildet. Goffman begründet diese Behauptung mit der Annahme, dass sich ausgehend von der gleichzeitigen Anwesenheit eine Art sozialer Zwang der beteiligten Personen zur Selbstinszenierung entfaltet. Diese Grundannahme formuliert er in seinem ersten und wohl bekanntesten Buch „Wir alle spielen Theater" (*The Presentation of Self in Everyday Life*). Und weil diese Überlegungen so wichtig sind, hier die ersten Sätze daraus:

> „Wenn ein Einzelner mit anderen zusammentrifft, versuchen diese gewöhnlich, Informationen über ihn zu erhalten oder Informationen, die sie bereits besitzen, ins Spiel zu bringen. [...] Informationen über den Einzelnen tragen dazu bei, die Situation zu definieren, so daß die anderen im voraus ermitteln, was er von ihnen erwarten wird und was sie von ihm erwarten können. Durch diese Informationen wissen die anderen, wie sie sich verhalten müssen, um beim Einzelnen die gewünschte Reaktion hervorzurufen." (Goffman1983a: 5)

Weil man also körperlich anwesend ist und die anderen einen ansehen, hören und vielleicht sogar riechen können, geben alle Beteiligten Informationen über sich preis – und zwar ob sie wollen oder nicht. Mithilfe dieser Informationen lassen sich Rückschlüsse darüber ziehen, was man voneinander zu erwarten hat, und es ist einfacher, zu einer (gemeinsamen) Definition der Situation zu kommen. Sieht man z. B. eine bärtige, vielleicht auch etwas schmutzige Person in abgetragener Kleidung vor dem Eingang zum Trierer Dom knien, die einem mit leidendem Gesichtsausdruck eine Schale mit ein paar Geldstücken entgegenstreckt und leise vor sich hin jammert, geht man davon aus, dass es sich um eine Person handelt, die ein Almosen erwartet. Und dabei spielt es zunächst einmal keine Rolle, ob man tatsächlich an die Bedürftigkeit dieser Person glaubt oder die sog. Bettelmafia dahinter vermutet. Es bedeutet auch nicht, dass man dieser Erwartung nun entsprechen muss (in diesem Fall also Geld gibt), man kann die Person auch ignorieren, ihr etwas zu essen kaufen oder ihr einen Job anbieten. Es geht lediglich darum, aufgrund der beobachtbaren Merkmale einer Person und ihres Verhaltens, Vermutungen über sie und auch ihre Erwartungen an andere anzustellen. Man ist sich bewusst, dass der andere gleichzeitig ebenfalls aufgrund seiner Beobachtung des Aussehens und Verhaltens Erwartungen entwickelt, z. B. mit welchen Worten er Passant:innen am besten dazu bringen kann, etwas zu geben. So vermutet er vielleicht, dass sich Frauen mittleren Alters durch die Erwähnung hungernder Kinder besonders gut motivieren lassen. Die eigenen Erwartungen bzgl. dieses Verhaltens sind dann wiederum ausschlaggebend für das weitere Benehmen, z. B., wenn man der Erwartung, Almosen zu geben, nicht entsprechen möchte und bereits beim Näherkommen jeden Blickkontakt mit der bettelnden Person vermeidet und alle Aufforderungen zu einem Austausch verweigert (diese komplizierten Verstrickungen wechselseitiger Erwartungen werden gleich noch ausführlicher erläutert!).

Entscheidend für Goffmans Argumentation ist also, dass jede der als anwesend wahrgenommenen (und sich dieser Wahrnehmung bewussten) Personen aufgrund ihrer gleichzeitigen körperlichen Kopräsenz zwangsläufig einen (wie auch immer gearteten) Eindruck bei den anderen erzeugt. Selbst wenn man nichts sagt, sich nicht bewegt und auch sonst versucht, die eigene Anwesenheit zu minimieren, machen sich die anderen ein Bild von einem: Sie sehen die Kleidung, darunter zumindest die grobe Körperform (Größe, Breite etc.), die Gesichtszüge, Gesichtsausdruck, Körperhaltung, Frisur, in wessen Begleitung man unterwegs ist usw. Und diese Informationen können die Beobachter:innen nun interpretieren, sie laden zu allen möglichen Annahmen und Unterstellungen ein, die zutreffen können, aber nicht müssen.

Da man also sowieso einen Eindruck sowie die damit verknüpften Erwartungen erzeugt, ob man will oder nicht und das den Beteiligten auch mehr oder weniger bewusst ist, geht Goffman davon aus, dass die Akteure unter Anwesenheitsbedingungen versuchen, diese Selbstdarstellung für andere so verständlich wie möglich zu gestalten – man könnte auch sagen: sich selbst zu inszenieren. Wenn man nämlich nicht falsch – bzw. anders als beabsichtigt – verstanden werden will, dann wird man versuchen, die über den eigenen Körper und dessen Bewegungen ablesbaren Informationen so gut es geht zu kontrollieren. Unter Anwesenheitsbedingungen setzen die beteiligten Personen also bestimmte Techniken der Eindrucksmanipulation (*impression management*) ein, um einen wie auch immer gewünschten Eindruck bei den anderen Anwesenden zu erzeugen. Das kann die Inszenierung als bedürftiger Bettler, aber eben auch als fleißige Studentin, engagierter Vater oder toughe Geschäftsfrau sein, die man im Alltag regelmäßig praktiziert. Ziel ist in der Regel die Erzeugung eines bestimmten Selbstbildes (*image*) mit sozial anerkannten Eigenschaften in den Augen der anderen, durch das auch das damit verbundene Verhalten der Interaktionspartner:innen beeinflusst werden soll. Zur Beschreibung dieser Art von Darstellungszwang unter Anwesenheitsbedingungen verwendete Goffman die Theatermetapher und betonte damit vor allem die Darstellungsarbeit der Beteiligten an ihrem Auftritt (*face work*).

„Wenn ein Einzelner mit anderen zusammenkommt, will er die tatsächliche Situation entdecken. Im Besitz der Kenntnis der Situation könnte er wissen, was geschehen wird, und sich darauf einstellen [...]. Um den tatsächlichen Charakter der Situation vollständig zu enthüllen, müßte der Einzelne alle relevanten gesellschaftlichen Daten über die anderen wissen. [..] [V]ollständige Informationen solcher Art sind nur selten zugänglich; in ihrer Abwesenheit stützt sich der Einzelne gern auf Ersatzinformationen – Hinweise, Andeutungen, ausdrucksvolle Gesten, Statussymbole usw. – als Mittel der Vorhersage. Kurz, da die Realität, mit der es der Einzelne zu tun hat, im Augenblick nicht offensichtlich ist, muß er sich stattdessen auf den Anschein verlassen [...].

Es ist immer möglich, den Eindruck zu manipulieren, den der Beobachter als Ersatz für die Realität verwendet, weil ein Zeichen für die Existenz eines Dings, das nicht selbst dies Ding ist, in dessen Abwesenheit benützt werden kann. Die Tatsache, daß es für den Beobachter notwendig ist, sich auf die Darstellungen von Dingen zu verlassen, schafft die Möglichkeit der falschen Darstellung." (Goffman 1983a: 228 f.)

Bei der Eindrucksmanipulation geht es aber keineswegs nur um die ganz großen, sozusagen bühnenreifen Verwandlungen, sondern letztlich auch um die Kleinigkeiten des Alltagslebens, von denen große Teile in der Anwesenheit und unter Beobachtung anderer stattfinden. Der Vergleich mit dem Theater und die Umschreibung von Interaktionen als *dramatische Inszenierungen* darf nicht dahingehend missverstanden werden, dass es sich hierbei um übertriebene oder sogar falsche bzw. unaufrichtige Darstellungsformen handelte. Im Gegenteil: So dürfen die Arbeit und Anstrengung, die wir für unsere Darstellungen im Alltag sowie zur Aufrechterhaltung unserer Fassade und unseres Images aufbringen müssen, nicht erkennbar sein, da wir sonst als unglaubwürdig gelten würden. Es geht viel eher um eine „Inszenierung von Unabsichtlichkeit" (Hahn 2002); alles soll möglichst selbstverständlich und natürlich – oder mit anderen Worten: authentisch – wirken.[7] Diese Art der Darstellung ist ja nur deshalb notwendig, da das Innenleben von Personen für andere immer unzugänglich bleibt. Deshalb sind wir letztlich auf wechselseitige Unterstellungen und Interpretation unseres Aussehens und Verhaltens angewiesen. Man weiß nicht, was das Gegenüber denkt und handelt nur auf der Basis bestimmter Annahmen darüber.

„Kitchen Stories" oder: Wie die bloße Anwesenheit eines anderen Menschen eine Situation verändert

Ein anschauliches Beispiel dafür, dass sich die Anwesenheit eines anderen Menschen nicht leugnen lässt und sich unmittelbar auf das eigene Verhalten auswirkt, liefert der norwegische Film „Kitchen Stories" aus dem Jahr 2003. Der Film spielt in den 1950er Jahren und

7 Ein Anspruch, den moderne Gesellschaften in ähnlicher Form auch an den menschlichen Körper und dessen Formen stellen: So sollen Körper in erster Linie natürlich aussehen und all die in sie investierte Zeit und Anstrengung (z. B. für Sport oder Diäten), aber auch das Geld und die ertragenen Schmerzen (z. B. für ästhetische chirurgische Eingriffe) für ungeschulte Beobachter:innen möglichst nicht erkennbar sein.

handelt von der Feldstudie eines schwedischen Marktforschungsinstituts über die Küchen-Gewohnheiten alleinstehender Männer in Norwegen. Indem die Verhaltensweisen und Laufwege in der Küche beobachtet werden, soll die Anordnung der Haushaltsgeräte in der Single-Küche optimiert werden. Um das zu erforschen, reisen schwedische Marktforscher, ausgestattet mit Wohnwagen und Hochsitzen, nach Norwegen und kampieren im tiefsten skandinavischen Winter vor den Türen ausgewählter Junggesellen. In den Küchen ihrer Gastgeber stellen die Forscher ca. zwei Meter hohe Hochsitze auf, von denen aus sie deren Laufwege beobachten und protokollieren. Dabei ist es Forschern und Untersuchungsobjekten jedoch strengstens verboten, miteinander zu sprechen oder sonst erkennbar aufeinander zu reagieren. Der Gastgeber soll den Mann, der da in der Ecke seiner Küche sitzt und ihn beobachtet, ignorieren und auch der Forscher darf keine Fragen stellen oder sich zum Geschehen verhalten, da man Angst hat, ansonsten die Forschungsergebnisse zu verfälschen.

Dass das nicht funktionieren kann, ist Interaktionssoziolog:innen sofort klar. Man kann sich aber auch vorstellen, dass es zu vielen absurden Situationen kommt. Der Forscher übernachtet draußen in seinem Wohnmobil und betritt irgendwann am Morgen ohne anzuklopfen oder zu grüßen die Küche und nimmt seine Position auf dem Hochstuhl ein. Dabei findet natürlich Blickkontakt zwischen beiden Anwesenden statt. Dennoch soll der Gastgeber so tun, als sei er allein und seiner Frühstücksroutine nachgehen. Diese wechselseitige Ignoranz dauerhaft aufrechtzuerhalten, ist für beide Beteiligten ausgesprochen anstrengend und so häufen sich im Handlungsverlauf die Meldungen, dass Forscher gegen ihre Auflagen verstoßen und z. B. verbotenerweise mit ihren Gastgebern getrunken haben.

Etwas anders gelagert ist zunächst die Situation im Haus von Isak, einem sehr zurückgezogen lebenden Junggesellen, der es seinem Beobachter (Folke) sehr schwer macht, überhaupt irgendwelche Daten zu erheben. Zunächst will Isak Folke gar nicht ins Haus lassen. Seine Teilnahmebereitschaft an dieser Studie basierte nämlich auf einem Missverständnis: Er dachte, man bekäme ein Pferd dafür und ist enttäuscht, als es nur ein kleines rotes Holzpferd ist. Nachdem er Folke nach einigen Tagen schließlich doch seinen Stuhl in der Küche aufbauen lässt, boykottiert er dessen Beobachtungen: Er bereitet kein Essen mehr in der Küche zu, sondern kocht auf einem Campingkocher im Schlafzimmer, er macht das Licht in der Küche aus, damit Folke nicht mehr mitschreiben kann und hängt Wäsche auf Leinen quer durch die Küche, sodass er nicht gesehen werden kann. Wie unangenehm ihm das Beobachtet-Werden ist, zeigt vor allem eine Szene, in der Isak am Küchentisch sitzt und genüsslich eine Tafel Schokolade isst. Beim Kauen schaut er Folke an, dem beim Anblick der Schokolade offenbar das Wasser im Mund zusammenläuft. Um diesem gierigen Blick zu entkommen, schaltet Isak wieder das Licht aus. Diesmal ist Folke jedoch vorbereitet, schnallt sich eine Stirnlampe um und blendet Isak mit dem Licht, der daraufhin den Raum verlässt. Schließlich dreht Isak den Spieß um und bohrt heimlich nachts ein Loch in die Decke über dem Hochsitz von Folke, durch das er dann den Beobachter beobachten kann – zumindest in dessen Beobachtungspausen.

Man merkt jedoch, dass das Ignorieren für beide immer schwieriger wird, bis eines Tages Folke Isak dabei beobachtet, wie der sich am Küchentisch sitzend eine Pfeife stopfen will, aber keinen Tabak mehr hat. Daraufhin wirft er ihm wortlos ein Päckchen Tabak zu. Kurz darauf, als Isak sich einen Kaffee macht und den sehnsüchtigen Blick Folkes sieht, fallen die letzten Hemmungen, und Isak bricht das Schweigen: „Komm da runter und trink 'nen Schluck Kaffee!" Damit ist das Eis gebrochen und ab diesem Zeitpunkt ist es beiden offenbar nicht mehr möglich, einander weiter zu ignorieren. Sie unterhalten sich, und es entwickelt sich eine echte Freundschaft daraus.

Der Film berührt ein bekanntes Problem der Qualitativen Sozialforschung: In der Methodenliteratur wurde lange Zeit zwischen teilnehmenden und nicht-teilnehmenden Beobachtungen differenziert. Da Nicht-Teilnehmen an einer Situation unter Anwesenden für Forscher:innen praktisch nicht möglich ist, kann es bei dieser Unterscheidung also lediglich um die Frage gehen, ob wissenschaftliche Beobachter:innen ihre Rolle offenlegen oder aber – sozusagen verdeckt – beobachten, z. B. indem sie vorgeben, eine feldspezifische Rolle zu übernehmen.

Kitchen Stories 2003, norwegischer Film des Regisseurs Bent Hamer, 95 Min.

Nach all diesen Vorüberlegungen folgt nun eine erste Definition von Interaktion, die jedoch nicht von Erving Goffman, sondern von Niklas Luhmann stammt. Dieser hat sich in seinen frühen Arbeiten intensiv mit Goffmans Konzepten auseinandergesetzt und viele von dessen Begriffen präzisiert. Interaktion kommt demzufolge dann zustande, „wenn Personen einander begegnen, das heißt wahrnehmen, daß sie einander wahrnehmen und dadurch genötigt sind, ihr Handeln in Rücksicht aufeinander zu wählen" (Luhmann 1979: 237).

Ausgehend von dieser Begriffsbestimmung werden im zweiten Kapitel die besonderen Eigenschaften direkter Begegnungen sowie verschiedene Konzepte der Interaktionsforschung zu ihrer Erfassung erläutert. Bevor es jedoch darum geht, was genau unter den Bedingungen von Anwesenheit passiert und wie die erwähnte Zwangsläufigkeit von Selbstdarstellungen ausgelöst wird, soll zunächst noch ein letzter historischer Baustein auf dem Weg zur Interaktionssoziologie erwähnt werden: die Rollentheorie.

1.4 Rollentheorie: „Theater, Theater – der Vorhang geht auf!"[8]

Die Theaterbühne mit der realen Welt zu vergleichen – wie das auch in dem zitierten Schlager von Katja Ebstein gemacht wird –, war auch zu Goffmans Zeit keineswegs neu oder besonders innovativ. Das war auch Goffman selbst bewusst: So weist er am Ende von „Wir alle spielen Theater" selbst noch einmal daraufhin, wie abgegriffen dieser Vergleich eigentlich sei, denn anders als auf der Bühne hätten unsere Darstellungen im Alltagsleben durchaus reale Konsequenzen (vgl. Goffman 1983a: 232 f.). Dennoch würden beide Arten von Inszenierungen auf den „gleichen Techniken" basieren (ebd.: 233): „Natürlich ist nicht die ganze Welt eine Bühne, aber die entscheidenden Punkte, in denen sie es nicht ist, sind nicht leicht

8 Für alle, die dieses Zitat nicht erkannt haben: Das ist der Refrain eines deutschen Schlagers von Katja Ebstein aus dem Jahr 1980.

zu finden.“ (ebd.: 67) Dieses der Theaterwelt entlehnte Begriffssystem wird auch heute noch im Rahmen interaktionssoziologischer Arbeiten gelegentlich verwendet, daher soll es im Folgenden kurz vorgestellt werden. Der Grund warum es an dieser Stelle des Buches, also als Teil der historischen Entwicklung der Interaktionssoziologie präsentiert wird, ist vor allem, dass Terminologie und Argumentation noch sehr im rollentheoretischen Denken der 1950er Jahre verhaftet sind.

Vom „role taking" zum „role making"[9]

Die Theater-Metapher ist auch der Ausgangspunkt der Rollentheorie. Diese gibt es in zwei Spielarten: Die ältere Fassung, die sog. *strukturfunktionalistische* Rollentheorie steht in der Tradition des sog. normativen Paradigmas, und die spätere Rollentheorie, die als Kritik an ersterer formuliert wurde, ist Bestandteil des sog. *interpretativen* Paradigmas.[10]

Die *normativistische Fassung der Rollentheorie* geht davon aus, dass die Gesellschaft (genau wie ein Theaterstück) fortbesteht, und die einzelnen Menschen dabei mehr oder weniger austauschbar sind. Sie nehmen bestimmte Plätze in der Gesellschaft ein, oder genauer: soziale Positionen. Das sind Knotenpunkte in einem Beziehungsnetz, wie z. B. als Ehefrau, Mutter, Professorin, Bridgespielerin und Freizeittänzerin. Die Person, die diese Positionen innehat, pflegt demnach Beziehungen zu ihrem Ehemann, ihren Kindern, ihren Kolleg:innen, ihren Student:innen, ihren Mitspieler:innen beim Bridge und den Personen, mit denen sie tanzt. Mit diesen Positionen sind also immer auch Rollen verbunden. Unter sozialen Rollen versteht man „Bündel von Erwartungen, die sich in einer gegebenen Gesellschaft an das Verhalten der Träger von Positionen knüpfen" (Dahrendorf 1967: 144). Es geht also um bestimmte Verhaltensweisen, die von einer Person in einer bestimmten Position erwartet werden. Diese normativen Erwartungen werden dann in sog. Muss-, Soll- und Kann-Erwartungen untergliedert, je nach dem Grad ihrer Verbindlichkeit (vgl. ebd.: 39).

Das klingt alles nach Zwang und Fremdbestimmung und ist ziemlich weit entfernt von unseren heutigen Vorstellungen von Individualität und freiem Willen. Das liegt u. a. daran, dass damals in der Soziologie ein anderes Modellverständnis des Menschen vorherrschte: Der Mensch wurde als *homo sociologicus* konzeptualisiert, also als Normenbefolger. Individuelles Verhalten wurde jedoch nicht nur mit Verweis auf normative Zwänge erklärt, denn tatsächlich *wollten* sich die meisten Menschen ja genauso verhalten, wie die Gesellschaft es von ihnen erwarte. Der Theorie zufolge werden die richtigen und gesellschaftlich legitimen Normen im Verlauf der Sozialisation erlernt und internalisiert, sodass deren spätere Umsetzung keinerlei Druck mehr von außen bedarf. Bei der rückblickenden Auseinandersetzung mit der Geschichte der soziologischen Theorie wird deutlich, wie eng manchmal gesellschaftliche Wirklichkeit mit dominanten Theoriemodellen zusammenhängt: So darf

---

9 Diese Unterscheidung wurde von Ralph Turner (1962) eingeführt.

10 Dem *normativen Paradigma* werden soziologische Theorien zugerechnet, in denen Handeln (auch in sozialen Rollen) vor allem durch den Verweis auf bestehende Werte und Normen erklärt wird. Im Gegensatz dazu betonen Theorieansätze des *interpretativen Paradigmas* die Teilnehmerleistungen der Akteure bei der Deutung von Normen und der Ausgestaltung von Rollen (vgl. dazu genauer Kap. 3.2).

man vermuten, dass die Lebenswirklichkeit der 1940er bis 1950er Jahre viele rollentheoretische Annahmen bestätigte und damit alltägliche Evidenz und Plausibilität für die klassische Rollentheorie (wie vermutlich auch für den Strukturfunktionalismus allgemein) lieferte. Die bekanntesten Vertreter dieser Version der Rollentheorie, in der Rollen von ihren jeweiligen Träger:innen einfach nur noch ausgeführt werden mussten (*role taking*), waren Ralph Linton, Talcott Parsons und Ralf Dahrendorf.

Doch im Lauf der Zeit änderte sich nicht nur die gesellschaftliche Wirklichkeit, sondern mit ihr auch das soziologische Menschenbild: Der Mensch wurde nicht mehr nur als normgesteuert konzeptualisiert, sondern auch als Person mit individuellen Bedürfnissen und Interessen sowie einer einzigartigen Identität, die er in der Begegnung mit anderen gestalten und behaupten müsse. Außerdem wurde bei der empirischen Anwendung der Rollentheorie zunehmend klar, dass die rollentheoretischen Grundannahmen problematisch waren (vgl. Merton 1957): Wie sollte ein:e Rollenträger:in sich z. B. verhalten, wenn verschiedene Bezugsgruppen unterschiedliche Erwartungen an sie/ihn haben? Solche *Intra-Rollenkonflikte* sind keine Seltenheit: So erwarten beispielsweise Professor:innen von ihren Studierenden, dass sie interessiert sind, aufmerksam zuhören und für ihr freiwillig gewähltes Studienfach brennen, während Kommiliton:innen von ihnen erwarten, dass sie sich in den Kursen nicht zu strebsam verhalten, um das Leistungsniveau nicht unnötig anzuheben und sich lieber außeruniversitär im abendlichen Partyleben engagieren. Außerdem gibt es sog. *Inter-Rollenkonflikte*, die widersprüchliche Erwartungen an den/die Träger:in verschiedener Rollen beschreiben: so z. B. ein Deutsch-Lehrer, der auch AfD-Parteimitglied ist und bei der Interpretation literarischer Werke die parteipolitischen Moralvorstellungen als Leistungsstandard zugrunde legt. Und dann gibt es auch noch sog. *Person-Rolle-Konflikte*, bei denen die mit einer Rolle verbundenen Erwartungen im Widerspruch zu den persönlichen Bedürfnissen eines Menschen stehen. Für eine schüchterne, wenig selbstbewusste Person mit wenig Durchsetzungskraft kann es z. B. ziemlich unangenehm und belastend sein, eine Vorgesetzten-Rolle einzunehmen, in der Untergebenen Anweisungen gegeben und dauernd Entscheidungen getroffen und kommuniziert werden müssen.

Da es in modernen und zunehmend ausdifferenzierten Gesellschaften immer mehr Rollen und damit auch (widersprüchliche) Erwartungen gibt, darf man annehmen, dass auch die Anzahl der Rollen-Konflikte ansteigt. Es genügt dann nicht mehr die Vorstellung eines *role-taking* – also eines bloß exekutierenden Akteurs –, sondern es bedarf einer komplexeren situativen Ausgestaltung der verschiedenen (eventuell konfligierenden) Rollen durch entsprechende kreative Akteurskompetenzen bzw. eines *role-making*. Tatsächlich scheint es fast immer Abweichungen zwischen der typischen Rolle bzw. den mit ihr verbundenen normativen Erwartungen und dem tatsächlichen Rollenverhalten einer Person zu geben (vgl. Goffman 1973c: 104). Letzteres hängt davon ab, wer die Rolle innehat, welche anderen Rollen er/sie noch hat sowie der jeweiligen Tagesform, den besonderen Anforderungen der Situation usw. usf. Zu den Leitvorstellungen dieses interpretativen Paradigmas gehört also ein „findiger Akteur" (Schimank 2000: 64), der diese situativ unterschiedlichen Herausforderungen bewältigen kann.

Auch Goffmans Beiträge zur Rollentheorie (bzw. dem *Rollenspiel*) lassen sich diesem Paradigma zurechnen. Dazu gehören z. B. seine Überlegungen zur *Rollendistanz* (vgl. Goffman 1973c). Damit beschreibt er das nicht selten zu beobachtende Phänomen, dass Personen eine ihnen zugewiesene Rolle zwar übernehmen, gleichzeitig aber signalisieren, dass sie nicht vollständig von dieser Rolle erfasst sind bzw. nicht in ihr aufgehen, sondern ihr mit einer gewissen ablehnenden Gleichgültigkeit gegenüberstehen. Als Beispiel beschreibt Goffman die Reaktion eines Untergebenen, der die ihm gegebenen Befehle zwar ausführt, gleichzeitig aber auch zum Ausdruck bringt, „daß er nicht völlig vor der Arbeitsanordnung kapituliert, in der er sich befindet. Mürrisches Wesen, Brummen, Ironie, Scherzen, Sarkasmus können es einem Menschen möglich machen zu zeigen, daß ein Teil des eigenen Selbst außerhalb der Zwänge des Augenblicks und außerhalb der Rolle liegt, unter deren Zuständigkeit sich dieser Augenblick ereignet" (ebd.: 129).

Weiterführende Literatur:

Dahrendorf, Ralf (1967): Homo Sociologicus. Versuch zur Geschichte, Bedeutung und Kritik der Kategorie der sozialen Rolle. In: Ders.: Pfade aus Utopia: Arbeiten zur Theorie und Methode der Soziologie. München: Piper, S. 128–194.

Goffman, Erving (1973c): Rollendistanz. In: Ders.: Interaktion: Spaß am Spiel. Rollendistanz. München: Piper, S. 93–170.

Merton, Robert K. (1957): The role-set. Problems in sociological theory. In: The British Journal of Sociology 8, H. 2, S. 106–120.

Da die der Theaterwelt entlehnten Begriffe bis heute in der Interaktionssoziologie häufig verwendet werden, sollen einige von ihnen im Folgenden kurz vorgestellt werden. Der bereits erwähnte Ausgangspunkt der Goffmanschen Überlegungen ist die Annahme, dass Menschen unter Anwesenheitsbedingungen immer Informationen über sich preisgeben und dadurch unweigerlich einen Eindruck (*impression*) bei anderen erzeugen. Da dieser Eindruck entsteht, ob die Beteiligten das wollen oder nicht, versuchen sie, ihn so gut wie möglich dahingehend zu manipulieren, dass er für sie vorteilhaft ausfällt (*Techniken der Eindrucksmanipulation* bzw. *impression management*). Das tun sie mit Hilfe von *Darstellungen* (*performances*), d. h. ihrem Verhalten in einer Situation, mit dem sie versuchen, die anderen Teilnehmer:innen bzw. das *Publikum* zu beeinflussen (vgl. Goffman 1983a: 18). Damit erzeugen sie ein *Image* (*face*) von sich, ein Selbstbild, das die anderen übernehmen sollen und dem sich ein/e Darsteller:in dann auch verpflichtet fühlt (vgl. Goffman 1973d: 10 f.). Übernimmt ein/e Darsteller:in also eine Rolle und verhält sich entsprechend, fordert er/sie damit die anderen dazu auf, den erzeugten Eindruck auch ernst zu nehmen und zu schützen. Droht einem der Interaktionsteilnehmer:innen ein Gesichtsverlust, also eine Beschädigung des Images, kommen verschiedene Reparaturtechniken zum Einsatz. Diese *Techniken der Imagepflege* (*facework*) können sowohl von der Person selbst initiiert werden, deren Image gefährdet ist, als auch von demjenigen, durch dessen Verhalten die Bedrohung ausgelöst wurde, oder aber durch andere anwesende Personen, die das unangenehme Gefühl der Verlegenheit vermeiden möchten.

Eine wichtige Rolle bei der Erzeugung und Manipulation von Eindrücken spielt die *Fassade* (*front*): Damit meint Goffman (1983a: 23 ff.) die relativ standardisierten Teile der Darstellung einer Person, wie das Bühnenbild inkl. Requisiten, also die selbst gestalteten Räume, Orte und Gegenstände, in und mit denen wir regelmäßig vor anderen auftreten, wie z. B. unsere Wohnung, unser Büro oder auch das eigene Auto. Außerdem geht es um die *persönliche Fassade*, womit u. a. Kleidung, Frisur, Körperhaltung, die Art zu sprechen und sich zu bewegen gemeint sind (vgl. ebd.: 25).

Da jede:r prinzipiell mehrere Rollen innehat, verfügt jede:r Darsteller:in auch über ein breites Repertoire unterschiedlicher Darstellungen und Requisiten für seine verschiedenen Rollen. Üblicherweise werden verschiedene Rollen auch vor unterschiedlichen Publika gespielt, sodass diejenigen, die jemanden in der Rolle als Ehefrau oder -mann sehen, nicht die gleichen sind, die die gleiche Person in ihrer Rolle als Chef:in eines mittelständischen Unternehmens erleben. Goffman (1983a: 126) nennt diese Technik der Eindrucksmanipulation *Zuschauersegregation*. Kommt es zu Vermischungen der verschiedenen Publika, ist das für den/die Darsteller:in sehr unangenehm und kann ihn seine Glaubwürdigkeit kosten. Das passiert z. B., wenn ein Teil der Belegschaft zufällig durch eine aus Versehen offen gelassene Tür mitbekommt, wie der Chef von seiner Frau zusammengefaltet wird. Auf diese Weise wird der von ihm in der Firma erzeugte Eindruck eines rücksichtslosen Tyrannen, vor dem alle Angst haben, vermutlich nachhaltig gestört. Die Belegschaft tuschelt und kichert danach vielleicht immer offener über ihn und nimmt ihn nicht mehr als Respekt einflößenden Chef, sondern als Pantoffelheld wahr. Entsteht also ein unerwünschter Eindruck bzw. stimmen die eigenen Darstellungen nicht mit dem gewünschten Eindruck überein, erfährt der/die betreffende Darsteller:in einen Gesichtsverlust, d. h. eine Demütigung und verliert an Glaubwürdigkeit. Um eben das zu vermeiden, greifen die Darsteller:innen auf verschiedene Techniken der Eindrucksmanipulation (*impression management*) zurück, die von Goffman ausführlich beschrieben werden.

Dazu gehört z. B. die Unterscheidung zwischen einer *Vorder- und* einer *Hinterbühne* (vgl. Goffman 1983a: 104): Während die Fassade Teil der Vorderbühne ist, werden die auf der Vorderbühne erzeugten Eindrücke auf der Hinterbühne – teilweise sogar ganz bewusst – widerlegt. Hier üben die Darsteller:innen ihre Rollen ein und perfektionieren oder korrigieren ihre persönliche Fassade. Anders als auf der Vorderbühne können sie hier auch ganz aus der Rolle fallen, sich entspannen und ihre Maske zumindest kurzzeitig ablegen. Entscheidend dafür ist, dass das Publikum keinen Zugang zur Hinterbühne hat. Zur Illustration verweist Goffman auf eine Beschreibung weiblichen Hinterbühnenverhaltens von Simone de Beauvoir:

„Was solchen Beziehungen zwischen Frauen Wert verleiht, ist die Aufrichtigkeit, die in ihnen herrscht. Vor dem Mann stellt die Frau immer etwas vor. Sie lügt, wenn sie so tut, als finde sie sich mit sich selbst als dem unwesentlichen anderen ab. Sie lügt, wenn sie ihm in Gebärden, Toiletten, berechneten Worten eine imaginäre Persönlichkeit hinstellt. Diese Komödie verlangt ein ständiges Gespanntsein. Vor ihrem Gatten, ihrem Liebhaber denkt jede Frau mehr oder weniger: ‚Ich bin nicht ich selbst'. Die Welt des Mannes ist hart, sie hat schneidende Schärfen, die Stimmen klingen in ihr zu laut, die Lichter sind zu grell, die Berührungen zu rau. Bei anderen Frauen ist die Frau hinter der Szene. Sie poliert ihre Waffen, sie kämpft nicht. Sie stellt ihre Toilette zusammen, überlegt sich ihre Schminke, plant ihre Taktik; sie zieht die Zeit in die Länge, die sie im Morgenmantel und Pantoffeln in den Kulissen verbringt, bevor sie die Bühne betritt. Sie liebt diese laue, wohlige, entspannte Atmosphäre. [...] Manchen Frauen ist dieses Sichgehenlassen, diese warme Intimität wertvoller als der pomphafte Ernst ihrer Beziehung zu den Männern." (de Beauvoir 1987: 522 f.)

Vor dem Hintergrund der mittlerweile selbstverständlichen Forderungen nach Gleichstellung der Geschlechter und der zunehmenden Verbreitung von Unisex-Toiletten klingen diese Beschreibungen etwas überholt. Gleichzeitig führen sie noch einmal vor Augen, wie groß die Geschlechterdifferenz in den 1940er Jahren im Vergleich zu heute noch war und wie sie für die Beteiligten durch die parallele Organisation des alltäglichen Lebens und die Institutionalisierung von Rückzugsräumen für Frauen erträglicher gemacht wurde. Dazu gehört z. B. auch die Institution geschlechtssegregierter Toiletten, mit deren Bedeutung für die Inszenierung der Geschlechterdifferenz sich Goffman an anderer Stelle ausführlich beschäftigt hat (vgl. Goffman 1994a: 132 ff., siehe Kasten).

Will man die Unterscheidung von Vorder- und Hinterbühne in empirischen Analysen verwenden, muss man sich zunächst entscheiden, welche Darstellung der Bezugspunkt der Untersuchung sein soll. In dem eben genannten Beispiel von Simone de Beauvoir sind das die Begegnungen zwischen Frauen und Männern. Aus dieser Perspektive wird die geschlechtergetrennte Toilette zur Hinterbühne. Interessiert man sich jedoch für Verhalten in geschlechtshomogenen Interaktionen und die kleinen Konkurrenzinszenierungen zwischen Frauen, wird die Toilette zur Vorderbühne und die dort beobachtbaren abschätzenden Blicke und als gute Ratschläge getarnten Spitzen bilden den Bezugspunkt der Analyse.

Vorder- und Hinterbühnen finden sich aber praktisch überall, z. B. auch im (Profi-)Fußball. Wählt man als Bezugspunkt die Austragung eines Spiels, wird der Fußballplatz zur Vorderbühne (vgl. Müller 2009: 167 f.). Umkleidekabine, Hotelzimmer und Reisebus der Mannschaft bilden die Hinterbühnen zu dieser Darstellung, wobei der Zugang zu diesen Bereichen üblicherweise streng reglementiert ist. Hier werden Requisiten wie Tapes und Verbände, Unterhosen, Strümpfe und Handschuhe versteckt, man überprüft sein Aussehen im Spiegel, und es werden letzte gemeinsame Motivationsrituale ausgeführt, z. B. das Singen bestimmter Lieder. In der Kabine und den angrenzenden Behandlungsräumen werden aber auch die Körper der Spieler:innen gepflegt, massiert und gelockert oder sie versuchen, sich nach dem Spiel zu entspannen. Letzteres steht im krassen Gegensatz zu dem Eindruck, den die Spieler:innen auf dem Platz während eines Spiels erzeugen müssen. Dort wird von ihnen höchste Körperspannung und Einsatzbereitschaft erwartet. Für die empirische Analyse ist es daher besonders ergiebig, wenn man die Übergänge zwischen Vorder- und Hinterbühne beobachtet: also die Momente, in denen die Darsteller:innen die Hinterbühne verlassen und vor das Publikum treten oder aber wenn sie von der Vorderbühne kommend ihre Rolle wieder ablegen (vgl. Goffman 1983a: 112). Im Fußball wird dieser Übergang zwischen Entspannung und Anspannung dann sichtbar, wenn die Spieler:innen sich nach dem Aufwärmen auf den Weg von der Kabine zum Spielfeld machen. Üblicherweise müssen sie hier in einer Unterführung zum Stadioneingang noch kurz warten und man kann sie dabei beobachten, wie sie in ihre Rollen schlüpfen, auf und ab hüpfen, um die nötige Körperspannung zu entwickeln und sich bereit für ihren Auftritt machen.

Exkurs zur Geschlechtersegregation von Toiletten

Goffman hat sich in seinen Analysen wiederholt mit der Inszenierung der Geschlechterdifferenz befasst (vgl. Goffman 1979/1981a; 1977/1994a). Auch wenn sich das Verhältnis zwischen Frauen und Männern seit den 1970er Jahren sicherlich sehr verändert hat, lohnt sich die Lektüre immer noch. Ausgangspunkt Goffmans Überlegungen ist das Befremden darüber, dass die Geschlechterdifferenz in unserer Gesellschaft eine so große Rolle spielt, obwohl es doch mit wenig organisatorischem Aufwand möglich wäre, körperliche Unterschiede zwischen Frauen und Männern zu minimieren (vgl. Goffman 1994a: 106f.). Seiner Ansicht nach können vorhandene soziale Unterschiede also nicht einfach durch den Verweis auf biologische Differenzen erklärt werden:

„Nicht die sozialen Konsequenzen der angeborenen Geschlechtsunterschiede bedürfen also einer Erklärung, sondern vielmehr wie diese Unterschiede als Garanten für unsere sozialen Arrangements geltend gemacht wurden (und werden) und, mehr noch, wie die institutionellen Mechanismen der Gesellschaft sicherstellen konnten, daß uns diese Erklärungen stichhaltig erscheinen." (Goffman 1994a: 107)

Als Beispiel nennt er die Segregation der Toiletten. Den sozialen Mechanismus, mit dessen Hilfe ein solches gesellschaftliches Arrangement etabliert und als Folge der biologischen Geschlechterdifferenz dargestellt wird, nennt Goffman *institutionelle Reflexivität*. Wie aber funktioniert das? In Arbeitsstätten und praktisch allen öffentlichen Orten, wie Restaurants, Kaufhäusern, Kinos und Theater gibt es auch heute noch getrennte Toiletten für Frauen und Männer (neben den gelegentlichen Unisex-Toiletten). Zu Goffmans Zeit unterschieden sie sich häufig auch hinsichtlich ihrer Größe und Ausstattung, was vor allem darauf zurückzuführen ist, dass sie als eine Art Rückzugsort für die Frauen gedacht waren, um der anstrengenden und männerdominierten Öffentlichkeit für eine Weile zu entkommen. Durch diese räumliche Trennung entsteht „eine Art Rhythmus des Zusammenkommens und Wieder-Auseinandergehens" der Geschlechter im Tagesverlauf (Goffman 1994a: 132). Auf diese Weise wird allen Menschen in der Öffentlichkeit mehrmals am Tag zumindest punktuell – nämlich immer dann, wenn sie zur Toilette gehen – die Geschlechterdifferenz wieder in Erinnerung gerufen.

Begründet wird die Toilettentrennung stets mit dem Verweis und die angebliche Offensichtlichkeit der biologischen Unterschiede und deren verschiedenen Funktionsweisen: so z. B. mit dem Hinweis, dass Männer im Stehen urinieren können und Frauen (angeblich) nicht. Angesichts der Tatsache, dass Frauen und Männer zuhause dieselben Toiletten benutzen und Frauen in anderen Kulturen auch im Stehen urinieren (auf sog. Steh- oder Hocktoiletten), wird schnell klar, dass es sich bei der Toilettensegregation entgegen solchen Behauptungen wohl doch eher um „ein rein kulturelles Phänomen" handelt und nicht um die Folge biologischer Differenzen (Goffman 1994a: 134). Der Zusammenhang scheint stattdessen eher andersherum zu sein; schließlich wird durch die parallele Organisation der Toiletten in der Öffentlichkeit die Geschlechterdifferenz permanent betont und sichtbar gemacht:

„Die Trennung der Toiletten wird als natürliche Folge des Unterschieds zwischen den Geschlechtskategorien hingestellt, obwohl sie tatsächlich mehr ein Mittel zur Anerkennung, wenn nicht gar zur Erschaffung dieses Unterschieds ist." (Goffman 1994a: 134)

Weiterführende Literatur:

Davis, Alexander K. (2020): Bathroom battle grounds. How public restrooms shape the gender order. Oakland: University of California Press.

Douglas, Mary (1986): How institutions think. Syracuse: Syracuse University Press.

Goffman, Erving (1994a): Das Arrangement der Geschlechter. In: Ders.: Interaktion und Geschlecht. Frankfurt/M. und New York, S. 105–158.

Eine weitere zentrale Technik der Eindrucksmanipulation ist die *dramatische Gestaltung* (*dramatic realization*) (vgl. Goffman 1983a: 31 ff.): Hier geht es darum, dass man eine Tätigkeit nicht einfach nur ausführt, sondern das auch publikumswirksam sichtbar macht. Nur so kann man den anderen das gewünschte Selbstbild vermitteln und die entsprechende soziale Anerkennung erhalten, die man gerne hätte. Diese Vorstellung stammt aus dem Bereich der Öffentlichkeitsarbeit bzw. Public Relations und lässt sich in etwa so zusammenfassen: „Tue Gutes und sprich darüber!" Das bloße Tun genügt also noch nicht, sondern erfüllt erst seinen Zweck, wenn es bekannt wird. Die dramatische Gestaltung war ein wichtiges Grundprinzip des sozialen Aufstiegs der weißen Mittelschicht in den USA während der 1950er bis 1960er Jahre: So ging dem tatsächlichen Anstieg des Lebensstandards die Verbreitung des Wissens über diesen Lebensstandard und die dazu gehörenden Produkte voraus. Dafür sorgte die Werbung, deren Bilder und Imaginationen überhaupt erst das Bedürfnis nach diesem Lebensstandard bei den Menschen weckten.[11] Insofern schien sozialer Aufstieg vor allem aus den entsprechenden Produkten und Inszenierungen zu bestehen, wie z. B. modische Kleidung, Kosmetik, Haushaltsgeräte, Möbel, Wohnungen und Autos. Der genaue Zusammenhang zwischen Sein und Schein kann dabei dann schon einmal durcheinandergeraten: Macht einen das richtige Kostüm und das passende Auto zum sozialen Aufsteiger und Mitglied der Mittelschicht oder sind das nur die (wohlverdienten) Früchte des Erfolgs?[12]

Exkurs zum demonstrativen Konsum

Bereits Ende des 19. Jahrhunderts hatte der amerikanische Ökonom und Soziologe Thorstein Veblen einen der dramatischen Gestaltung durchaus ähnlichen Mechanismus beschrieben: den *demonstrativen Konsum* (*conspicious consumption*) – allerdings nicht mit Bezug auf unmittelbare Begegnungen. In seinem 1899 veröffentlichten Buch „Theorie der feinen Leute" beschreibt Veblen mit Blick auf den wohlhabenden Adel der vorindustriellen Gesellschaft, dass es bei Konsumentscheidungen – vor allem bei besonders kostspieligen Gütern – weniger um den eigentlichen Zweck oder Gebrauchswert dieser Güter ging, sondern viel eher um deren symbolischen Wert. Demnach wollten die Käufer:innen damit vor allem ihren sozialen Status bzw. ihre Zugehörigkeit zum Kreis der wohlhabenderen feinen Leute kundtun, z. B. durch große Häuser, exquisite Kleidung, teuren Schmuck etc.

Diese Art von Konsumverhalten findet sich natürlich auch bei aktuellen Oberschichten. Seit den 1990er Jahren gibt es aber noch eine neue Art reicher Menschen, sog. Superreiche. Das sind Menschen, deren Vermögen man nicht mehr in Millionen, sondern in Milliarden messen kann. Und für diese Leute stellt sich mit Blick auf die Möglichkeit des demonstrativen Konsums ein Problem: Wie können sie ihren Reichtum überhaupt noch zur Schau stellen und zeigen, dass sie nicht nur reich, sondern superreich sind? Man kann die üblichen Luxusgüter ja nicht einfach vervielfältigen, also z. B. mehrere Autos gleichzeitig fahren oder mehrere Uhren am Handgelenk tragen. Extra für diese Menschen hat sich ein neuer Markt für „hyperluxury goods" entwickelt (Frank 2007: 124). In diesem Markt entstehen nicht nur vollkommen neue Kategorien von Waren und Dienstleistungen, wie Reisen ins Weltall, sondern auch bereits bestehende Produktarten werden ins Unermessliche vergrößert und verteuert, so z. B. immer größere und luxuriösere Super- und Megayachten. Das sind Yachten mit einer Länge von mehr als 60 Metern (nur zur Orientierung: Als „normal" galten lange Zeit ca. 25 Meter). Hier gilt die Faustregel: eine Million US-Dollar pro Meter. Mittlerweile liegt die Länge der größten Yachten der Welt bei rund 180 Metern. Außerdem verfügen sie über eigene Raketenabwehrsysteme, mehrere Hubschrauberlandeplätze, Schwimmbäder, Kinosäle und allen möglichen weiteren Luxus. Der Preis dieser Schiffe wird auf ca. 400–600 Millionen US-Dollar geschätzt.

---

11 Goffman (1976) hat sich intensiv mit den Mechanismen der Werbung auseinandergesetzt, z. B. in seiner Analyse zur Reproduktion von Geschlechterdifferenzen durch Werbung.

12 Dieser Zusammenhang wird anschaulich in der US-amerikanischen Fernsehserie „Mad Men" illustriert, in der es um den Aufstieg der Werbung in den 1960er Jahren geht.

Abschließend sei nur kurz angemerkt, dass der demonstrative Konsum anders als Goffmans dramatische Gestaltung nicht auf direkte Interaktion angewiesen ist. So genügt es, Bilder dieser Megayachten in Zeitschriften oder dem Internet anzuschauen und dort nachzulesen, wem sie gehören, damit ihr Zweck bereits erfüllt ist.

Weiterführende Literatur:

Frank, Robert (2007): Richistan. A journey through the American wealth boom and the lives of the new rich. New York: Crown Publishers.

Sallé, Gregory (2022): Superyachten. Luxus und Stille im Kapitalozän. Berlin: Edition Suhrkamp.

Veblen, Thorstein (1899/1986): Der demonstrative Konsum. In: Ders.: Theorie der feinen Leute. Eine ökonomische Untersuchung der Institutionen. Frankfurt/M.: Fischer Verlag, S. 79–107.

Ebenso wie in der Werbung geht es auch bei der dramatischen Gestaltung um das nachdrückliche Inszenieren von Eindrücken. Das bezieht sich vor allem auf die zusätzlich zum Rollenspiel verwendete Energie, die ein:e Darsteller:in aufbringen muss, um seine/ihre Rolle wirkungsvoll und sichtbar für andere zu gestalten. Man denke z. B. an das anstrengende Leben junger Mütter, die – zusätzlich zu den üblichen meist unsichtbaren Mühsalen der Mutterschaft – sich auch noch als gute Mutter inszenieren müssen, um zumindest ein wenig Anerkennung für diese Rolle zu erfahren. Das tun sie, indem sie z. B. ihre Kinder ständig im Tragetuch mit sich herumtragen, jahrelang stillen, Bio-Essen verfüttern, für lange Zeit aus ihrem Beruf aussteigen und ihr Leben nach dem Bedarf des Kindes ausrichten. Und damit andere diese Form des *intensive mothering* auch wahrnehmen (Hays 1996: 97), müssen sie davon erzählen und ihre besonderen erzieherischen Leistungen betonen, die sonst hinter verschlossenen Türen unsichtbar für die Welt bleiben würden. Dieser Drang zur dramatischen Gestaltung von Mutterschaft hängt vermutlich vor allem damit zusammen, dass es für das Mutter-Sein in unserer Gesellschaft wenig gesellschaftliche Anerkennung gibt, was vor allem hochgebildete Frauen aus der Mittelschicht dazu bringt, die Aufgabe gewissermaßen zu professionalisieren und entsprechend zu vermarkten.[13]

Bei diesen Inszenierungen von Mutterschaft lässt sich auch die Technik der *Idealisierung* (*idealization*) beobachten. Gemeint ist die Tendenz zur dramatischen Steigerung bestimmter gesellschaftlich erwünschter Werte in der Selbstdarstellung (vgl. Goffman 1983a: 35 ff.). So betonen manche Mütter, wie wichtig Kinder sind und wie gerne sie bereit sind, den Kindern zuliebe eigene Bedürfnisse wie

13 Auch einige Väter beherrschen die Technik der dramatischen Gestaltung, z. B., wenn sie am Wochenende mit den Kindern einkaufen oder auf den Spielplatz gehen, und (nicht nur auf Nachfrage) gerne erklären, dass Kinderbetreuung und Hausarbeit in ihrer Partnerschaft gleichberechtigt aufgeteilt seien.

etwa eine berufliche Karriere zurückzustellen. Mögliche eigene Motivationen wie z. B., dass es auch schon vor den Kindern mit dem Studienabschluss nicht richtig geklappt hat oder frau mit dem Leistungsdruck im Büro nicht so gut zurechtgekommen ist, werden dagegen nicht so gerne erwähnt. Es erscheint den Darstellerinnen vorteilhafter, wenn sie den Eindruck erwecken, es seien vor allem ideelle Motive gewesen, die sie zur Mutterschaft gebracht haben und nicht äußere Zwänge, Zufälle oder Schicksalsschläge, denn auf diese Weise entspricht die Darstellerin am besten dem (deutschen) Ideal einer selbstlosen und aufopferungsvollen Mutter.

Ein weiteres wichtiges Mittel der Eindrucksmanipulation ist die *Mystifikation (mystification)* (vgl. Goffman 1983a: 62 ff.). Hierbei achtet der/die Darsteller:in darauf, eine gewisse Distanz zu seinem/ihrem Publikum einzuhalten und die Häufigkeit direkter Kontakte einzuschränken, um auf diese Weise die Entstehung von Vertrautheit und Vertraulichkeit zu unterbinden. Ein selbstgewählter Eindruck, der einer genaueren Beobachtung möglicherweise nicht standhalten würde, kann auf diese Weise leichter aufrechterhalten werden. Hilfestellung hierfür geben Gatekeeper (wie z. B. Sekretäre, Vorzimmerdamen, Sicherheitspersonal etc.), die eine direkte Kontaktaufnahme mit dem/der Darsteller:in verhindern und Anfragen abwehren. Aber auch das Publikum hilft dabei mit, die Distanz aufrechtzuhalten, indem es scheu ist und den/die Darsteller:in nur aus der Ferne bewundert und an dessen besondere Fähigkeiten glaubt. Tatsächlich „ist das Geheimnis, das hinter dem Mysterium steht, [...] daß es in Wirklichkeit kein Mysterium gibt; das wirkliche Problem besteht darin, das Publikum daran zu hindern, dies ebenfalls zu bemerken“ (ebd.: 65). Das kennt man z. B. aus dem Märchen „Der Zauberer von Oz“, dessen Titelheld eigentlich gar kein Zauberer ist, was er jedoch mit Hilfe zahlreicher Tricks und Apparaturen eindrucksvoll vor Dorothy und ihren Freunden verschleiert.

Wichtig für die Analyse des gesamten Rollenspiels in einer sozialen Situation ist aber nicht nur die Darstellung einzelner Personen, sondern auch die Zusammenarbeit der Darsteller:innen. Um einen Eindruck zu erzeugen, braucht es häufig die Unterstützung anderer anwesender Personen, die eng kooperieren, um gemeinsam ihre Rollen und eine Situationsbestimmung aufzubauen und aufrechtzuerhalten. Goffman (1983a: 73 ff.) nennt das *Ensemble* (*team*). Eine gemeinsam erarbeitete *Definition der Situation* wird durch die verschiedenen Darstellungen (Einzeldarstellungen und Ensemble-Darstellungen) gestützt, wie etwa die gemeinsame Inszenierung von Mutter, Vater und Kindern als glückliche, harmonische Familie. Voreinander müssen die Familienmitglieder diese Fassade nicht notwendigerweise aufrechterhalten, wissen die Kinder doch Bescheid, dass der Vater seit Monaten auf dem Sofa schläft, und es regelmäßig zu Streit über den Alkoholkonsum der Mutter kommt. Vor den Nachbarn und den Schulkamerad:innen der Kinder wird jedoch zusammengearbeitet, um den Eindruck zu wahren, alles sei in bester Ordnung.

Mit diesen Beispielen endet dieser rollentheoretische Crashkurs und die kurze Überblicksdarstellung des interaktionssoziologischen Frühwerks Erving Goffmans. Aus Platzgründen konnte hier nur ein kleiner Ausschnitt der von Goffman beschriebenen Techniken der Eindrucksmanipulation dargestellt werden. Abschließend bleibt nur die Empfehlung, „Wir alle spielen Theater" selbst zu lesen. Goffman illustriert seine Überlegungen sehr anschaulich und zitiert oft und gerne aus belletristischen Quellen. Das macht die soziologische Pflichtlektüre zu einem Lesevergnügen.

2 Merkmale und Regeln von Face-to-Face Interaktionen

Im Mittelpunkt dieses Kapitels stehen die besonderen Merkmale direkter Begegnungen sowie verschiedene Konzepte der Interaktionsforschung, mit deren Hilfe diese Besonderheiten beschrieben und erfasst werden. Es geht also um die spezifischen Regeln der Interaktion bzw. um das, was Goffman *Interaktionsordnung* genannt hat. Diese Darstellung erhebt keinerlei Anspruch auf Vollständigkeit, sondern präsentiert eine Auswahl aus der mittlerweile recht umfänglichen Anzahl interaktionssoziologischer Überlegungen. Ausgangspunkt ist Goffmans Idee, dass es unter der Bedingung gleichzeitiger körperlicher Anwesenheit zu einer besonderen Form von Sozialität kommt. Die Entstehung dieser Idee wurde im ersten Kapitel beschrieben und in einen weiteren theoriehistorischen Rahmen eingeordnet.

Face-to-Face Interaktion kommt dann zustande, wenn zwei oder mehr körperlich anwesende Individuen sich wechselseitig wahrnehmen (d.h. wahrnehmen, dass sie wahrgenommen werden) und ihr Verhalten mehr oder weniger zwangsläufig daran ausrichten.

Konstitutive Merkmale von Interaktion sind demnach:

- Kopräsenz von mindestens zwei Personen, d.h. Gleichzeitigkeit und Gleichörtlichkeit,
- wechselseitige Wahrnehmung dieser Personen, d.h. Wahrnehmung des Wahrgenommen Werdens.

2.1 Anwesenheit und wechselseitige Wahrnehmung

Goffman begründet seine Forderung, Face-to-Face Interaktion als eigenständigen Forschungsgegenstand zu etablieren, damit, dass die körperliche Anwesenheit und die wechselseitige Wahrnehmung auf die Anwesenden eine Art Zwang zur Selbstdarstellung ausüben würden (vgl. Kap. 1.3). Hier stellt sich die Frage, was eigentlich genau passiert, wenn zwei Menschen einander begegnen. Wie kommt es dazu, dass sie aufeinander reagieren müssen? Ausgehend von dieser Frage wird im Folgenden detailliert beschrieben, was bei der direkten Begegnung von mindestens zwei Personen geschieht.

Goffman (1994b: 55) zufolge kommt Interaktion dann zustande, wenn „zwei oder mehr Individuen körperlich anwesend sind, und zwar so, daß sie aufeinander reagieren können“. In diesem Fall entstehe Reaktionspräsenz (*response presence*), das ist die Wirkzone bzw. das Wahrnehmungsfeld einer Person innerhalb einer sozialen Situation. Begegnen sich Menschen (und deren Körper), dann geraten sie in diese Wirkzone ihres Gegenübers, sobald sie sich wechselseitig wahrnehmen können: Dann findet auf der Basis unserer Sinnesorgane (vor allem Augen, Ohren, evtl. aber auch mit Nase, Haut und in seltenen Fällen vielleicht auch Geschmack) eine erste Einschätzung statt, ohne dass es dabei zwangsläufig zu direktem Blickkontakt kommen muss oder ein Wort gewechselt wird. Der Informationsaustausch erfolgt vielmehr sprachlos und nur über die wechselseitige Wahrnehmung, derer sich alle Anwesenden bewusst sind. Das nennt man reflexive Wahrnehmung: Beide Personen (im Folgenden Ego und Alter[14]) nehmen also wahr, dass sie wahrgenommen werden und nehmen auch wahr, dass ihr Wahrnehmen wahrgenommen wird. Daraus entwickeln sich Erwartungen an die jeweils andere Person sowie Erwartungen, die sich auf diese Erwartungen beziehen (also Erwartungserwartungen), sodass beide ihr Verhalten aneinander orientieren.

Durch die wechselseitige Wahrnehmung entstehen eine besondere Gegenseitigkeit und Verbundenheit, die als verdichtete Form von Sozialität erlebt wird. So sind sich viele Soziolog:innen einig, dass unter Anwesenheitsbedingungen ein „Höchstmaß an Unmittelbarkeit und Wechselseitigkeit" (Luckmann 1983: 6) sowie eine „Intensivierung von Kommunikation" (Luhmann 1987: 563) entstehen können, die mit einem besonderen Gefühl von Nähe und Verständigung einhergeht. Das muss nicht zwangsläufig so sein, scheint aber prinzipiell eher zu passieren als bei anderen Kommunikationsformen (z. B. bei einem Austausch per Mail). Das liegt vor allem daran, dass sowohl Alter als auch Ego (sowie ihre Körper) gleichzeitig Sender und Empfänger von Informationen sind, die in sehr hohem Tempo übermittelt und verarbeitet werden, sodass man das eigene Verhalten noch während der eigenen Wahrnehmung des Wahrnehmens der anderen Person entsprechend anpassen kann. Das passiert z. B., wenn man während einer Wegbeschreibung beim Anblick des leichten Stirnrunzelns des Gegenübers, das sich als Unverständnis deuten lässt, die eigenen Ausführungen noch einmal umformuliert und vereinfacht.

> „Wenn Alter wahrnimmt, daß er wahrgenommen wird und daß auch sein Wahrnehmen wahrgenommen wird, muß er davon ausgehen, daß sein Verhalten als darauf eingestellt interpretiert wird; es wird dann, ob ihm das paßt oder nicht, als Kommunikation aufgefaßt […]."
> (Luhmann 1987: 561)

---

14 Mithilfe der Bezeichnungen Ego und Alter soll von konkreten Personen abstrahiert und gleichzeitig verdeutlicht werden, dass beide keinen Zugang zum Sinnerleben, den Absichten und Erwartungen des jeweils anderen haben.

Soziale Situation ist „ein Umfeld gegenseitiger Überwachungsmöglichkeiten, in dem sich der Einzelne den nackten Sinnen aller anderen Anwesenden zugänglich macht und sie ihm ebenfalls zugänglich sind. Nach dieser Definition entsteht eine soziale Situation, wenn sich zwei oder mehr Personen in der unmittelbaren Gegenwart eines anderen befinden, und sie dauert an, bis die vorletzte Person geht."
(Goffman 1964: 135; eigene Übersetzung)

Liegt wechselseitige Wahrnehmung vor, müssen alle Beteiligten davon ausgehen, dass ihr Aussehen und alles, was sie tun, von den anderen Anwesenden interpretiert und als Handeln zugerechnet wird (wie z. B. das eben erwähnte Stirnrunzeln). Ob es einem passt oder nicht, kann und muss man sich darauf einstellen, dass Kleidung, Mimik, Haltung, kurz gesagt: das gesamte Auftreten als mehr oder weniger absichtsvolles Handeln gedeutet wird, für das man jederzeit zur Verantwortung gezogen werden kann. So sollte z. B. ein Student, der während einer Vorlesung sichtbar gähnt, damit rechnen, dass er von der Dozentin gefragt wird, ob er sich langweilt. Dabei ist es zunächst einmal gleichgültig, was der wahre Grund seiner Müdigkeit ist (die langweilige Vorlesung oder vielleicht sein schreiendes Baby in der vergangenen Nacht). Entscheidend ist vielmehr, dass Anwesende sein Verhalten als Reaktion auf die Situation bzw. ihr eigenes Verhalten (hier das der Dozentin) deuten können. Auch wenn das nicht immer passiert, sind entsprechende Zurechnungen erwartbar. Das gilt im Übrigen auch für Ignoranz: *Nicht* auf die Anwesenheit einer anderen Person zu reagieren, ist zwar möglich, aber Interaktion kommt trotzdem zustande, da andere Personen das Ausbleiben entsprechender beobachtbarer Reaktionen auf ihre Anwesenheit eben auch als intendiertes Handeln (in diesem Fall eben ein Unterlassen) zurechnen können (vgl. dazu in Kap. 1.3 die Beschreibungen der Erfahrungen schwedischer Haushaltsforscher in norwegischen Junggesellenküchen in dem Film „Kitchen Stories"). Ebenso wenig wie man sich nicht nicht verhalten kann, kann man auch nicht nicht interagieren.[15] Nicht-Reagieren wird von anderen als Ignoranz wahrgenommen und/oder als Signal dafür, dass man keinen Kontakt wünscht.

Angesichts dieser Überlegungen stellt sich die Frage, wie sich Personen in sozialen Situationen überhaupt gegenseitig anzeigen, dass sie einander wahrnehmen und wahrnehmen, dass sie wahrgenommen werden – und zwar auch, wenn sie sich gar nicht kennen und auch nicht miteinander sprechen. Im Folgenden

15 Der häufig zitierte Satz von Paul Watzlawik „Man kann nicht nicht kommunizieren." ist nicht ganz zutreffend, denn genau genommen gilt diese Annahme nur für Kommunikation unter Anwesenden. Allein zuhause ist es durchaus möglich, an keiner Kommunikation teilzunehmen.

werden dafür drei verschiedene ritualisierte Verhaltensweisen beschrieben: der kurze direkte Blickkontakt, die höfliche Gleichgültigkeit sowie Reaktionsrufe.[16]

Interaktionstonus und direkter Blickkontakt

Prinzipiell wird von Menschen unter den Bedingungen wechselseitiger Wahrnehmung eine gewisse Wachheit und Fähigkeit zur Handhabung ihrer persönlichen Erscheinung erwartet. Goffman (1971: 36) nennt das *Interaktionstonus*, also eine Art Grundspannung, mit der sich Menschen im öffentlichen Raum bewegen und signalisieren, dass sie „situationell gerüstet" sind, um auf Begegnungen angemessen reagieren zu können. Insofern zeigt man bereits durch das Vorliegen eines solchen Interaktionstonus, dass man sich der Wahrnehmung anderer Menschen bewusst ist. Eine weitere Möglichkeit der Ratifizierung reflexiver Wahrnehmung ist ein (zumindest kurzer) *Blickkontakt* bzw. die Erwiderung eines Blicks.[17] Bereits Simmel betonte die Reziprozität des gegenseitigen Sich-Anblickens: „Man kann nicht durch das Auge nehmen, ohne zugleich zu geben." (Simmel 1908a/1992: 724) Durch einen noch so kurzen begegnenden Blick von Auge zu Auge entsteht eine Art Gegenseitigkeit – ein „Minimalfall von Sozialität" (Kieserling 1999: 117) –, die sich anschließend nur schlecht leugnen lässt.[18] Wie genau dieser Blickkontakt gestaltet wird, hängt stark von der Beziehung der beteiligten Personen ab: Während der Blickkontakt unter Fremden nur sehr kurz ausfallen darf, um nicht aufdringlich oder neugierig zu erscheinen, wandelt er sich bei Bekannten in ein gegenseitiges Erkennen und verlängert sich dadurch (meist gefolgt von einem Gruß).

Welches Verhalten und damit auch welcher Interaktionstonus unter Anwesenden erwartet wird, unterscheidet sich aber auch je nach dem „Zentrierungsgrad" (Keller 2012: 294) einer sozialen Situation. Goffman (1971: 35) differenziert zwischen zentrierten und nicht-zentrierten Interaktionen: Demnach geht es bei der

---

16 Die folgenden Überlegungen unterliegen gewissen Einschränkungen, die hier zumindest kurz erwähnt werden sollten: So wurde wiederholt und zu Recht an der Interaktionstheorie Goffmans kritisiert, dass in seinen Beschreibungen unhinterfragt und implizit von einem „normalen", wachen und vollkompetenten Erwachsenen ausgegangen wird, der irgendwann Mitte oder Ende des 20. Jahrhunderts im westlichen Kulturkreis sozialisiert wurde. Denn die im Folgenden beschriebenen Mechanismen zum wechselseitigen Anzeigen von Wahrnehmung und Wahrnehmungswahrnehmung gelten z. B. nicht für Begegnungen mit Menschen mit sensorischen Behinderungen oder Menschen aus anderen Kulturkreisen. Es bedarf also entsprechender empirischer Forschungsarbeiten zu diesen Grenzbereichen der Interaktion und einer damit verbundenen Weiterentwicklung des Interaktionsbegriffs. Überlegungen hierzu werden in Kap. 4.2 vorgestellt.

17 Die Fokussierung der visuellen Reziprozität in Interaktionen bei Goffman wurde häufig kritisiert, weil dadurch andere semiotische Modalitäten der Kommunikation in direkten Begegnungen ausgeblendet werden (etwa Meyer 2014). So spielt z. B. sowohl in der Frühphase der Entwicklung eines Menschen (also als Baby) als auch am Ende eines Lebens die Berührung eine wichtigere Rolle als der Blickkontakt (vgl. Kap. 4.2).

18 Zum einseitigen Anblicken bzw. voyeuristischen Beobachten anderer vgl. Benkel 2010.

nicht-zentrierten Interaktion (unfocused interaction) lediglich um die „Handhabung bloßer gemeinsamer Anwesenheit“ (ebd.). Man schaut Personen, die ins Blickfeld geraten, kurz an und macht sich auf diese Weise ein Bild von ihnen. Das passiert z. B. zwischen Passant:innen in der Fußgängerzone oder auch innerhalb größerer Räume zwischen den Anwesenden auf einer Party. Hierfür genügt in der Regel ein geringer Interaktionstonus, also etwa ein eher unbeweglicher Gesichtsausdruck und ein geringes Maß an körperlicher Anspannung. Rückt man jedoch mit anderen Anwesenden enger zusammen, beginnt z. B. ein Gespräch, spielt ein Spiel oder hat „für eine gewisse Zeit einen einzigen Brennpunkt der kognitiven oder visuellen Aufmerksamkeit“ (Goffman 1973b: 7), handelt es sich um eine *zentrierte Interaktion (focused interaction)*. Für eine solche Art der Interaktion benötigen die Teilnehmer:innen einen höheren Interaktionstonus und es wird erwartet, dass man aufmerksam und ansprechbar ist. Man richtet seine Aufmerksamkeit und damit meist auch seine Augen auf den gleichen Gegenstand – im Gespräch ist es das Gesicht des Gegenübers – und hat eine gemeinsame *Definition der Situation*, d. h. es herrscht „Übereinstimmung im Hinblick auf Relevanzen und Irrelevanzen des Wahrgenommenen“ (ebd.: 97).

Höfliche Gleichgültigkeit

Zur beobachtbaren Anerkennung der Anwesenheit einer anderen Person ist aber nicht zwingend ein direkter Blickkontakt notwendig. Die übliche und vor allem in Situationen im öffentlichen Raum (z. B. bei der Begegnung zwischen Fremden) als angemessen empfundene Art von Verhalten lässt sich am besten als *höfliche Gleichgültigkeit (civil/tactful inattention)* beschreiben (Goffman 1971: 84 ff.). Im Prinzip handelt es sich um Wegschauen, allerdings – und hier erkennt man bereits, wie sozial anspruchsvoll Interaktion sein kann – geht es um eine andere Art von Wegschauen als bei der Ignoranz. Statt einfach so zu tun, als würde man eine andere körperlich anwesende Person gar nicht sehen, gibt man zu verstehen, dass man sie gesehen hat, nun aber wieder wegschaut und sie nicht weiter beachtet. Unfreundlich wäre ein solches Verhalten nur gegenüber Bekannten, nicht aber gegenüber Fremden, denen man auf diese Weise anzeigt, dass man ihre Privatsphäre respektiert. Man würdigt also die Anwesenheit der anderen Person und signalisiert durch das Wegschauen, dass man sie im weiteren Verlauf der Situation nicht mit neugierigen Blicken quält und auch nicht für verdächtig oder sonst etwas hält. Häufig lässt sich z. B. zwischen Passant:innen auf der Straße oder auch in einem langen Flur beobachten, dass man sich aus der Entfernung gegenseitig mustert und den anderen sozusagen mit Blicken kurz abcheckt. Dabei geht es um den bereits beschriebenen Vorgang des sprachlosen und rein wahrnehmungsbasierten Informationsaustauschs. Beim Näherkommen, spätestens in einer Entfernung von drei bis fünf Metern, werden die Augen dann aber niedergeschlagen, ähnlich wie beim Abblenden von Auto-Scheinwerfern. Man signalisiert damit, dass man weder den anderen als Gefahr wahrnimmt noch selbst eine Gefahr für andere darstellt.

Blendet einer der Passanten jedoch nicht ab und blickt den anderen unverwandt weiter an, entsteht eine angespannte Situation. Jede:r weiß, wie unangenehm das sein kann: Je nachdem wie unverhohlen diese Blicke ausfallen, können diese als neugierig, unhöflich oder sogar feindselig wahrgenommen werden. Zunächst vermutet man vielleicht noch, dass etwas mit dem eigenen Aussehen nicht in Ordnung ist (verwuschelte Haare oder ein offener Hosenstall) oder aber, dass der andere neugierig ist und man dessen Interesse geweckt hat. Die Deutung eines solchen Blicks hängt von der restlichen Mimik ab: Wird der Blick z. B. von einem freundlichen Lächeln begleitet, erscheint er harmlos. Wenn man jedoch offen und mit unbeweglichem Gesicht angestarrt wird, kann das schnell als Drohung verstanden werden. Je nach Situation wird man darauf vermutlich unterschiedlich reagieren: mit dem Wechseln der Straßenseite, dem Gesenkt-Halten des eigenen Blickes bei gleichzeitiger innerer Alarmbereitschaft, Rückzug oder aber – wenn man sich nicht einschüchtern lassen möchte und keine Angst vor einer möglichen Auseinandersetzung hat – Zurückstarren bzw. der Thematisierung des Starrens („Is' was?").

Kleiner Exkurs zur (Human-)Ethologie

Goffman betonte gerne und oft die Analogien des sozialen Lebens zwischen menschlichen und nicht-menschlichen Gattungen, und man hat immer das Gefühl, dass er große Freude daran hatte, Menschen mit Tieren zu vergleichen. Daher sei an dieser Stelle ein kleiner Verweis auf die Ähnlichkeiten menschlicher und tierischer Blickkontakte und Blickordnungen erlaubt, auch wenn das in der Soziologie bisweilen deutlich kritisiert wird (vgl. etwa Haller 2006: 90 ff.). Die Kritik bezieht sich jedoch vor allem auf theoretische Verkürzungen, wenn also z. B. die Grundannahmen der tierischen Verhaltensforschung direkt auf menschliches Verhalten übertragen werden und so ein sehr einfaches bio-deterministisches Handlungsmodells entsteht. Man darf davon ausgehen, dass weder Goffmans noch die im folgenden Mensch-Tier-Analogien einen derartigen „naturalistischen Fehlschluss" (ebd.: 103 ff.) implizieren. Viel eher geht es in diesem kleinen Exkurs um die durch diese Vergleiche hervorgerufene Befremdung bei der Beobachtung sozialen Verhaltens, die einen unbefangeneren Blick auf das menschliche Verhalten ermöglichen.

Goffman selbst bezeichnete die Interaktionsforschung gelegentlich als „Humanethologie" und verwies bei der Beschreibung menschlicher Verhaltensweisen u. a. auf Arbeiten von Charles Darwin, Konrad Lorenz und Irenäus Eibl-Eibesfeldt. Bei letzterem handelt es sich um einen österreichischen Zoologen, der in den 1970er Jahren dann tatsächlich die Humanethologie als eigenständiges Fachgebiet innerhalb der Verhaltensbiologie begründete. Heute wird er in der Soziologie für viele seiner unreflektiert verallgemeinernden Aussagen heftig kritisiert. Diese Form der Humanethologie beschäftigt sich jedoch im Unterschied zu Goffman primär mit der Identifikation *angeborener* menschlicher Ausdrucks- und Verhaltensweisen. Aus einer soziologischen Perspektive ist das wenig plausibel und in Studien der neueren kulturübergreifenden Interaktionsforschung konnte die Existenz einer universellen Urgrammatik menschlichen Verhaltens bereits widerlegt werden. Auch die beobachtbaren Homologien zwischen menschlichem und tierischem Verhalten sind keine zwingenden Beweise für angeborene bzw. instinktbasierte Verhaltensweisen – vor allem dann nicht, wenn es sich um das Verhalten domestizierter Tiere handelt.

Ein interessantes Beispiel, das sich gut an Goffmans höfliche Gleichgültigkeit anschließen lässt, ist das Anstarren, das sowohl von vielen Menschen als auch Tieren als Drohung wahrgenommen wird (in der Ethologie dann auch als „Drohstarren" bezeichnet, vgl. Eibl-Eibesfeldt 1974: 605). Der Ursprung dieser Bedrohlichkeit des Anstarrens liegt vermutlich in dem Fixierblick, mit dem Raubtiere ihre Beute anschauen, kurz bevor sie zuschlagen. So arbeiten z. B. Hütehunde mit diesem Starrblick, „Eying" genannt, (oft in Kombination mit einer geduckten Haltung), um Viehherden in Schach zu halten. Die zu hütenden Tiere begreifen das Anstarren als Drohgeste und reagieren mit Flucht, wodurch der Hund die Tiere dann in die gewünschte Richtung lenken kann. Auch innerhalb einer Spezies, also zwischen Hunden (oder Wölfen), fungiert der starre Blick – ähnlich wie bei Menschen auch – als Drohsignal und als Disziplinierungsinstrument, um Abweichler:innen oder aufsässigen Nachwuchs zu ermahnen.

Hunde kennen aber auch die Norm der höflichen Gleichgültigkeit, die ähnlich wie beim Menschen bei Begegnungen mit Artgenossen angewendet wird. So gilt es auch unter Hunden als ungehörig, einander ab einer gewissen Distanz anzustarren. Verstößt ein Hund dagegen und richtet seinen Blick unverwandt auf den anderen, zeigt dieser meistens deutliche Anzeichen von Stress und reagiert entweder aggressiv oder versucht auszuweichen. Dass die höfliche Gleichgültigkeit auch bei Hunden kein angeborenes Instinktverhalten ist, weiß jede:r, der schon mal einen Welpen aufgezogen hat und miterleben durfte, wie Verstöße gegen diese Norm ab einem bestimmten Alter von erwachsenen Hunden sanktioniert werden.

Interessanterweise gilt höfliche Gleichgültigkeit auch als Verhaltensempfehlung für die Blickkontakte zwischen Mensch und Hund (vgl. Kap. 4.2.2). Nicht ohne Grund weisen Fachleute immer wieder darauf hin, dass man vor allem bei fremden Hunden längeren Blickkontakt vermeiden sollte, weil diese das als bedrohlich wahrnehmen und entsprechend reagieren könnten. Beim eigenen Hund ist das natürlich (genau wie im Umgang mit dem/der eigenen Partner:in) etwas anderes: Ihm darf man ganz unbedrohlich auch längere Zeit tief in die Augen schauen und sich nach Herzenslust durch seinen Dackelblick manipulieren lassen.

Weiterführende Literatur:

Gugutzer, Robert/Holtermann, Natascha (2017): Der Dackelblick. Phänomenologie einer besonderen Hund-Mensch-Vergemeinschaftung. In: Burzan, Nicole/Hitzler, Ronald (Hrsg.): Auf den Hund gekommen. Interdisziplinäre Annäherung an ein Verhältnis. Wiesbaden: Springer VS, S. 265–284.

Haller, Max (2006): Verhaltensforschung, Humanethologie, Biosoziologie. In: Ders.: Soziologische Theorie im systematisch-kritischen Vergleich. 2. überarbeitete Auflage, Wiesbaden: Springer VS, S. 89–129.

Eibl-Eibesfeldt, Irenäus (1997): Die Biologie des menschlichen Verhaltens. Grundriss der Humanethologie. Weyarn: Seehamer Verlag.

Auch wenn dieses kurze Hin- und dann Wegblicken unbedeutend und unaufwändig erscheint, müssen Kinder die Regel der höflichen Gleichgültigkeit doch erst mühsam erlernen. Es geht dabei nicht nur um das Einüben einer Handlungserwartung, sondern auch um Empathie und die Fähigkeit, die Gefühle der Anwesenden zu antizipieren, also das nachvollziehende Begreifen, wie es sich für andere anfühlt, angestarrt zu werden. Gleichzeitig legitimiert höfliche Gleichgültigkeit aber auch Distanz zu fremden Menschen, denen wir in unserem alltäglichen Leben begegnen, mit denen wir uns jedoch allein aus pragmatischen Gründen nicht wirklich beschäftigen können. Das gilt vor allem dort, wo viele Menschen auf engem Raum (zusammen-)leben und/oder vorübergehend in größeren Ansammlungen aufeinandertreffen, so z. B. in Großstädten bzw. in öffentlichen Transportmitteln. In diesem Sinne ist die höfliche Gleichgültigkeit ein historisch neues Phänomen, das vor allem mit der Entwicklung der Großstädte im 19. Jahrhundert zusammenhängt und der damit verbundenen Zunahme alltäglicher Begegnungen. Simmel (1903/1995: 121) nennt dieses Verhalten in seiner Beschreibung des Großstadtlebens aus dem Jahr 1903 „Blasiertheit“ und erkennt darin eine „Folge jener rasch wechselnden und in ihren Gegensätzen eng zusammengedrängten Nervenreize“, die typisch für das Leben in urbanen Zentren sei.

> „Die geistige Haltung der Großstädter zu einander wird man in formaler Hinsicht als Reserviertheit bezeichnen dürfen. Wenn der fortwährenden äußeren Berührung mit unzähligen Menschen so viele innere Reaktionen antworten sollten, wie in der kleinen Stadt, in der man fast jeden Begegnenden kennt, [...] so würde man sich innerlich völlig atomisieren [...]. Teils dieser psychologische Umstand, teils das Recht auf Mißtrauen [...] nötigt uns zu jener Reserve, infolge derer wir jahrelange Hausnachbarn oft nicht einmal von Ansehen kennen [...].“ (Simmel 1903/1995: 122 f.)

Diese pragmatische Regel der gegenseitigen Ignoranz zwischen Unbekannten im öffentlichen Raum gilt bis heute in vielen Großstädten weltweit und wird vor allem durch die Vermeidung von Blickkontakt und Kontaktaufnahme umgesetzt. So bedarf es normalerweise eines Grundes, wenn man eine unbekannte Person in einer sozialen Situation ansprechen möchte und dadurch mit dem Gewohnheitsrecht moderner Großstadtbewohner:innen auf Nicht-Belästigung bricht (Goffman 1971: 121 ff.). Es gibt jedoch auch besondere Umstände, in denen eine Kontaktaufnahme durch Unbekannte zulässig oder sogar vorgeschrieben ist. Das gilt z. B. für Menschen in bestimmten Positionen, wie Verkäufer:innen oder Polizist:innen oder in Notsituationen, in denen jemand Hilfe benötigt (ebd.: 122 f.). Ein anderes Beispiel für das (illegitime) Brechen der Regel der höflichen Gleichgültigkeit ist das sog. *Catcalling*, also das Hinterherrufen, Nachpfeifen oder laute Kommentare im öffentlichen Raum Abgeben, mit denen in der Regel Männer auf anwesende Frauen reagieren (vgl. Gardner 1980).

Wie voraussetzungsvoll höfliche Gleichgültigkeit je nach den jeweiligen Rahmenbedingungen einer Situation sein kann, möchte ich an einem weiteren Beispiel illustrieren: einer Fahrstuhlfahrt. Die besondere Schwierigkeit liegt hierbei in der räumlichen Nähe der anwesenden Personen, die sich eigentlich nur flüchtig begegnen, nun aber gemeinsam auf engem Raum einander ausgeliefert sind und nach dem höflichen Abblenden des Blicks vom anderen nicht so recht wissen, wo sie in dem (möglicherweise auch noch voll besetzten) Fahrstuhl hinschauen sollen. Stefan Hirschauer (1999) hat die verschiedenen beobachtbaren Verhaltensstrategien detailliert beschrieben, mit denen die Anwesenden versuchen trotz der körperlichen Nähe zueinander höfliche Distanz zu halten und dadurch ihre nicht zu leugnende physische Anwesenheit zu minimieren. Als besonders problematisch erweist sich der Umstand, dass man – anders als im Zug oder der Straßenbahn, wo man z. B. ein Buch lesen kann – während einer Fahrstuhlfahrt nicht wirklich etwas zu tun hat. Es bleibt das Schweifen-Lassen des Blickes, was aber nur sehr eingeschränkt erlaubt ist, da man Blickkontakt in der Regel vermeiden möchte, um nicht unhöflich oder aufdringlich zu erscheinen. Daher schauen viele auf den Boden oder auf die Stockwerkanzeige.[19]

Reaktionsrufe

Eine weitere häufig beobachtbare Verhaltensweise, mit der Menschen sich gegenseitig signalisieren, dass sie sich des Wahrgenommen-Werdens bewusst sind, sind sog. *Reaktionsrufe* (*response cries*). Dabei handelt es sich um Gesten oder Lautäußerungen, die vor allem nach einem Versehen oder Missgeschick ausgestoßen werden, ohne dass es einen erkennbaren Adressaten dafür gibt (vgl. Goffman 2005: 88 ff.).[20] Man kann sich jemanden vorstellen, der eine belebte Straße entlanggeht und plötzlich an einem schadhaften Bordstein hängen bleibt, stolpert und sich dabei den Absatz seines Schuhs beschädigt. Er ruft „ups" oder „verdammt nochmal", kann jedoch einen Sturz vermeiden, betrachtet kurz prüfend den Schuh, wirft dem Bordstein einen bösen Blick zu und geht dann weiter. Mit dieser hör- und beobachtbaren Inszenierung liefert er seinen Zuschauer:innen ungefragt Informationen darüber, was (seiner Ansicht nach) passiert ist. Er „erzählt eine kurze Geschichte der Situation" und macht für andere sichtbar, was in ihm vorgeht (Goffman 2005: 163). Durch seine Reaktion auf das Stolpern („ups") gibt er zu verstehen, dass es sich hierbei seiner Ansicht nach um ein Missgeschick handelt, um einen kurzen Kontrollverlust, der sich jedoch deutlich von seinem

19 Ein anderer Ort, der aufgrund der situativen Rahmenbedingungen besondere Anforderungen an die höfliche Gleichgültigkeit stellt, ist die Sauna. Eine anschauliche Beschreibung hierzu findet sich bei Lenz 2016: 106 ff.

20 Goffmans Reaktionsrufe weisen gewisse Ähnlichkeiten zu Garfinkels (1967: 10 ff.) *account*-Konzept auf. Demnach sind accounts „praktische Erklärungen" (Bergmann 1987/88), mit denen Personen sich wechselseitig anzeigen, wie sie verstanden werden möchten.

sonstigen Verhalten unterscheidet. Denn normalerweise verfügt er sehr wohl über die Kompetenz, unfallfrei laufen zu können. Schuld an dieser kurzen Entgleisung war nur der beschädigte Gehweg, den er mit Hilfe seines Blicks für alle erkennbar als Schuldigen identifiziert hat. Wäre ihm ein ähnliches Missgeschick allein zu Hause – also ohne jedes Publikum – passiert, hätte er vermutlich auf all diese Darstellungen und Ausrufe verzichtet. Ohne solche erklärenden Gesten und Laute in der Öffentlichkeit nach einem Missgeschick kann es jedoch passieren, dass man auf einmal genauer beobachtet oder vielleicht sogar gefragt wird, ob alles in Ordnung ist. Das Verhalten wird dann nicht mehr als Ausrutscher oder Unfall wahrgenommen, sondern es kann der Verdacht entstehen, dass der betreffenden Person grundlegende motorische Kompetenzen fehlen oder sie auf Hilfe angewiesen ist.

Weitere Beispiele für solche Reaktionsrufe finden sich im Profi-Sport. Man denke nur an die Showeinlage von Fußballer:innen nach einem missglückten Schuss aufs Tor. Da sie sich der Aufmerksamkeit vieler Zuschauer:innen und auch Fernsehkameras nach einer verpassten Chance sehr sicher sind, inszenieren sie mit Hilfe dramatischer Gesten für alle gut sichtbar ihre Enttäuschung, Wut oder Verzweiflung: Sie lassen sich auf den Boden fallen, fluchen laut, strecken die Hände anklagend gen Himmel, schlagen sich mit der flachen Hand gegen die Stirn oder treten in den Rasen (vgl. Müller 2009: 183). Auf diese Weise machen sie ihre momentanen Gefühle für alle gut sichtbar und erfüllen damit gleichzeitig die Erwartungen von Verein und Publikum, indem sie ihr großes Engagement für die eigene Mannschaft zur Schau stellen.

Man kann also festhalten: Bei körperlicher Kopräsenz von mindestens zwei Personen, die sich wechselseitig wahrnehmen, zeigen sich die Beteiligten ihre reflexive Wahrnehmung auf die eine oder andere Weise auch an. Aber wie geht es weiter, und welche Probleme können sich im weiteren Verlauf der Interaktion ergeben?

2.2 Das Problem der doppelten Kontingenz

Wie beschrieben, zeigen sich Personen in einer direkten Begegnung zunächst gegenseitig an, dass sie sich wahrnehmen und auch wahrnehmen, dass sie wahrgenommen werden. Das macht man z. B. indem der eine (Ego) nach einem ersten visuellen Check des anderen (Alter) höflich woanders hinschaut. Auf diese Weise gewinnt man außerdem einen ersten Eindruck des Gegenübers. Wenn Ego keine weiteren neugierigen Blicke auf Alter wirft, impliziert das, dass er/sie Alter nicht als Bedrohung einschätzt. Blendet auch Alter ab, wird Ego annehmen, dass auch sie/er nicht als gefährlich wahrgenommen wird. Man gewinnt also nicht nur einen Eindruck von dem/der Anderen, sondern auch eine Vermutung über den Eindruck, den das Gegenüber von einem selbst hat. Mit diesem Eindruck sind immer auch Erwartungen an das Verhalten der/s Anderen verbunden sowie Erwartungen über die Verhaltenserwartungen an sich selbst. Das nennt man *Erwartungserwartungen*: Alter hat also nicht nur Erwartungen an Ego bzgl. deren/dessen Verhalten, sondern entwickelt auch Erwartungen darüber, was von ihm/ihr erwartet wird. Beide orientieren ihr Verhalten also wechselseitig aneinander.

In vorstrukturierten sozialen Situationen ist in der Regel allen Beteiligten bekannt, welches Verhalten voneinander erwartet wird. Die konkreten Erwartungen an die einzelnen Personen ergeben sich aus bestehenden Rollenvorgaben: Geht Alter in eine Bäckerei, ist klar, dass die anderen denken, dass er Bäckereiwaren kaufen möchte. Daher weiß Alter, dass er auf die Frage der Verkäuferin (Ego), was es denn sein dürfe, sagen sollte, welche Backwaren er gerne hätte und nicht etwa, was er sich sonst in seinem Leben so wünschen würde. Er weiß auch, dass von ihm erwartet wird, dass er diese dann bezahlen muss und nicht etwa geschenkt bekommt oder gegen andere Waren eintauschen kann.

Schwieriger wird es allerdings in sozialen Situationen, für die es keine solchen vorstrukturierten Rollenerwartungen gibt, denn letztlich weiß niemand wirklich, was ein:e andere:r denkt und welche Erwartungen und Erwartungserwartungen er/sie hat. Alter und Ego sind füreinander undurchsichtig wie zwei *black boxes*. Wenn es nun aber so ist, dass Alter sein eigenes Verhalten sowie seine Erwartungen vom Verhalten und den Erwartungen Egos abhängig macht und Ego dasselbe tut, dann haben wir es mit einer Situation *doppelter Kontingenz* zu tun (Luhmann 1987: 148 ff.). Dieser Begriff stammt von Niklas Luhmann (ursprünglich von Talcott Parsons) und weist darauf hin, dass noch nicht festgelegt ist, was als Nächstes geschehen soll. Sowohl Alter als auch Ego können sich für verschiedene Handlungsoptionen entscheiden: Ihre Handlungswahl ist *kontingent*, d. h. sie könnte eben auch anders ausfallen. Diese Offenheit wird vor allem dann zum Problem, wenn Alter nicht entscheiden kann, was er tun soll, ohne zu wissen, was Ego macht und umgekehrt. Dann wissen beide Beteiligten nicht, wie sie reagieren sollen, weil sie erst die Handlung des anderen abwarten müssen. Hier spricht man vom *Problem doppelter Kontingenz*.

Solche Situationen ergeben sich z. B. regelmäßig bei der Anbahnung intimer Kontakte (vgl. Kieserling 1999: 160 ff.), etwa wenn man eine Person ansprechen möchte, die man attraktiv findet, aber nicht weiß, ob das auf Gegenseitigkeit beruht.[21] Daher fällt es vielen Leuten schwer, sich ungeschützt aus der Deckung zu begeben und gegenüber einer anderen Person die eigenen (möglicherweise unerwiderten) Gefühle preiszugeben. Nicht ohne Grund gibt es mittlerweile Flirt-Coaches und Kurse, in denen man das üben kann. Eines der Probleme solcher Si-

21 Ausgenommen sind natürlich alle Formen bezahlter sexueller Dienstleistungen, da hier die Gegenseitigkeit sexueller Anziehung keine Rolle spielt bzw. durch Geld (oder Zwang) ausgeglichen wird. Vgl. z. B. die Beobachtungen von Martina Löw und Renate Ruhne (2011: 177 ff.) zur Anbahnung eines intimen Kundenkontakts auf dem Straßenstrich.

tuationen liegt in der Unsicherheit beider Seiten über die Absichten und Erwartungen des jeweiligen Gegenübers, und solange man nicht weiß, wie der andere darüber denkt, möchte auch niemand den ersten Schritt tun und sein Interesse eindeutig kundtun, u. a. aus Angst vor Zurückweisung und der damit verbundenen Peinlichkeit und Scham.[22]

Ein weiteres, geradezu idealtypisches Beispiel für das Problem doppelter Kontingenz liefert der Elfmeter beim Fußballspiel. Eine solche Situation, die auch Strafstoß genannt wird, kommt auf Anweisung der/s Schiedsrichter:in zustande, wenn es zuvor zu bestimmten Regelverletzungen gekommen ist, wie z. B. einem Foul- oder Handspiel im Sechzehnmeterraum vor dem eigenen Tor. Es stehen sich dann der/die ausführende Spieler:in der einen Mannschaft mit dem Ball und der/die Torwart/Torfrau der anderen Mannschaft gegenüber mit genau elf Metern Platz zwischen ihnen. Die anderen Spieler:innen befinden sich außerhalb des Strafraums und sind an der Situation nicht beteiligt. Während die/der ausführende Spieler:in versucht, den Ball ins Tor zu schießen, möchte der/die Torwart/Torfrau genau das verhindern. Laut Regelwerk des Weltfußballverbands (FIFA) muss sie/er allerdings so lange auf der Torlinie zwischen den beiden Torpfosten stehen bleiben, „bis der Ball getreten wurde“. Beide müssen also entscheiden, in welche Ecke des Tores sie den Ball schießen bzw. springen wollen, ohne dabei zu wissen, was die/der andere vorhat bzw. was der/die andere erwartet, was man selbst vorhat bzw. was der/die andere erwartet, dass man erwartet, was er/sie vorhat (Erwartungserwartungen). Gleichzeitig machen beide ihre Entscheidungen auch noch voneinander abhängig. Aufgrund der Schussgeschwindigkeit eines hart getretenen Balls (der etwa 27 Meter pro Sekunde schnell fliegt) und der Größe des Tors (7,11m breit und 2,44m hoch) muss der/die Torwart/Torfrau schon im Moment der Schussabgabe losspringen, wenn er/sie überhaupt eine Chance haben will, den Ball zu erreichen. Und natürlich kann das nur gelingen, wenn er/sie auf die richtige Seite des Tores springt. Er/Sie muss sich also für eine Ecke entscheiden, ohne mit Sicherheit sehen zu können, wohin der Ball fliegt. Dem/r Schütz:in geht es allerdings auch nicht besser, denn er/sie muss entscheiden, in welche Ecke des Tores er/sie schießen möchte, bevor er/sie weiß, in welche Ecke der/die Torwart/Torfrau springen wird. Das Handeln beider hängt also vom erwarteten Handeln der/s anderen ab, denn der/die Torwart/Torfrau möchte ja in die gleiche Ecke springen, in die der/die Spieler:in schießt und der/die Spieler:in möchte nicht in die Ecke schießen, in die der/die Torwart/Torfrau springt. Um handeln zu können, müssen beide Erwartungen über das Handeln des anderen

22 Für viele Menschen liegt in dieser Offenheit und Unverbindlichkeit der Situation natürlich auch einer der besonderen Reize des Flirts. Das hat bereits Georg Simmel (1909/2001) in seiner „Psychologie der Koketterie“ anschaulich beschrieben – auch wenn die dort geäußerten Vorstellungen über das Geschlechterverhältnis heutigen Ansprüchen an Gleichberechtigung nicht mehr entsprechen mögen.

entwickeln: Sie müssen Vermutungen darüber anstellen, in welche Ecke der/die andere schießen bzw. springen wird. Gleichzeitig können beide ihre jeweiligen Handlungspläne entsprechend diesen Erwartungen verändern und sich jederzeit umentscheiden, denn beide wollen ja letztlich einen unterschiedlichen Ausgang der Situation. Man darf annehmen, dass beide Akteure versuchen werden, ihre Absichten voreinander zu verschleiern. Letztlich blockieren sich die beiden aber gegenseitig, da beide versuchen, das eigene Handeln so lange wie möglich hinauszuzögern, bis sie erkennen können, was der/die andere macht, um ihr Handeln entsprechend anpassen zu können. Dieser Zirkel wird im Fußball üblicherweise durch den Pfiff des/der Schiedsrichter:in beendet, der den/die Spieler:in praktisch dazu zwingt, anzulaufen und zu schießen.

Denkschleifen doppelter Kontingenz oder einfach: ein Sommermärchen

Ein zentraler Bestandteil der Popularität des Fußballs hängt mit dem Erzählen großer Geschichten – oder besser Mythen – zusammen. Um solch eine unglaubliche Geschichte handelt es sich beim legendären Elfmeterschießen zwischen der deutschen und der argentinischen Nationalmannschaft im Viertelfinale der Weltmeisterschaft 2006. Zur Erinnerung: Diese WM wurde in Deutschland ausgetragen und wegen der guten Stimmung im Land ein „Sommermärchen" genannt. In jenem Spiel stand es nach Ablauf der regulären Spielzeit und der Verlängerung immer noch unentschieden, und die Partie musste durch Elfmeterschießen entschieden werden.[23] Das war notwendig aufgrund des K. o.-Systems von Weltmeisterschaften, bei dem immer nur die Gewinnermannschaft eine Runde weiterkommt. Ein solches Elfmeterschießen läuft üblicherweise folgendermaßen ab: Abwechselnd führen jeweils fünf vorher ausgewählte Spieler:innen aus beiden Mannschaften einen Torschuss von der Elfmetermarke aus, und es gewinnt die Mannschaft, die dabei die meisten Tore erzielt.

Was dieses Elfmeterschießen so bemerkenswert machte, war folgender Umstand: Unmittelbar vor Beginn übergab der Torwarttrainer, Andreas Köpke, dem deutschen Keeper, Jens Lehmann, für alle – also sowohl die gegnerischen Spieler als auch die Zuschauer:innen und Fernsehkameras – gut sichtbar einen Zettel, den Lehmann sich aufmerksam anschaute und dann in einen seiner Schienbeinstutzen steckte. Es lag die Vermutung nahe, dass auf dem Zettel die Schussgewohnheiten der gegnerischen Spieler vermerkt waren. Tatsächlich bevorzugen die meisten Fußballspieler beim Elfmeterschießen eine Schussecke, und mithilfe von Videoanalysen vergangener Spiele lassen sich Zusammenhänge zwischen Anlauf und Schussrichtung feststellen.

Da beim Elfmeterschießen die beiden beteiligten Personen die eigenen Handlungsentscheidungen voneinander abhängig machen, suchen beide nach Signalen des/der anderen, anhand derer sie vermuten können, für welche Ecke er/sie sich entscheiden wird. Insofern darf man annehmen, dass Lehmanns Zettel bei den argentinischen Spielern eine Art Denkschleife auslöste. Vielleicht waren es solche Gedanken: „Wenn Lehmann weiß, dass ich üb-

---

23 Elfmeterschießen fungiert im Fußball also nicht nur als Strafe, sondern gelegentlich auch zur Ermittlung von Gewinner:innen eines sog. K.o.-Spiels.

licherweise in die rechte/linke Ecke schieße, wird er auch nach rechts/links springen, daher schieße ich besser in die andere Ecke. Da er aber weiß, dass ich das weiß, wird auch er in die andere Ecke springen, also schieße ich vielleicht doch besser in meine übliche Ecke.". Darüber hinaus wissen die meisten Spieler zwar, welches ihr bevorzugtes Schussbein ist, aber sich selbst dahingehend zu beobachten, bei welcher Ecke sie wieviel Anlauf nehmen, machen vermutlich nur die wenigsten. Genau das spionieren Trainer:innen der gegnerischen Mannschaft aber gerne vorher aus. Fangen Spieler:innen dann aber an, über so etwas nachzudenken, während sie versuchen, einen Elfmeter auszuführen, ist die Wahrscheinlichkeit recht hoch, dass selbst eingeschliffene und sonst vollkommen routinisierte Bewegungsabläufe nicht mehr reibungslos klappen. Oder wie Gerd Müller (der erfolgreichsten Stürmer der deutschen Fußballgeschichte) es einmal formuliert hat: „Wennst denkst, isses eh zu spät!"

In diesem Sinne ist es für die ausführenden Spieler:innen oft nicht sinnvoll, sich auf solche Denkschleifen einzulassen, da sich das negativ auf die praktische Durchführung des Schusses auswirken kann. Auch wenn wir natürlich nicht genau wissen, was in den Köpfen der Spieler vor sich gegangen ist, gibt es doch einige Hinweise, die vermuten lassen, dass sich dort solche Denkschleifen abspielten. Beobachtbar waren z. B. intensiver Blickkontakt der Spieler mit Lehmann sowie Verzögerungen des Antritts, die auf gewisse Entscheidungsschwierigkeiten hinweisen. In der damaligen Spielsituation schien der erste argentinische Spieler (Julio Cruz) sich überhaupt nicht auf solche Gedanken einzulassen. Er schaute Lehmann nicht an und schoss den Ball ohne Verzögerung ins Tor. Lehmann sprang aber immerhin in die richtige Ecke, verpasste den Ball jedoch knapp. Bevor dann der zweite Schütze (Roberto Ayala) schießen konnte, holte Lehmann den Zettel noch einmal aus seinem Stutzen, studierte ihn genau und ging dabei auf der Torlinie hin und her. Beide wussten also, dass Ayala gesehen haben musste, dass Lehmann den Zettel gelesen hatte, und das schien diesen nachhaltig zu verunsichern. Er ließ sich auf einen langen Blickkontakt mit Lehmann ein, nahm dann ganz besonders weit Anlauf und wartete auffallend lange auch noch nach dem Pfiff des Schiedsrichters, bis er antrat. Sein Bewegungsablauf stockte und man hatte als Zuschauer:in den Eindruck, dass er noch beim Laufen unschlüssig war, wohin er nun schießen sollte. Entsprechend schwach fiel der Schuss dann aus, und Lehmann, der tatsächlich in die richtige Ecke gesprungen war, konnte ihn halten. Das gelang Lehmann in diesem Elfmeterschießen noch ein weiteres Mal und Deutschland gewann die Partie mit 4:2.

Der Vollständigkeit halber sei hier auch noch erwähnt, was tatsächlich auf dem Zettel stand:[24] die Anlauf- und Schussgewohnheiten von insgesamt sieben argentinischen Spielern. Allerdings waren nur zwei dieser Spieler tatsächlich zum Elfmeterschießen angetreten. Dass Lehmann immer wieder so lange auf den Zettel starrte, lag vermutlich nur daran, dass der Zettel mit Bleistift geschrieben und nur sehr schlecht lesbar war.

Weiterführende Literatur:

Berger, Roger/Hammer, Rupert (2007): Die doppelte Kontingenz von Elfmeterschüssen. Eine empirische Analyse. In: Soziale Welt 58, H. 4, S. 397–418.

---

24 Der legendäre Zettel ist mittlerweile ein Museumsstück und kann im Online-Portal zur deutschen Geschichte in aller Ruhe betrachtet werden: www.hdg.de/lemo/bestand/objekt/dokument-lehmann-spickzettel.html (Abfrage: 31.05.2023).

Johanni, Sandra/Tschachner, Karel 2005: Ist der Elfmeter zu halten? Das Dilemma des Torhüters, mathematisch gesehen. In: uni.kurier.magazin der Friedich-Alexander-Universität Erlangen-Nürnberg 106, S. 26–28.

2.3 Gefährliche Begegnungen

Kopräsenz – also die gleichzeitige und gleichörtliche Anwesenheit – als konstitutives Merkmal sozialer Interaktionen impliziert, dass wir es mit (mindestens zwei) Körpern und allem, was dazugehört zu tun haben. Diese körperliche Kopräsenz ist ganz entscheidend für die unter diesen Bedingungen entstehende Sozialität, denn nur so ist es möglich, die anderen Anwesenden mit allen Sinnen wahrzunehmen. Diese Anwesenheit ist aber auch mit bestimmten Gefahren verbunden, um die es in den folgenden zwei Kapiteln gehen soll.

„Die Kommunikation von Angesicht zu Angesicht ist die intensivste Form der Kommunikation. Jede Face-to-Face Begegnung birgt die Möglichkeit einer Umarmung oder eines Angriffs." (Meyrowitz 1990: 86, eigene Übersetzung)

Die wohl größte Gefahr, der wir uns in direkten Begegnungen aussetzen, ist die Verwundbarkeit des Körpers, die auch in den Überlegungen Goffmans eine zentrale Rolle spielt (vgl. Goffman 1983b: 4 f.). Unter Anwesenheitsbedingungen kann man angegriffen, entführt, beraubt, vergewaltigt oder schlimmstenfalls sogar getötet werden. Diese körperliche Verletzlichkeit bzw. der Umgang mit dieser Gefährdung gibt also die Bedingungen vor für die Herausbildung der in unmittelbaren Begegnungen geltenden Regeln (der Interaktionsordnung). Goffman (ebd.: 3) verdeutlicht das anhand der Unterscheidung zwischen sozialen Phänomenen, die zwar möglicherweise in sozialen Situationen, also in der Gegenwart anderer, stattfinden, aber eigentlich gar nichts mit Anwesenheit zu tun haben und sich im Prinzip auch ohne diese ereignen könnten. Ein solches Geschehen nennt er *bloß situiert* (*merely situated*) und unterscheidet es von sog. *situativen* (*situational*) Ereignissen, die tatsächlich nur innerhalb von Face-to-Face Interaktionen vorkommen können (Goffman 1994b: 56). So spielt z. B. die körperliche Anwesenheit bei einem Diebstahl keine Rolle. Eigentum kann sowohl in direkten Begegnungen entwendet werden (etwa beim Taschendiebstahl) als auch in Abwesenheit der Eigentümer:innen (z. B. beim Einbruch). Im Gegensatz dazu impliziert ein Raub die gleichzeitige Anwesenheit von Täter:in und Opfer, da das Wegnehmen bzw. die Aneignung mit Hilfe von Gewalt erfolgt oder zumindest mit der Androhung einer „Gefahr für Leib und Leben“ verbunden ist – so zumindest die Beschreibung des Tatbestands in § 249 des deutschen Strafgesetzbuchs (StGB).

„Soziale Situationen sind ja dadurch definiert, daß wir an ihnen nur dann teilnehmen können, wenn wir unseren Körper und seine dazugehörige Ausstattung einbringen. Das macht uns verwundbar, da wir durch unsere Körperlichkeit prinzipiell Angriffen anderer durch die Gerätschaften ausgesetzt sein können, die sie kraft ihrer Körper in die Situation einbringen. Handgreiflichkeiten, sexuelle Belästigung, Entführungen, Raub und Behinderungen der Bewegungsfreiheit können wir [...] dann ausgesetzt sein, wenn uns wider alle Vereinbarung Gewalt angetan wird.“ (Goffman 1994b: 60)

Direkte Begegnungen sind mit Gefahren für unseren Körper verbunden. Und auch wenn wir uns dessen heutzutage vermutlich nur relativ selten bewusst sind und unsere Mitmenschen nur in Ausnahmesituationen als Bedrohung wahrnehmen, ist der ritualisierte interpersonelle Umgang in Interaktionen von dieser Ausgangsannahme stark geprägt. Das trifft z. B. auch auf die bereits beschriebene *höfliche Gleichgültigkeit* zu, mit der sich Fremde in der Öffentlichkeit regelmäßig begegnen (vgl. Kap. 2.1). Zentrale Funktion dieses kurzen Blickkontakts ist es, sich wechselseitig anzuzeigen, dass man selbst keine Bedrohung darstellt und dass man den anderen nicht als solche wahrnimmt. Mit dieser visuellen Musterung einer Person auf Distanz ist in der Regel auch eine Einschätzung ihrer potenziellen Gefährlichkeit verbunden. Das Abwenden des eigenen Blickes beim Näherkommen ist zwar eine Frage der Höflichkeit, kann aber durchaus mit dem Wechseln der Straßenseite und gesteigerter Alarmbereitschaft verbunden werden, wobei man den anderen aus den Augenwinkeln heraus weiter beobachtet, um im Fall irgendwelcher Verhaltensauffälligkeiten oder eines Angriffs schneller reagieren zu können.

Viele Frauen (aber auch Männer) kennen diese Situationen, in denen es bisweilen gar nicht so einfach ist zu entscheiden, ob und wann man nicht nur ein bisschen schneller laufen, sondern vielleicht besser die Flucht antreten sollte. Denn Wegrennen würde schlagartig und auch für den anderen deutlich erkennbar die gemeinsame Definition der Situation verändern: Während es sich zunächst vielleicht nur um zwei nächtliche Passant:innen gehandelt hat, die sich mit Hilfe höflicher Gleichgültigkeit ihres Desinteresses aneinander versichert haben, wird die Situation dadurch, dass eine:r der beiden sich zur Flucht veranlasst sieht, für beide in eine Notlage bzw. einen Angriff umgedeutet. Damit verändern sich die Erwartungen und Erwartungserwartungen der Beteiligten dramatisch und sind auch kaum noch verhandel- oder revidierbar: Die Flucht macht den Flüchtenden zum Opfer und den anderen zur/m möglichen Angreifer:in – und zwar zunächst einmal unabhängig davon, ob letztere:r das tatsächlich zu tun beabsichtigte oder nicht. Ist die Situation aber erst mal auf diese dramatische Weise neu definiert worden, ist es lebensweltlich nur schwer möglich, wieder zurück zur höflichen Gleichgültigkeit zu gelangen (das gilt natürlich auch für die/den Angreifer:in: Ist die Waffe erst mal gezogen, kann danach kaum noch so getan werden, als wäre gar nichts passiert). Daher ist es für Betroffene manchmal gar nicht so einfach, in bedrohlich erscheinenden Situationen ihrem Fluchtimpuls tatsächlich nachzugeben und alle Höflichkeit und Sorge darüber zu ignorieren, was der/der andere wohl denken mag. Im Prinzip ist es so ähnlich wie bei der Begegnung mit einem wilden Tier, dem man durch plötzliche Bewegungen oder Weglaufen u. U. erst signalisiert, dass man eine schmackhafte Beute wäre und damit einen Angriff provoziert. So versuchen wohl auch viele Menschen innerhalb bestimmter, ihnen bedrohlich erscheinender Situationen, die Normalität so lange wie möglich aufrechtzuerhalten (zur Illustration vgl. Exkurs zu Édouard Louis Beschreibungen einer Gewalterfahrung). Diese Tendenz zur Normalisierung machen sich wiederum andere Menschen zunutze, indem sie ihre Angriffsabsichten erst einmal verbergen, bis sie ihrem potenziellen Opfer so nahe sind, dass eine Flucht nicht mehr möglich ist.

Diese Ambiguität des Spielraums an Deutungsmöglichkeiten spielt z. B. bei sexuellen Übergriffen eine große Rolle. Unter sexueller Belästigung versteht man üblicherweise jede Art von einseitigem und unerwünschtem Verhalten mit einem sexuellen Bezug. Es geht also nicht um soziale Situationen, in deren Verlauf es einvernehmlich von beiden Beteiligten zu einer neuen Rahmung der Interaktion als Flirt oder Anbahnung eines Intimkontakts kommt, sondern um ein einseitig übergriffiges Verhalten, das nicht den in einer vorstrukturierten Situation geltenden Erwartungen und Erwartungserwartungen entspricht. Wenn z. B. ein Arbeitskollege, zu dem man keinerlei privaten Kontakt pflegt, unaufgefordert und unerwidert über sein Sexualleben berichtet oder wiederholt unnötige, weil nichtarbeitsbezogene und scheinbar zufällige Körperberührungen herbeiführt, die als unerwünscht wahrgenommen werden, dann ist das sexuelle Belästigung. Aber selbst wenn sich die betroffene Person bei einer Vorgesetzten formal über ein derartiges Verhalten eines Kollegen beschwert oder sogar Anzeige erstattet, bedeutet das nicht, dass diese (möglicherweise erst retrospektiv vorgenommene) Neudefinition der Situation als Übergriff auch schon während der Begegnung kenntlich gemacht wurde, etwa durch eine explizite Zurückweisung. Da es sich vielfach um mehrdeutige Verhaltensweisen handelt sowie Handlungen, die auch als unbeabsichtigt oder vollkommen harmlos (also nicht sexuell aufgeladen) gedeutet werden können, scheuen viele Betroffene die Konfrontation und das damit verbundene Verlassen des vorgegebenen Interaktionsrahmens.[25] Sie ignorieren stattdessen alle sexuellen Anspielungen bzw. reden sich ein, dass es sich um ein Missverständnis handeln müsse. Die Beurteilung des unangemessenen Ver-

25 Das hat u. a. mit der unter Anwesenden geltenden Tendenz zur Konfliktvermeidung zu tun, vgl. dazu genauer Kap. 2.5.

haltens fällt den Betroffenen in den Situationen oft schwer, vor allem, wenn keine weiteren Personen anwesend sind und die eigene Deutung unterstützen können. Daher sind sie unsicher, ob ihre Interpretation zutreffend ist oder ob sie sich die sexuelle Anspielung möglicherweise nur einbilden.[26] Zahlreiche anschauliche Beispiele für solches Verhalten sowie Beschreibungen der Deutungsversuche und Reaktionen der Betroffenen finden sich in der seit 2017 unter dem Hashtag #MeToo geführten Debatte über sexuelle Belästigung (vgl. Kantor/Twohey 2019).

Die Fesseln der Situation

Im Mittelpunkt des autobiografischen Romans „Im Herzen der Gewalt" von Édouard Louis aus dem Jahr 2016 steht die Aufarbeitung einer realen Gewalterfahrung des Autors. Und da Louis auch Soziologe ist, sind seine Beschreibungen interaktionstheoretisch sehr gut anschlussfähig.

Darum geht es in der Geschichte: Édouard lebt in Paris und lernt am Weihnachtsabend auf dem Heimweg von Freunden Reda kennen, einen jungen Mann, dessen Eltern aus Algerien stammen. Das ist deshalb relevant, weil Einwanderer aus dem Maghreb in Frankreich häufig mit zahlreichen Vorurteilen zu kämpfen haben, Édouard sich aber von derartigen rassistischen Haltungen distanzieren möchte. Daher findet die gesamte Situation unter der Vorgabe statt, dass die ethnische Herkunft für das Verhalten Redas keine Rolle spielt bzw. spielen darf. Édouard nimmt Reda mit zu sich nach Hause, sie verbringen die Nacht miteinander und haben Sex. Am nächsten Morgen als Reda gehen möchte, sucht Édouard sein Handy. Er küsst Reda zum Abschied und bemerkt dabei, dass sein iPad in dessen Manteltasche steckt. Er konfrontiert Reda jedoch nicht und beide tun zunächst so, als sei eigentlich nichts passiert und als habe Édouard Reda nicht gerade beim Stehlen erwischt. Die Rahmung der Situation als Begegnung zweier Männer auf Augenhöhe, die Intimkontakt miteinander hatten, wird entgegen besseren Wissens von beiden aufrechterhalten: Édouard zeigt sich taktvoll und versucht Reda vor einem drohenden Gesichtsverlust zu schützen. Reda wiederum reagiert gar nicht und scheint erst mal abzuwarten. Es ist bemerkenswert, wie lange die beiden Beteiligten in dieser Situation noch kooperieren, um trotz zunehmender Gewalteskalation an der laufenden Interaktion fest- und ihre beiden Selbstbilder so gut wie möglich aufrechtzuerhalten.

Die Geschichte ist zwar in Form einer Ich-Erzählung geschrieben, aber die Geschehnisse dieser Nacht werden von der Schwester des Erzählers (Clara) erzählt, die sie ihrem Ehemann berichtet, während Édouard hinter einer Tür versteckt zuhört. Diese Erzähltechnik ist zwar ein bisschen umständlich, ermöglicht es dem Autor aber, sich von dem Geschehenen zu distanzieren.[27] Er kommentiert zwischendurch Claras Erzählungen und ergänzt Details, die

---

26 Juristisch wird die Frage, ob es sich bei einer Verhaltensweise um eine sexuelle Annäherung handelt oder nicht, offenbar dadurch gelöst, dass man von einer fiktiven „vernünftigen" weiblichen Person und deren Deutung der Situation ausgeht (vgl. Rastetter 1994: 172). Wenn diese sich in der gleichen Situation belästigt fühlen würden, halten die Richter:innen eine Klage für berechtigt.

27 Außerdem gibt es im Text keine einfachen Anführungszeichen für die indirekte Rede.

er seiner Schwester aus Scham nicht berichtet hat. Clara gibt also Édouards retrospektive Beschreibungen seiner Erwartungen und Erwartungserwartungen an Reda wieder, ergänzt durch ihre Erwartungen und Erwartungserwartungen an ihren Bruder, die sich dann natürlich auch an den Erwartungen ihres Ehemanns und Zuhörers orientieren.

„Und er zieht Reda das iPad aus der Tasche. Als ob nichts wäre. Nimmt das iPad und legt es auf den Tisch. Sagt kein Wort dabei. Kein Wort. Zu mir sagt er: In dem Moment hab' ich gehofft, Reda würde einfach so lachen, einfach so, und würde sagen, es war nur ein Scherz, und ich wäre grundlos erschrocken. Ich hab' auf das Lachen gewartet. Aber er lachte nicht" (Louis 2017: 115ff.).

Was macht er stattdessen? Er fragt Reda, ob er sein Telefon gesehen hat. Er sagt nicht: Du hast auch mein Telefon genommen, nein, seiner Erinnerung nach hat er genau das hier gesagt: Hast du vielleicht mein Telefon gesehen. [...]. Und der andere regt sich auf [...], er fragt Édouard, ob der ihn beleidigen will, ihn als Dieb hinstellen will, und Édouard antwortet: Nein, warum regst du dich so auf? [...] Und da hat Édouard gesagt Wenn du es hast, kannst du es mir einfach geben, und wir vergessen das Ganze, ist nicht weiter schlimm [...].Reda erstarrte, während er mir zuhörte. Er sagte nichts mehr (Louis 2017: 115ff.).

An dieser Stelle eskaliert die Situation dann: Reda brüllt Édouard an, fühlt sich beleidigt und wird schließlich gewalttätig.

„Reda schnappt sich den Schal und legt ihn Édouard ruckzuck um den Hals. Édouard kann sich nicht mehr bewegen. Er steht da, so brav wie ein Pferd, auf das sich einer draufsetzt, und auf einmal gehorcht es und tut alles, was er will, und der andere wickelt ihm den Schal um den Hals und zieht zu, zieht zu, zieht zu, Édouard kriegt keine Luft mehr. Reda schrie. [...] Und erst mal hält er das für nicht weiter dramatisch. [...] Denn wenn er Reda schon nicht für einen Dieb gehalten hat, dann doch schon gar nicht für einen, der töten könnte [...]. Aber wie er den Schal vier, fünf Sekunden lang um den Hals gehabt hat, da hat er begreifen müssen. Da hat er zugeben müssen, dass das nicht nur ein bisschen heftig war oder eine Warnung oder so, wie er erst gedacht hat. [...] Der andere wollte ihn umbringen. [...] Und dann hat er endlich gedacht: Der erwürgt mich." (Louis 2017: 120ff.)

Nach dieser ersten Attacke beruhigt sich Reda wieder, aber erstaunlicherweise nutzt Édouard keine der sich ihm bietenden Gelegenheiten zur Flucht, sondern verlangt weiter sein Telefon. Er überredet Reda sogar, ihm bei der Suche nach seinem Telefon zu helfen. Dieses Verhalten ist Édouard rückblickend aber offenbar so peinlich, dass er es noch nicht einmal seiner Schwester erzählt hat. Er macht aus dieser sinnlosen Suche eine Art Wette, bei der der Finder fünfzig Euro erhalten soll. Vielleicht hat er gehofft, dass Reda die Gelegenheit nutzen würde, um so zu tun, als habe er das Telefon gerade irgendwo gefunden. Das passiert jedoch nicht. Aber Reda sucht mit:

„Er ging auf alle viere, legte den Kopf schief, schaute unters Bett. Allerdings war auch erkennbar, dass er gar nicht wirklich suchte, jeder hätte das gesehen, er gab sich kaum Mühe, so zu tun, als würde er das Spiel mitspielen. [..] Ich lief nicht weg. Ich nutzte die Entspannung der Lage nicht, um mich der Tür zu nähern, sie schnell aufzureißen. Ich dachte nicht *Renn weg*. [...] Dann fing er wieder an zu schreien. [...] Und mitten in seiner fortwährenden, quälenden Leier über seine Mutter, seine Familie, die ich angeblich beleidigte, zog er die Waffe aus der Innenseite seines Mantels. Ich hatte sie bis dahin nicht bemerkt." (Louis 2017: 133 f.; Hervorhebung im Original)

Erst infolge der auf ihn gerichteten Waffe ändert schließlich auch Édouard seine Definition der Situation, was ihm nun aber auch nicht mehr hilft. Reda vergewaltigt Édouard, der es danach schafft, ins Treppenhaus zu laufen. Dort gelingt es ihm schließlich, Reda zum Gehen zu bringen, indem er ihm androht zu schreien.

Man kann es beim Lesen kaum glauben, wie lange sich beide Beteiligten dagegen wehren, die laufende Interaktion neu zu rahmen und damit dem beobachtbaren Verhalten des anderen eine neue Bedeutung zu geben.[28] Édouard baut Reda permanent neue Brücken, um dessen Glaubwürdigkeit zu erhalten und seine Handlungen erklärbar zu machen, z. B. als er Reda das iPad kommentarlos aus der Tasche zieht und hofft, dass Reda lacht und dadurch das Einstecken des iPads als Scherz darstellt oder als er ihn bittet, ihm beim Suchen des Telefons zu helfen und ihm so die Gelegenheit gibt, das Telefon unauffällig zurückzugeben. Erstaunlicherweise halten beide auch nach dem ersten Gewaltexzess, der Strangulation, noch an ihrer ursprünglichen Situationsdefinition fest und sprechen miteinander als sei nichts geschehen. Édouard versucht noch nicht einmal zu fliehen oder die Begegnung anderweitig zu beenden. Erst als Reda schließlich eine Pistole zieht und Édouard damit bedroht, kippt die Situation und beide geben ihre bisherigen Bemühungen auf: Reda wird zum Täter, der Édouard zu seinem Opfer macht.

Der Autor reflektiert im weiteren Verlauf seiner Ausführungen selbst darüber, warum das erst so spät passiert sei und warum er nicht bereits vorher die Situation als eine Notlage wahrgenommen habe, aus der er entkommen müsse. Im Buch verweist er auf einen „vergleichbaren Fall für die Unfähigkeit zum Weglaufen" aus dem Roman „Sanctuary" von William Faulkner. Es geht darin um eine junge Frau namens Temple Drake, die nach einem Unfall bei einer Gruppe gewalttätiger Kleinkrimineller landet, die sie bedrohen und schließlich auch vergewaltigen. Obwohl sich dem Mädchen immer wieder Möglichkeiten zur Flucht bieten, bleibt es und geht später sogar freiwillig mit dem Haupttäter in ein Bordell nach Memphis. In einer Szene versucht Temple Drake tatsächlich zu fliehen, kehrt dann aber freiwillig um. Darin erkennt Édouard Louis sein eigenes Erleben wieder und liefert gleichzeitig eine gelungene Beschreibung der Eigengesetzlichkeit und des Zwangs, den soziale Situationen auf die zu ihnen gehörenden Menschen ausüben können. Sowohl Temple Drake als auch er seien „wie von der Situation gefesselt" gewesen, „als bestünde die grundlegende Gewalt der Situation darin, das Außen abzuschaffen und zu einem Leben innerhalb der von ihr gegebenen Grenzen zu zwingen. Das Problem besteht für Temple Drake – und also für mich – zunächst darin, in der Interaktion zu einem bestimmten Verhalten gezwungen zu sein, sondern im Zwang dazu, im Rahmen dieser Interaktion *zu bleiben*, in der von der Situation geschaffenen Szene [..]. In jener Nacht gelang es mir, mich von Reda zu befreien, aber erst

28 Ähnliche Erzählungen über Normalitätsinszenierungen vor oder auch nach brutalen Übergriffen – hier allerdings vom Täter ausgehend – finden sich auch in den Erlebnisberichten anderer Opfer sexueller Gewalt, so z. B. bei Samira Bellil (2005).

sehr spät, nach sehr langer Zeit, und ebenso wie bei Temple Drake war der wirkliche Wille zur Flucht […] meine letzte Reaktion." (Louis 2017: 138 f.; Hervorhebung im Original)

Louis, Édouard (2017): Im Herzen der Gewalt. Frankfurt/M.: Fischer Verlag.

Eine weitere Möglichkeit der ritualisierten Bewältigung direkter Begegnungen und der damit verbundenen Gefahren körperlicher Verletzung ist die *Begrüßung*. Mithilfe des Grußes soll die „Krise der Begegnung" (Allert 2005: 29), die fast immer entsteht, wenn zwei Menschen aufeinandertreffen, bewältigt werden. Begrüßungen markieren den Beginn einer Begegnung bzw. einer Phase erhöhter wechselseitiger Zugänglichkeit[29] und organisieren deren weiteren Verlauf: Man signalisiert dem anderen nicht nur Gegenwärtigkeit, sondern auch Friedfertigkeit, prinzipielle Kooperationsbereitschaft und Ansprechbarkeit (vgl. Goffman 1973e: 79 ff.).

Der Vorgang des Grüßens ist in der Regel dreiteilig strukturiert und besteht aus dem Gruß, dessen Annahme und der Erwiderung bzw. dem Gegengruß. Damit ist der Gruß der Prototyp eines *Interaktionsrituals*: Es handelt sich um eine standardisierte Abfolge menschlicher Handlungen innerhalb direkter Begegnungen, mit deren Hilfe immer auch eine wechselseitige Verpflichtung einhergeht, die in dem Ritual performativ – also für alle beobachtbar – inszeniert wird.[30] Durch die mehr oder weniger festgelegte äußere Form des Grüßens entsteht Erwartungssicherheit und die Situation erhält eine soziale sowie eine zeitliche Struktur. So markiert der Austausch von Grüßen in der Regel sowohl Beginn und Ende einer zentrierten Interaktion[31] als auch eine Art minimaler Gegenseitigkeit und Verbundenheit. Wer einen Angriff plant, begrüßt sein Opfer vorher in der Regel nicht.[32] Durch den Gruß wird eine gewisse Verpflichtung zueinander hergestellt, und es entsteht eine basale Form von Sozialität. Allert (2005: 36) nennt den Gruß eine „Urform des Sozialen". Man darf vermuten, dass das Grüßen vor allem in gefährlicheren Zeiten, in denen jede Begegnung mit größeren körperlichen Gefahren als heute verbunden war, eine wichtige Rolle gespielt hat. Historischen Studien zufolge reichte im Mittelalter z. B. bereits das Ausbleiben eines Grußes aus, um als Kampfansage interpretiert zu werden, wohingegen ein Ritter nach einem Gruß nicht mehr zum Kampf gefordert werden durfte (vgl.

---

29 Trotz Begrüßung ist es aber natürlich trotzdem möglich, dem anderen zu signalisieren, dass man jetzt keine Zeit oder kein Interesse an weiterer Kommunikation hat, indem man z. B. einfach im Vorbeigehen grüßt (vgl. dazu auch Goffman 1974c: 113 f., 121 f.). Insofern ist der Gruß nicht immer gleichbedeutend mit einer Gesprächseröffnung.

30 Allgemeinere Überlegungen zu Ritualen (also nicht nur denen in Face-to-Face Interaktionen) finden sich bei Stollberg-Rilinger 2019.

31 Das kann im Fall eines kurzen Zunickens zeitlich auch zusammenfallen.

32 Vermutlich gibt es aber auch besonders perfide Übeltäter:innen, die ihre Opfer durch einen Gruß vor dem Angriff in Sicherheit wiegen wollen.

Bolhöfer 1912). Den verpflichtenden Charakter des Grüßens gibt es auch heute noch: So gilt etwa das Unterlassen eines Grußes zwischen Bekannten, also dort wo man einen Gruß normalerweise erwarten darf, als unfreundlich und wird als Beleidigung oder Ausschluss gewertet. Entsprechend erkennt man Außenseiter:innen bzw. Personen, die aus einer Gemeinschaft ausgestoßen wurden, u. a. daran, dass sie nicht (mehr) begrüßt werden.

Goffman (vgl. 1973e: 70 ff.; 1974c: 111 ff.) beschreibt Begrüßungen als *Zuvorkommenheitsrituale*, mit deren Hilfe der Rahmen festgelegt wird, in dem eine Kommunikation stattfindet und die Regeln, die im weiteren Situationsverlauf gelten. Dabei variiert die Art der Begrüßung je nach der räumlichen Distanz zwischen den Beteiligten, je nach ihrer Beziehung und Verbundenheit miteinander und je nach Länge des Zeitraums, der seit der letzten Begegnung vergangen ist bzw. bis zur nächsten vergehen wird. Insofern sind Begrüßungen immer auch Beziehungszeichen (*tie-signs*), d. h. Anzeichen für den jeweiligen Beziehungsstatus der beteiligten Personen (Goffman 1974d: 262 ff.): Während man einem flüchtigen Bekannten im Vorbeigehen nur kurz zunickt, ist man bei längeren, in der Vergangenheit verankerten Beziehungen verpflichtet, kurz anzuhalten, die Hand zu reichen und auch noch nach dem Befinden der Kinder oder des Partners zu fragen. Form und Intensität des Grüßens spiegelt also die Art der Beziehung zwischen den Beteiligten wider. Außerdem drückt sich die Verbundenheit zwischen zwei Personen u. a. in den verwendeten Körperteilen aus: Man kann sich mit der Hand (Handschlag), den Armen (Umarmung) oder auch den Lippen (Kuss) begrüßen, wobei es sich um eine Art Stufenleiter sozialer Nähe der Beteiligten zu handeln scheint: Je besser man sich kennt, desto enger und näher auch die Begrüßung.

Bei Begrüßungen über größere Entfernungen hinweg erfolgt der Gruß z. B. häufig durch das Heben der offenen Hand oder durch Winken. Die Arme spielten bei der Begrüßung offenbar schon eine entscheidende Rolle, als man noch Waffen trug, deren Zeigen dann wohl eher als Drohung zu verstehen war. Insofern darf man vermuten, dass das Zuwenden der offenen waffenlosen rechten Hand beim Grüßen nicht zufällig, sondern traditionell als Zeichen der Friedfertigkeit zu deuten ist (vgl. Schürmann 1994). Wenn man einander so nahe ist, dass der andere auch die Mimik erkennen kann, grüßt man mit Bewegungen des Kopfes (Zunicken) und einem Lächeln oder dem Heben der Augenbrauen (Augengruß) und/oder natürlich mit verbalen Grußformen („Hallo", „Hi", „Guten Tag" etc.).[33]

Prinzipiell sind Grüßende Teil einer (Gruß-)Gemeinschaft, deren Zusammengehörigkeit sowie Abgrenzung gegenüber anderen u. a. durch den Gruß markiert und bekräftigt wird. Entsprechend gibt es auch gruppen- bzw. geschlechtsspezifische Grußrituale, z. B. in Männer-Fußballmannschaften: Hier wird sich üblicherweise mit Händedruck, Handschlag, Schulterklopfen oder Kopf-Tätscheln

---

33 Zur genauen Abfolge verbaler Begrüßungen vgl. die konversationsanalytische Studie von Schegloff (1968), die mittlerweile als Klassiker gilt.

begrüßt (vgl. Müller 2009: 151 ff.). Diese Begrüßungsform stellt eine Mischung aus kollegialer Geste und männlicher Solidarität dar. Während nämlich auch Männer, die nicht zur Mannschaft gehören, zumindest mit Handschlag und je nach Bekanntschaftsgrad auch mit Schulterklopfen begrüßt werden, ist der Gruß nicht selbstverständlich auf Begegnungen mit Frauen übertragbar (auch nicht mit Fußballerinnen). Stattdessen scheint es bei diesem Begrüßungsritual, das eine Mischung aus Jovialität, Kraft und Herzlichkeit darstellt, ohne übertrieben gefühlsbetont zu erscheinen, auch um die Inszenierung traditioneller hegemonialer Männlichkeit zu gehen.

Gruppenspezifische Grußformen stellen immer auch eine Herausforderung an die beteiligten Personen und deren Interaktionskompetenz dar, da sie eine potenzielle Quelle für Fehler und damit verbundene Peinlichkeiten werden können. Das gilt nicht nur für Menschen aus unterschiedlichen Ländern oder Kulturkreisen, sondern durchaus auch zwischen verschiedenen Altersgruppen oder Freundeskreisen. So begrüßen sich Jugendliche z. B. eher selten mit „Guten Tag“ oder Händeschütteln und würden eine derartige Begrüßung durch einen Gleichaltrigen vermutlich als unangemessen bewerten. Gleichzeitig erfordert jedoch die korrekte Durchführung einer der zahlreichen unter Jugendlichen üblichen Hand- oder Faust-Abschlaggesten („High five“ oder „Gib mir check“) etwas Übung und misslingt leicht. Darüber hinaus gilt, dass auch nicht jede:r das Recht darauf hat, eine solche gruppenspezifische Begrüßung zu verwenden. Das steht nur Personen zu, die bereits Gruppenmitglied sind. Maßt sich ein:e Außenstehende:r eine solche Art der Begrüßung an, die als zu vertraut und informell wahrgenommen wird und nicht der sozialen Beziehung der Beteiligten entspricht, darf er/sie damit rechnen, vom Gegenüber korrigiert zu werden. So erwidert die Abteilungsleiterin möglicherweise auf das vertrauliche Winken und „Hallihallo“-Rufen einer Praktikantin nur kühl „Guten Tag“, um wieder etwas Distanz herzustellen und sie gleichzeitig auf ihr Fehlverhalten hinzuweisen. Auch Wangenküsse und die zahlreichen Möglichkeiten ihrer Ausführung sorgen regelmäßig für Verlegenheit: auf die rechte oder linke Wange zuerst, zwei- oder dreimal, mit Hautkontakt oder nur angedeutet in die Luft, mit Umarmung oder ohne etc. Besonders peinliche Folgen hat es, wenn eine:r der Beteiligten keinen weiteren Wangenkuss mehr erwartet, sich bereits wegdreht, daher die Köpfe zusammenstoßen oder aber die Münder sich ungewollt in der Mitte treffen.

Exkurs zum deutschen Gruß

Tilman Allert beschreibt in seiner sehr lesenswerten „Geschichte einer unheilvollen Geste“ wie in Deutschland nach der Machtergreifung der NSDAP im Januar 1933 innerhalb kurzer Zeit der sog. Hitlergruß als Alltagsgruß durchgesetzt wurde. Dieser neue „deutsche Gruß“ bestand aus der verbalen Formel „Heil Hitler“ sowie dem gleichzeitig dazu in Augenhöhe ausgestreckten rechten Arm mit der geöffneten, nach unten zeigenden Hand. In seinen Analysen rekonstruiert er zunächst die Bedeutung des sprachlichen Teils des Grußes und stellt fest, dass es durch die Anrufung einer dritten, beim Gruß nicht anwesenden Person zu einer Verschiebung der Bedeutung des Grüßens komme: Hitler werde ähnlich wie in der Formel „Grüß Gott" als eine übergeordnete Instanz und Schutzmacht der Begegnung angerufen und damit sakralisiert. Der gestische Teil des Grußes befremde einen Beobachter zunächst, da es sich nicht um sonst übliche Handgesten der Begrüßung handele, wie z. B. einen Handschlag. Mit dem ausgestreckten Arm werde auch nicht wirklich Kontakt zum Gegenüber aufgenommen, sondern der Arm weise nach oben, weg vom anderen, in einen leeren Raum hoch über den Köpfen. Die gesamte Körperhaltung erinnere zwar vage an Formen des militärischen Grußes bzw. eine Art Schwur, aber die Geltung des Grußes habe sich gerade auf zivile Begegnungen im öffentlichen Raum bezogen.

Letztlich kommt Allert (2005: 72) zu dem Schluss, dass der Hitlergruß „alles andere als ein Gruß [ist; M.M.] – das wird er allenfalls durch den situativen Rahmen des Grüßens –, vielmehr reproduzierte er die alltägliche Inszenierung eines wechselseitigen Appels, bereit zu sein für den Einsatz in einer bevorstehenden Ernstsituation des Kampfes." Durch den Gruß seien die Menschen zu Mitgliedern einer nationalsozialistischen Gemeinschaft gemacht und immer wieder an ihre Verpflichtung zu einer gemeinsamen Aufgabe und ihrer Gefolgschaft Hitlers erinnert worden. Insofern zeige der Gruß die Zugehörigkeit zur „nationalsozialistischen Volksgemeinschaft" an. Wer nicht mit dem Hitlergruß grüßte, konnte bereits 1933 inhaftiert und ins Konzentrationslager geschickt werden. Mit Verabschiedung des sog. „Heimtückegesetzes" von 1934 gab es dann auch Sondergerichte zur strafrechtlichen Verfolgung von Grußverweigerern (ebd.: 89 f.). Genau das scheint die Hauptfunktion des Hitlergrußes gewesen zu sein: die Erkennbarkeit der Haltung zum Nationalsozialismus. So sei an der Art, wie jemand den Gruß absolvierte, häufig seine/ihre Haltung zum Nazi-Regime ablesbar gewesen. Manche hätten nur eine knappe Handbewegung ausgeführt, aber „Guten Morgen" gesagt oder nur „Heil". Wieder andere hätten die Augen beim Gruß schamhaft gesenkt gehalten (ebd.: 93 f.). Gleichzeitig habe der Grußzwang das Misstrauen und die Denunziationsbereitschaft der Deutschen gefördert und die allgemeine Sozialität dadurch untergraben, dass alltägliche Begegnungen immer auch zur wechselseitigen Überprüfung der politischen Gesinnung wurden.

Belege dafür finden sich auch in den Tagebüchern von Victor Klemperer, der zur Zeit des Nationalsozialismus Professor in Dresden war. Er berichtet von der Einführung des Hitlergrußes im Juli 1933 an seiner Uni:

„Zwang zum Hitlergruß. Zwang nur innerhalb der Dienststelle. Bloß: Es wird erwartet, daß man den Gruß auch sonst anwende, um sich nicht dem Verdacht staatsfeindlicher Gesinnung auszusetzen! Bisher grüßten mich kleine Beamte und Kollegen mit Kopfnicken wie sonst, und ich erwiderte ebenso. Auf Kanzleien aber sah ich die Angestellten untereinander immerfort die Hand heben." (Klemperer 1998: 44. Eintrag vom 28. Juli 1933, Freitagmorgen)

Allert zufolge zeigt auch die Tatsache, dass sich vor allem in privaten Kontexten parallel zum Hitlergruß auch wieder das normale Grüßen seinen Weg bahnte, dass es sich beim Hitlergruß nicht im eigentlichen Sinne um einen Gruß gehandelt habe. Demnach reichte man sich nach dem offiziellen „Heil Hitler" zusätzlich die Hand. Darüber hinaus scheint es bei der Zustimmung zum Hitlergruß ein Nord-Süd-Gefälle gegeben zu haben, was u. a. mit konfessionellen Unterschieden zu tun gehabt habe. So galt München als „Hauptstadt der Grüß-Gott-Bewegung" und wer den „obligatorischen Hitlergruß beim Passieren der Feldherrenhalle umgehen" wollte, habe einfach das sog. „Drückebergergäßchen" genommen, wie die Viscardigasse auch genannt wurde (Allert 2005: 86).

Geheimdienstberichten zufolge scheint die Konformität des Hitlergrußes spätestens mit Kriegsbeginn nachgelassen zu haben und seine Durchführung nicht mehr rigoros durchgesetzt worden zu sein (Allert 2005: 86). Darauf weisen auch die Tagebucheintragungen Klemperers (1998: 597) hin, der am 9. Juni 1941 schrieb: „Die Stimmung ist sehr schlecht. Die Arbeiter drehen ab. Sie sagten früher ‚Heil Hitler', jetzt sagen sie ‚Guten Tag'."

Die Analyse Allerts belegt anschaulich die große Bedeutung solcher vermeintlich kleinen Interaktionsrituale. So trug nicht zuletzt die Etablierung des Hitler-Grußes, der eben eigentlich gar kein Gruß war, sondern eher eine Art verkleideter Schwur, zu der Entstehung eines allgemeinen Klimas des Misstrauens und der Angst in der Zeit des Nationalsozialismus bei. Diese gesamtgesellschaftlichen Verschiebungen spiegelten sich auch in einer vorübergehenden Veränderung der Interaktionsordnung wider.

Literatur:

Allert, Tilman (2005): Der deutsche Gruß. Geschichte einer unheilvollen Geste. Berlin: Eichborn.

Klemperer, Victor (1998): Ich will Zeugnis ablegen bis zum letzten. Tagebücher 1933–1941. Berlin: Aufbau Verlag.

Eine andere Art körperlicher Gefährdung in direkten Begegnungen ergab sich durch den Ausbruch der Corona-Pandemie: Infolge der Angst vor Ansteckung mit einem für das bloße Auge unsichtbaren Virus begannen Menschen, sich und vor allem ihre Körper wechselseitig primär als potenzielle Bedrohung und mögliche Virusüberträger:innen wahrzunehmen. Das wiederum resultierte in einer beobachtbaren „Refiguration der Interaktionsordnung" (Knoblauch 2020) bzw. einer Art Not-Interaktionsordnung. Insofern stellte die Corona-Pandemie besonders für Interaktionssoziolog:innen eine Art natürliches Experiment dar, während der sie beobachten konnten, was passiert, wenn die üblichen Bedingungen sozialer Interaktion zumindest teilweise außer Kraft gesetzt werden (vgl. Collins 2020).

Zu den offensichtlichsten Veränderungen gehörte z. B., dass es aufgrund staatlich vorgegebener Distanzregeln und Berührungsverbote zu einer Neuinterpretation des *persönlichen Raums* kam. Das ist der Bereich, der eine Person direkt umgibt, und in den andere Menschen nicht ohne Weiteres eindringen dürfen, ohne dass es als Übergriff wahrgenommen wird (vgl. Kap 2.4). So durfte man unter Pandemiebedingungen auch vertrauten Personen nicht mehr so nah wie vorher kommen. Für alle Menschen, mit denen man nicht in einem Haushalt zusammenlebte, wurde empfohlen, einen Abstand von mindestens 1,50 bis 2 Meter einzuhalten. Diese Maßnahmen des sog. *social distancing* wirkten sich auch auf Begrüßungen aus, bei denen nun auf direkte Berührungen fast vollständig verzichtet wurde: Umarmungen oder Wangenküsse entfielen ebenso wie alle Arten von Handkontakt, die als häufigste Wege der Krankheitsübertragung galten. Dieses neue offizielle Gebot störte die alltäglichen Routinepraktiken des Grüßens erheblich und resultierte in erheblichen Unsicherheiten bei der Eröffnung von Begegnungen (vgl. Mondada et al. 2020). So zögerte man bei Begegnungen mit guten Bekannten, wusste nicht, ob man nun die Hand geben darf oder nicht oder wich zurück, wenn der/die andere eine Umarmung durchführen wollte. Als Alternativen entwickelten sich neue Begrüßungsformen wie z. B. der Faustgruß oder der Ellenbogen-Check.

Weiteren Einfluss auf die Interaktionsordnung hatte die Verbreitung von medizinischen Gesichtsmasken, die Mund und Nase bedecken und vor allem in Innenräumen eine Virusübertragung durch die Luft verhindern sollten. Durch eine solche Maske lassen sich jedoch all die ansonsten mit dem Grüßen verbundenen mimischen Signale, etwa ein Lächeln, nicht mehr erkennen. Letztlich wurde durch die Masken das gesamte Kommunikationspotenzial und die Möglichkeiten des *face-work* (Goffman) in unmittelbaren Interaktionen erheblich eingeschränkt.[34] Gleichzeitig symbolisierte die kaum übersehbare Maske in der direkten Interaktion aber auch eine Art gegenseitiges Misstrauen und hielt die potenzielle Ansteckungsgefahr präsent. Dass es zunächst so vielen Menschen schwer fiel, auch in den kleinen alltäglichen Begegnungen Distanz zu halten und im Umgang mit Bekannten eine Maske zu tragen, lag möglicherweise daran, dass Masken-Tragen als unhöflich gedeutet werden kann, als eine Art unausgesprochener Vorwurf: Ego antizipiert dabei die Wahrnehmung Alters, dem durch das Tragen einer Maske angezeigt wird, dass Ego ihn als Gefahr und möglichen Virusüberträger wahrnimmt – vor allem, wenn Alter keine Maske trägt. Allein das Tragen einer Maske konnte also – je nach Kontext – als Beleidigung oder Misstrauen gedeutet werden – oder zumindest war das zu befürchten. Daher musste die Durchsetzung einer allgemeinen Maskenpflicht auch von weitreichenderen sozialen Umdeutungen und Neuinterpretationen begleitet werden, damit Distanz-Halten und Maske-Tragen nicht mehr als unhöflich, sondern im Gegenteil als neue Norm der Rücksichtnahme und Höflichkeit wahrgenommen werden konnten. Aus dieser Perspektive sollte das Tragen einer Maske dem Gegenüber anzeigen, dass man sich selbst als potenzielle Gefahr markierte und den anderen damit zu schützen beabsichtigte. Diese neuartige Sichtweise brachte ein Virologe mit der Formulierung des „pandemischen Imperativs" folgendermaßen auf den Punkt: „Handle in einer Pandemie stets so, als seist du positiv getestet und dein Gegenüber gehörte einer Risikogruppe an." (Drosten 2020: o. S.)

Die Corona-Pandemie brachte außerdem einen starken Anstieg technisch übermittelter Kommunikation mit sich, um auf diese Weise direkte Kontakte

34 Das galt in verschärfter Form für gehörlose Menschen, da die Bewegungen des unteren Gesichtsbereichs und der Lippen (Mundbild) wichtige Bestandteile der Gebärdensprache sind.

und die Möglichkeit der Virusübertragung einzuschränken. Videokonferenzen wurden für viele Menschen alltäglich und es zeigte sich schnell, welche direkten Interaktionen sich relativ unproblematisch durch technische Vermittlung ersetzen lassen und welche eher nicht: So konnten vor allem Tätigkeiten, die sich primär auf die Bearbeitung von Sachthemen beziehen und bei denen die Beziehungsebene zwischen den Teilnehmer:innen keine wichtige Rolle spielte, relativ unkompliziert durch technisch übermittelte Kommunikation (zumindest vorrübergehend) ersetzt werden (vgl. z. B. Roth/Laut 2023). Das gilt z. B. für die Arbeit vieler Unternehmen sowie für die Lehre an Universitäten. Dagegen ließ sich der Schulunterricht vor allem in den unteren Jahrgängen nicht so leicht auf Fernunterricht umstellen, was vermutlich damit zu tun hat, dass die Lehrer:innen-Schüler:innen-Beziehung hier noch stärker auch durch diffuse und nicht nur funktional spezifische Rollenerwartungen strukturiert wird. Tatsächlich mussten in der Pandemie aber auch viele enge persönliche Beziehungen, wie z. B. die zwischen Großeltern und Enkelkindern oder Freund:innen, zumindest vorübergehend auf computervermittelte Kommunikationswege ausweichen. Offenbar lassen sich auch auf diesem Weg bestehende persönliche Beziehungen weiterführen und die Zeit bis zum nächsten realweltlichen Treffen überbrücken. Insgesamt lässt sich feststellen, dass die Frage nach den Unterschieden zwischen Face-to-Face Interaktion und technisch vermittelter Kommunikation sowie der Ersetzbarkeit unmittelbarer Anwesenheit durch die Corona-Krise eine unerwartete Konjunktur erlebt hat und zu einem wichtigen aktuellen Forschungsfeld der Interaktionsforschung geworden ist (vgl. hierzu ausführlich Kap. 4.1).

2.4 Körper im Raum: Zur Organisation von Nähe und Distanz unter Anwesenden

Die meisten der Überlegungen und Konzeptualisierungen menschlicher Raumansprüche wurden durch Vergleiche mit der Tierwelt inspiriert und beziehen sich auf die zoologische Verhaltensforschung. Dort spricht man von „Territorial- oder Revierverhalten“ und meint damit Verhaltensweisen, mit denen ein Lebewesen ein abgegrenztes Gebiet gegenüber Artgenossen verteidigt und lediglich in der Paarungszeit Ausnahmen zulässt. Demnach ermöglicht erst die Organisation getrennter Territorien ein sicheres Zusammenleben innerhalb einer Spezies. Der US-amerikanische Anthropologe Edward T. Hall übertrug diese Überlegung auf menschliches Sozialleben:

„Auch der Mensch orientiert sich am Territorialitätsprinzip, und er hat viele Methoden erfunden, um das zu verteidigen, was er als sein eigenes Land, sein Revier oder seine Gegend betrachtet. Das Entfernen von Grenzmarkierungen und das Eindringen in das Eigentum eines anderen Menschen gelten in weiten Teilen der westlichen Welt als strafbare Handlungen. Das Haus eines Menschen ist nach englischem Gewohnheitsrecht seit Jahrhunderten seine Burg (*My home is my castle!*) und wird durch Verbote vor unrechtmäßiger Durchsuchung und Beschlagnahme selbst durch Beamte der Regierung geschützt. Es wird sorgfältig unterschieden zwischen Privateigentum, was als individuelles Territorium gilt, und öffentlichem Eigentum, was als gemeinsames Territorium einer Gruppe verstanden wird." (Hall 1966: 10, eigene Übersetzung)

Goffman ließ sich für sein Konzept der Raumansprüche (1974a: 57, FN 3) u. a. durch Beschreibungen des Schweizer Tierpsychologen und Zoodirektors Heini Hediger inspirieren, der sich intensiv mit dem Verhalten von Tieren in Gefangenschaft auseinandergesetzt hat. Besonders fasziniert zu haben scheint Goffman dabei die Idee, dass sich Menschen durch die geschickte Ausnutzung von Raumansprüchen und damit einhergehendem Vermeidungsverhalten praktisch lenken lassen könnten. Die Idee dazu fand er bei Hedigers Ausführungen zur Raubtierdressur, denen zufolge die sog. kritische Distanz ausschlaggebend war: Das ist der Abstand bei dessen Unterschreitung ein Tier zum Angriff übergeht. Kommt der/die Dompteur:in dem Tier zu nahe und eine Fluchtmöglichkeit ist z. B. durch Gitter abgeschnitten, wird es Drohgesten machen bzw. sich auf sie/ihn zubewegen und dabei auch auf möglicherweise im Weg stehende Hindernisse steigen, wie z. B. einen Hocker. Bewegt sich die/der Dompteur:in wieder zurück, bleibt das Tier stehen, sobald die kritische Distanz wiederhergestellt ist, und zwar auch dann, wenn es gerade auf dem Hocker steht. Insofern basieren große Teile der Tierdressur vor allem auf der Kenntnis dieser Raumansprüche und des geschickten Einsatzes dieses Wissens. Goffman (1974a: 57) erkennt hier Parallelen zum Verhalten von Taschendieb:innen bzw. deren Helfer:innen, die durch das gezielte Eindringen in den körperlichen Nahraum eines potenziellen Opfers dieses dazu bringen, auszuweichen und es damit in eine Position manövrieren, in der der/die Dieb:in ihre/seine Beute besser erreichen kann.

Aus interaktionstheoretischer Perspektive ist hierbei vor allem die Beobachtung interessant, wie sehr solche unsichtbaren Grenzen das Verhalten in sozialen Situationen beeinflussen. Es stellt sich die Frage, inwiefern sich diese Überlegungen auch auf menschliches Sozialverhalten übertragen lassen. Ähnlich den Tieren erheben z. B. auch Menschen territoriale Ansprüche, in deren Mittelpunkt zunächst einmal der Schutz der eigenen Person und des eigenen Körpers stehen. Goffman zufolge ist das Einhalten dieser Grenzen und die damit verbundene Organisation des in Situationen geteilten Raums ein entscheidender Bestandteil der Interaktionsordnung. Er beschreibt diese ritualisierten Umgangsregeln, die bei unmittelbaren Begegnungen gelten, als Formen von *Ehrerbietung und Benehmen* (*Deference and Demeanor*) (vgl. Goffman 1973e). Dabei geht es zum einen darum, Handlungen zu vermeiden, die den/die andere:n in irgendeine Art von Bedrängnis bringen würden – und zwar sowohl körperlich als auch im übertragenen Sinn. Persönliche Räume ebenso wie die Privatsphäre müssen respektiert werden. Durch das Einhalten von Abständen, Rücksichtnahme (*referential avoidance*), Zurückhaltung (*deferential avoidance*) und Takt werden sowohl die Körper als auch die Selbstdarstellungen der Interaktionspartner:innen geschützt. Zu diesen sog. *Vermeidungsritualen* (*avoidance rituals*) gehört es z. B. auch, offensichtliche Schwächen des anderen nicht auszunutzen und bei Missgeschicken mitzuhelfen, die Situation wieder zu normalisieren. Zum anderen wird dem anderen freundlich und zuvorkommend begegnet und signalisiert, dass man selbst keine Gefahr für ihn darstellt (*deference acts*), etwa durch Grußrituale (vgl. Kap. 2.3). Darüber hinaus gilt die Erwartung an alle Interaktionsteilnehmer:innen, sich vertrauenswürdig zu benehmen, ansprechbar zu sein und die Selbstdarstellungen anderer nicht zu gefährden (*demeanor*).

Ein zentraler Bestandteil dieser wechselseitigen Erwartungen und Verpflichtungen ist die Wahrung von Raumansprüchen, die je nach Situation und beteiligten Personen variieren können. So scheint jeder Mensch bzw. dessen Körper von einer Art persönlichem Raum umgeben zu sein: einer kleinen Blase, die gegenüber den meisten anderen Personen verteidigt wird. Simmel (1908a/1992: 396) beschrieb dieses Nahfeld als „ideelle Sphäre", in die andere Menschen nicht eindringen dürfen, ohne dass es als Übergriff wahrgenommen wird. Nur vertraute Personen, wie z. B. die eigenen Kinder, der/die Intimpartner:in oder enge Freund:innen, dürfen diese Grenzen überschreiten und den/die andere:n unter Umständen sogar berühren. Das Ausmaß dieses persönlichen Raums variiert jedoch, etwa nach Kultur: So schlug der US-amerikanische Anthropologe Edward T. Hall (1966) in den 1960er Jahren eine Differenzierung vor zwischen sog. *high-contact cultures* (z. B. Personen aus südeuropäischen, arabischen und lateinamerikanischen Ländern) und *low-contact cultures* (z. B. Menschen aus Nordamerika und Nordeuropa). Später wurde diese Typologie noch um sog. *non-contact cultures* ergänzt, zu der vornehmlich asiatische Länder gezählt werden.

Die interkulturelle Variabilität des persönlichen Raums belegt ein interessantes Beispiel aus dem Nordwesten Kenias, wo offenbar auch der eigene Schatten als Teil der Person verstanden wird, der weder von anderen berührt noch betreten werden darf (vgl. Behrend 2020: 68 f.). Ein solches auf den Schatten treten wird als eine Art Angriff auf die Person gedeutet und gilt als schwere Beleidigung, die einer Entschuldigung bedarf.

Kulturelle Raum-Unterschiede

Edward T. Hall (1959: 205 ff.) beschrieb die interkulturell variierende Größe des persönlichen Raums anhand eines Erlebnisses, dass er nach einer Vorlesung mit einem Mann aus Südamerika hatte.

„He came to the front of the class at the end of the lecture. [...] We started out facing each other, and as he talked I became dimly aware that he was standing a little too close and that I was beginning to back up. Fortunately, I was able to suppress my first impulse and remain stationary because there was nothing to communicate aggression in his behavior except the conversational distance. [...] By experimenting I was able to observe that as I moved slightly, there was an associated shift in the pattern of interaction. He had more trouble expressing himself. If I shifted to where I felt comfortable (about twenty-one inches), he looked somewhat puzzled and hurt, almost as though he were saying, ‚Why is he acting that way? Here I am doing everything I can to talk to him in a friendly manner and he suddenly withdraws. Have I done anything wrong? Said something I shouldn't?' Having ascertained that distance had a direct effect on his conversation, I stood my ground, letting him set the distance. [...]

In Latin America the interaction distance is much less than it is in the United States. Indeed, people cannot talk comfortably with one another unless they are very close to the distance that evokes either sexual or hostile feelings in the North American. The result is that when they move close, we withdraw and back away. As a consequence, they think we are distant or cold, withdrawn and unfriendly. We, on the other hand, are constantly accusing them of breathing down our necks, crowding us, and spraying our faces. Americans who have spent some time in Latin America without learning these space considerations make other adaptations, like barricading themselves behind their desks, using chairs and typewriter tables to keep the Latin American at what is to us a comfortable distance. The result is that the Latin American may even climb over the obstacles until he has achieved a distance at which he can comfortably talk." (Hall 1959: 205ff.)

Literatur:

Hall, Edward T. (1959): The Silent Language. Garden City, New York: Doubleday.

Zur Erfassung und Beschreibung dieser territorialen Ansprüche und Regeln bzgl. Nähe und Distanz zwischen Menschen gibt es verschiedene Konzepte. Hall (1966: 78ff.) unterteilte die Umgebung einer Person in insgesamt vier Distanzzonen, die den/die Einzelne:n wie konzentrische Kreise umgeben, und die er sogar ausgemessen hat: Demnach gibt es den bereits erwähnten persönlichen Raum (*personal distance*), der Hall zufolge in den USA und Nordeuropa etwa 50 Zentimeter von unserem Körper entfernt beginnt und bis zum Abstand von 1,20 Meter reicht. In diesem Armlängen-Abstand unterhalten wir uns mit Bekannten und Freund:innen. Näher an uns heran, in die sog. intime Zone (*intimate distance*), lassen wir nur sehr enge Freunde, (manche) Familienmitglieder oder den/die Partner:in – auch das jedoch keineswegs in jeder Situation. Mit diesen ausgesuchten Personen ist dann auch direkter Körperkontakt möglich und wird auch als angenehm empfunden, während Eindringen in diesen engsten Körperraum und Berührungen durch andere Menschen als Angriff erlebt werden bzw. in besonderem Maß legitimationspflichtig sind, wie z. B. bei medizinischen Interventionen. Darüber hinaus unterscheidet Hall zwischen der sozialen Zone (*social distance*), die jenseits des persönlichen Raums beginnt und bis ca. 3,70 Meter um uns herum reicht, innerhalb der wir mit Fremden reden oder mit Servicepersonal, und der öffentlichen Zone (*public distance*), die den Umkreis jenseits der 3,70 Meter umfasst. In diesem Abstand treffen wir z. B. als Zuhörer:in oder Passant:in auf andere Personen, die dann jedoch nicht als Bedrohung wahrgenommen werden.

Goffmans (1974a) Beschreibungen der sog. *Territorien des Selbst* sind etwas komplexer als Halls ziemlich starre Distanzzonen, da er nicht nur ortsgebundene, also geografisch festgelegte, Ansprüche erfasst, sondern auch situationelle, also nur vorübergehende Nutzungsrechte, sowie egozentrische und damit gewissermaßen mobile, an den Anspruchsträger gebundene Reservate. Auf diese Weise unterscheidet Goffman insgesamt acht Territorien: Den Anfang macht der *persönliche Raum (personal space)*, der in etwa Halls Beschreibungen der *personal distance* entspricht (s. o.). Es ist der Nahraum einer Person, in den andere nur unter bestimmten Umständen eindringen dürfen, ohne dass es als Übergriff erlebt wird. Die Ausdehnung dieses Raums variiert jedoch in Abhängigkeit von der Anzahl und Dichte der Anwesenden, den konkreten Personen und deren Absichten, den strukturellen Vorgaben (z. B. Sitzeinrichtungen), der Art der Situation etc. In einem nahezu leeren Zug gilt es z. B. als übergriffig, wenn sich ein neu einsteigender, unbekannter Fahrgast direkt neben einen setzt, nicht jedoch, wenn es sich um die eigene Schwester handelt oder aber der Zug sehr voll ist. Insofern lässt sich der persönliche Raum nicht als eine feste Größe beschreiben, sondern als ein temporäres, situationelles Reservat, in dessen Mittelpunkt das Individuum steht (vgl. Goffman 1974a: 57).[35]

Dass der persönliche Raum nicht selbstverständlich und bei jedem Menschen gleich groß ist, lässt sich am Beispiel von Kindern verdeutlichen. So wird Babys und Kleinkindern offenbar (noch) kein Anspruch auf einen eigenen persönlichen Raum zugesprochen. Wenn überhaupt werden sie je nach Kontext dem Besitzterritorium der Eltern zugerechnet. Ansonsten scheinen die meisten Personen es für durchaus angemessen zu halten, fremde Kinder nach Belieben anzufassen, ihnen übers Haar zu tätscheln oder in die Backen zu kneifen. Auch das Ansprechen von Kindern (vgl. Kap. 4.2.2) ist erlaubt und wird nicht als territoriale Übertretung wahrgenommen. Andersherum müssen auch Kinder erst lernen, die Raumansprüche anderer Menschen zu respektieren und werden von ihren Eltern angehalten, fremde Leute nicht anzustarren, sie beim Spielen nicht anzurempeln oder durch ihr Lärmen im Gespräch zu stören. Mit zunehmendem Alter entwickeln Kinder und Jugendliche eigene, gelegentlich auch sehr umfassende territoriale Ansprüche, deren Durchsetzung sie in der Auseinandersetzung mit anderen erproben müssen. Letztlich kann man die Entwicklung der eigenen Territorien des Selbst als Bestandteil der Identitätsbildung und der Suche nach dem eigenen Platz in der Welt verstehen.

---

35 Im Zuge der Corona-Pandemie und der während dieser Zeit geltenden Abstandsgebote kam es zu einer Art Vereinheitlichung der egozentrischen Reservate, weil auch unter üblicherweise beengten Raumverhältnissen, wie z. B. im Fahrstuhl, die notwendigen Mindestabstände einzuhalten waren, um eine Ansteckung mit COVID-19 zu vermeiden (vgl. dazu Opitz 2020).

Wesentlich unflexibler als der persönliche Raum sind dagegen die Grenzen der sog. *Box* (*the stall*), einer anderen Art von Territorium. Hierbei handelt es sich um deutlich begrenzte Räume, auf deren Besitz oder Benutzung eine oder mehrere Personen gemeinsam temporären Anspruch erheben. Beispiele hierfür sind z. B. ein bequemer Sessel, Parkbänke, ein Tennisplatz oder ein Tisch in einem Restaurant. Im Gegensatz zum persönlichen Raum kann eine Box auch zeitweilig verlassen werden, obwohl der Anspruch auf sie weiterhin aufrechterhalten wird. Das muss aber mit einer entsprechenden Markierung kenntlich gemacht werden, z. B. einem aufgeschlagenen Buch auf einem Tisch oder dem Handtuch auf dem Liegestuhl.

Handtuchkriege: Raumansprüche und Prozesse der Machtbildung

Das folgende in den Sozialwissenschaften sehr bekannte Beispiel stammt von Heinrich Popitz (1976: 277 ff.), einem sehr bekannten Soziologen, der sich u. a. mit Macht und Gewalt beschäftigt hat. Er erzählt die folgende Geschichte als Illustration zu der Frage, wie es geschehen kann, dass wenige Menschen Macht über viele bekommen können. Aber auch wenn das Belegen von Liegestühlen mit Handtüchern nicht zur Klassenbildung führt wie in dem nachfolgenden Beispiel, handelt es sich doch um eine den meisten Menschen aus dem Urlaub bekannte und irgendwie ärgerliche soziale Praxis.

„Ein Schiff kreuzt im östlichen Mittelmeer von Hafen zu Hafen, Waren aller Art und Passagiere aller Zungen an Bord, Händler und Touristen auf der Fahrt zum nächsten Markt oder zum nächsten Tempel, Familienbesucher, Umzügler, Flüchtende. Die meisten kampieren auf Deck. Der einzige Luxus und zugleich die einzigen Requisiten der folgenden Handlung sind einige Liegestühle. Es gab etwa ein Drittel so viel wie Passagiere.

In den ersten Tagen, zwischen drei oder vier Häfen, wechseln diese Liegestühle ständig ihre Besitzer. Sobald jemand aufstand, galt der Liegestuhl als frei. Belegsymbole wurden nicht anerkannt. Diese Übung setzte sich vollkommen durch und erwies sich als zweckmäßig. Die Zahl der Liegestühle reichte für den jeweiligen Bedarf etwa aus, man fand meist einen, wenn man wollte. Ein Gebrauchsgut, das in begrenzter Zahl zu Verfügung stand, wurde nicht knapp.

Nach der Ausfahrt aus einem Hafen, in dem wie üblich die Passagiere gewechselt hatten, brach diese Ordnung plötzlich zusammen. Die Neuankömmlinge hatten die Liegestühle an sich gebracht und erhoben einen dauerhaften Besitzanspruch. Sie deklarierten also auch einen zeitweilig nicht besetzten Liegestuhl als „belegt". Das war durch Belegsymbole nach wie vor nicht durchsetzbar. Aber es gelang durch den gemeinsamen Kraftaufwand aller Auch-Besitzer: Näherte man sich einem gerade freien Liegestuhl in irgend verdächtiger Weise, so wurde man durch Posen, Gesten und Geschrei der Auch-Besitzer zurückgewiesen. Die Abschreckungsaktionen waren so eindrucksvoll, dass ein handgreiflicher Konflikt nicht zustande kam. Sie wurden überdies im Laufe der Zeit noch dadurch bekräftigt, dass die Besitzenden ihre Liegestühle näher aneinanderschoben, bis sich schließlich Konzentrationen ergaben, die wehrhaften Wagenburgen glichen. Die gerade nicht besetzen Liegestühle wurden zusammengeklappt und dienten als Ringmauer.

Nach der Durchsetzung exklusiver Verfügungsgewalten einer Teilgruppe über ein allgemein begehrtes Gebrauchsgut bekam das Sammelsurium der Passagiere Struktur. Zwei Klassen hatten sich etabliert, Besitzende und Nicht-Besitzende, positiv und negativ Privilegierte. Vergleicht man diese beiden neuen Teilgruppen mit der Gesamtheit der Passagiere, die an der früheren Ordnung teilhatten, so zeigt sich sofort, dass das eigentlich Originelle der neuen Ordnung – jedenfalls in ihrer ersten Phase – die Begründung negativer Privilegien war. Einer Teilgruppe wurde der Zugang zu einem Gebrauchsgut gesperrt. Die privilegierte Teilgruppe dagegen konnte dieses Gut nach Bedarf benutzen, das heißt ebenso wie vorher alle. Gleichbleibenden Bedarf vorausgesetzt, hatte sie also gegenüber der früheren Gesamtheit noch keinen Vorteil errungen. Das Beneidenswerte ihrer Situation lag einmal darin, dass sie nicht zu den anderen gehörten. Weiter aber vor allem in der Ausbaufähigkeit ihrer Position. Es gehört wenig Phantasie dazu, den weiteren Gang der Dinge vorauszusagen, wenn die Reise unter gleichen Bedingungen noch eine Weile weiterginge.

Der nächste Schritt ist zweifellos die zeitweilige Vermietung der Liegestühle an einige Nichtbesitzer. Als Gegenwert kommen neben Naturalien vor allem Dienstleistungen infrage, und hier wiederum in erster Linie die Übernahme derjenigen Funktion, die mit jedem Besitzanspruch entsteht, der Funktion des Wächters. Die Delegation des Wächteramtes an einige Nichtbesitzende bringt nicht nur eine echte Entlastung der Besitzenden, sie führt auch zu einer weiteren Bereicherung des inneren Gefüges, das sich nun dreiteilig entfalten kann: in die Gruppen der Besitzenden, der Wächter und der Nur-Besitzlosen. Damit ist zugleich eine wesentliche Klärung erreicht: Die Nur-Besitzlosen sind von nun an aus freien Stücken und eigenem Verschulden in der schlechtesten Lage." (Popitz 1976: 277 ff.)

Bei den Liegestühlen in diesem Beispiel handelt es sich um Boxen. Sie sind klar begrenzte Orte bzw. Gegenstände, auf die Individuen temporär Anspruch erheben: zunächst nur für die Zeit ihres unmittelbaren Gebrauchs, später aber für die gesamte Dauer ihrer Reise. Letztlich scheint sogar so etwas wie ein Eigentumsanspruch an die Liegestühle entstanden zu sein. Das bedeutet, dass aus einem anfänglich situationellen Territorium im Lauf der Zeit ein eher ortgebundenes Territorium geworden ist. Der Verteilungskonflikt erklärt sich daraus, dass es nicht genug Stühle für alle gab, die Stühle also rare und daher begehrte Güter waren. Besonders interessant ist die Beobachtung, dass das Geltendmachen der territorialen Ansprüche in der eigenen Abwesenheit durch die Markierung mit Handtüchern oder aber die Wächter zunächst nicht akzeptiert wurde, sondern erst nach dem Wechsel der Passagiere. Territoriale Ansprüche, bei denen es sich in der Regel auch um Machtansprüche handelt, werden also keineswegs selbstverständlich akzeptiert, sondern können auch bestritten, angezweifelt und umkämpft sein.

Und was bedeutet Macht? Unter Macht versteht man Max Weber (1921/1980: 28) zufolge, „jede Chance, innerhalb einer Beziehung den eigenen Willen auch gegen Widerstreben durchzusetzen, gleichviel worauf diese Chance beruht". In der Liegestuhl-Geschichte ist das vor allem die geschickte Organisation der neuen Passagiere, denen die Enteignung der Mehrheit verblüffend schnell gelingt. Die Geschichte verdeutlicht außerdem, wie sich situationelle Aushandlungen nach und nach verfestigen und Machtstrukturen entstehen, die auch über die Grenzen von Interaktionen unter Anwesenden hinausgehen und über längere Zeit Bestand haben können.

Literatur:

Popitz, Heinrich (1976): Prozesse der Machtbildung. 3. unveränderte Auflage. Tübingen: Mohr Siebeck.

Das Territorium, das unmittelbar vor einer Person bzw. um sie herum liegt und das von ihr für bestimmte Zwecke benötigt wird, nennt Goffman (1974a: 62 f.) *Benutzungsraum* (*use space*). Das kann z. B. beim Joggen der Weg direkt vor einem sein oder der Raum zwischen einem Bild und seinem Betrachter im Museum. Wer sich einem von diesen beiden in den Weg stellt, wird das – wenn überhaupt – vermutlich nur sehr kurz tun und sich dafür entschuldigen.

Die *Reihenposition* (*the turn*) (ebd.: 63 f.) ist ein situationeller Anspruch auf Anwendung einer bestimmten Entscheidungsregel, der zufolge über die Reihenfolge der anwesenden und Anspruch erhebenden Personen entschieden wird. Als Ordnungskriterium kann dabei sowohl auf situationelle Merkmale wie die Reihenfolge des Erscheinens zurückgegriffen werden („wer zuerst kommt, mahlt zuerst.") oder aber andere Strukturkategorien, wie etwa die Geschlechtszugehörigkeit („Frauen zuerst") oder das Alter („der Jüngste beginnt").

Das wohl kleinste egozentrische Territorium nennt Goffman (ebd.: 67) *Hülle* (*the sheath*) und meint damit die den Körper unmittelbar umgebende Haut sowie die Kleidung. Den vermutlich dauerhaft längsten Zugriff auf diesen intimsten Bereich eines anderen Menschen haben Säuglinge bzw. Kleinkinder in ihren ersten Lebensjahren, wenn sie beispielsweise große Teile des Tages, dicht an den Körper eines Elternteils gewickelt, getragen werden. Mit dem Heranwachsen des Kindes schreitet jedoch auch die Distanzierung bzw. Abnabelung vom Elternleib voran, und bereits Schulkinder können nicht mehr ständig und selbstverständlich auf die Körper von Vätern und Müttern zugreifen, wie sie es vielleicht gelegentlich noch möchten. Prinzipiell gelten die verschiedenen Teile des Körpers bzw. der Hülle als unterschiedlich schützenswert: So können z. B. Berührungen der Extremitäten (Arme und Beine) mit fremden Personen oder auch Gegenständen eher toleriert werden als Berührungen der primären oder sekundären Geschlechtsteile. Als eine der schlimmsten Formen der Missachtung dieses territorialen Anspruchs bzw. als Körperverletzung (im wahrsten Sinne des Wortes) gilt das Eindringen in Körperöffnungen, wie bei einer Vergewaltigung.

Weitere situationelle, egozentrische Raumansprüche betreffen die sog. *Besitzterritorien* (*possessional territory*) (Goffman 1974a: 67 f.). Damit sind den Körper umgebende Gegenstände gemeint, wie Zeitungen, Essen oder Handschuhe, ebenso wie die Regulierungsmacht über ein Mobiltelefon, ein Notebook oder einen Fernseher. Der Zugriff auf den Teller oder das Handy von Sitznachbar:innen ist ungestraft vermutlich nur zwischen sehr guten Freund:innen oder Intimpartner:innen erlaubt.

Das sog. *Informationsreservat* (*information preserve*) (ebd.: 68 f.) beschreibt das, was üblicherweise Privatsphäre genannt wird: die Kontrolle von Informationen über sich selbst. Dazu gehören z. B. die Herkunft und Lebensgeschichte, die eigenen Absichten sowie Gedanken. Nach all dem darf üblicherweise nicht direkt gefragt werden, ohne dass es als übergriffig erlebt wird. Selbst in Intimbeziehungen sind solche Fragen erst nach einiger Zeit und vermutlich auch nur in bestimmten Situationen zulässig. Als ebenso unhöflich gilt es, die Taschen, Portemonnaies oder selbst den Müll einer anderen Person zu durchwühlen. Außerdem beanspruchen Menschen das Recht, nicht angestarrt zu werden und die unmittelbar am eigenen Körper ablesbaren Informationen so gut es geht zu kontrollieren. Es liegt nur ein schmaler Grat zwischen bloßem Anschauen und Angestarrtwerden: So ist es zwar das gute Recht jedes Interaktionsteilnehmenden, andere kurz zu betrachten und dabei gewisse Informationen über sie einzuholen, aber zur höflichen Gleichgültigkeit gehört es eben auch, danach wieder wegzuschauen (vgl. Kap. 2.3).

Und schließlich erwähnt Goffman (1974a: 69 ff.) noch *Gesprächsreservate* (*conversational preserve*) und meint damit sowohl den Anspruch eines jeden kontrollieren zu können, wer ihn zu einem Gespräch auffordern darf, als auch das Recht, beim Gespräch nicht durch andere Personen gestört zu werden.

Verletzungen dieser territorialen Ansprüche können auf vielerlei Arten passieren: Menschen können mit ihren Körpern oder Teilen davon in die Reservate anderer Personen eindringen, indem sie ihnen zu nahekommen oder sie sogar berühren (vgl. ebd.: 74 ff.). Es genügen aber auch schon zu lange und damit aufdringliche Blicke oder unangemessene, weil zu neugierige Fragen oder das Ansprechen einer Person ohne vorherige Aufforderung durch Blickkontakt, um gegen die üblicherweise geltenden Standards von Ehrerbietung und Benehmen zu verstoßen. Andere Formen der Übertretung sind z. B. Kontaminierungen, also die Verunreinigung eines fremden Territoriums. Besonders unerwünscht sind hierbei alle Arten fremder Körperausscheidungen, wie Blut, Schweiß, Speichel, Urin oder Fäkalien, deren Berührung in der Regel Ekel auslöst (siehe Kasten „Relativität des Schmutzes“). Aber auch die eigenen Körperflüssigkeiten gelten, nachdem sie den eigenen Körper einmal verlassen haben, als schmutzig und müssen umgehend entfernt werden. Als unangenehm und verunreinigend werden außerdem Belästigungen durch Gerüche (z. B. Blähungen, Mundgeruch) und Wärmestrahlung (z. B. warme Toilettenbrillen) von Körpern anderer Personen wahrgenommen.

Territoriale Grenzverletzungen müssen nicht zwangsläufig durch andere zugefügt werden, sondern manchmal machen Menschen das auch selbst. Goffman (1974a: 85 ff.) nennt das *Selbstverletzungen*: Menschen können sich selbst beschmutzen (z. B. mit Nahrung oder eigenen Ausscheidungen), wenn sie sich aufgrund bestimmter Umstände selbst nicht ausreichend säubern können. Sie können sich aber auch selbst entwürdigen, indem sie sich durch die Verschmutzungen anderer Personen verunreinigen, etwa wenn sie deren Müll oder Körperausscheidungen beseitigen müssen. Eine weitere Form der Selbstverletzung ist die (Selbst-)Entblößung, mit der man andere Personen durch das Zeigen von Schwächen dazu bringt, sich schon durch ihre bloße Anwesenheit oder Wahrnehmung als Eindringling zu fühlen. So etwas kann passieren, wenn z. B. die Hosennaht aufreißt und plötzlich alle Anwesenden mit dem Anblick eines entblößten Hinterteils konfrontiert sind. Ein anderes Beispiel sind Menschen, die im Überschwang oder als Folge von Alkoholgenuss im Gespräch zu viel von sich selbst preisgeben und so Verlegenheit bei ihren Zuhörer:innen auslösen.

Exkurs: Was ist eigentlich Schmutz? Und wer macht ihn weg?

Mit Blick auf Goffmans (1974a: 77 f.) Beschreibung der „Selbstbeschmutzung" – das ist eine Form der Selbst-Entwürdigung, die durch die Berührung mit den körperlichen Ausscheidungen anderer Personen zustande kommt – stellen sich zwei Fragen: Was gilt überhaupt als Schmutz? Und wer ist in unserer Gesellschaft dafür zuständig, ihn zu entsorgen?

Ein Blick in die Geschichte zeigt, dass der heutige distanzierte Umgang mit körperlichen Ausscheidungen keineswegs schon immer galt, sondern das Ergebnis einer sehr langen Entwicklung ist. Norbert Elias hat in seinem Buch „Über den Prozess der Zivilisation" (1976/1997) genau beschrieben, wie die Menschen Westeuropas parallel zum Wandel der Sozialstrukturen im Umbruch zur Moderne lernten, ihre Affekte, Triebe und damit auch Körperausflüsse in immer stärkerem Maß zu kontrollieren. Demnach wurden alle kreatürlichen Bedürfnisse wie z. B. Rülpsen, Furzen und Defäkieren, zunehmend aus dem öffentlichen Raum in die neu entstehende Privatsphäre verlagert. Diese Disziplinierung und Begrenzung des eigenen Körpers erfolgte durch Selbstzwänge (d. h. verinnerlichte Fremdzwänge), sodass Situationen mit mangelhafter Affektkontrolle in Scham und einem Gefühl der Ehrverletzung resultierten. Diese phylogenetische (d. h. gattungsgeschichtliche) Entwicklung wiederholt sich Elias zufolge auch auf der Ebene der Entwicklung jedes einzelnen Menschen (Ontogenese), der erst im Verlauf seiner jeweiligen Sozialisation erlernt, welche Objekte und Situationen er überhaupt als eklig und unrein empfindet. Was als Schmutz wahrgenommen wird, ist also kulturell und historisch variabel. Die britische Ethnologin Mary Douglas bringt das in ihrem Buch „Reinheit und Gefährdung" folgendermaßen auf den Punkt:

„Schmutz als etwas Absolutes gibt es nicht: er existiert nur vom Standpunkt des Betrachters aus. Wenn wir uns davon fernhalten, so geschieht das nicht aus feiger Furcht und noch weniger aus Grauen oder heiligem Schrecken. Ebenso wenig lassen sich alle unsere Maßnahmen zur Beseitigung und Meidung von Schmutz mit unseren Vorstellungen über Krankheitsverursachungen erklären. Schmutz verstößt gegen Ordnung. Seine Beseitigung ist keine negative Handlung, sondern eine positive Anstrengung, die Umwelt zu organisieren." (Douglas 1985: 12)

Demnach gibt es also keine universell einheitlichen, kulturübergreifenden oder transhistorischen Vorstellungen davon, was als unrein und schmutzig gilt und was nicht. Es handelt sich vielmehr um symbolische Deutungen der Umwelt, die in einem engen Zusammenhang mit der sozialen Ordnung einer Gesellschaft stehen. Douglas Überlegungen beziehen sich nicht nur auf direkte Interaktionen, sondern auch auf gesellschaftliche Ordnungsstrukturen jenseits der Ebene unmittelbarer Anwesenheit. Sie weist darauf hin, dass es einen engen Zusammenhang gibt zwischen der individuellen Wahrnehmung von Schmutz und der jeweiligen Position einer Person in der Sozialstruktur einer Gesellschaft. Wer sich also wovor ekelt – oder in Goffmans Terminologie: welche territorialen Übertretungen überhaupt als solche wahrgenommen werden –, hängt von der sozialen Zugehörigkeit bzw. der Stellung des/der Einzelnen in der bestehenden sozialen Ordnung ab und spiegelt bestehende soziale Grenzen wider.

Fragt man sich nun, wer in unserer Gesellschaft primär für die Beseitigung des Schmutzes anderer Leute zuständig ist, z. B. beim Wäschewaschen, Haareschneiden oder Windeln wechseln, geraten unweigerlich Frauen bzw. Mütter in den Fokus. Es gibt sogar Studien, die belegen, dass Frauen mit Kindern sich weniger ekeln als Frauen ohne Kinder (vgl. bspw. Prokop/Fančovičová 2016). Im Übergang zur Mutterschaft und der damit verbundenen Zuweisung der primären Zuständigkeit für die Kinderversorgung scheinen sich also auch bestehende Ekel- und Schamgrenzen zu verschieben (vgl. Gerstewitz/Müller/Zillien 2021). Aber wie genau passiert das?

Dazu muss man zunächst wissen, dass das Mutterwerden im Vergleich zum Vaterwerden in unserer Gesellschaft einen wesentlich umfassenderen Statuswechsel darstellt. Wie sich anhand zahlreicher Untersuchungen zeigen lässt, ist die Position der Mutter in deutschen Familien nach wie vor mit der primären Verantwortung für die Kinder sowie der dazugehörenden Pflege- und Sorgearbeit verbunden (vgl. Grunow/Evertsson 2016). Das beinhaltet üblicherweise auch die regelmäßige Beseitigung körperlicher Ausscheidungen anderer Familienmitglieder. Auf diese Zuständigkeit und die damit einhergehenden Erwartungen der Opferbereitschaft und des Zurückstellens eigener Bedürfnisse werden Frauen schon in der Schwangerschaft vorbereitet. Während werdende Väter in verschiedenen pränatalen Institutionen, wie z. B. Geburtsvorbereitungskursen oder Ultraschalluntersuchungen (vgl. Müller/Zillien 2016; Heimerl 2013) zu Randfiguren gemacht und aus der direkten Verantwortung für die Versorgung des Kindes entlassen werden, erfahren Frauen in teilweise recht drastischen Schilderungen, was als Mutter so alles auf sie zukommt. Dazu gehört u. a. auch die auffallend intensive Auseinandersetzung mit Fäkalien – und zwar sowohl den eigenen als auch denen des Kindes. So wird das Mutterwerden von Hebammen als ein Prozess beschrieben, der von körperlichen Kontroll- und daraus resultierenden Würdeverlusten begleitet wird. Der Mutter-Körper wird als *leaking body* dargestellt, der nicht nur seine äußere Form verändert, sondern auch undicht wird und verschiedene Körperflüssigkeiten mehr oder weniger unkontrolliert ausscheidet (Erbrochenes, Blut, Muttermilch, Fruchtwasser, Urin, Fäkalien) (vgl. Gatrell 2011).

Beim Übergang zur Mutterschaft verschieben sich offenbar die Relevanzstrukturen von Frauen (oder zumindest wird das von ihnen erwartet): Sie sollen ihr gesamtes Verhalten (zumindest für eine bestimmte Zeit) auf das Wohlergehen des Kindes ausrichten und die eigenen Bedürfnisse und Empfindungen dahinter zurückstellen. Mit der sozialen Position der Mutter sind demnach auch neue Regeln für den Umgang mit Schmutz und damit einhergehend unterschiedliche Ekelgrenzen verbunden.

Weiterführende Literatur:

Elias, Norbert (1976/1997): Über den Prozeß der Zivilisation. Zwei Bände. Frankfurt/M.: Suhrkamp.

Douglas, Mary (1985): Reinheit und Gefährdung. Eine Studie zu Vorstellungen über Verunreinigung und Tabu. Berlin: Dietrich Reimer Verlag.

Gatrell, Caroline (2011): Managing the maternal body: a comprehensive review and transdisciplinary analysis. In: International Journal of Management Reviews 13; S. 97–111.

Grunow, Daniela/Evertsson, Marie (2016): Couples' transitions to parenthood: Analysing gender and work in Europe. Cheltenham, UK: Edward Elgar Publishing.

Kleinere Übertretungen lassen sich in der Regel durch einen *korrektiven Austausch* wiedergutmachen (Goffman 1973d: 26 ff.). Indem der Missetäter sich entschuldigt und erklärt, es sei ein Versehen gewesen, zeigt er, dass er die Ansprüche des anderen und damit auch dessen Person und Selbstdarstellung akzeptiert und nicht in Frage stellt. Jenseits von Einzelfällen territorialer Übertretungen gibt es jedoch auch Formen systematisierter Grenzverletzungen bzw. Grenzaufhebungen, wie z. B. in sog. *totalen Institutionen* (Goffman 1972). Innerhalb solch allumfassender Einrichtungen, zu denen etwa Gefängnisse, psychiatrische Kliniken, Konzentrationslager und Internate gehören, findet das gesamte Leben der Insass:innen nur noch an einem Ort statt und ist einer zentralen Autorität unterworfen. Die üblichen Grenzen zwischen verschiedenen Lebensbereichen und die damit verbundene Rollenvielfalt des Einzelnen sowie das jeweils wechselnde Publikum in privaten und beruflichen Kontexten sind in totalen Institutionen aufgehoben. Man lebt, arbeitet und schläft in der Gesellschaft der immer gleichen Personen. Bereits bei der Aufnahme wird den zukünftigen Insass:innen ihr gesamter Besitz inklusive Kleidung, Haaren und Namen weggenommen. Zur Inszenierung ihrer eigenen Identität oder auch nur ihrer Geschlechtszugehörigkeit bleibt ihnen u. U. nichts übrig. Es gibt keine Privatsphäre, keine Besitz- und Informationsterritorien und Benutzungsräume werden nicht respektiert. Alle Tätigkeiten werden überwacht. Auch wenn es möglicherweise Boxen gibt (z. B. Zellen oder zumindest Bett und/oder Schrank innerhalb eines größeren Raums), kann man nicht sicher sein, dass die damit verbundenen Ansprüche respektiert werden – weder von den anderen Insass:innen noch von den Aufpasser:innen. Sogar der Körper des Einzelnen und dessen Hülle sind nicht sicher vor Übergriffen, etwa bei Durchsuchung durch das Personal oder medizinischen Untersuchungen und Behandlungen – auch gegen den Willen des/der Betroffenen. Ertragen lässt sich eine derartige systematische Verweigerung bzw. Verletzung aller territorialen Ansprüche nur durch vollkommene Unterordnung oder inneren Rückzug, was jedoch häufig mit dauerhaften Identitätsbeschädigungen einhergeht.

Ent-Menschlichung und Vernichtung durch den Raub aller Territorien des Selbst

Wie zentral die Bedeutung der oben beschriebenen Raum- und Besitzansprüche für die menschliche Identität und das Mensch-Sein schlechthin sind, illustrieren die deutschen NS-Vernichtungslager auf drastische Weise. Hier wurde den Menschen nicht nur ihr Leben und ihre Freiheit genommen, sondern auch das, was sie überhaupt zum Menschen macht, wie z. B. ihr Name, ihr Aussehen, ihre Kleidung, Familie und Freunde, jede Art von Besitz, Gefühle und ihre Würde. Wie genau die Nationalsozialisten diese systematische Entmenschlichung in ihren Lagern erreichten, hat Primo Levi, ein italienischer Chemiker beschrieben, der 1944 als Zwangsarbeiter in das Vernichtungslager Auschwitz gebracht worden war. Zu Beginn seines Buches „Ist das ein Mensch?“ erzählt er, was ihm bei seiner Ankunft im Lager zugefügt wurde:

„Wir müssen uns in Fünferreihen aufstellen und untereinander zwei Meter Abstand halten; dann müssen wir uns ausziehen, die Kleidung in bestimmter Art zusammenbündeln [...] und die Schuhe ablegen, dabei aber gut aufpassen, daß sie uns nicht gestohlen werden. Von wem denn gestohlen? [...] Wir blicken alle auf den Dolmetsch, und der Dolmetsch fragt den Deutschen, und der Deutsche raucht und sieht ihn an, als sei er durchsichtig, als habe keiner gesprochen. Ich habe noch nie nackte alte Männer gesehen. [...]

Nun erscheint ein anderer Deutscher und verlangt, daß wir die Schuhe in eine bestimmte Ecke stellen, und wir stellen sie dahin, denn jetzt ist es zu Ende, und wir fühlen uns außerhalb der Welt, und es heißt nur noch gehorchen. Einer kommt mit einem Kehrbesen und kehrt alle Schuhe fort, durch die Tür, auf einen einzigen Haufen zusammen. Er ist wahnsinnig, er bringt sie ja alle durcheinander, sechsundneunzig Paar, nachher werden sie nicht mehr zusammenpassen. Die Tür führt ins Freie, eiskalter Wind dringt ein, und wir sind nackt und legen die Arme über den Leib. Der Wind schlägt die Tür zu; der Deutsche öffnet sie wieder und weidet sich an dem Anblick [...].

Zweiter Akt. Vier Männer stürzen mit Rasiermessern, Pinseln und Schermaschinen herein, sie tragen gestreifte Hosen und Jacken, auf der Brust eine angenähte Nummer. [...] Wir stellen ihnen viele Fragen, sie aber packen uns, und im Handumdrehen sind wir rasiert und geschoren. Was für blödsinnige Gesichter wir ohne Haare haben! [...]

Schließlich geht eine andere Tür auf: Da sind wir jetzt alle eingesperrt, nackt, geschoren, die Füße im Wasser, es ist ein Duschraum. Wir sind allein, und nach und nach löst sich die Verwunderung, und wir sprechen; alle fragen und keiner antwortet. [...] Und unsere Frauen? Ingenieur Levi fragt mich, ob ich dächte, daß sich unsere Frauen in der gleichen Lage befänden wie wir, und wo sie seien, und ob wir sie auch wiedersehen würden. [...] Aber nun bin ich doch sicher, daß alles eine Machination im großen Stil ist, um uns zu verspotten und zu schmähen; es ist ja klar, daß man uns umbringen wird [...].

Wieder geht die Tür auf; einer in gestreiftem Anzug kommt herein. [...] Er hält eine lange Rede [...]: Wir sind in Monowitz, nicht weit von Auschwitz, in Oberschlesien: eine Gegend, die gemischt von Deutschen und Polen bewohnt ist. Unser Lager ist ein sogenanntes Arbeitslager [...]. Wir werden Schuhe und Kleidungsstücke erhalten, nein, nicht unsere eigenen, andere Schuhe und andere Kleidungsstücke, solche, wie er sie trägt. [...] Unvermittelt schießt heißes Wasser aus den Duschen, herrliche fünf Minuten lang; aber gleich darauf stürzen vier Männer herein [...] und treiben uns, naß und dampfend wie wir sind, mit Geschrei und Püffen in den angrenzenden eiskalten Raum. Dort schmeißen uns andere schreiende Kerle ich weiß nicht was für Lumpen zu und drücken uns ein Paar Latschen mit Holzsohle in die Hand. Wir haben gar keine Zeit, etwas zu begreifen, und schon sind wir draußen im blauen, eisigen Schnee des frühen Morgens, barfuß und nackt, mit all den Klamotten in den Händen, und müssen zu einer anderen, etwa hundert Meter entfernten Baracke laufen. Und da erst dürfen wir uns anziehen.

Als wir fertig sind, bleibt jeder in seinem Winkel, und wir wagen es nicht, einander anzublicken. Es gibt nichts, worin wir uns spiegeln könnten, und doch haben wir unser Ebenbild vor Augen, es bietet sich uns in hundert leichenblassen Gesichtern dar, in hundert elenden und schmierigen Gliederpuppen. So sind wir nun in ebensolche Gespenster verwandelt, wie wir sie gestern abend gesehen haben. Da merken wir zum erstenmal, daß unsere Sprache keine Worte hat, diese Schmach zu äußern, dies Vernichten eines Menschen. [...] Wir sind in der Tiefe angekommen. Nicht tiefer geht es nicht; ein noch erbärmlicheres Menschendasein gibt es nicht, ist nicht mehr denkbar. Und nichts ist mehr unser: Man hat uns die Kleidung, die Schuhe und selbst die Haare genommen; werden wir reden, so wird man uns nicht anhören [...]. Auch den Namen wird man uns nehmen [...].

Ich weiß, daß man mich hierin nur schwerlich verstehen wird [...]. Doch überlege ein jeder, was für einen Wert, was für eine Bedeutung selbst die geringsten unserer täglichen Gewohnheiten in sich bergen, unsere hundert kleinen Dinge, die auch der armseligste Bettler sein eigen nennt: ein Taschentuch, ein alter Brief, die Fotografie eines lieben Menschen. Diese Dinge sind Teile unser selbst, sind fast wie Glieder unseres Körpers; es ist auch in unserer Welt nicht denkbar, daß sie einem genommen werden, denn gleich würden wir andere dafür finden, andere Dinge, die uns gehören, weil sie unsere Erinnerungen erhalten und wecken.

Nun denke man sich einen Menschen, dem man, zusammen mit seinen Lieben, auch sein Heim, seine Gewohnheiten, seine Kleidung und schließlich alles, buchstäblich alles nimmt, was er besitzt: Er wird leer sein, beschränkt auf Leid und Notdurft und verlustig seiner Würde und seines Urteilsvermögens, denn wer alles verloren hat, verliert auch leicht sich selbst; so sehr, daß man leichthin und ohne jede Regung verbindenden Menschentums, bestenfalls aber auf Grund reiner Zweckmäßigkeit über sein Leben und seinen Tod wird entscheiden können. So wird man denn die zweifache Bedeutung des Wortes *Vernichtungslager* verstehen [...].“ (Levi 1992: 23–29; Hervorhebung im Original)

Im Anschluss an diese Szenen erhielten die Häftlinge ihre neuen Namen: Nummern, die man ihnen auf den linken Arm tätowierte, und mit denen sie gleichzeitig eine neue soziale Position innerhalb der Lagerhierarchie erhalten sollten.

Liest man diese Beschreibungen von Primo Levi aus einer interaktionstheoretischen Perspektive erkennt man, wie die Häftlinge bei ihrer Ankunft im Lager aller Ansprüche auf Räume, Gegenstände und letztlich auch auf Menschlichkeit beraubt wurden. Alles was sie zum Menschen machte, wurde ihnen weggenommen: ihre Familien, alle persönlichen und individuellen Erkennungsmerkmale, persönlichen Besitztümer und ihre Namen. Sie hatten keinerlei persönlichen Raum mehr, selbst ihrer Hülle wurden sie beraubt und mussten nackt in der Kälte stehen. Sie hatten keinerlei Kontrolle mehr, wurden ignoriert, niemand erklärte ihnen, was mit ihnen passierte und wie es weitergehen würde. Sie hatten den Status als Menschen verloren und wurden wie Tiere behandelt. Die Wirkung dieses Vorgehens resultierte schließlich in der Vernichtung von Menschlichkeit und Mensch-Sein – und zwar noch vor der eigentlichen körperlichen Vernichtung.

Literatur:

Levi, Primo (1992): Ist das ein Mensch? Ein autobiographischer Bericht. München: dtv.

2.5 Kommunizierende Körper und die Besonderheiten unmittelbarer Interaktion

Die Anwesenheit des Körpers in einer Situation bringt aber nicht nur Gefahren und Möglichkeiten zu territorialen Übertretungen mit sich, sondern eröffnet auch Möglichkeiten der Kommunikation, die unter Abwesenden nicht möglich sind.[36] Kommunikation unter Anwesenden erschöpft sich nämlich nicht nur in sprachlichen Mitteilungen, sie besteht auch aus mehr oder weniger freiwillig preisgegebenen körperlichen Informationen, die der andere durch bloße Wahrnehmung erhält. Goffman (1971: 24 ff.) nennt das *expressive Botschaften* und meint damit den körperlich gebundenen Ausdruck, den ein Mensch ausstrahlt, sei es einfach aufgrund seines Aussehens bzw. seiner Ausstattung (*persönliche Fassade*) oder durch körperliche Aktivitäten, wie z. B. ein Stirnrunzeln oder eine Geste. Goffman differenziert also zwischen bewusst bzw. absichtlich gegebenen Informationen, wie sprachlichen Mitteilungen und deutlichen Gesten (*signs given*) auf der einen Seite, und jenen unvermeidbaren Nebenprodukten von Anwesenheit, die jeder Mensch mehr oder weniger unwillkürlich mit seinem Körper, Mimik und Gestik ausstrahlt (*signs given off*).

Der zentrale Unterschied zwischen diesen beiden Ebenen der Kommunikation liegt jedoch nicht in der Willkür oder Absichtlichkeit ihrer Verwendung, auch wenn es die weit verbreitete Ansicht gibt, dass körpersprachliche Zeichen spontaner und schwerer kontrollierbar sind als sprachliche Mitteilungen. Auf dieser Vermutung basiert das weit verbreitete Bedürfnis, für bestimmte Angelegenheiten – vor allem wenn die Glaubwürdigkeit einer Person fraglich ist oder es Anlass zu Misstrauen gibt[37] – auf Face-to-Face Interaktionen zurückzugreifen. In solchen Situationen fungiert der Körper dann als eine Art „Authentifizierungsinstanz" (Hahn 2002: 49) und wird daraufhin beobachtet, inwiefern körperliche Signale u. U. den gesprochenen Worten widersprechen (siehe Kasten „Lügen haben kurze Beine"). Aufgrund der angeblichen Unkontrollierbarkeit dieses körper-

36 Zum Verhältnis von Interaktion und Kommunikation vgl. Kap 3.1.2.
37 Einen interessanten Sonderfall bildet hierbei die riskante, da auf Geheimhaltung angewiesene Kommunikation unter Kriminellen (vgl. dazu Gambetta 2009).

gebundenen Ausdrucks wird ihm dann im Zweifelsfall eine höhere Glaubwürdigkeit zugebilligt als sprachlichen Aussagen. Goffman (1971: 24) hielt diesen Glauben an die Wahrhaftigkeit und gleichzeitige Unkontrollierbarkeit des Körpers jedoch für eine „Fiktion". Hintergrund dieser Vorstellung scheint ein spezifisch modernes Verständnis des Zusammenhangs von Körper und Geist zu sein (vgl. hierzu Gugutzer 2015: 24 ff.).

Der Unterschied zwischen *signs given* und *given off* ist aber auch nicht einfach gleichzusetzen mit der Differenzierung zwischen verbaler und non-verbaler Kommunikation. Schließlich gibt es auch standardisierte körperliche Gesten, die sehr prägnant sind und über deren Bedeutung es keinen Zweifel gibt, wie z. B. die Handzeichen eines Verkehrspolizisten. Stattdessen geht es eher um einen „Unterschied an Verbindlichkeit" (Kieserling 1999: 148) und die Frage der unzweifelhaften Zurechenbarkeit von Kommunikation. So lässt sich die Urheberschaft sprachlicher Mitteilungen nur schwer bestreiten, denn man kann sich zwar für die eigenen Worte entschuldigen, nachdem sie gesagt wurden, aber es ist kaum möglich abzustreiten, dass man etwas gesagt hat. Im Gegensatz dazu gibt es jedoch Kommunikationsformen, für die man nicht so einfach zur Rechenschaft gezogen werden kann. Es werden zwar Informationen vermittelt, die jedoch nicht eindeutig als Kommunikation ausgewiesen werden. Das kann ein kurzes Zögern, ein bestimmter Tonfall oder auch einfach nur das Hochziehen einer Augenbraue sein, dessen Bedeutsamkeit auch abgestritten werden kann. Luhmann (1999: 363 ff.) beschrieb diesen Unterschied als direkte vs. indirekte Kommunikation.

„*Indirekte Kommunikation* liegt vor, wenn der Absender in der anschließenden Kommunikation bestreiten kann, etwas mitgeteilt zu haben, und wenn andererseits der Empfänger bestreiten kann, etwas verstanden zu haben." (Kieserling 1999: 158)

Beispiele für indirekte Kommunikation finden sich häufig in Interaktionen in Intimbeziehungen. Da man den/die Partner:in ja relativ gut kennt, merkt man schnell, wenn ihm/ihr irgendetwas nicht passt, auch wenn er/sie es nicht explizit sagt. Er/Sie schaut dann vielleicht etwas traurig oder beleidigt vor sich hin, meidet Blickkontakt und antwortet auf Fragen nur kurz angebunden. Für den anderen gibt es in solchen Situationen grundsätzlich zwei Reaktionsmöglichkeiten: Entweder er/sie tut so, als bemerke er/sie diese Zeichen nicht oder aber er/sie fragt direkt nach (z. B. „Is' irgendwas?"), wobei man hier jedoch damit rechnen muss, dass jede Kommunikationsabsicht abgestritten wird („Nein, was soll denn sein?"). Wir haben es bei indirekter Kommunikation also mit unterschwelligen Mitteilungen zu tun, bei denen beide Seiten leugnen können, dass überhaupt so etwas wie Kommunikation stattgefunden hat.

Auch wenn indirekte Kommunikation in bestehenden Intimbeziehungen häufig zu Konflikten führt und gelegentlich destruktive Folgen nach sich zieht, kann sie bei ihrer Anbahnung ausgesprochen hilfreich sein. Das gilt auch für andere unklare Situationen, in denen man sich nicht durch eine direkte Äußerung blamieren möchte oder nicht klar ist, wer anfangen soll. In solchen Fällen löst indirekte Kommunikation das „Problem der Initiative" (Kieserling 1999: 161): Durch uneindeutige und jederzeit abstreitbare Zeichen kann man ausprobieren, wie der/die andere reagieren würde und je nachdem, wie diese Reaktion ausfällt, direkte Kommunikation wagen oder nicht. Auf diese Weise sinkt das Verletzungsrisiko für den Fall einer Ablehnung. Der längere Blickkontakt wirkt ermutigend und man traut sich schließlich doch, die/den attraktive:n Fremde:n anzusprechen, ohne abzublitzen. Ein weiterer Anwendungsfall ist Klatsch bzw. moralische Kommunikation, d. h. der Informationsaustausch über nicht-anwesende Personen und deren wertende Beurteilung, bei dem es sich stets empfiehlt, erst mal mit Hilfe von Andeutungen vorsichtig vorzufühlen, ob das Gegenüber überhaupt bereit ist mit zu lästern (vgl. Bergmann 1987). Das gilt auch für die Verwendung von Stereotypisierungen und Vorurteilen, die meistens nicht ohne vorbereitende und vortestende Andeutungen kundgetan werden.[38]

Indirekte Kommunikation dient aber nicht immer nur dem eigenen Schutz, sondern kann auch dabei helfen, das Gesicht des/der anderen zu wahren, z. B. indem Kritik nicht offen mitgeteilt, sondern nur durch bestimmte mehrdeutige Formulierungen oder leicht verzögerte Antworten angedeutet wird. Indirekte Kommunikation ist also eng verknüpft mit Takt und dem Schutz der Selbstdarstellungen des anderen.

Lügen haben kurze Beine: Körpersprache und die Entlarvung von Lügner:innen

„Man lügt wohl mit dem Munde; aber mit dem Maule, das man dabei macht, sagt man doch noch die Wahrheit." (Nietzsche 1886/2013: 68) In diesem Nietzsche-Zitat spiegelt sich die Vorstellung wider, dass körpersprachliches Ausdrucksverhalten unabhängig vom gesprochenen Wort und weitgehend unkontrollierbar ist. Diese Auffassung teilte z. B. auch der britische Neurologe Oliver Sacks (1990), der mit seinen populärwissenschaftlichen Geschichten über neurologische Krankheitsbilder berühmt geworden ist. Dort berichtete er u. a. von Menschen mit sensorischer Aphasie, die aufgrund einer Schädigung des Sprachzentrums im Gehirn die Bedeutung von Worten nicht begreifen konnten. Dennoch seien viele von ihnen in der Lage gewesen, das meiste Gesprochene zu verstehen. Das liegt Sacks zufolge vor allem daran, dass die Bedeutung dessen, was man sagen will, nicht nur aus Worten bestehe, sondern durch den ganzen Körper ausgedrückt werde. Demnach wird die Sprache von einer Art Melodie begleitet, deren Ausdruckskraft die rein verbale Ebene übersteigt. Aphasie-Patient:innen würden zum Verständnis verstärkt auf andere Kommunikationskanäle zurückgreifen, wie etwa Mimik, Körperhaltung, Ausstrahlung, stimmliche Nuancen, wie Tonfall, Rhythmus, Satzmelodie etc. (vgl. ebd.: 111).

---

38 Sehr anschaulich zur Stereotypenkommunikation: Nazarkiewicz 1999.

„Daher habe ich manchmal – wie alle, die viel mit Aphasie-Patienten arbeiten – das Gefühl, daß es unmöglich ist, einen solchen Menschen anzulügen. Er versteht die Worte nicht und kann also auch nicht durch sie getäuscht werden, aber das, was er versteht, versteht er mit unfehlbarer Präzision: den körperlichen Gesamtausdruck, der die Worte begleitet, jene totale, spontane, unwillkürliche Ausstrahlung, die niemals simuliert oder gefälscht werden kann, wie es bei Worten nur allzu leicht der Fall ist." (Sacks 1990: 112)

Auch wenn Goffman diese Einschätzung nicht teilte, gibt es jede Menge interaktionssoziologische Forschungsarbeiten, die sich mit nonverbaler Kommunikation und der Frage beschäftigen, ob sich Lügen anhand von körperlichen Symptomen erkennen lassen. Eine der wohl prominentesten Arbeiten dazu stammt von James Henslin (1967), der in den 1960er Jahren in Missouri untersuchte, unter welchen Bedingungen Taxifahrer[39] eine:n Kund:in ablehnen. So müssen Taxifahrer regelmäßig und sehr schnell darüber entscheiden, ob sie eine Person für vertrauenswürdig halten und einsteigen lassen oder nicht. Denn bei dieser Entscheidung geht es nicht nur darum, ob der/die Kund:in seine/ihre Fahrt am Ende auch bezahlen kann, sondern auch um die Gefahr eines Überfalls. Für seine Untersuchung arbeitete Henslin selbst als Taxifahrer, beobachtete also verdeckt und führte Interviews mit Fahrern und Fahrgästen. Dabei fand er heraus, dass die Taxifahrer vor allem darauf achten, ob die Selbstdarstellung potenzieller Kund:innen stimmig ist, d. h. ob Aussehen, Auftreten und Verhalten mit der angebotenen Selbstdarstellung übereinstimmen. Vertrauen entsteht demzufolge dann, wenn „an actor has offered a definition of himself and the audience is willing to interact with the actor on the basis of that definition" (Henslin 1967: 140).

Die gleiche Frage wurde rund 40 Jahre später noch einmal von Diego Gambetta und Heather Hamill (2005) in Bezug auf die Taxifahrer:innen in New York und Belfast untersucht. Jenseits aller zeithistorischen und kontextuellen Unterschiede aufgrund des größeren Bedrohungspotenzials in New York und Belfast suchten auch diese Taxifahrer:innen nach Signalen für die Vertrauenswürdigkeit ihrer möglichen Kund:innen. Hierfür suchten sie nach Zeichen, die schwierig vorzutäuschen, aber von tatsächlich vertrauenswürdigen Personen relativ einfach darstellbar sind, wie z. B. Ruhe und Gelassenheit. Viele der befragten Taxifahrer:innen erklärten, dass sie sich bei der Beurteilung von Kund:innen auf ihr „Bauchgefühl" verlassen würden, vor allem auf den Gesichtsausdruck, die Stimme oder den direkten Blick in die Augen (vgl. Gambetta/Hamill 2005: 221).

Diese Idee findet sich auch in sozialpsychologischen Theorien zu sog. *micro expressions* wieder, die maßgeblich von einem Zeitgenossen und Kollegen Goffmans entwickelt wurden: dem Psychologen Paul Ekman (1989). Ausgangspunkt dieser Theorie ist die humanethologische Annahme, dass es bestimmte universelle körperliche Ausdrucksformen für Emotionen gibt, die sich unwillkürlich und unkontrollierbar beim Sprechen im Gesicht zeigen. Ekman geht davon aus, dass diese Körpersignale auch beim Lügen zumindest kurz erkennbar sind und damit die wahre Gefühlslage einer Person offenbaren. Er entwickelte ein Schema zur Kategorisierung dieser minimalen Gesichtsmuskelbewegungen (*facial action coding system*). Seiner Ansicht nach lassen sich Lügen anhand von Inkonsistenzen zwischen dem gesprochenen Wort und der gezeigten Emotion erkennen. Wie genau das funktioniert, kann man sich entweder auf der Website des von Ekman gegründeten Unternehmens anschauen, das

39 Zu dieser Zeit gab es nur männliche Taxifahrer.

US-amerikanischen Sicherheitsbehörden dabei hilft, Lügner:innen zu überführen, oder aber in der TV-Krimiserie „Lie to Me“, die nach dem Vorbild dieser Theorie entstanden ist.[40]

Weiterführende Literatur

Ekman, Paul (1989): Weshalb Lügen kurze Beine haben. Berlin und New York: De Gruyter.

Gambetta, Diego/Hamill, Heather (2005): Streetwise. How taxi drivers establish their costumers trustworthiness. New York: Russell Sage Foundation.

Henslin, James (1967): The cab driver. An interactional analysis of an occupational culture. Ph.D. Dissertation. Washington University, St. Louis.

Die Besonderheit direkter Interaktionen, durch die u. a. auch die Gleichzeitigkeit von *signs given* und *given off* ermöglicht wird, liegt in der engen Kopplung von wechselseitiger Wahrnehmung und Kommunikation. Nur unter den Bedingungen der gemeinsamen raum-zeitlichen Anwesenheit können wir also andere und ihre Körper ganz genau und mit allen Sinnen wahrnehmen, ihre Bewegungen, ihren Gesichtsausdruck, die Gestik, die Intonation und sogar ihren Geruch. Das heißt, in Interaktionen können wir sehr viele Informationen über unser Gegenüber gleichzeitig wahrnehmen und auch verarbeiten – und zwar sozusagen parallel zu möglicherweise gesprochenen Worten: Sowohl Alter als auch Ego nehmen sich wechselseitig in der ganzen Breite ihrer Erscheinung wahr. Alfred Schütz (Schütz/Luckmann 2003: 106) nannte das das „Maximum der Symptomfülle“, die man eben nur in der direkten Begegnung erfahren kann. Das gilt natürlich auch für die gemeinsame Wahrnehmung der Umwelt. „[O]berhalb einer gewissen Intensitätsschwelle kann jeder ohne weiteres davon ausgehen, daß alle Anwesenden wahrgenommen haben bzw. wahrnehmen können, was er selbst wahrnimmt. Daß es geknallt hat – darüber braucht man sich nicht mehr zu verständigen.“ (Luhmann 1972: 54) Darin unterscheidet sich die Kommunikation unter Anwesenden deutlich von der unter Abwesenden. So müsste man einem Gesprächspartner am Mobiltelefon erst mal erklären, dass es gerade geknallt hat und was überhaupt geknallt hat. Da man bei Telefongesprächen den aktuellen Aufenthaltsort des Gesprächspartners nicht kennt, beginnen viele Anrufe auch damit, dass man sich gegenseitig erklärt, wo man sich gerade befindet und was man gerade macht (genauer dazu Kap. 4.1).

Alfred Schütz: Interaktionen als „reine Wir-Beziehungen“ mit einem „Maximum an Symptomfülle“

Alfred Schütz nannte direkte Interaktionen „Gesichtsfeld-Beziehungen“ bzw. „reine Wir-Beziehungen“ (Schütz 1972: 74). Ebenso wie Goffman erkannte Schütz, dass die unmittelbare

40 www.paulekman.com/(Abfrage: 31.05.2023).

Erfahrung eines anderen unter den Bedingungen der Gleichzeitig- und Gleichörtlichkeit eine besondere Qualität hat und sich von nur mittelbaren Erfahrungen der Sozialwelt unterscheidet.

„Eine Gesichtsfeld-Beziehung setzt voraus, daß die Teilnehmenden so lange, wie die Beziehung dauert, Raum und Zeit gemeinsam teilen. Gemeinsamkeit des Raums bedeutet einerseits, daß für jeden Partner der Leib des anderen, seine Gesichtsausdrücke, seine Gesten usw. unmittelbar als Symptome seines Bewußtseinslebens beobachtbar sind. Das Ausdrucksfeld des anderen ist weit offen für jede mögliche Auslegung, und der Handelnde kann unmittelbar und direkt durch die Reaktion des Mitmenschen sein eigenes soziales Handeln kontrollieren. [...]

Gemeinschaft der Zeit bezieht sich nicht so sehr auf die Ausdehnung der äußeren (objektiven) Zeit, in [sic!] die sich die Partner teilen, sondern auf die Tatsache, daß jeder von ihnen am ablaufenden inneren Leben des anderen teilhat. In der Gesichtsfeld-Beziehung kann ich das Bewußtseinsleben des anderen in einer lebendigen Gegenwart erfassen, so wie es sich entwickelt und sich selbst aufbaut, und auch er kann dies mit Bezug auf meinen Bewußtseinsstrom tun. [...] Dies sind grob umrissen einige Grundzüge der Gesichtsfeld-Beziehung, die wir lieber die ‚reine Wir-Beziehung' nennen möchten. Sie ist in der Tat von hervorragender Bedeutung und hat ihr eigenes Recht, weil gezeigt werden kann, daß alle anderen sozialen Beziehungen als von der reinen Wir-Beziehung abgeleitet betrachtet werden können [...]." (Schütz 1972: 74 f.)

Anders als Goffman interessierte sich Schütz jedoch nicht für die besonderen Gesetzmäßigkeiten unter Anwesenheitsbedingungen, sondern beschrieb sie lediglich mit Blick auf ihre Bedeutung für den Aufbau von Strukturen in der alltäglichen Lebenswelt.

„Wir können zunächst eine grobe Unterscheidung zwischen der unmittelbaren Erfahrung eines Anderen [sic!] und der mittelbaren Erfahrung der Sozialwelt treffen. [...] Ich erfahre einen anderen Menschen unmittelbar nur dann, wenn er mit mir einen gemeinsamen Sektor des lebensweltlichen Raums und der Weltzeit teilt. Nur dann erscheint mir der Andere in seiner Leiblichkeit: Sein Körper ist für mich ein wahrnehmbares und auslegbares Ausdrucksfeld, das mir sein bewußtes Leben erschließt. Nur dann ist es möglich, daß mein Bewußtseinsstrom und sein Bewußtseinsstrom in echter Gleichzeitigkeit verlaufen können: Er und ich altern zusammen. Die Begegnung [gemeint ist eine Face-to-Face Situation; M.M.] ist die einzige soziale Situation, die durch zeitliche und räumliche Unmittelbarkeit gekennzeichnet ist. Sowohl der Stil als auch die Struktur der sozialen Beziehungen und Handlungen, die in dieser Situation stattfinden, sind dadurch wesentlich bestimmt." (Schütz/Luckmann 2003: 101 f.)
„In der Begegnung ist mir das Bewußtseinsleben des Anderen durch ein Maximum an Symptomfülle zugänglich. Da er mir leiblich gegenübersteht, kann ich die Vorgänge in seinem Bewußtsein nicht nur durch das, was er mir vorsätzlich mitteilt, erfassen, sondern auch noch durch Beobachtung und Auslegung seiner Bewegung, seines Gesichtsausdrucks, seiner Gesten, des Rhythmus und der Intonation seiner Rede usw. Jede Phase meiner inneren Dauer ist mit einer Phase des Bewußtseinslebens des Anderen koordiniert." (ebd.: 106)

Literatur:

Schütz, Alfred (1972): Der Heimkehrer. In: Ders.: Gesammelte Aufsätze II. Studien zur soziologischen Theorie. Den Haag: Martinus Nijhoff, S. 70–84.

Schütz, Alfred/Luckmann, Thomas (2003): Strukturen der Lebenswelt. Weinheim u. a.: UTB.

Die Bedingung der gleichzeitigen und gleichörtlichen Anwesenheit für das Zustandekommen von Interaktionen impliziert aber auch deren *beschränkte räumliche und soziale Reichweite*. Ohne irgendwelche Verbreitungsmedien bleibt die Kommunikation unter Anwesenden auf letztere begrenzt. Ohne technische Verstärkung können nur eine sehr begrenzte Anzahl von Personen die Stimme einer/s Sprecher:in hören. Bereits ab einer Entfernung von einigen Metern wird es zunehmend schwierig, Blicke, Gesten und Gesichtsausdrücke genau erkennen und deuten zu können. Im Umkehrschluss heißt das aber auch, dass nur Anwesende – und zwar solche, die sich wechselseitig wahrnehmen, also wahrnehmen, dass sie wahrgenommen werden – an der Interaktion teilnehmen können. Im Prinzip bilden also die Grenzen des Wahrnehmungsraums die Grenzen der Interaktion.

Ganz so einfach ist es allerdings nicht, denn die einfache physische Kopräsenz ist durchaus nicht in allen Fällen gleichbedeutend mit *sozialer Anwesenheit* (vgl. Kieserling 1999: 62 ff.). Jede:r kennt Situationen, in denen er/sie sich zu einer Gruppe von ins Gespräch vertieften Menschen dazustellt, die ihn/sie zwar visuell wahrnehmen, aber dennoch (zunächst) als abwesend behandeln. Dann nach einiger Zeit ergibt sich vielleicht eine kurze Gesprächspause oder ein Themenwechsel und damit eine Gelegenheit zur Inklusion der/s Dazugekommenen: Man wird begrüßt und damit offizielle:r Teilehmer:in der Interaktion. Für die empirische Analyse von Interaktionen bedeutet das, dass man nicht einfach körperliche und soziale Anwesenheit gleichsetzen darf. Stattdessen entsteht soziale Anwesenheit erst in der Interaktion bzw. muss von den Teilnehmer:innen aktiv hergestellt werden.

Es gibt aber auch bestimmte Personengruppen, die z. B. aufgrund ihrer beruflichen Stellung trotz ihrer körperlichen Anwesenheit nicht in bestehende Interaktionen inkludiert werden. Goffman (1983a: 138 ff.) nennt als Beispiel für diese sog. *Unpersonen* (*non-person*) Dienstboten, d. h. Personen, mit denen in erster Linie gesprochen wurde, um ihnen Aufträge zu erteilen. Den Beruf des Dienstboten gibt es zwar mittlerweile kaum noch, aber auch das heutige Servicepersonal wird gelegentlich als Unperson behandelt. Nachdem man bspw. sein Essen bei der Kellnerin bestellt, dem Friseur gesagt hat, wie man die Haare gerne hätte, und der Taxifahrerin, wohin sie einen fahren soll, kann die Anwesenheit dieser Personen in den Hintergrund treten und sie werden aus anderen stattfindenden Interaktionen ausgeschlossen. Ein anderes Beispiel für Unpersonen, die trotz körperlicher Anwesenheit von Interaktionen ausgeschlossen und ignoriert werden – und zwar auch dann, wenn sie schreiend am Rockzipfel hängen –, sind Kinder.

Ein weiteres Merkmal unmittelbarer Interaktionen ergibt sich aus der vorhin beschriebenen engen Kopplung von Wahrnehmung und Kommunikation. Dadurch sind Interaktionen ausgesprochen *störanfällig*: So können alle möglichen Geschehnisse in der Umwelt einer direkten Begegnung die stattfindende Kommunikation irritieren oder sogar unterbrechen. Manches lässt sich ignorieren, und mithilfe bestimmter Vorkehrungen bzgl. der situationellen Umwelt können die Teilnehmer:innen einer Interaktion diszipliniert werden, ihre Aufmerksamkeit nicht allzu leicht abschweifen zu lassen. Dazu gehören z. B. strikte Tagesordnungen oder die Gestaltung von Räumen und Sitzordnungen. Aber vor allem die Körper der Beteiligten haben das Potenzial, Interaktionen zu beeinflussen oder eben (vorzeitig) zu beenden: „Plötzliches Nasenbluten wird man kaum übersehen können wie Spritzer auf der Tischdecke." (Luhmann 1987: 562)

Eine ähnliche Funktion – und dabei etwas einfacher vorzutäuschen als Nasenbluten – erfüllen auch Ohnmachten, auf die Frauen lange Zeit ein Privileg zu haben schienen. Das lässt zumindest die Lektüre von Romanen des 18. und 19. Jahrhunderts vermuten, in denen Frauen vor allem wenn sie in irgendeiner Weise (sexuell) bedrängt wurden, regelmäßig in Ohnmacht fielen. Auf diese Weise konnten sie unangenehme Situationen abrupt beenden, aus denen es kaum kommunikative Auswege ohne Beschädigungen des Selbstbilds mindestens einer der beteiligten Personen gab (siehe Kasten „Zur kommunikativen Funktion von Ohnmachten").

Die Notwendigkeit, gelegentlich nach solchen externen Anlässen zur Unterbrechung der Kommunikation unter Anwesenden zu suchen, hat vor allem damit zu tun, dass unmittelbare Interaktionen eine *Tendenz zur Konfliktvermeidung* haben (vgl. Kieserling 1999: 257 ff.). Üblicherweise – zu den Ausnahmen kommen wir noch – neigen die Beteiligten in Face-to-Face Interaktionen dazu, einander zuzustimmen oder zumindest nicht offen zu widersprechen. Dabei geht es nicht unbedingt um tatsächliche Übereinstimmung, sondern eher um eine Art gemeinsames Bemühen, Interaktionen ohne größere Störungen weiterlaufen zu lassen. Auch wenn man anderer Meinung ist, stimmt man zu, schweigt oder aber erklärt sehr vorsichtig, dass man anderer Meinung ist. Darüber hinaus gibt es zahlreiche Strategien, um Konflikte in Interaktionen zu vermeiden oder zu bagatellisieren. *Takt* ist eine davon. Goffman beschreibt Takt als eine „Schutzmaßnahme", mit der Interaktionsteilnehmer:innen die Selbstinszenierungen der anderen stützen – und zwar auch wider besseres Wissen (vgl. Goffman 1983a: 212). Wenn man z. B. weiß, dass die Geschichte, die das Gegenüber nach dem dritten Bier zum Besten gibt, sich eigentlich gar nicht so zugetragen hat, wird man vermutlich trotzdem nicht widersprechen, sondern mit einstimmen in das kollektive Gelächter. Vielleicht rollt man kurz mit den Augen, um sich ein bisschen von dem Gesagten zu distanzieren. Das wiederum ist dann eine Form der indirekten Kommunikation, für die man jedoch nur schwer zur Verantwortung gezogen werden kann. Oder aber – wenn der Widerwille allzu groß ist – steht man auf und geht.

Zur kommunikativen Funktion von Ohnmachten

In den Liebesromanen des 18. Jahrhunderts – das war die Zeit, in der sowohl die literarische Gattung des Romans als auch die Idee der romantischen Liebe gerade erst erfunden worden waren – fallen mit erstaunlicher Regelmäßigkeit junge, unverheiratete Frauen in Ohnmacht. Sie tun das viel öfter, als man das heute in Romanen lesen oder im wahren Leben beobachten kann und daher stellt sich die Frage nach dem warum. Welche kommunikative Funktion haben diese Ohnmachten? Eine ziemlich offensichtliche Möglichkeit ist, dass dieses regelmäßige entkräftete Zusammensinken der Protagonistinnen Ausdruck und Inszenierung einer neuen Vorstellung von Weiblichkeit war, die sich seit dem 18. Jahrhundert zunehmend durchsetzen konnte. Dieser neuen Idee der „polarisierenden Geschlechtscharaktere" (Hausen 1976) zufolge galten seit dieser Zeit Frauen als schwächlich, passiv, emotional und empfindsam, während Männern komplementäre Eigenschaften wie Stärke, Rationalität und Aktivität zugeschrieben wurden.

Auffallend bei diesen literarischen Ohnmachten ist, dass die Frauen fast durchgängig in „sexuellen Schwellensituationen" kollabieren, wie dem ersten Kuss, beim Verlassenwerden, beim Versuch der Verführung oder einer drohenden Vergewaltigung (Mülder-Bach 2004: 4). Für einen ersten Eindruck dieser weiblichen Ohnmachtsanfälle wird im Folgenden ein kurzer Auszug aus einem der frühen Ohnmachts-Romane des 18. Jahrhunderts zitiert: dem Briefroman „Pamela, or Virtue Rewarded" von Samuel Richardson aus dem Jahr 1740. Darin geht es um die Geschichte eines 15-jährigen, ziemlich naiven Hausmädchens (Pamela), das sich den immer heftiger werdenden Zudringlichkeiten ihres neuen Herrn (Mr. B.) hartnäckig widersetzt und deren Unschuld und Tugendhaftigkeit schließlich dadurch belohnt wird, dass Mr. B. ihr einen Heiratsantrag macht und sie trotz ihrer niederen Herkunft ehelicht. In einem Brief an ihre Mutter beschreibt Pamela im Folgenden einen der gewaltsamen Annäherungsversuche ihres Arbeitgebers:

„Dear Mother,
[...] At last he came in again, but, alas! With Mischief in his Heart! And raising me up, he said, Rise, *Pamela*, rise; you are your own Enemy. [...] Pretty Fool! said he, how will you forfeit your Innocence, if you are oblig'd to yield to a Force you cannot withstand? [...] He then put his Hand in my Bosom, and the Indignation gave me double Strength, and I got loose from him, by a sudden Spring, and ran out of the Room; and the next Chamber being open, I made shift to get into it, and threw-to the Door, and the Key being on the Inside, it locked; but he follow'd me so close, he got hold of my Gown, and tore a Piece off, which hung without the Door. I just remember I got into the Room; for I knew nothing further of the Matter till afterwards; for I fell into a Fit with my Fright and Terror, and there I lay, till he, as I suppose, looking through the Keyhole, spy'd me lying all along upon the Floor, stretch'd out at my Lenghth; and then he call'd Mrs. *Jervis* to me, who, by his Assistance, bursting open the Door [...]." (Richardson 2001: 32)

Die Ohnmacht versinnbildlicht die körperliche Schwäche des jungen Mädchens, das nur aus der Panik und Angst heraus überhaupt genug Kraft entwickeln konnte, um dem Angreifer zumindest kurz zu entfliehen, dann aber bewusstlos und überfordert zusammensinkt. Bemerkenswert an dieser Situation ist, dass Pamela erst in Ohnmacht fällt, nachdem ihr die

Flucht vor Mr. B. bereits geglückt ist. Gleichzeitig scheint sie sich selbst in der abgeschlossenen Kammer beobachtet zu fühlen – durch das Schlüsselloch. Die Interaktion mit Mr. B. ist also trotz ihrer Flucht ins Nachbarzimmer nicht beendet. Erst durch ihre Bewusstlosigkeit kann sie die Situation zumindest kurzzeitig verlassen. Die Wirkung der Ohnmacht ist jedoch ambivalent: Sie beendet zwar einerseits den sexuellen Übergriff und löst bei Mr. B. Besorgnis über Pamelas Gesundheitszustand aus. Andererseits scheint ihr bewusstloser Körper, den er nur durch das Schlüsselloch sehen kann, aber auch besonders verführerisch zu sein und Mr. B.s Verlangen noch einmal zu steigern. Sie wird dadurch noch mehr zu einem Objekt der Begierde für ihren Verfolger. Entsprechend unterstellt Mr. B. Pamela später auch, dass ihre häufigen Ohnmachten nur vorgetäuscht und sozusagen Teil eines von ihr inszenierten Verführungsspiels seien – also ein Mittel der Eindrucksmanipulation. Er glaubt zunächst nicht an ihre Unschuld und gleichzeitig scheint genau diese ihn besonders zu reizen. Insofern ist die Ohnmacht aus der Perspektive des Autors – und man darf nicht vergessen, dass wir es hier mit einem männlichen Autor zu tun haben, der Briefe aus der Perspektive eines jungen Mädchens schreibt – ein sehr wirkmächtiges Bild, das vermutlich die Fantasie der Leser:innen anregte.

Für Pamela hingegen erfüllt die Ohnmacht eine andere Funktion: Sie erfährt eine kommunikative Entlastung und muss sich nicht weiter gegen Mr. B. zur Wehr setzen, um ihre Unschuld zu verteidigen, bleibt aber gleichzeitig für ihren Verfolger weiterhin eine attraktive Beute. Insofern retten die Anfälle Pamela aber auch vor ihrem eigenen, zu Beginn noch verstecktem Verlangen.

Literatur:

Mülder-Bach, Inka (2004): Die „Feuerprobe der Wahrheit". Fall-Studien zur weiblichen Ohnmacht. In: Goethezeitportal. www.goethezeitportal.de/db/wiss/epoche/muelder-bach_ohnmacht.pdf (Abfrage: 1.06.2023).

Richardson, Samuel (1740/2008): Pamela; or, Virtue Rewarded. Oxford and New York: Oxford University Press.

Wir haben festgestellt, dass es in direkten Interaktionen eine Tendenz zur Konfliktvermeidung gibt. Aber was ist – aus interaktionstheoretischer Perspektive betrachtet – eigentlich ein *Konflikt*? Damit ist eine offene resp. erkennbare Auseinandersetzung gemeint, die sich nicht nur in den Köpfen der Beteiligten abspielt, sondern auch in wechselseitig aufeinander bezogenen Verhaltensweisen manifest wird, z. B. in Form gegenseitiger Beschimpfungen, einer Prügelei oder gegenseitigem Ignorieren. Zunächst mal muss man feststellen, dass es sich beim Konflikt oder Streit (wie Simmel es nennt) um ein soziales Phänomen handelt, denn zum Streiten braucht man immer mindestens zwei Personen. Konstitutiv für den Konflikt ist, dass jede:r gegen den Willen des/der anderen handelt und das auch kundtut oder in seinem Verhalten anzeigt (vgl. Tyrell 1976). Es reicht aber nicht, wenn man zu einem Angebot, das ein:e andere:r macht, einfach nein sagt. Akzeptiert der/die andere dieses Nein und fragt nicht weiter nach, handelt es sich nicht um einen Konflikt. Erst wenn diese Negation zum Thema der weiteren Kommunikation wird, also der/die andere z. B. insistiert oder mit Vorwürfen reagiert, kommt es zum Streit (vgl. Kieserling 1999: 267).

Konflikte haben eine Tendenz sich auszubreiten und immer weitere Themen und auch unbeteiligte Personen einzubeziehen. Das gilt ganz besonders für Konflikte zwischen Anwesenden. In direkten Interaktionen ist es kaum möglich, sich nur ein bisschen nebenher zu streiten. Stattdessen besteht rasch die ganze Situation nur noch aus Streit: „Interaktionssysteme können offene Konflikte schlecht nebenherlaufen lassen, dazu sind sie nicht komplex genug. Sie haben nur die Wahl, Konflikte zu vermeiden oder Konflikte zu sein." (Luhmann 1975/2005: 19) Interaktionen haben daher einerseits ein sehr *geringes Konfliktpotenzial*,[41] bergen aber andererseits auch gewisse Gefahren für Leib und Leben: Ein Wort gibt das andere und schon fliegen die Fäuste, ein Szenario, das – auch heutzutage in einer zivilisierten Gesellschaft – gar nicht so selten ist. „Anwesenheit steigert die Gefährlichkeit, aber auch die Domestizierbarkeit der Individuen", stellte Luhmann (1972: 61) fest. Wegen unserer körperlichen Verletzlichkeiten gilt es, Konflikte unter Anwesenden möglichst zu vermeiden. Entsprechend gibt es in direkten Begegnungen eine Vielzahl von *Techniken zur Konfliktvermeidung* bzw. -beilegung. Dazu gehören beispielsweise all die von Goffman beschriebenen Rituale des korrektiven Austauschs, der Ehrerbietung und des Benehmens (vgl. Goffman 1973e; 1974b).

Vor diesem Hintergrund wird die kommunikative Funktion von Ohnmachten in früheren Zeiten besser verständlich: Wenn eine Frau zu den ungewollten sexuellen Annäherungsversuchen eines Mannes nein sagte (wie z. B. in den erwähnten Romanen des 18. Jahrhunderts), war das möglicherweise der Beginn eines Konflikts, der sich in der damaligen Zeit vermutlich nicht so einfach hat wieder beilegen lassen und u. U. schwere Folgen für die betroffenen Frauen nach sich ziehen konnte. Insofern scheint das Abbrechen der Interaktion *vor* der Zurückweisung des Angebots und damit vor Beginn des Streits eine gelungene – wenn auch recht drastische – Möglichkeit der Konfliktvermeidung gewesen zu sein.

Interaktionen bei Haustürgeschäften

Dubiose Verkäufer:innen im Außendienst, die von Haustür zu Haustür gehen und versuchen, Zeitschriftenabonnements oder ähnliches zu verkaufen, werden umgangssprachlich „Drücker" genannt. Dubios sind sie nicht nur, weil sie in der Regel nicht über die entsprechende Gewerbelizenz verfügen, sondern auch, weil sie ihre potenziellen Kund:innen ganz bewusst in eine unangenehme Situation bringen und der Vertragsabschluss unter Druck zustande

41 Im Gegensatz dazu haben z. B. Organisationen ein wesentlich größeres Konfliktpotenzial: So kann man als Universitätsbeschäftigte z. B. Widerspruch gegen die eigene Gehaltseingruppierung einlegen und sich mit der Verwaltung darüber monatelang streiten, ohne dass sich dieser Konflikt auf die ganze Universität auszuweiten droht.

kommt. Möglicherweise haben einige dieser Drücker:innen mal Soziologie studiert, auf jeden Fall verfügen sie über gute Kenntnisse der Regeln und Dynamiken direkter Interaktionen. So machen sie es sich zunutze, dass die Teilnehmer:innen von Face-to-Face Interaktion in der Regel versuchen, Konflikte zu vermeiden und sich an die eigenen Selbstdarstellungen in einer Situation gebunden fühlen.

Das Gespräch mit einem Drücker[42] kann man sich etwa folgendermaßen vorstellen: Er klingelt an der Haustür und verschafft sich unter einem Vorwand Zutritt, z. B. indem er behauptet, dass er für eine Wohlfahrtsorganisation arbeitet und Spenden sammelt. Entscheidend für den weiteren Verlauf des Gesprächs ist es, dass er ins Haus gelassen wird und den Rahmen für ein längere Unterhaltung etablieren kann. Dann werden die potenziellen Kund:innen in ein zunehmend persönlicher werdendes Gespräch verwickelt, in dessen Verlauf sie Gelegenheit erhalten, sich selbst als freundliche und hilfsbereite Person darzustellen. Das funktioniert besonders gut bei Menschen, die nicht viele Sozialkontakte haben und eine solche Gelegenheit gerne nutzen. Mithilfe geschickter Gesprächsführung entlockt der Drücker seinem Gegenüber Zustimmung zu verschiedenen moralischen Stellungnahmen, bspw., dass jeder Mensch mal einen Fehler begehe, aber trotzdem eine zweite Chance verdient habe usw. Wer könnte derartigen Allgemeinplätzen auch widersprechen? Gleichzeitig erzeugen solche konsensuellen Bewertungen ein gutes Gefühl im Gespräch, man fühlt sich und seine Ansichten akzeptiert und als Teil einer Wertegemeinschaft.

So weit, so gut. Diese Übereinstimmungen werden im weiteren Gesprächsverlauf dann allerdings bewusst missbraucht, um das Gegenüber unter Druck zu setzen. Zunächst noch sehr indirekt, indem der Drücker die zuvor hergestellte Vertrautheit zu einer Art Geständnis ausnutzt und z. B. zugibt, dass er selbst in seiner Vergangenheit auch einmal einen Fehler begangen habe, vielleicht einen Diebstahl oder Drogenmissbrauch, wofür er dann ins Gefängnis musste oder einen Entzug durchgemacht habe. Er erklärt, dass er sein Verhalten bereue, für seinen Fehler bezahlt habe und nun versuche, wieder auf die Beine zu kommen, wofür er aber das Geld aus diesem Verkauf benötige. Vielleicht bringt er auch weitere Dramatisierungen ins Spiel, wie zu versorgende Kinder oder eine kranke Frau oder einen drohenden Jobverlust. Auf diese Weise appelliert er an das Mitleid seines Gegenübers. Wenn das zum Vertragsabschluss nicht ausreicht, wird der Druck erhöht.

Um zu verstehen, wie das funktioniert, muss man zunächst wissen, dass in Face-to-Face Interaktionen generell eine Art Selbstverpflichtung der Anwesenden allein dadurch entsteht, dass sie sich auf eine soziale Situation einlassen und die damit verbundenen Selbstdarstellungen akzeptieren. Die im Gespräch erzeugten Selbstbilder wecken Erwartungen und Interaktionspartner:innen dürfen darauf vertrauen, dass sich die anderen entsprechend den von ihnen erzeugten Eindrücken verhalten. Tut man das nicht, ist man in Erklärungsnot und erscheint unaufrichtig. Es droht ein Gesichtsverlust. Kleinere Abweichungen zwischen Selbstbild und beobachtbarem Verhalten werden normalerweise von taktvollen Interaktionspartner:innen noch mitgetragen. Da aber ein Drücker nicht taktvoll ist, sondern diese Widersprüche durch die Gesprächsführung provoziert, dramatisiert er die Ablehnung des Kaufangebots und wirft seinen Opfern vor, ihn getäuscht zu haben. Er sagt, man habe ihm die Freundlichkeit nur vorgespielt und sei in Wirklichkeit gar nicht bereit dazu, jemandem eine zweite

42 Wir unterstellen an dieser Stelle einfach mal, dass der Drücker, dessen Verhalten hier beschrieben wird, männlich ist.

Chance zuzugestehen. Aus den im Verlauf des Gesprächs geäußerten allgemeinen Aussagen wird also ein Widerspruch zu der aktuellen Verkaufssituation aufgebaut. Dadurch werden Schuldgefühle ausgelöst und Druck ausgeübt: Die Opfer müssen nicht nur explizit „Nein" sagen zu dem angebotenen Abonnement, sondern es droht ihnen auch ein Gesichtsverlust. Außerdem zeigt der Drücker keinerlei Bereitschaft, den Konflikt beizulegen oder die Situation zu verlassen. Der einfachste Ausweg aus dieser unangenehmen Situation ist es dann, das Abonnement zu unterschreiben (die Option des In-Ohnmacht-Fallens, die möglicherweise die Damen des 18. Jahnhunderts hier gewählt hätten, steht ja in modernen Gesellschaften kaum noch zur Verfügung). Andernfalls ist man gezwungen, die Drohungen und Vorwürfe auszuhalten und den Drücker notfalls mit Gewalt aus dem Haus zu schaffen. Das ist sicher auch für nicht konfliktscheue Personen eine ausgesprochen unangenehme und nervenaufreibende – möglicherweise sogar gefährliche – Angelegenheit.

Weil aber auch die Gesetzgeber über die in direkter Interaktion herrschende Tendenz zur Zustimmung und Konfliktvermeidung Bescheid wissen, haben die Kund:innen solcher Haustürgeschäfte mittlerweile die Möglichkeit, Verträge innerhalb von 14 Tagen ohne Angabe von Gründen zu widerrufen.

Es gibt aber auch Interaktionssituationen mit vorgegebenen, sozusagen institutionalisierten Konfliktvorgaben: So gehört das Streiten z. B. bei wissenschaftlichen Tagungen zur Normalität und wird sogar erwartet. Es ist so gut wie ausgeschlossen, dass nach einem Vortrag beim alle zwei Jahre stattfindenden Kongress der Deutschen Gesellschaft für Soziologie die anwesenden Kolleg:innen einfach nur klatschen und zustimmend nicken. Stattdessen gibt es meist zahlreiche Wortmeldungen, in denen der Sprecherin zuerst artig für ihren Beitrag gedankt wird, um diesen dann mehr oder weniger wortgewandt zu zerpflücken. Auch vor Gericht wird regelmäßig gestritten, wobei die Konfliktparteien hier sogar von Rechtsanwält:innen begleitet werden, die sich im Namen ihrer Mandant:innen miteinander streiten. Für solche institutionalisierten Konfliktformen gibt es zahlreiche Vorkehrungen, um Eskalationen und Beschädigungen der beteiligten Personen zu verhindern. So wird der Streit z. B. sowohl in der Wissenschaft als auch vor Gericht sachlich stark begrenzt und soll sich nicht auf die beteiligten Personen beziehen, sondern nur auf deren wissenschaftliche Arbeit oder den angeblich begangenen Rechtsbruch. Entsprechend ist es sowohl unter Soziolog:innen als auch unter Jurist:innen möglich, auch nach einem langen Tag bei einem Kongress oder vor Gericht am Abend gemeinsam ein Bier trinken zu gehen.

Das oben beschriebene geringe Konfliktpotential von Interaktionen hängt vor allem mit der „Undifferenziertheit von Interaktionen" zusammen (Kieserling 1999: 37). Luhmann (1972) zufolge handelt es sich bei Interaktionen um „einfache Sozialsysteme", die im Gegensatz z. B. zu Organisationen keine weiteren Subsysteme ausbilden können. Während es nämlich in Organisationen problemlos möglich ist, dass zahlreiche Kommunikationen parallel bzw. gleichzeitig stattfinden, ist das in unmittelbaren Begegnungen nur schwer möglich. Hier gilt in Interaktionen ein *Zwang zum Nacheinander*: Denn es können weder gleichzeitig mehrere Personen sprechen noch können mehrere Themen gleichzeitig bearbeitet werden (vgl. Luhmann: 1972; Kieserling 1999: 37 ff.). Daher wird immer nur über ein Thema nach dem anderen gesprochen, andernfalls wird es konfus und unverständlich. Diese Serialität gilt nicht nur für formalisierte Sitzungen mit einer eigenen Tagesordnung, sondern auch für alltagsweltlichen Smalltalk. Und sie wiederholt sich innerhalb der Besprechung einzelner Themen in Bezug auf die beteiligten Personen, denn es kann immer nur eine Person nach der anderen reden. Gleichzeitiges Sprechen ist zwar technisch möglich, allerdings geht das auf Kosten der Verständlichkeit.[43] Üblicherweise laufen Interaktionen so ab, dass alle Beteiligten sich nacheinander bzw. abwechselnd zu einem Thema äußern, bevor man dann zum nächsten Thema übergeht. Das wiederum ist der Grund dafür, dass Interaktionen eine besonders zeitaufwendige Form der Kommunikation darstellen. Bis alle zu jedem Thema ihre Meinung kundgetan und auf Einwände erwidert haben, vergeht viel mehr Zeit, als wenn ein solcher Austausch zum Beispiel in schriftlicher Form stattfinden würde. Hierbei könnten dann parallel mehrere Themen behandelt werden und viele Sprecher:innen gleichzeitig schreiben. Daher ist es eigentlich verwunderlich, dass nach wie vor in vielen Organisationen für die Entscheidungsfindung auf unmittelbare Interaktionen zurückgegriffen wird. Grund dafür ist vermutlich die Suche nach Akzeptanz und Legitimation von Entscheidungen, denn diese werden von den Betroffenen eher anerkannt und befolgt, wenn sie demokratisch legitimiert sind: wenn es also eine Mehrheit dafür gibt bzw. zumindest jede:r die Gelegenheit hatte, vorher ihre/seine Meinung dazu kundzutun. Außerdem wird diese Art des Austauschs in unserer Gesellschaft bereits von Kindheit an eingeübt, z. B. in der Familie oder in regelmäßigen Sitzungen des Klassenrats in der Schule.

Merkmale von Face-to-Face Interaktionen:

- Möglichkeit zu körpergebundenen Ausdrucksformen (*expressive Botschaften*)
- Beschränktheit der räumlichen und sozialen Reichweise von Kommunikation unter Anwesenden
- Körperliche Anwesenheit ist nicht gleichbedeutend mit sozialer Anerkennung als Person (*Unpersonen*)
- Störanfälligkeit von Interaktionen
- Geringes Konfliktpotenzial, daher Tendenz zur Konfliktvermeidung
- Undifferenziertheit von Interaktionen, daher Notwendigkeit zur Sequenzialität (Zwang zum Nacheinander von Themen und Personen)

43 Bei vielen elektronischen Kommunikationsgeräten ist das gleichzeitige Sprechen technisch gar nicht möglich, weil sich das Mikrofon ausschaltet, während der/die andere spricht.

- Eigengesetzlichkeit direkter Interaktionen
- Regeln der Irrelevanz

2.6 Die Eigengesetzlichkeit sozialer Interaktionen

Goffmans Analysen zielten stets auf die Rekonstruktion der Interaktionsordnung ab. Sein zentrales Argument für die Forderung nach der Etablierung der Interaktionssoziologie als eigenständiger Disziplin war die Eigengesetzlichkeit direkter Begegnungen. Damit ist zunächst einmal gemeint, dass sich das Geschehen in Interaktionen nicht einfach aus den in einer Gesellschaft geltenden Regeln oder Erfordernissen ableiten lässt. Vielmehr verfügen unmittelbare Begegnungen über eine Eigenlogik, die weder rational ist noch einfach irgendwelchen sozialen Normen folgt. Es mag zwar bestimmte Vorgaben und Rahmenbedingungen geben, innerhalb derer direkte Interaktionen stattfinden, wie z. B. institutionalisierte Rollen und Veranstaltungsformate an Schulen oder Universitäten, aber dennoch laufen Seminarsitzungen und Vorlesungen nie vollkommen gleich ab. Auch bestimmen nicht die Teilnehmer:innen selbst, was genau passiert. So hat vermutlich jede:r schon mal eine Situation erlebt, in der er/sie vom Verlauf des Geschehens überrascht wurde, in der es plötzliche Entwicklungen und Wendepunkte gab, die weder vorhersehbar noch notwendigerweise beabsichtigt waren und zu völlig unerwarteten Ergebnissen führten. Ein Beispiel für eine solche Situation mit überraschendem Ausgang aus der jüngeren Geschichte ist die Pressekonferenz vom 9. November 1989, auf der ein SED-Sprecher (Günter Schabowski) eigentlich nur die neuen Reiseregeln vorstellen sollte, in deren Folge es aber unvorhergesehen und unbeabsichtigt zum Fall der Berliner Mauer kam.

Wie es dazu kam, dass die Berliner Mauer ausgerechnet am 9. November 1989 fiel – Versuch einer interaktionstheoretischen Erklärung

Unmittelbarer Auslöser für den Fall der Berliner Mauer war eine Pressekonferenz, eine einzelne soziale Situation also, in deren Verlauf einiges schieflief. Es kam dabei zu einem folgenschweren Missverständnis zwischen dem damaligen Sprecher des SED-Politbüros,[44] Günter Schabowski, und dem Publikum, das aus Journalist:innen aus aller Welt bestand. Was damals passierte, ist ein anschauliches Beispiel für die Eigengesetzlichkeit sozialer Situationen, in denen eben nicht nur die größeren Strukturen einer formalen Organisation konkret umgesetzt werden, sondern eine eigenständige Form sozialer Ordnung entsteht.

Um die Pressekonferenz besser verstehen zu können, werden hier zuerst noch einmal stark verkürzt die wichtigsten politischen Entwicklungen des Jahres 1989 zusammenge-

44 SED ist die Abkürzung für die Sozialistische Einheitspartei Deutschlands.

fasst. Wer aber die Entwicklungen in ihrer Gesamtheit nachvollziehen möchte, die für den Fall der Berliner Mauer bzw. das Ende des Kalten Krieges ursächlich waren, sollte besser in einem Geschichtsbuch nachlesen.

Was also war passiert? Im Januar 1989 hatte SED-Generalsekretär Erich Honecker noch verkündet, dass die Mauer „in 50 und auch in 100 Jahren noch bestehen" werde, im Oktober wurde er dann abgesetzt (vgl. Brautlecht 2018). Im Februar desselben Jahres war ein Zwanzigjähriger beim Versuch, die Grenze zwischen der DDR und Westdeutschland unerlaubt zu überqueren, erschossen worden. Der Schießbefehl an der innerdeutschen Grenze war erst im April 1989 aufgehoben worden, und im Herbst hatte die sog. „Friedliche Revolution" begonnen, in deren Verlauf immer mehr Menschen für ihre Freiheit auf die Straße gingen und demonstrierten. Über das ganze Jahr verteilt waren jeden Monat Tausende DDR-Bürger:innen über Ungarn und Österreich bzw. die Prager Botschaft nach Westdeutschland geflohen.

Egon Krenz, der Nachfolger Honeckers als Staatsratsvorsitzender der DDR, versuchte mithilfe eines neuen Reisegesetzes, die Massenflucht der DDR-Bürger:innen über andere Länder zu beenden. Das neue Gesetz sollte vor allem die sog. „ständige Ausreise" aus der DDR ermöglichen, also das dauerhafte Verlassen des Landes (inklusive des Verlusts der DDR-Staatsbürgerschaft), nicht aber einfache Auslandsreisen, wie z. B. einen kurzen Familienbesuch im Westen. Ein erster Entwurf dieses Gesetzes wurde am 6. November verkündet. Da darin aber lange Bearbeitungszeiten von Reiseanträgen sowie deren Ablehnung „ohne Angabe von Gründen" vorgesehen waren, gab es erheblichen Widerstand von Seiten der Reformbewegung, die den Entwurf als „Reiseverhinderungsgesetz" ablehnte. Da das neue Gesetz aber durch den Ministerrat am 9. November verabschiedet werden sollte, stand die Überarbeitung unter großem Zeitdruck und wurde von einem in seiner Position noch neuen Abteilungsleiter durchgeführt. Dieser fügte in den Entwurf eine neue Passage zur Möglichkeit privater Reisen ins Ausland ein, die bedingungslos beantragbar und kurzfristig genehmigt werden sollten.

Aufgrund verschiedener (bis heute nicht ganz geklärter) Missverständnisse lag der Gesetzesentwurf den Mitgliedern des Zentralkomitees (ZK) der SED bei ihrer Sitzung am 9. November nicht vor, sondern wurde von Egon Krenz nur mündlich verlesen und rasch abgenickt. Es wird vermutet, dass den damals anwesenden ZK-Mitgliedern die Tragweite dieses Beschlusses nicht bewusst war. Genau wie später auch Günter Schabowski gingen sie wohl davon aus, dass es nur um die Frage der ständigen Ausreise ging. Am Abend des 9. November kurz vor 18 Uhr übergab dann Egon Krenz das neue Reisegesetz Günter Schabowski, der bei der ZK-Abstimmung nicht dabei gewesen war, aber die wichtigsten Ergebnisse bei einer Pressekonferenz über die Lage der DDR vorstellen sollte. Da Schabowski in Eile war, hatte er offenbar keine Zeit mehr, sich das Gesetz genauer anzuschauen. Er machte sich nur einige schnelle Notizen für die Pressekonferenz, bei der er zunächst die anderen Beschlüsse der ZK-Tagung bekannt geben und erst ganz am Schluss das neue Reisegesetz präsentieren wollte. Diese Entscheidung lässt bereits vermuten, dass Schabowski nicht davon ausging, dass dieses neue Reisegesetz zur Öffnung der DDR-Grenzen führen sollte. Der Zettel, den man sich mittlerweile im „Haus der Geschichte" in Berlin oder online anschauen kann,[45] belegt vor allem die Arroganz des damaligen SED-Regimes, das immer noch glaub-

45 www.hdg.de/lemo/bestand/objekt/dokument-notizzettel-schabowski.html (Abfrage: 1.06.2023).

te, die Öffentlichkeit zunächst mit langwierigen Berichten über die Diskussionen des ZKs langweilen zu dürfen. Außerdem beweist der Zettel, wie unvorbereitet Schabowski in diese Pressekonferenz ging.

Die besagte Pressekonferenz begann um 18 Uhr und wurde vom DDR-Fernsehen live übertragen.[46] Das Setting des Geschehens war ein gediegener Saal mit Kronleuchtern und vielen Holztäfelungen im Pressezentrum in der Berliner Mohrenstraße (die möglicherweise mittlerweile Anton-Wilhelm-Amo-Straße heißt). Auf der Bühne hinter zahllosen Mikrofonen saßen Schabowski und drei Parteikolleg:innen – mit Ausnahme der einzigen Frau alle in sozialistischem Einheitsgrau (graue Anzüge, gräuliche Krawatten und graue Haare) – und präsentierten sich vor den Kameras der Weltpresse als wichtige Mitglieder der DDR-Führung. Zunächst einmal wurde über 50 Minuten hinweg sehr langatmig und umständlich (und aus heutiger Perspektive unerträglich wichtigtuerisch) berichtet, worüber bei der ZK-Sitzung so alles diskutiert worden sei. Erst um 18:53 Uhr kam Schabowski dann nach der Frage eines Journalisten auf das „Bedürfnis der Bevölkerung, zu reisen oder die DDR zu verlassen" zu sprechen und wie die Partei damit umzugehen gedenke. Im nun folgenden Monolog Schabowskis wird deutlich, dass er zu diesem Zeitpunkt nicht davon ausging, dass es für DDR-Bürger:innen zeitnah eine vollkommene Reisefreiheit geben würde:

„Also, wir wollen durch eine Reihe von Umständen, dazu gehört auch das Reisegesetz, die Chance also der souveränen Entscheidung des Bürgers zu reisen, wohin er will äh- Wir sind natürlich äh besorgt, dass also die Möglichkeit dieses Reisegesetzes, – es ist ja noch immer nicht in Kraft, es ist ja ein Entwurf – Allerdings ist heute, soviel ich weiß [Schabowski blickt fragend in Richtung der anderen anwesenden ZK-Mitglieder und spricht weiter, als kein Widerspruch kommt], eine Entscheidung getroffen worden. Es ist eine Empfehlung des Politbüros aufgegriffen worden, dass man aus dem Entwurf des Reisegesetzes den Passus herausnimmt und in Kraft treten lässt, der stän- wie man so schön sagt oder so unschön sagt – also die ständige Ausreise regelt, also das Verlassen der Republik. Weil wir es äh .. für einen unmöglichen Zustand halten, dass sich diese Bewegung vollzieht äh über einen befreundeten Staat äh, was ja auch für diesen Staat nicht ganz einfach ist. [Gemeint ist die massenhafte Flucht von DDR-Bürger:innen über Ungarn und die Tschechoslowakei; M.M.] Und deshalb äh haben wir uns dazu entschlossen, heute äh eine Regelung zu treffen, die es jedem Bürger der DDR möglich macht äh, über Grenzübergangspunkte der DDR äh auszureisen."

Es fällt auf, wie umständlich sich Schabowski ausdrückt – vielleicht weil er schlecht vorbereitet ist und den genauen Inhalt des neuen Gesetzentwurfs nicht kennt. Die zitierte Passage belegt, dass er davon ausging, dass das neue Reisegesetz nur die Frage der „ständigen Ausreise" regelte, also des dauerhaften Verlassens der DDR. Auf die Nachfrage eines Journalisten, ob diese Regelung ab sofort in Kraft trete, kratzte sich Schabowski am Kopf und begann einen weiteren, teilweise gestammelten Monolog, in dem erneut klar wird, dass er nicht wusste, was das Gesetz eigentlich enthielt:

46 Videomitschnitte finden sich im Internet: z. B. www.youtube.com/watch?v=F65XKAc4BrA (Abfrage: 1.06.2023).

„Also, Genossen, mir ist das hier also mitgeteilt worden [setzt sich seine Brille auf, blättert Unterlagen durch und zieht ein beschriebenes Blatt Papier heraus], dass eine solche Mitteilung heute schon äh verbreitet worden ist. Sie müsste eigentlich in Ihrem Besitz sein. Also [liest sehr schnell von einem Blatt Papier ab]: Privatreisen nach dem Ausland können ohne Vorliegen von Voraussetzungen – Reiseanlässe und Verwandtschaftsverhältnisse – beantragt werden. Die Genehmigungen werden kurzfristig erteilt. Die zuständigen Abteilungen [...] sind angewiesen, Visa zur ständigen Ausreise unverzüglich zu erteilen [blickt kurz hoch], ohne dass dabei noch geltende Voraussetzungen für eine ständige Ausreise vorliegen müssen. Äh, ständige Ausreisen können über alle Grenzübergangsstellen der DDR zur BRD erfolgen. Damit entfällt die vorübergehend ermöglichte Erteilung von entsprechenden Genehmigungen in Auslandsvertretungen der DDR bzw. die ständige Ausreise mit dem Personalausweis der DDR über Drittstaaten." [hört auf vorzulesen und blickt auf]

Schabowski hat offenbar nicht bemerkt, dass es in der verlesenen Gesetzespassage sowohl um die ständige Ausreise (im Sinne von Emigration) als auch um (vorübergehende Privat-)Reisen ging. Vermutlich um sein Unwissen ein bisschen zu überspielen und gleichzeitig unangenehme Nachfragen zu vermeiden, redete er auch nach dem Verlesen einfach weiter und sinnierte noch einige Zeit über Probleme mit der Ausgabe von Reisepässen. Während zuvor bei der Verlesung des Gesetzes noch gespannte Stille geherrscht hatte, wurden die Journalist:innen nun unruhig und unterbrachen Schabowskis Gerede über „die Passfrage", um zu erfahren, wann diese neue Regelung in Kraft trete. Einige der Anwesenden schienen das Gesetz demnach dahingehend gedeutet zu haben, dass DDR-Bürger:innen ungehindert ausreisen durften – und zwar sowohl dauerhaft als auch für private Reisen. Da Schabowski die Antwort auf diese Frage offenbar nicht wusste, begann er erneut suchend in seinen Papieren herumblättern und stammelte schließlich die berühmten Worte, die mittlerweile auch auf eine Gedenktafel in Berlin graviert wurden: „Das tritt nach meiner Kenntnis ... ist das sofort, unverzüglich."

Obwohl Schabowski die Frage also eigentlich nicht beantworten konnte, und er offenbar in der Eile auch den Sperrvermerk auf der zweiten Seite des Gesetzes nicht gefunden hatte, auf dem festgelegt worden war, dass das Gesetz erst am 10. November in Kraft treten sollte, lässt er sich also zu dieser (falschen) Aussage drängen. Er hätte auch sagen können, dass er es nicht weiß. Stattdessen behauptete er einfach, das Gesetz gelte sofort und relativierte das ganze nur schwach („nach meiner Kenntnis"), was aber aufgrund seiner sonstigen Selbstdarstellung als wichtiger und mächtiger DDR-Funktionär eher vernachlässigbar erschien.

Dass er sich aber zu einer derartigen Aussage hinreißen ließ, hängt unmittelbar mit der Eigenlogik sozialer Interaktionen zusammen. Unter Anwesenheitsbedingungen entsteht typischerweise ein größerer Handlungsdruck als z. B. in schriftlicher Kommunikation: Es wird erwartet, dass man auf das Verhalten anderer Anwesender unmittelbar reagiert. So wird auf eine Frage immer auch eine Antwort erwartet. Dieser Erwartung kann man sich nur schlecht widersetzen – schon gar nicht in Schabowskis Rolle als Regierungssprecher. Diese eng aufeinander bezogenen Äußerungen verschiedener Sprecher:innen nennt man *Paarsequenzen*, und sie sind zentrale Bestandteile praktisch aller Gespräche unter Anwesenden (vgl. Gruß-Gegengruß, Kap. 2.3). Der zweite Teil einer solchen Sequenz muss üblicherweise sofort erfolgen oder aber zumindest irgendeine Form von Reaktion, z. B., dass man noch nachdenken muss oder die Antwort nicht weiß. Dass Schabowski sich nun trotz seines Nicht-Wissens dafür entschieden hat zu behaupten, das Gesetz trete sofort in Kraft (und eben nicht zugab, keine Ahnung zu haben), lässt sich vermutlich als Teil seiner Ausdruckskontrolle deuten: Ausgehend von seiner bisherigen Selbstdarstellung wäre es ein Widerspruch gewesen zuzugeben, nicht Bescheid zu wissen.

Wie ging es nun aber auf der Pressekonferenz weiter? Nach einigem Suchen fand Schabowski schließlich eine passende Textstelle, die er dann sehr schnell und einige Worte verschluckend vorlas: „Wie die Presseabteilung des Ministeriums ... hat der Ministerrat beschlossen, dass bis zum Inkrafttreten einer entsprechenden gesetzlichen Regelung durch die Volkskammer diese Übergangsregelung in Kraft gesetzt wird." Auf die Nachfrage, ob das auch für West-Berlin gelte, zuckte Schabowski mit den Schultern, verzog dabei die Mundwinkel nach unten, begann erneut in den Papieren herumzublättern und verlas eine weitere Textstelle: „Also ..., doch, doch. [beginnt erneut vorzulesen] Die ständige Ausreise kann über alle Grenzübergangsstellen der DDR zur BRD bzw. zu Berlin-West erfolgen."

Bei den Zuhörer:innen herrschte zunehmende Verwirrung über die Bedeutung dieses Gesetzes, und es wurde immer lauter getuschelt.[47] Ein US-amerikanischer Journalist, der im allgemeinen Chaos ein Mikrofon ergattern konnte, fragte, ob denn von nun an DDR-Bürger:innen nicht mehr durch die Tschechoslowakei und Ungarn ausreisen dürften. Schabowski reagierte leicht genervt und erklärte etwas schulmeisterlich: „Nein, das ist darin überhaupt nicht formuliert. Sondern wir hoffen, dass sich auf diese Weise äh diese Bewegung selbst reguliert. In dem Sinne wie wir das erstreben." Die Stimmung wurde daraufhin noch aufgeregter, und alle redeten durcheinander. Verstehen ließ sich nichts mehr. Auf irgendeine Nachfrage antwortete Schabowski: „Ich habe nichts Gegenteiliges gehört." Er wiederholte den Satz dreimal und wurde dabei von Mal zu Mal etwas lauter und genervter. Immer mehr Journalist:innen verließen eilig den Saal, um die Sensation der Grenzöffnung zu melden.

Schabowski schien spätestens zu diesem Zeitpunkt aber zu merken, dass er mit seinen Aussagen unbeabsichtigt etwas ausgelöst hatte. Das Ausmaß des Missverständnisses war ihm vermutlich noch nicht klar. Spätestens jedoch nach der nächsten Frage eines Journalisten, was denn nun mit der Berliner Mauer geschehen werde, musste auch Schabowski geahnt haben, dass das Publikum das von ihm verlesene Gesetz als sofortige Grenzöffnung gedeutet hatte. Nach dieser Frage herrschte zunächst ganze fünf Sekunden lang (!) gespannte Stille. Von Schabowski hörte man zunächst nur ein ratloses „Ähm, ja". Schließlich wich er aus, indem er erneut in leicht genervtem Ton auf die Uhrzeit verwies und sagte: „Das ist jetzt die letzte Frage, ja. Haben Sie Verständnis dafür." Dann folgten nur noch weitgehend inhaltsleere Sätze, die lediglich zeigten, dass er eigentlich nicht die Absicht gehabt hatte, die DDR-Grenzen in dieser Pressekonferenz mit sofortiger Wirkung zu öffnen. Er versuchte aber auch nicht, das offenbar entstandene Missverständnis aufzuklären – ob aus Verlegenheit, Ignoranz oder anderen Gründen ist bis heute unklar. Bekannt ist nur, dass Schabowski im Anschluss an diese Pressekonferenz nach Hause fuhr. Medien aus aller Welt berichteten

47 Man darf vermuten, dass die Journalist:innen die zitierten juristischen Begrifflichkeiten gar nicht richtig verstanden haben und z. B. „ständige Ausreise" nicht im Sinne von „dauerhafter Ausreise" bzw. Auswanderung, sondern als „immer wieder neue Aus- und Einreise" deuteten (vgl. Burkhardt 2015).

dann am Abend über das neue Reisegesetz und verbreiteten dabei ihre Deutung der Dinge, dass nämlich die Grenzen ab sofort geöffnet seien für alle Arten von Reisetätigkeit. Daraufhin verselbständigten sich die Ereignisse: Im Bundestag in Bonn standen die Abgeordneten auf und begannen spontan die Nationalhymne zu singen, und in Berlin strömten tausende Menschen zu den Grenzübergängen. Um 23:29 Uhr an diesem Abend öffneten die DDR-Zöllner schließlich die Schlagbäume. Die Mauer war damit faktisch gefallen – ganz unabhängig von der bestehenden Gesetzeslage.

Was zeigt nun diese kleine interaktionssoziologische Analyse der Pressekonferenz am 9. November 1989? Zunächst einmal ist sie ein unterhaltsames Beispiel für die Eigengesetzlichkeit von Face-to-Face Interaktionen, denn das, was hier passierte, war unvorhersehbar und von den Beteiligten (allen voran Schabowski) nicht intendiert. Das Ergebnis (die Grenzöffnung) war die Folge von Interaktionsdynamiken und damit verbundenen Zugzwängen unter Anwesenheitsbedingungen. Das bedeutet natürlich nicht, dass sich der Fall der Berliner Mauer aus einer einzelnen Situation heraus erklären lässt. Dazu gehörten eine Reihe politischer und sozialer Entwicklungen, hartnäckige Politiker:innen, die die entsprechenden Voraussetzungen geschaffen hatten und auch eine Verkettung glücklicher Zufälle. Dass aber die Mauer ausgerechnet am 9. November 1989 fiel und nicht erst einige Tage oder Wochen später, hat sehr wohl mit den unvorhersehbaren Geschehnissen einer einzelnen missglückten sozialen Situation – eben jener Pressekonferenz – zu tun.

Weiterführende Literatur:

Brautlecht, Nicholas (2018): Der 9. November 1989. In: Bundeszentrale für politische Bildung: Dossier: Deutsche Teilung – Deutsche Einheit. www.bpb.de/geschichte/deutsche-einheit/deutsche-teilung-deutsche-einheit/43731/der-9-november-1989 (Abfrage: 28.03.2022).

Burkhardt, Armin (2015): „Das tritt nach meiner Kenntnis ... ist das sofort, unverzüglich" Wie missverständliche Formulierungen die Berliner Mauer zum Einsturz brachten. In: Muttersprache 125, H. 2, S. 89–104.

Das Beispiel der Pressekonferenz im November 1989 führt anschaulich vor, dass direkte Interaktionen ihren eigenen Regeln folgen und sich nicht (immer) an die Erwartungen ihrer Teilnehmer:innen halten. Es existieren zwar häufig organisationale oder andere normative Vorgaben für Interaktionen, wie z. B. für Fakultätsratssitzungen, Zeugniskonferenzen oder auch Familienfeiern, und dennoch ist es immer möglich, dass eine solche Veranstaltung auf einmal eine Eigendynamik entwickelt, die eigene Tagesordnung über den Haufen geschmissen, vorherige Vereinbarungen oder Gelübde gebrochen werden. Ein Wort gibt das andere, persönliche Sympathien führen zu unerwarteten Annäherungen oder eine situative Stimmung reißt alle Anwesenden mit. Face-to-Face Interaktionen lassen sich nicht bis ins Letzte durchplanen. Diese Unberechenbarkeit von Interaktionen birgt für Organisationen gewisse Risiken, bietet für manche Situationen aber auch Vorteile, wie z. B. beim Brainstorming oder dem Ausprobieren neuer Ideen (vgl. Heintz 2014: 235 f.).

Die Eigengesetzlichkeit von Interaktionen bezieht sich aber nicht nur auf ihren Verlauf bzw. ihr Ergebnis, sondern auch auf andere Rollenerwartungen, die ihre Teilnehmer:innen aus anderen sozialen Kontexten mit in eine Situation hineinbringen. Unter Anwesenheitsbedingungen gelten besondere Regeln und die in sozialen Situationen entstehende Ordnung unterscheidet sich von anderen Formen sozialer Ordnung, wie z. B. der Sozialstruktur einer Gesellschaft. Verdeutlichen lässt sich das (wie so oft) beispielhaft am Fußballspiel: In sozialen Situationen gelten genau wie auf dem Fußballplatz eigene Regeln. Auf dem Fußballplatz markieren die weißen Linien gut sichtbar die Grenzen, innerhalb derer diese Regeln gelten. Sobald man das Spielfeld betritt und das Spiel beginnt, entsteht eine Art eigener Realität, und Ereignisse außerhalb des Fußballplatzes werden – zumindest für die Dauer des Spiels – ausgeblendet.

Goffman beschreibt das als eine Art Blase, die sich um die Teilnehmer:innen einer Interaktion bildet und die sie von ihrer Umwelt abschottet. Gemäß diesen sog. *Regeln der Irrelevanz* haben Merkmale und Ereignisse, deren Ursprung außerhalb dieser Grenzen liegen, innerhalb der Blase zunächst keine Bedeutung (vgl. Goffman 1973f: 21 ff.). Stattdessen gelten die jeweiligen Regeln der Situation. Bei einem Fußballspiel sind das die Spielregeln und z. B. die Frage, für welche Mannschaft man spielt. Es darf keine Rolle spielen, mit wem man (außerhalb des Spiels) befreundet ist oder für wen man arbeitet. Und nimmt man das Spiel ernst, dann wird man den Ball nicht einfach kampflos gegnerischen Spieler:innen überlassen, und sei es auch der allerbeste Freund oder vielleicht die eigene Chefin. Betritt man also den Platz, sollte man alle anderen Rollenerwartungen, die für das Spiel keine Relevanz haben, hinter sich lassen und nur noch die Regeln des Fußballs befolgen. Inwiefern das den Spielenden tatsächlich immer gelingt, ist letztlich eine empirische Frage. Es lassen sich ohne große Anstrengung auch Gegenbeispiele finden, etwa wenn bei Fußballspielen zwischen Professor:innen und dem wissenschaftlichen Nachwuchs einer Fakultät trotz sichtbarer Differenzen in Fitness und Dynamik auf rätselhafte Weise am Ende immer die Chef:innen gewinnen, die ja in der Regel auch die direkten Vorgesetzten ihrer Gegenspieler:innen sind. Recht zuverlässig funktioniert die Blase und das damit verbundene soziale Vergessen aller anderen sozialen Erwartungen und Zwänge dagegen bei spielenden Kindern und tobenden Hunden, die bisweilen so vollständig im Hier und Jetzt der Jagd nach dem Ball versinken, dass sie ihre Umwelt tatsächlich gar nicht mehr wahrnehmen und dann schlimmstenfalls im Spiel auf die Straße rennen und überfahren werden.

In diesem Fokus auf Gleichörtlichkeit und Gleichzeitigkeit spiegelt sich das Konstitutionsprinzip sozialer Interaktionen, bei dem Anwesenheit die wichtigste Rolle spielt – und zwar unabhängig davon, welche Bedeutung man ansonsten in der Gesellschaft hat. Die übrigen Rollenverpflichtungen einer Person werden in direkten Begegnungen (vor allem unter Fremden) zunächst ausgeblendet (Regel der Irrelevanz), es zählt das Hier und Jetzt. Das mag nicht für alle Interaktionen in gleichem Maße gelten und hängt sicherlich auch von dem jeweiligen Anlass einer Zusammenkunft ab. Neben dem Spiel gilt das jedoch insbesondere für sog. *gesellige Interaktionen*. Das sind zweckfreie und zwanglose soziale Situationen, bei denen es in erster Linie um das Vergnügen geht, wie etwa eine Party. So stellte bereits Simmel (1910/2001: 180) fest, dass die Geselligkeit „keinen sachlichen Zweck" habe, „keinen Inhalt und kein Resultat, das sozusagen außerhalb des geselligen Augenblicks als solchen läge". Stattdessen gehe es einzig und allein um „die Befriedigtheit dieses Momentes" (ebd.).

Damit Geselligkeit entstehen kann, müssen verschiedene Voraussetzungen erfüllt werden: Zunächst einmal müssen die Anwesenden Taktgefühl zeigen. Dazu gehört z. B., dass sie die Selbstinszenierungen anderer Interaktionsteilnehmer:innen unterstützen und sie so behandeln, wie sie sich darstellen und gesehen werden wollen. Meinungsäußerungen werden akzeptiert oder es wird ihnen zumindest nicht offen widersprochen. Wenn jemand eine Geschichte erzählt, hört man interessiert zu und erzeugt an den richtigen Stellen die erwarteten kleinen Geräusche von Zustimmung, Amüsement etc. – und zwar auch dann, wenn man die Geschichte schon kannte und möglicherweise auch Hintergrundwissen über deren abweichenden Wahrheitsgehalt besitzt. Gleichzeitig gilt allerdings auch, dass in geselligen Kontexten geäußerte Zustimmung nicht wirklich ernst genommen werden sollte, sondern eher eine Frage der Höflichkeit und gegenseitiger Rücksichtnahme ist.

Irrelevante private Angelegenheiten werden bei Geselligkeiten – vor allem wenn die Beteiligten sich (noch) nicht besonders gut kennen – ausgeblendet. Über Krankheiten oder Ärger mit der Bank wird nicht gesprochen. Darüber hinaus wird von den Teilnehmer:innen erwartet, jede Art von Gesprächskrisen (z. B. Schweigepausen oder Konflikte) zu vermeiden bzw. gegebenenfalls gemeinsam so schnell wie möglich zu reparieren. Das gelingt bspw. indem bestimmte, besonders kontroverse Themen wie Politik, Religion und gendersensible Sprache ausgeklammert werden. Stattdessen sollte über solche Dinge gesprochen werden, bei denen niemand ausgegrenzt wird und jeder etwas beitragen kann: in einer gemischtgeschlechtlichen Geselligkeit also vermutlich nicht über Fußball und nicht über Kindererziehungsdetails, wenn kinderlose Personen anwesend sind.[48] Ein weiteres Merkmal geselliger Interaktion ist der flüssige Themenwechsel: Man springt beschwingt vom Stöckchen aufs Steinchen aufs Hölzchen und wieder zurück – und zwar ganz geschmeidig und widerstandslos. Niemand beharrt darauf, dass ein Thema erst ausführlich und erschöpfend behandelt werden muss, sondern man lässt den Assoziationen und Wortspielen freien Raum.

48 Das klingt vermutlich für viele Leser:innen nach Geschlechterstereotypen. Und genau darum geht es auch, denn ohne solche Stereotypisierungen – also Zuschreibungen bestimmter Verhaltensweisen und Interessen aufgrund der kategorialen Zugehörigkeit einer Person – würde Geselligkeit vermutlich nicht funktionieren.

Wichtig ist nur, dass jede:r folgen kann und Gelegenheit hat, eigene Impulse zu geben. Dabei sollten sich einzelne, besonders exaltierte Persönlichkeiten, sog. Partylöwen, eher zurückhalten, damit die Redechancen möglichst gleich verteilt sind. Ansonsten wird ein Gespräch rasch zu einem Monolog bzw. einer One-(Wo-)Man-Show, was der Geselligkeit in der Regel nicht zuträglich ist. Für diese Gleichverteilung der Redeanteile zu sorgen, wurde lange Zeit als Aufgabe der Gastgeber:innen verstanden (vgl. Riesman 1966).

Die vermeintliche Gleichheit der Teilnehmer:innen ist eine weitere wichtige Voraussetzung geselliger Interaktionen, denn erst sie ermöglicht ein Gespräch auf Augenhöhe. Dabei geht es nicht um tatsächliche soziale Gleichheit, sondern eher eine gemeinsame Anstrengung, die Simmel (1910/2001: 184) folgendermaßen beschreibt: „Sie [die Geselligkeit; M.M.] ist das Spiel, in dem man ‚so tut', als ob alle gleich wären, und zugleich, als ob man jeden besonders ehrte." So dürfen die gesellschaftliche Stellung der beteiligten Personen, ihre jeweilige Bildung und besondere Fähigkeiten in der geselligen Interaktion keine Rolle spielen, sondern müssen ausgeblendet werden – auch wenn alle Anwesenden sich dieser Unterschiede trotzdem bewusst sind. Die Situation darf also nicht zu stark vorstrukturiert sein, wie z. B. durch eine Tagesordnung oder festgelegte asymmetrische Rollen bzw. Verlaufsvorgaben, wie z. B. Frage-Antwort-Sequenzen. In der gemütlichen Partyrunde herrscht zumindest die Illusion von Gleichheit, wodurch alle die gleichen Chancen haben, etwas zum Gespräch beizutragen. Dass diese Fiktion nur eine sehr begrenzte Reichweite hat, weiß jede:r, der/die schon einmal auf einer betrieblichen Weihnachtsfeier war, die üblicherweise erst dann in Schwung kommt und gesellig wird, nachdem die Chefin endlich gegangen ist.

Der Vollständigkeit halber seien hier auch sog. *Ungesellige Interaktionen* erwähnt. Das ist eine Wortschöpfung von André Kieserling (1999) und beschreibt das Gegenstück zur geselligen Interaktion. Gemeint sind damit Situationen, wie z. B. Schulstunden, Arztbesuche oder Gerichtsverhandlungen. Hier geht man im Gegensatz zu den geselligen Interaktionen in der Regel nicht freiwillig hin, sondern man ist verpflichtet, hat Schmerzen oder wird vorgeladen und empfindet bei diesen Begegnungen kein wirkliches Vergnügen. Sie sind auch nicht zweckfrei oder ungezwungen, was man den Teilnehmer:innen meistens auch ansieht: Sie sehen nicht so entspannt und fröhlich aus wie auf einer Party. Ein weiterer zentraler Unterschied besteht darin, dass ungesellige Interaktion erkennbar zwischen Ungleichen stattfinden und sich hier auch niemand bemüht, so zu tun, als wären alle gleich: Es gibt klare Rollenvorgaben inklusive unterschiedlicher Redeanteile und Entscheidungsbefugnisse. Die Fragen stellen nun mal die Lehrer:innen, Ärzt:innen und Richter:innen. Sie sind es auch, die über die Versetzung, Diagnose oder Bestrafung entscheiden. Auch das Thema der Begegnung ist in der Regel vorgegeben und darf nicht nach Belieben gewechselt werden. So darf man weder in Gerichtsverhandlungen noch in Uni-Seminaren einfach nach Gutdünken vom Thema abweichen. Darüber hinaus benötigen ungesellige Interaktionen kein so ausgeprägtes Maß an Taktgefühl. Das hängt vor allem damit zusammen, dass hier gelegentlich Konflikte ausgetragen werden sollen, wie z. B. vor Gericht.

Gerichtsverfahren sind institutionalisierte Konflikte, die auf direkte Interaktionen angewiesen sind. Denn üblicherweise muss in Deutschland einem gerichtlichen Urteil eine mündliche Verhandlung vorangegangen sein, also eine Face-to-Face Interaktion, in der die Betroffenen die Gelegenheit bekommen, ihre Sicht der Dinge darzulegen. Aus einer interaktionstheoretischen Perspektive bedeutet das jedoch, dass damit auch die Unwägbarkeiten und Eigenlogiken direkter Begegnungen in Kauf genommen werden. Entsprechend gehen Gerichtsverfahren manchmal ganz anders aus, als man das aufgrund der Aktenlage hätte vermuten können. Niklas Luhmann (1983) zufolge liegt die Ursache für die Notwendigkeit von Anwesenheit bei Gerichtsverfahren darin begründet, dass die interaktive Einbindung in den Entscheidungsprozess zur Legitimation der gerichtlichen Entscheidung beiträgt und daher von den Betroffenen leichter akzeptiert werden kann (siehe Kasten „Gerichtsverhandlungen als Face-to-Face Interaktionen").

Gerichtsverhandlungen als Face-to-Face Interaktionen

Der sog. Mündlichkeitsgrundsatz wird in den meisten deutschen Verfahrensordnungen ausdrücklich vorgeschrieben. Demzufolge muss irgendwann im Verlauf eines Verfahrens und vor dem gerichtlichen Urteil oder Beschluss eine mündliche Verhandlung stattfinden. Das gehört ebenso wie der Grundsatz auf Öffentlichkeit und Unmittelbarkeit zu dem Grundrecht auf ein faires Verfahren.[49] Im Rahmen dieser mündlichen Anhörung haben die Beteiligten dann Gelegenheit, zu den jeweiligen Vorwürfen Stellung zu nehmen, sie genauer zu begründen oder sich zu verteidigen. Auch wenn die Einführung dieses Grundsatzes der Mündlichkeit gerichtlicher Verfahren vermutlich nicht durch Interaktionssoziolog:innen initiiert wurde, lässt sie sich dennoch mit Verweis auf die Besonderheiten der Kommunikation unter Anwesenden begründen.

So erfüllt die Interaktionsförmigkeit von Gerichtsverfahren Luhmann (1983: 38 ff.) zufolge gleich mehrere wichtige Funktionen: Zum einen kommt es durch die rollenförmige Struktur des mündlichen Verfahrens sowie die Beschränkung des Streits auf den Gerichtssaal zu einer *Konfliktdämpfung*. Anders als sonst in direkten Interaktionen ist das Austragen von Konflikten in Gerichtsverfahren nämlich möglich, ohne dass es zu einer unkontrollierten Ausdehnung des Streits kommt, in den dann alles und jede:r mit hineingezogen wird (ebd.: 100 ff.). Das wird u. a. dadurch erreicht, dass der Konflikt spezifiziert und auf eine Entscheidung hin kanalisiert wird. Wichtig hierfür ist außerdem, dass der Streit auf eine verbale Ebene verlagert und vor einem unparteiischen Dritten – der/m Richter:in – präsentiert werden muss. Zum anderen sorgt die Interaktionsförmigkeit des Gerichtsverfahrens dafür, dass die am Ende stehende richterliche Entscheidung mit *Legitimation* versehen und faktisch auch von Seiten der/s jeweiligen Verlierers/in angenommen wird. Denn allein durch

49 Diese Grundsätze finden sich z. B. auch in Art. 6 der Europäischen Menschenrechtskonvention.

Zwang bzw. dessen Androhung kann Folgebereitschaft in einem modernen bürokratisch verfassten Staat nicht gesichert werden. Stattdessen verortet Luhmann den Schlüssel zur Herstellung von Akzeptanz für rechtlich verbindliche Entscheidungen im sozialen Mechanismus des Verfahrens und dessen Interaktionsbasiertheit (vgl. Kieserling 2012; Heintz 2014: 239 ff.).

Warum ist es also bedeutsam, dass ein Gerichtsverfahren als Kommunikation unter Anwesenden stattfindet und nicht etwa aufgrund der (schriftlichen) Aktenlage entschieden wird? Dazu muss man verstehen, wie ein Verfahren funktioniert. Luhmann zufolge sind Verfahren interaktionsförmige soziale Systeme, die zwar auf eine Entscheidung ausgerichtet, aber zunächst ergebnisoffen sind, eine eigene Rollenstruktur besitzen und eigenen Regeln gehorchen (vgl. Luhmann 1983: 83 ff.). Eine wichtige Bedingung für die Akzeptanz der richterlichen Entscheidung ist die Autonomie des Gerichtsverfahrens, was bedeutet, dass die Kriterien, auf deren Basis später entschieden wird, erst im Verlauf des Verfahrens selbst erarbeitet werden dürfen (vgl. ebd.: 48 ff.). Diese Autonomie des Verfahrens wird u. a. durch dessen Interaktionsförmigkeit erreicht: So gelten die oben beschriebenen Regeln der Irrelevanz eben auch für die soziale Situation der Gerichtsverhandlung. Das Verfahren findet in einer Art Blase statt und indem alles, was seinen Ursprung außerhalb dieser Blase hat, ausgeblendet wird, entsteht eine eigene Ordnung resp. Verfahrenswirklichkeit. So dürfen z. B. Informationen von außerhalb der Blase nur in bestimmten vorgegebenen Formen in das Verfahren eingebracht werden, etwa als Zeug:innenaussagen, als Beweise oder als Gutachten. Auf diese Weise wird im Verlauf der Verhandlung durch die schrittweise Einführung von Informationen und den Aufbau bestimmter Sinnzusammenhänge nach und nach eine eigene Realität hergestellt. Entscheidend für den Aufbau dieser Verfahrenswirklichkeit ist außerdem die eigenständige Rollenstruktur, die für die beteiligten Personen vor Gericht zur Verfügung steht. Man ist dort nicht mehr primär Vater oder Ehefrau, sondern Angeklagte:r, Kläger:in, Richter:in, Verteidiger:in etc. Diese Rollentrennung zwischen den Verfahrens- und den Alltagsrollen der Prozessteilnehmer:innen wirkt Luhmann (1983: 48) zufolge „wie ein Filter" und erleichtert es später den Verlierer:innen, auch ein unvorteilhaftes Urteil hinzunehmen, da andere Rollenbeziehungen hiervon nicht notwendigerweise mitbetroffen sind. Man bleibt Ehemann und Vater, auch wenn die Klage, die man als Unternehmer gegen einen Mitbewerber eingelegt hat, abgewiesen wurde.

Innerhalb des Verfahrens bauen die Prozessbeteiligten dann im Rahmen ihrer vorgegebenen Rollen eine gemeinsame Interaktionsgeschichte auf. Das tun sie, indem sie wie in allen direkten Begegnungen sich selbst inszenieren und versuchen, bestimmte, für sie selbst vorteilhafte Eindrücke zu erzeugen. Dabei unterwerfen sie sich den vorgegebenen Rollenerwartungen und erkennen gleichzeitig auch die anderen in ihren jeweiligen spezifischen Verfahrensrollen an. Die Teilnahme an dieser Art von Rollenspiel wird vor allem dadurch motiviert, dass die Prozessbeteiligten sich eine Entscheidung am Ende des Verfahrens erhoffen, dass diese Entscheidung noch nicht von Anfang an feststeht und damit auch in ihrem Sinne ausfallen kann. Dieser offene Ausgang muss von dem/der Richter:in überzeugend inszeniert werden, ansonsten engagieren sich die Prozessteilnehmer:innen nicht in ihren Rollen. Die Bereitschaft zur Rollenübernahme – oder man könnte auch sagen: zum Mitspielen – hängt ganz entscheidend davon ab, dass die Teilnehmer:innen davon ausgehen, dass sie selbst bzw. ihre Selbstdarstellungen den Ausgang beeinflussen können. Entsprechend versuchen sie durch ihre Beteiligung das beste Ergebnis für sich selbst herauszuholen und präsentieren sich gemäß den an sie gerichteten Erwartungen als lern- und kompromissbereit – auch wenn sie das eigentlich gar nicht sind. Tun sie das nicht, könnte ihnen das fehlende Engagement zum Nachteil ausgelegt werden. Luhmann beschreibt das folgendermaßen:

„Rollenübernahme ist ganz allgemein Voraussetzung kontinuierlicher Interaktion. Im Verfahren müssen alle Beteiligten einander laufend wechselseitig Rollen zumuten, einander ihre Rollen bestätigen und einander Verhaltensstützen geben, die es ermöglichen, daß jeder in seine Rolle kommt und auch bei zugemuteten Belastungen in seiner Rolle bleibt. Besonders dem Richter obliegt es, dafür zu sorgen, daß alle Beteiligten auch für schwierige, riskante, peinliche, herzzerreißende Kommunikation einen sicheren Verhaltensrahmen besitzen, daß sie nicht abgelenkt und nicht irritiert werden, sondern in Ruhe eine gute (eine nach den Maßstäben des Verfahrens gute!) Leistung vollbringen." (Luhmann 1983: 86)

Indem die Prozessbeteiligten also die vorgegebenen Rollen übernehmen und entsprechende Selbstdarstellungen präsentieren, verstricken sie sich immer mehr in ihr eigenes Rollenspiel. Sie legen sich zunehmend hinsichtlich der von ihnen erzeugten Eindrücke und der damit verbundenen Sicht auf das Geschehen fest. Dabei schränken sie Schritt für Schritt ihren Verhaltensspielraum ein, denn sie können sich schlecht selbst widersprechen (bzw. ihren vorangegangenen Darstellungen), ohne ihre eigene Glaubwürdigkeit zu beschädigen. Hier folgt Luhmanns Argumentation weitgehend Goffmans Überlegungen zur Eindrucksmanipulation (*impression management*). Für ihn ist das mündliche Verfahren ein „System von Darstellungen" (Luhmann 1983: 93), in dem im Vergleich zum alltäglichen Leben eine verschärfte „Pflicht zur Konsistenz" dieser Selbstinszenierungen gilt (ebd.: 92). Jede Art von Widerspruch wird sofort verbalisiert und kann zum Nachteil des Betroffenen ausgelegt werden. Das eigene Verhalten wird also „zur Verfahrensgeschichte und damit zur Fessel" (ebd.: 93). Die Entscheidung am Ende des Prozesses scheint dann nur noch die logische Konsequenz aus den vorangegangenen Inszenierungen zu sein – das legt zumindest die Urteilsbegründung nahe.

Letztlich ist es diese Art der Einbindung der Prozessbeteiligten in die Interaktion vor Gericht, die zur Legitimation und zur Hinnahme der richterlichen Entscheidung führt. Denn wenn man selbst eine der vorgegebenen Prozessrollen übernommen hat, sich im Verfahren engagiert und auch die anderen Rollträger:innen anerkennt, etwa indem man auf die Fragen des/der Richter:in Auskunft gibt und sich gegenüber geäußerten Vorwürfen rechtfertigt, ist es sehr schwer, im Nachhinein das Verfahren als abgekartetes Spiel oder bloße Siegerjustiz zu diffamieren. Damit würde man unglaubwürdig erscheinen. Tatsächlich lässt sich aber zu Beginn vieler Verfahren genau diese Haltung bei vielen Angeklagten beobachten: Sie erkennen die Zuständigkeit des Gerichts nicht an und signalisieren das, indem sie nichts sagen und die ihnen zugewiesene Rolle nicht annehmen. So war es z. B. zu Beginn des Prozesses gegen den ehemaligen serbischen Präsidenten Slobodan Milošević vor dem Kriegsverbrechertribunal in Den Haag, aber auch im NSU-Prozess, einem Strafverfahren vor dem Oberlandesgericht München gegen insgesamt fünf Personen (darunter auch Beate Zschäpe), die angeklagt wurden, an den Taten der rechtsextremen Terrorgruppe Nationalsozialistischer Untergrund (NSU) beteiligt gewesen zu sein. Sowohl Milošević als auch Zschäpe schwiegen zunächst in den mündlichen Verhandlungen. Im Fall von Beate Zschäpe konnte man beobachteten, wie sie gelegentlich mit ihren (wechselnden) Anwält:innen scherzte, während der

Aussagen anderer Beteiligter gähnte oder andere Formen demonstrativer Gleichgültigkeit gegenüber dem Verfahren bzw. ihre Missachtung des Gerichts zeigte. Derartiges Verhalten lässt sich als Rollendistanz deuten: Sowohl Milošević als auch Zschäpe wollten ihre Rolle als Angeklagte:r nicht akzeptieren.

Im weiteren Verlauf des Verfahrens wird das Durchhalten einer solchen Haltung jedoch zunehmend schwerer. Wer schafft es schon, nicht auf die von Zeug:innen und Staatsanwaltschaft vorgetragenen Vorwürfe und Anschuldigungen zu reagieren und auch direkte Fragen einfach nicht zu beantworten? In den allermeisten Fällen brechen die Angeklagten irgendwann ihr Schweigen und beginnen damit, sich auf die Situation einzulassen: Sie rechtfertigen sich, erkennen dabei die anderen Rollenträger:innen und deren Erwartungen an und legen sich damit implizit auf eine bestimmte Selbstdarstellung fest. Auf diese Weise trägt die Einbindung der Prozessteilnehmer:innen in die interaktionsförmige Entscheidungsfindung letztlich dazu bei, dass selbst konfliktive Urteile eher akzeptiert werden.

Weiterführende Literatur

Luhmann, Niklas (1983): Legitimation durch Verfahren. Frankfurt/M.: Suhrkamp.

Das Eigenrecht sozialer Situationen bzw. die dort nach autonomen Regeln entstehenden Formen sozialer Ordnung spiegeln sich ebenfalls in sog. *Dienstleistungstransaktionen* wider. Das sind alltägliche Austauschprozesse, in denen sowohl der Bedienende als auch der Bediente körperlich kopräsent sind (vgl. Goffman 1994b: 94 ff.). Prinzipiell gilt in den meisten dieser allgegenwärtigen Dienstleistungstransaktionen der Grundsatz der Gleichbehandlung. Anders als z. B. noch Anfang des 20. Jahrhunderts, als die Standeszugehörigkeit in solchen Situationen entscheidend war, gehen wir heute von der prinzipiellen Gleichheit aller Menschen aus und erwarten entsprechend, dass alle potenziellen Kund:innen auf die gleiche Art und Weise behandelt werden und niemand aufgrund seiner sozialen Herkunft, seines Geschlechts oder seiner ethnischen Zugehörigkeit bevorzugt oder benachteiligt wird.[50] Man kann also nicht an der Kinokasse erwarten, dass man als erster bedient wird, nur weil man Bürgermeister:in oder mit der/dem Kassierer:in verwandt ist. Sozialstrukturelle Merkmale wie Geschlecht oder Klasse determinieren nicht mehr automatisch die Bedeutung einzelner Personen innerhalb direkter Begegnungen. Stattdessen gelten die Regeln der jeweiligen Situation, und es entsteht eine eigenständige – von der gesellschaftlichen Sozialstruktur unabhängige – soziale Ordnung. Interaktionen sind also weitgehend von gesellschaftlichen Vorgaben entkoppelt.

Wie aber wird unter der Bedingung des Gleichbehandlungsprinzips entschieden, wer zuerst bedient wird? Tatsächlich gibt es dafür nämlich keinerlei formale Vorgaben, wie bspw. Gesetze o. ä. Als Lösung dieses Problems ist vieles denk-

50 Voraussetzung hierfür ist jedoch zunächst die grundsätzliche Anerkennung als zahlungsfähige:r Kund:in, die z. B. kleinen Kinder und Obdachlosen regelmäßig verwehrt wird.

bar. So könnte derjenige zuerst drankommen, der am stärksten ist, am lautesten schreit oder diejenige, die am wenigsten Zeit hat. Stattdessen bilden die Kund:innen in der Reihenfolge ihrer Ankunft eine Schlange und warten nach dem Prinzip „wer zuerst kommt, mahlt zuerst" (*first come first serve*), bis sie bedient werden. Durch dieses zeitlich regulierte Ordnungsprinzip der Schlangenbildung werden der Einfluss von Personenmerkmalen und sozialen Beziehungen (z. B. persönliche Bekanntschaft mit der/m Ladeninhaber:in) blockiert. Es entsteht eine interaktionsbasierte Rangordnung, bei der die Anwesenden in einer bestimmten Reihenfolge sortiert werden und Abwesende zunächst keine Chance auf Berücksichtigung finden.[51]

Wie man eine Schlange bildet, ist eine Alltagskompetenz, die in unserer Gesellschaft bereits im Kindesalter erlernt wird, ebenso wie die damit verbundenen Regeln, etwa dass man sich nicht vordrängeln darf. Das wissen natürlich auch die Drängler:innen und praktizieren ihre Taten meist in Form „bestreitbarer Akte" (Goffman 1994b: 99): Sie tun z. B. so, als würden sie die anderen Anstehenden nicht als solche erkennen und anstatt zu fragen, wo das Ende der Schlange ist, stellen sie sich einfach irgendwo an, vielleicht leicht versetzt vom Rest der Schlange und natürlich relativ weit vorne in der Reihe. Falls sie dann zur Rede gestellt werden, können sie immer behaupten, die Schlange gar nicht gesehen zu haben. Begünstigt wird ein solches Verhalten an Orten, an denen bspw. aufgrund von Platzmangel die Bildung einer geraden, gut überschaubaren Schlange nicht möglich ist.

Der Anspruch auf die jeweilige Dienstleistung wird also durch die Einnahme einer Position in der Warteschlange eingefordert,[52] wobei die Position so lange durch die physische Anwesenheit eingehalten werden muss, bis man schließlich bedient wird. Verlässt man zwischendurch die Reihenposition, kann es passieren, dass man auch seinen Anspruch verliert („Weggegangen, Platz vergangen"). Unter Angabe besonderer Gründe und in Absprache mit den jeweiligen unmittelbaren Schlangen-Nachbar:innen kann es jedoch auch entsprechende Ausnahmen geben. Das gilt vor allem für das Anstehen über mehrere Stunden oder sogar Tage. Hier dürfen die Anstehenden regelmäßig zur Toilette gehen, ohne dass sie ihren Reihenplatz dadurch verlieren würden.

Darüber hinaus gibt es interessante kulturspezifische Unterschiede beim Schlange-Stehen: So wird immer wieder darauf hingewiesen, dass vor allem in den ehemals sozialistischen Ländern das Anstehen zum Alltag gehört habe und

51 Ausnahme von dieser Regel betreffen zum einen das stellvertretende professionelle Anstehen für andere, wie es z. B. sog. Line-Sitter oder Line-Stander über Agenturen oder via App anbieten. Zum anderen gibt es gelegentlich Leute, die sich zwar allein anstellen, das aber offenbar ihrem Selbstverständnis nach als Mitglied einer ganzen Gruppe tun und den Rest ihrer Gruppe in die Schlange eingliedern wollen, sobald sie sich dem Verkaufsschalter nähern. Ein solches Verhalten ist jedoch nicht unumstritten und kann Widerspruch von anderen Wartenden provozieren.

52 Goffman (1974a) nannte das „Reihenposition" (vgl. Kap. 2.4).

von den Betroffenen mit deutlich mehr Geduld und weniger Missgunst bewältigt worden sei als anderswo (vgl. Kasten „Schlange stehen auf Russisch"). In Großbritannien, dem angeblichen Geburtsland des *queuing*, gilt bis heute ein besonders ausgeprägtes Gerechtigkeitsgefühl beim Anstehen. So bilden sich dort z. B. häufig zentrale Warteschlangen, wenn es mehrere Verkaufsschalter nebeneinander gibt. In Deutschland werden in der gleichen Situation eher mehrere Schlangen nebeneinander gebildet, obwohl die Bedienungsreihenfolge dann weniger auf der Reihenfolge der Ankunft als vielmehr auf anderen Faktoren basiert, wie etwa der unterschiedlichen Kompetenz der Kassierer:innen. Wie ungerecht parallele Schlangen sind, zeigt sich spätestens, wenn ein weiterer Schalter öffnet und Leute, die in den anderen Schlangen weit hinten standen oder Personen, die sich bisher noch gar nicht angestellt hatten, einfach nach vorne rennen und dabei meistens so tun, als würden sie die anderen gar nicht sehen.

In anderen Ländern wird die Vergabe von Wartenummern gegenüber dem Schlange-Stehen bevorzugt (vgl. Fagundes 2017: 1185). In vielen lateinamerikanischen Ländern bilden sich offenbar gar keine sichtbaren Schlangen. Stattdessen fragen neu Ankommende nur, wer denn der letzte sei („¿Quién es el último?"), und beanspruchen damit, nach dieser Person bedient zu werden, auch ohne eine visuell klar erkennbare Reihenfolge ihrer Körper zu bilden (ebd.).

Schlangestehen auf Russisch

Die wohl berühmteste literarische Verarbeitung des Schlangestehens stammt von Vladimir Sorokin. In seinem Roman „Die Schlange" beschreibt er das Anstehen als festen und alltäglichen Bestandteil der sowjetischen Mangelwirtschaft. Angeblich verbrachten Bürger:innen der Sowjetunion etwa ein Drittel ihres Lebens in einer Warteschlange. Faktisch gab es dort kaum etwas, ohne dass man dafür zuvor in einer Schlange anstehen musste. Die Historikerin Jelena Osokina beschreibt das Phänomen folgendermaßen: „Ohne Übertreibung kann man sagen, dass in der sowjetischen Warteschlange fast das ganze Land angestanden hat. Die Warteschlangen waren sichtbar, es gab deprimierte und aufgebrachte, solche, in denen man stundenlang anstand, und solche, die über Tage gingen, schweigsame und laute, wo am Ende das Glück, etwas besorgt zu haben, sich verband mit der Tragödie verlorener Zeit und eines nicht in Erfüllung gegangenen Wunsches; und es gab die unsichtbaren Schlangen, wie das jahrelange Anstehen für ein Auto oder eine Wohnung – und viele haben es trotzdem nicht geschafft, die sowjetische Epoche erwies sich als kürzer als die von ihr erzeugten Warteschlangen." (Jelena Osokina, zitiert nach Schlögel 2017: 553 f.)

Sorokins Buch besteht nur aus den direkten Äußerungen der in einer Wartschlange anstehenden Menschen – und zwar über 300 Seiten lang. Die Situation beginnt damit, dass sich Menschen an eine bestehende Wartschlange anstellen, ohne überhaupt zu wissen, wofür sie anstehen. Sie tun das nahezu reflexhaft und routinisiert, da sie aus Erfahrung wissen, dass sich Schlangen nur dort bilden, wo es auch etwas gibt, wofür es sich lohnt, anzustehen. Mit dem folgenden Dialog beginnt das Buch:

- „Genosse, wer ist der letzte?
- Ich wahrscheinlich, aber nach mir kommt noch eine Frau im blauen Mantel.
- Dann komme ich nach ihr?
- Ja. Sie kommt gleich wieder. Stellen Sie sich so lange hinter mich.
- Und Sie bleiben stehen?
- Ja.
- Ich müßte nämlich für eine Minute weg, wirklich nur für eine Minute.
- Es ist sicher besser, Sie warten. Sonst kommen andere, und was soll ich denen erzählen? Sie hat gesagt, sie käme gleich wieder.
- Na gut. Dann warte ich. Stehen Sie schon lange?
- Nicht sehr ...
- Und Sie wissen nicht, wieviel es gibt pro Person?
- Weiß der Teufel ... ich habe nicht einmal gefragt. Wissen Sie nicht, wieviel es pro Person gibt?
- Heute nein. Gestern, hab ich gehört, gab es für jeden zwei.
- Zwei?
- Aha. Zuerst vier, dann zwei.
- So wenig! Das lohnt ja das Anstehen nicht ..." (Sorokin 1995: 5f.)

In diesen ersten Redezügen erkennt man bereits, dass Anwesenheit das zentrale Konstruktionsprinzip der Schlange ist. So sind die hier wartenden Menschen zwar besonders freundlich und solidarisch miteinander (die Frau im blauen Mantel darf kurz weggehen, ohne ihren Platz in der Reihe zu verlieren), entscheidend für die Reihenfolge und den Bestand der Schlange ist aber die körperliche Präsenz, durch die die Abfolge auch visuell unmittelbar erkennbar wird. Ausnahmen, wie z. B. das kurzzeitige Verlassen der Schlange, sind zwar möglich, müssen aber auf Einzelfälle beschränkt bleiben, sonst ist die Ordnung gefährdet.

Zu den zentralen Grundregeln der Warteschlange gehört auch das Verbot, sich vorzudrängeln:

- „Was ist da los?
- Wo wollen die hin? Wieso?
- Warum halten die hier?!
- Was für eine Unverschämtheit?!
- Wo wollen die hin? He, Mann, lassen Sie sich das nicht gefallen!
- Warum steigen die aus?! Drecksäcke!
- Nicht vorlassen da vorne! Wer sind denn die?!
- Also wirklich, was soll das bedeuten?! Ruft die Polizei! [...]
- Das werden immer mehr!
- Und die Polizei schaut zu?!
- Was hat der mit dem Megaphon, schläft er? He, Wachtmeister! [...]
- BÜRGER! ICH BITTE UM RUHE!
- Wir sind doch ruhig ... [...]
- ICH BITTE UM RUHE! DIESE GENOSSEN SIND BERECHTIGT; AUSSER DER REIHE EINZUKAUFEN. DESHALB BITTE KEINE AUFREGUNG, BEWAHREN SIE RUHE!
- Wie das?
- Aber wer sind die denn?!

- Eine Unverschämtheit!!
- Und wir?!
- ICH WIEDERHOLE. ICH BITTE UM RUHE, BEWAHREN SIE RUHE UND ORDNUNG! DIE IN DEN BUSSEN VORGEFAHRENEN GENOSSEN SIND BERECHTIGT, AUSSER DER REIHE EINZUKAUFEN!
- Ja und wir?!
- Wieso sind die berechtigt?
- Ich habe auch ein Recht!
- Eine Frechheit!
- Wir stehen uns die Beine in den Bauch, und dann – denkste!
- Unverschämtheit!
- ICH WIEDERHOLE ZUM DRITTEN MAL! SIE SIND BERECHTIGT, AUSSER DER REIHE EINZUKAUFEN! RUHE BITTE! BEWAHREN SIE RUHE UND ORDNUNG! SONST MUSS ICH SIE AUS DER SCHLANGE ENTFERNEN!" (Sorokin 1995: 23f.)

Die aufgeregten Fragen belegen die Empörung der anstehenden Leute darüber, dass hier ganze Busladungen von Neuankömmlingen mit polizeilicher Erlaubnis vorgelassen werden. Dieses Vorgehen widerspricht nicht nur dem Gleichheitsanspruch des Sozialismus, sondern auch den situativen Regeln der Schlange (also der Interaktionsordnung). Entgegen der Grundidee des russischen Kommunismus von der Gleichbehandlung aller Menschen, scheinen hier einige eben doch „gleicher" zu sein als andere und besondere Vorteile zu genießen. Und diese Bevorzugung einiger Personen gilt dann tatsächlich auch für die situative Ordnung, die ja eigentlich autonom ist und ihren eigenen Gesetzen gehorcht. Dass es diese Eigengesetzlichkeit auch in der von Sorokin beschriebenen russischen Schlange gibt, zeigt die große Aufregung über den Bruch mit dem geltenden situationalen Ordnungssystem. Der Widerstand ist groß, und der Verstoß gegen die informellen Normen des Schlangestehens muss mit Polizeigewalt durchgesetzt werden (oder zumindest deren Androhung).

(Weiterführende) Literatur:

Sorokin, Vladimir (1999): Die Schlange. Frankfurt/M.: Fischer Verlag.

Mondada, Lorenza/Tekin, Burak S. (2022). Joining the queue as a newcomer: The instructably visible order of queuing. In: Lynch, Michael/Lindwall, Oskar (Hrsg.). Instructed and instructive actions. London: Routledge.

Der Grundsatz der Gleichbehandlung in Dienstleistungstransaktionen bezieht sich aber nicht nur auf die Reihenfolge der Bedienung, sondern auch die Art und Weise der Behandlung: So dürfen die zu bedienenden Personen erwarten, von den Dienstleister:innen mit Höflichkeit behandelt zu werden (vgl. Goffman 1994b: 96ff.). Das gilt für alle Kund:innen gleichermaßen und unabhängig davon, ob die in Anspruch genommene Dienstleistung geringfügig oder umfangreich ausfällt. Entsprechend werden vor der eigentlichen Dienstleistung auch zumindest kurz Grüße ausgetauscht. Ausnahmen gelten allerdings für Personen, die nicht ernsthaft als Kund:innen in Frage kommen. Nur wer für prinzipiell geschäftsfähig gehalten wird, darf auch mit höflicher Behandlung rechnen. Entscheidend ist jedoch letztlich weniger die tatsächliche Geschäftsfähigkeit, sondern vielmehr die Frage, inwiefern den Beteiligten eine überzeugende Darstellung derselben gelingt.

Goffman war jedoch keineswegs so naiv zu glauben, dass nicht doch auch äußere Merkmale, wie z. B. der Status oder die Geschlechtszugehörigkeit der Beteiligten Einfluss auf Dienstleistungstranskationen haben können. So verweist er selbst darauf, dass diffuse Statuskategorien wie die Geschlechtszugehörigkeit oder auch persönliche Beziehungen zwischen Dienstleister:in und Kund:in jederzeit für das situative Geschehen relevant werden können (vgl. Goffman 1994b: 99). Das kann, muss aber nicht passieren. Viel wichtiger ist, dass es die normative Erwartung der Gleichbehandlung in Dienstleistungstransaktionen gibt, der zufolge äußere Einflüsse keine Rolle spielen sollten. Entsprechend können sich die Beteiligten solcher Interaktionen jederzeit auf diese Norm berufen und verlangen, nach der Regel „Wer zuerst kommt, mahlt zuerst" behandelt zu werden.

Die Eigengesetzlichkeit sozialer Interaktionen zeigt sich sowohl in der gesellschaftlichen Nutzlosigkeit von Geselligkeit als auch in dem Gleichbehandlungsanspruch von Dienstleistungstransaktionen. Es gibt – wenn überhaupt – nur eine sehr lose Verbindung zwischen gesellschaftlichen Strukturen und dem Geschehen innerhalb direkter Begegnungen. Was in geselliger Runde auf einer Party passiert, lässt sich nicht mit Verweis auf die sozialstrukturellen Positionen der Beteiligten erklären, und gleichzeitig bleibt die Kommunikation zwischen Partygästen sozial in der Regel weitgehend folgenlos. Gesellschaftliche Strukturbildung erfolgt in modernen Gesellschaften eher unabhängig von direkten Interaktionen.

In vormodernen Gesellschaften war das noch anders, dort hatten Gespräche zwischen Mitgliedern der Herrscherhäuser regelmäßig unmittelbare Konsequenzen, etwa für Krieg und Frieden und damit für das Geschick ganzer Länder und deren Bewohner:innen (vgl. Luhmann 1987: 577 ff.). Insofern hängt die Eigengesetzlichkeit direkter Kommunikation auch mit einer *weitgehenden Entkopplung von Interaktion und Gesellschaft* zusammen, was Luhmann (2005) als ein typisches Merkmal der modernen Gesellschaft beschreibt. Demnach lassen sich gesellschaftliche Entwicklungen heutzutage kaum noch durch einzelne Interaktionen kontrollieren oder sogar steuern. Das heißt jedoch nicht, dass es nicht auch Interaktionen mit sozial weitreichenderen Folgen gibt: Beispiele hierfür sind Gipfeltreffen, bei denen sich Spitzenpolitiker:innen oder Wirtschaftsführer:innen nicht nur per Telefon oder Video zusammenschalten, sondern realweltlich treffen, um über bestehende Probleme zu verhandeln (vgl. Heintz 2014). Aber auch Bewerbungsgespräche lassen sich als „Schlüsselsituationen" bzw. Schnittstellen zwischen der Interaktionsordnung und der Sozialstruktur verstehen, da solche Begegnungen das Potential haben, den weiteren Lebensverlauf von Menschen zu verändern (vgl. Goffman 1994b: 72 ff.).

3 Theoretische und methodologische Grundlagen der Interaktionssoziologie

Nach der Vorstellung des Interaktionsbegriffs und verschiedener interaktionssoziologischer Konzepte ist es nun an der Zeit, sich mit den theoretischen und methodologischen Grundannahmen dieser Perspektive zu beschäftigen. Was ist damit gemeint? Eine (soziologische) Theorie enthält Begriffe und empirisch überprüfbare Aussagen über die soziale Wirklichkeit. Darüber hinaus gehören auch methodologische Basisannahmen dazu, d. h. Regeln, die vorgeben, wie man überhaupt vorgeht, um wissenschaftliche Erkenntnisse zu erhalten: Worauf zielt das Erkenntnisinteresse einer Theorie, welche Fragen werden gestellt (und welche nicht), wie sehen zulässige Erklärungswege aus, welche Wirkungszusammenhänge werden unterstellt und wie wird ihr Erkenntnisgegenstand begrifflich bestimmt? Weitere wichtige Basisannahmen soziologischer Theorien beziehen sich auf die zugrunde gelegten Modelle von Sozialität, die Menschenbilder und die Ebenen von Sozialität, die hierbei unterschieden werden (z. B. Makro, Mikro, Meso). Darüber hinaus sind mit der Formulierung von Forschungsfragen meistens auch „ontologische Annahmen über die Existenz verschiedener Seinssphären" verbunden (Mayntz 2009: 9): Inwiefern wird bspw. der zu untersuchende Erkenntnisgegenstand überhaupt als gegebene Entität verstanden? Diese Fragen klingen abstrakt, sind aber nicht nur für die Theoriebildung entscheidend, sondern auch für die empirische Forschung, da sie darüber entscheiden, wo man als Forscher:in hinschaut und was man sehen kann.

Ziel dieses Kapitels ist es, interaktionstheoretische Ansätze innerhalb der Vielzahl soziologischer Theorien verorten zu können und über ihre Besonderheiten Bescheid zu wissen. Leider werden diese theoretischen und methodologischen Grundannahmen in soziologischen Texten nur selten expliziert und sind daher gerade für Anfänger:innen häufig unklar. Die Soziologie ist eine multiparadigmatische Wissenschaft, d. h. es gibt keine einheitliche theoretische Grundorientierung. Genau genommen gibt es weder eine gemeinsame Fragestellung noch facheinheitliche Vorstellungen über den Untersuchungsgegenstand der Soziologie. Stattdessen gibt es ein Nebeneinander verschiedener Theorien und methodologischer sowie methodischer Herangehensweisen, die miteinander konkurrieren oder sich ergänzen. Das kann man gut oder schlecht finden, man muss es auf jeden Fall wissen, um sich in der Vielzahl theoretischer Ansätze zurechtfinden zu können.

Da sich die theoretischen und methodologischen Besonderheiten der Interaktionssoziologie nicht ohne Bezug auf andere Theorieansätze beschreiben lassen, erfolgt die Darstellung im Folgenden ausgehend von verschiedenen Typologien soziologischer Theorien. Zu Beginn steht eine Systematisierung von theoretischen Ansätzen, die sich auf das jeweils zugrunde gelegte Letztelement der Analyse von Sozialität bezieht. Im Mittelpunkt steht also die kleinste bzw. als zentral verstandene Einheit, von der ausgehend in einer Theorie Konzepte und Aussagen entwickelt werden. Nach diesem Prinzip werden in der Soziologie regelmäßig Handlungs-, Kommunikations-, Praxis-, Diskurs- und Strukturtheorien unterschieden. In vielen dieser Theorien taucht dann neben dem jeweils zentralen Grundbegriff auch – zumindest gelegentlich – der Interaktionsbegriff auf, meist allerdings ohne dass das genaue Verhältnis der Begriffe zueinander expliziert wird. Es bleibt also unklar, welche Rolle körperliche Kopräsenz im Rahmen dieser Theorieperspektiven spielt bzw. inwiefern die verschiedenen Begriffe überhaupt kompatibel sind. Als erste Annäherung an theoretische und konzeptionelle Unterschiede beschäftigt sich daher der erste Teil dieses Kapitels mit begrifflichen Abgrenzungen (3.1).

Anschließend werden die Grundannahmen der Interaktionstheorie vor dem Hintergrund der theoriehistorisch bedeutsamen Unterscheidung zwischen normativem und interpretativem Paradigma beschrieben und verortet (3.2). Ausgangspunkt des dritten Abschnitts ist die Aufteilung soziologischer Theorien in Mikro und Makro und die damit verbundenen methodologischen Erklärungsmodelle (3.3). Abschließend werden die wichtigsten Ergebnisse dieses Kapitels in einem Fazit noch einmal zusammengefasst (3.4).

Bevor es nun losgeht, sei noch einmal daran erinnert, dass sich dieses Kapitel an Studierende der Soziologie richtet, die schon ein paar Vorkenntnisse mitbringen und zumindest die Namen einiger Theorien schon mal gehört haben. Die Auseinandersetzung mit den theoretischen und methodologischen Grundannahmen der soziologischen Theorien ist alles andere als trivial und kann für Anfänger:innen schnell frustrierend sein, wenn die Bezüge unklar oder bestimmte Grundprobleme nicht bekannt sind. In diesem Sinne habe ich mich bemüht, die Zusammenhänge und Grundannahmen so eingängig wie möglich zu beschreiben und mit Hilfe von Beispielen zu verdeutlichen. Dennoch lässt sich eine gewisse Komplexität der Darstellung nicht vermeiden und ist in erster Linie dem Gegenstand geschuldet.

3.1 Begriffliche Abgrenzungen: Interaktion vs. Handeln, Kommunikation und Praxis

Eine Möglichkeit zur Unterscheidung soziologischer Theorien bezieht sich auf den jeweils verwendeten Leitbegriff, mit dessen Hilfe soziale Wirklichkeit erfasst und erklärt wird. Es geht u. a. um unterschiedliche sozialtheoretische Annahmen über die Grundelemente, aus denen sich Sozialität allgemein sowie

Kollektivphänomene (also z. B. größere Gebilde wie Organisationen oder auch Ungleichheitsstrukturen) zusammensetzen. Auf diese Weise lassen sich z. B. Handlungs-, Kommunikations- und Praxistheorien unterscheiden.[53] Mit der Begriffsbildung bzw. der Fokussierung auf ein bestimmtes Letztelement der soziologischen Analyse sind jeweils bestimmte Vorannahmen und Erwartungen verbunden. Diese werden allerdings nur selten explizit gemacht und die verwendeten Begriffe werden üblicherweise nicht auf bereits bestehende alternative Konzepte bezogen. Dabei sind Begriffe als kleinste Einheit wissenschaftlicher Analysen sehr wichtig für die Formulierung theoretischer Zusammenhänge. Sie sollten im besten Fall präzise, eindeutig und zweckmäßig sein, andernfalls weiß niemand, was gemeint ist und die Begriffe haben keinen analytischen Mehrwert (vgl. Opp 2014: 141 ff.). Deshalb sollten sich Studierende bei der Verwendung zentraler soziologischer Grundbegriffe wie Handeln, Kommunikation, Praxis und Interaktion ihrer Bedeutung sowie der mit ihnen verbundenen theoretischen Grundannahmen bewusst sein. Es handelt sich keineswegs um Synonyme, die (wie im Alltagsverständnis) austauschbar verwendet werden können. Im soziologischen Fachjargon macht es einen entscheidenden Unterschied, ob ein Phänomen als Ergebnis einer Handlung, als Kommunikation oder Praxis beschrieben wird.

Im Folgenden sollen daher die drei soziologischen Grundbegriffe *Handeln*, *Kommunikation* und *Praxis* sowie die damit verbundenen theoretischen Grundannahmen erläutert und dem Konzept der Interaktion gegenübergestellt werden. Es geht dabei um folgende Fragen: Was genau versteht man unter Handeln, Kommunikation und Praxis? Welche sozialtheoretischen Annahmen sind mit diesen Begriffen verbunden und welche Bedeutung hat die gleichzeitige körperliche Kopräsenz dabei?

3.1.1 Handeln vs. Interaktion

Max Weber gilt als Begründer der soziologischen Handlungstheorie. *Soziales Handeln* ist die zentrale Untersuchungseinheit seines Verständnisses von Soziologie, einer „Wissenschaft, welche soziales Handeln deutend verstehen und dadurch in seinem Ablauf und seinen Wirkungen ursächlich erklären will“ (Weber 1921/1980: 1). In seiner Begriffssystematik grenzt er das Handeln zunächst vom bloßen reaktiven Verhalten ab: Handeln ist demnach „menschliches Verhalten (einerlei ob äußeres oder innerliches Tun, Unterlassen oder Dulden) […] wenn und insofern als der oder die Handelnden mit ihm einen subjektiven Sinn verbinden“ (ebd.).

53 Man könnte hier außerdem Diskurs- und Strukturtheorien ergänzen. Da in diesen Theorietypen die körperliche Anwesenheit aber praktisch gar nicht vorkommt, werden die damit verbundenen Begriffe und Konzepte hier nicht weiter erläutert.

Handeln ist also – zumindest bei Weber – ein exklusiv auf menschliche Akteure bezogenes sinnhaft motiviertes Tun, während Tiere sich bloß verhalten können. Auch größeren Kollektiven, wie z. B. Staaten oder Unternehmen, wird von Weber die Handlungsfähigkeit abgesprochen. Der Akteur (und seine Absichten) stehen im Mittelpunkt handlungstheoretischer Perspektiven. Wenn sich der mit dem Handeln verbundene Sinn auf das Verhalten anderer bezieht, handelt es sich laut Weber um „soziales Handeln" (ebd.). Es spielt dabei allerdings keine Rolle, ob und inwiefern dieses Handeln unter den Bedingungen körperlicher Kopräsenz stattfindet. Soziales Handeln ist auch in völliger Einsamkeit möglich. Der Fokus liegt also auf dem *individuellen* Handeln.

Diese erste Definition weist darauf hin, dass Handeln als eine *bewusste* Tätigkeit verstanden wird, die mit einer bestimmten Absicht verbunden ist. Auf diese Weise wird Handeln sowohl von bloßen Reflexen oder Instinktverhalten als auch von präreflexivem Routinehandeln abgegrenzt. Im Gegensatz dazu geht es beim Handeln um die Ausführung eines zuvor entwickelten Plans. In diesem Sinne begreift z. B. Alfred Schütz Handeln als ein (körperliches Ein-)Wirken auf die äußere Welt, das zunächst im Bewusstsein des Einzelnen als Entwurf geplant wird (vgl. Schütz/Luckmann 2003: 451 ff.). Auch bei Talcott Parsons (1937/1968: 44 f.) wird Handeln als zielorientiert und motivgeleitet (vor allem durch Normen) verstanden. Sein Handlungsbegriff (*unit act*) unterscheidet zwischen dem Akteur, dem Ziel der Handlung und den zur Verfügung stehenden Mitteln und Randbedingungen. Dieser Fokus auf Intention und (rationales) Kalkül spiegelt sich auch in den von Weber genannten idealtypischen Beweggründen des Handelns wider, bei denen vor allem das zweck- und das wertrationale Handeln für die soziologische Analyse erschlossen werden. Affektuelles und traditionales (im Sinne von gewohnheitsmäßigem) Handeln betrachtet Weber (1921/1980: 10 ff.) dagegen eher als Grenzfälle zum bloßen Verhalten.

Anknüpfend an Webers Verständnis von zweckrationalem Handeln (also Handeln, bei dem Zweck, Mittel und Nebenfolgen rational abgewogen werden und am Ende diejenige Mittelkombination ausgewählt wird, mit der man den Zweck am besten erreichen kann) verstehen Theorien rationaler Wahl Handlungen als Ergebnis von Entscheidungen, die darauf abzielen den subjektiven Nutzen des Handelns zu maximieren. Das impliziert die Vorstellung, dass Handeln immer mehrere Handlungsalternativen voraussetzt, aus denen man auswählen kann und das dann auch bewusst tut.

Zusammenfassung Handlungstheorie

Ausgehend von der Abgrenzung von bloßem Verhalten impliziert der soziologische Handlungsbegriff eine Absicht des handelnden Akteurs (intentionales Handeln). Darüber hinaus muss es mehrere Handlungsalternativen geben, zwischen denen der Akteur wählen kann, sonst ist es keine Handlung. Eine handlungstheoretische Analyse fokussiert den individuellen Akteur und zielt darauf ab, seine Absichten bzw. den Zweck seiner Handlung, seine Erwartungen und manchmal auch seine zugrundeliegenden Werte und Einstellungen zu rekonstruieren. Die Frage, ob die beteiligten Akteure in der gleichzeitigen Anwesenheit anderer handeln, ist nicht relevant.

Konstitutive Merkmale handlungstheoretischer Perspektiven:

- Anthropozentrismus und Akteurszentrierung: Analysefokus auf individuellem (menschlichem) Akteur
- Intentionalistischer Bias: Unterstellung einer sinnhaften Motivation bzw. Zielorientierung des Akteurs
- Rationalistische Idealisierung: Vorhandensein verschiedener Handlungsalternativen und Unterstellung eines rationalen Kalküls bei der Auswahl
- Keine Relevanz der gleichzeitigen Kopräsenz anderer Personen

Die Unterschiede zum Interaktionsbegriff sind klar erkennbar: Während handlungstheoretische Ansätze versuchen, die Absichten und Motive einzelner Akteure zu rekonstruieren und dafür u. a. verschiedene Entscheidungsmodelle verwenden, fokussiert die Interaktionstheorie die zwischen gleichzeitig anwesenden Personen entstehenden Formen von Sozialität (vgl. Abb. 1). Dazu gehört alles beobachtbare Verhalten (also auch das ohne subjektiven Sinn), wie z. B. „Blicke, Gesten, Haltungen und sprachliche Äußerungen, die Leute ständig in diese Situation einbringen, unabhängig davon, ob diese Situation erwünscht ist oder nicht“ (Goffman 1973a: 7). Die beteiligten Akteure (und deren Motivation) stehen nicht im Zentrum interaktionssoziologischer Analysen und sind nicht Gegenstand der Interaktion. Es geht „hier also nicht um Menschen und ihre Situationen, sondern eher um Situationen und ihre Menschen“ (Goffman 1973a: 8 f.). Das Erkenntnisinteresse der Interaktionstheorie bezieht sich auf die Situation, deren Eigendynamik und die unter Anwesenden geltenden Regelhaftigkeiten. Die Handlungstheorie wiederum fragt nicht nach der Relevanz von gleichzeitiger körperlicher Kopräsenz der Akteure und interessiert sich nicht für die Eigengesetzlichkeit von Interaktionen.

Es bestehen also nicht unerhebliche Unterschiede zwischen einer handlungs- und interaktionstheoretischen Perspektive bei der Analyse sozialer Wirklichkeit. Doch in welchem Verhältnis stehen die beiden Begriffe als Beschreibungen verschiedener Modalitäten menschlicher Verhaltensweisen zueinander? Können Handlungen Bestandteil von Interaktionen sein bzw. können Interaktionen unter Verwendung des Handlungsbegriffs beschrieben werden? Auch Goffman verwendete in seinen Beschreibungen von Interaktionen gelegentlich den Hand-

Abbildung 1: Erkenntnisinteresse von handlungs- vs. interaktionstheoretischen Ansätzen

lungsbegriff.[54] So können Interaktionen durchaus Handlungen beinhalten, bspw. strategisches Handeln. Die Begriffe lassen sich also durchaus kompatibel verwenden. Allerdings lässt sich mit dem intentional verkürzten Handlungsbegriff nicht die gesamte Palette des beobachtbaren Verhaltens unter Anwesenden erfassen. So fallen etwa alle Arten von Routinehandeln oder präreflexive leib-körperliche Ausdrucksformen wie der Gesichtsausdruck oder die Körperhaltung nicht darunter. Gleichzeitig kommen Handlungen auch außerhalb von Interaktionen vor, z. B. wenn Menschen allein zuhause sind.

3.1.2 Kommunikation vs. Interaktion

In den 1970–80er Jahren erreichte die sog. Linguistische Wende (*linguistic turn*) auch die soziologische Theorieentwicklung: Neben Handeln im engeren Sinne wurden zunehmend auch sprachliche Vermittlungsformen beobachtet. Sprache wurde nicht mehr nur als Benennung von Dingen verstanden, sondern als Form von Handeln gedeutet.[55] Entscheidend für diese Bedeutungsverschiebung war die Rezeption und soziologische Adaption der linguistischen Sprechakttheorie von John L. Austin und John Searle. Zahlreiche soziologische Theorieansätze rückten *Kommunikation* in den Mittelpunkt der Theoriebildung und machten sie zur zentralen Grundeinheit der soziologischen Analyse. Zu den soziologischen Kommunikationstheorien werden u. a. die Ethnomethodologie Harold Garfinkels und die Systemtheorie Niklas Luhmanns gezählt.

Wie so oft in der Soziologie gibt es jedoch keinen einheitlichen Kommunikationsbegriff, sondern allenfalls ein paar gemeinsame Grundannahmen (vgl. Schützeichel 2004: 55 ff.). Dazu gehört zunächst die Annahme, dass an jeder Art von Kommunikation immer mindestens zwei Parteien beteiligt sind, denen Kommunikation zugerechnet werden kann. Wie genau man diese kommunizierenden Einheiten nennt, ist abhängig vom jeweiligen Theorieansatz und dessen Annahmen, wer oder was überhaupt kommunizieren kann: Akteure, Individuen, Sender und Empfänger, Ego und Alter oder die Kommunikation selbst. Anders als in der Handlungstheorie geht es aber nicht mehr nur um die

---

54 Goffman jedoch als Handlungstheoretiker zu beschreiben, geht zu weit (so aber z. B. Kaufmann 2009: 14 ff.).

55 Wissenschaftshistorisch spiegelt sich diese Entwicklung darin wider, dass die Sprachsoziologie für einige Zeit eine sehr prominente spezielle Soziologie war. So gab es bis in die 1980er Jahre noch eine große inhaltliche Nähe zwischen Sprachsoziologie, sozio-linguistischer Gesprächsforschung (z. B. John J. Gumperz) und der Ethnografie des Sprechens (z. B. Dell Hymes, vgl. dazu Schütze 1975). Infolge einer zunehmenden disziplinären Ausdifferenzierung verschwand die Sprachsoziologie aber schließlich als Teildisziplin vollständig bzw. ging in der Wissenssoziologie auf (vgl. Knoblauch et al. 2001). Gleichzeitig etablierte sich der Kommunikationsbegriff aber als zentraler Grundbegriff soziologischer Theoriebildung.

Aktivität eines individuellen Akteurs, sondern um einen mehrteiligen Prozess, zu dem mindestens zwei Beteiligte beitragen. Wenn jemand etwas sagt, dann ist das noch keine Kommunikation, sondern es bedarf zumindest einer Partei, die das in irgendeiner Weise rezipiert, also zuhört, antwortet, versteht oder auch missversteht. Kommunikation besteht also – abstrakt formuliert – darin, dass eine Partei eine Information mitteilt und eine andere Partei diese mitgeteilte Information auch als solche versteht bzw. darauf antwortet oder sonst wie reagiert (vgl. ebd.: 57 ff.).[56] Beide Teile dieses Prozesses – die Auswahl einer Information, die mitgeteilt werden soll, und das Verstehen der Mitteilung – werden als kontingente Auswahlentscheidungen gedeutet, die auch anders hätten ausfallen können. Inwiefern das aber gleichbedeutend mit einer bewussten bzw. intentional zurechenbaren Entscheidung ist, ist weniger eindeutig. Anders als Handlungstheorien interessieren sich (soziologische) Kommunikationstheorien aber auch weniger für die kommunizierenden Parteien (resp. Akteure) und deren Intentionen, sondern fokussieren stattdessen die Kommunikation.

Im Anschluss an die Überlegungen George Herbert Meads, der sich intensiv mit der Entstehung menschlicher Kommunikationsfähigkeit beschäftigt hat, gehen Kommunikationstheorien davon aus, dass die Bedeutung resp. der Sinn einer Kommunikation nicht im Bewusstsein der beteiligten Akteure entsteht, sondern im Vorgang der Kommunikation selbst. Demnach kann die Bedeutung einer Geste an der Reaktion des anderen erkannt werden, der diese als Anzeichen für etwas interpretiert. Es geht also nicht mehr um den subjektiven Sinn, den ein individueller Akteur seiner Handlung gibt, sondern um die Sinn-Konstitution im Prozess der Kommunikation.

Kommunikation findet in verschiedenen Formen statt: mündlich, schriftlich, verbal, nonverbal, bildlich oder in Mischformen. In einem engen Zusammenhang zu diesen verschiedenen Kommunikationsformen stehen auch sog. Kommunikationsmedien. Diese Medien behandeln und lösen unterschiedliche Kommunikationsprobleme: das *Problem des Verstehens* (Primärmedien), das *Problem der Erreichbarkeit* (Sekundärmedien) und das *Problem des Erfolgs* (Tertiärmedien) (vgl. Schützeichel 2004: 82 ff.). Wir benötigen primäre Medien wie Sprache, Schrift und Bild, um Kommunikation überhaupt verständlich zu machen. Es geht also um die Frage der sinnlichen Wahrnehmung von Kommunikation, die akustisch (gesprochenes Wort), visuell (Schrift oder Bild) oder auch taktil erfolgen kann. Hier bietet die Kommunikation unter Anwesenden sicherlich das reichhaltigste Angebot an Wahrnehmungsmöglichkeiten, da man sein Gegenüber gleichzeitig mit allen Sin-

56 So besteht Luhmann (2005) zufolge Kommunikation aus der Synthese von drei Selektionen: Information, Mitteilung und Verstehen. Vereinfacht ausgedrückt kommt Kommunikation demnach dann zustande, wenn Ego versteht, dass Alter ihr eine Information mitgeteilt hat. Verstehen bedeutet also die Realisation, dass es sich bei der Auswahl der Information und der Absicht, diese mitzuteilen um zwei verschiedene Selektionen handelt.

nen erleben kann. Die Differenz zwischen Kommunikation unter Anwesenden und anderen Formen von Kommunikation wird jedoch in den meisten Kommunikationstheorien nicht systematisch berücksichtigt. Lediglich bei Luhmann wird das thematisiert (vgl. Kap. 3.3.2).

Sekundäre Medien im Sinne von Verbreitungs- und Speichermedien machen mithilfe technischer Verfahren und Apparate Kommunikation auch über weite räumliche und zeitliche Grenzen hinweg zugänglich. Hierzu gehören Telefone, Hörfunk, Fernsehen, Internet, alle Massenmedien, Bücher und Zeitschriften. Und mithilfe von tertiären Medien soll Kommunikation bzw. deren Annahme wahrscheinlicher gemacht werden. Hierzu gehören die sog. symbolisch generalisierten Kommunikationsmedien, die uns in Zeiten von inflationär zunehmenden Kommunikationsangeboten (u. a. durch Massenmedien) die Auswahl erleichtern.

Zusammenfassung Kommunikationstheorie

Kommunikation umfasst einen mehrteiligen Prozess, an dem immer mindestens zwei Parteien beteiligt sind: eine:r, die/der eine Information mitteilt und eine:r, die/der diese Information auch als Mitteilung versteht und darauf reagiert. Beide Teile dieses Prozesses sind zurechenbar, werden also als bewusste Auswahlentscheidungen wahrgenommen. Die Frage, ob eine Kommunikation unter der Bedingung körperlicher Anwesenheit stattfindet, ist vor allem bzgl. der zur Verfügung stehenden Kommunikationskanäle relevant, wird aber nicht in allen Kommunikationstheorien systematisch berücksichtigt.

Konstitutive Merkmale kommunikationstheoretischer Perspektiven:

- Kommunikation als mehrteiliger Prozess mit mindestens zwei Beteiligten
- Ent-Subjektivierung des Sinnbegriffs (Mead): Analysefokus auf der Kommunikation und nicht den beteiligten Parteien (nicht notwendigerweise menschliche Akteure)
- Keine systematische Berücksichtigung körperlicher Anwesenheit während der Kommunikation

In welchem Verhältnis stehen nun die beiden Konzepte Interaktion und Kommunikation? Goffman ebenso wie Luhmann beschreibt Kommunikation sowohl als *Voraussetzung* als auch als *Bestandteil* von Interaktionen:[57] So wird z. B. von Luhmann (1972: 53 f.) bereits die „Anwesenheit im reziproken Wahrnehmungsfeld immer schon als Kommunikation" gedeutet.[58] Aus dieser Perspektive wäre Kommunikation das umfassendere Konzept bzw. der Oberbegriff, unter den sich Interaktion als eine bestimmte Form von Kommunikation subsumieren ließe – nämlich

57 Die folgenden Darstellungen finden sich ausführlicher in Müller 2014.

58 Kieserling (1999: 118) differenziert genauer zwischen Wahrnehmung und Kommunikation und bezeichnet Phänomene, die nur auf wechselseitiger Wahrnehmung der Anwesenden beruhen als Formen „präkommunikativer Sozialität".

als Kommunikation unter Anwesenden, die zur Wahrnehmung auf alle Sinnesorgane gleichzeitig zurückgreifen können. Demnach ist Interaktion immer auch Kommunikation, aber nicht alle Kommunikationen sind auch Interaktion.

Es stellt sich jedoch die Frage, ob der Kommunikationsbegriff ausreicht, um tatsächlich alle in einer direkten Begegnung beobachtbaren Tätigkeitsmodi zu erfassen. Besteht Interaktion also tatsächlich nur aus Kommunikation? In den Analysen Goffmans werden die in Face-to-Face Interaktionen beobachtbaren Verhaltensweisen nur manchmal als „Kommunikation“ beschrieben. Er verwendet außerdem die Begriffe „Handeln“, „Verhalten“ oder „Aktivitäten“, die man als unterschiedliche Tätigkeitsmodi bzw. verschiedene Abstufungen von Intentionalität verstehen kann (vgl. Goffman 1973a: 8). Gleichzeitig hat man jedoch nicht den Eindruck, dass Goffman sich besonders intensiv mit den Unterschieden zwischen diesen verschiedenen Tätigkeitsmodi innerhalb von Interaktionen beschäftigt hat. Hin und wieder findet man aber Hinweise darauf, dass er den Kommunikationsbegriff zur Erfassung des Informationsaustauschs in sozial situierten Aktivitäten nicht immer für angemessen hielt: So gehe es z. B. bei ritualisierten Darstellungen in direkten Begegnungen nicht um bewusst ausgewählte und zweckgerichtet mitgeteilte Informationen, sondern eher um eine präreflexive „Anpassung des Akteurs in der Situation“ (Goffman 1981: 9). Daher bezweifelte Goffman, dass es sich hierbei um Kommunikation im engeren Sinne handelt. Er verstand Darstellungen eher als „indikative Ereignisse“ bzw. „die Gesamtheit von Verhalten und Erscheinung eines Individuums“, durch die die Beobachter:innen einige wenige Informationen erhalten „über seine soziale Identität, über seine Stimmung, seine Absicht und seine Erwartungen, über den Stand seiner Beziehungen zu ihnen“ (ebd.: 9 f.).

Anders als Luhmann bemühte sich Goffman allerdings auch nicht um einen klar definierten Kommunikationsbegriff. Man merkt lediglich, dass für ihn Kommunikation eher eine bewusste Selektion voraussetzt, die klar zurechenbar ist und daher nicht vollständig auf seine Beschreibungen von Interaktionen passt und die darin vorkommenden „habituellen Leibkundgaben“ wie dem Erscheinungsbild (Fassade) und eher reflexartigen bzw. physiologischen Vorgängen wie Schwitzen, Erröten oder Niesen (vgl. Goffman 1971: 24 f.).[59] Der Körper fungiert demnach unter Anwesenden sowohl als Wahrnehmungsinstrument als auch als Mitteilungsorgan, mit dem wir unser Gegenüber mit allen Sinnen erfahren und gleichzeitig – gewollt oder ungewollt – zahlreiche Informationen über uns selbst übermitteln (vgl. Kap. 2.1). Die betroffenen Akteure haben aber nicht immer eine

59 Luhmann betont zwar auch die Bedeutung des Körpers in der Kommunikation unter Anwesenden, fand aber keinen systematischen Platz dafür in seiner Theorie und der körperlosen Beschreibung von Kommunikation. Letztlich blieben seine Überlegungen zumindest implizit auf Sprache fixiert.

Mitteilungsabsicht, sondern geben diese Informationen oftmals unwillkürlich und nur aufgrund ihrer Anwesenheit in einer Situation preis.

Aus dieser Perspektive ist dann Interaktion das umfassendere Konzept und Kommunikation nur ein Teilaspekt davon, da der Kommunikationsbegriff nicht alles Verhalten erfassen kann, das in Interaktionen beobachtbar ist. Das war allerdings auch nicht das Ziel Goffmans, der wenig Sinn für präzise Begriffsarbeit hatte. Ihm ging es offenbar weniger um die Festlegung auf eine bestimmte Grundeinheit von Interaktion als vielmehr um die Einsicht der Entstehung einer eigenständigen Ebene sozialer Ordnung unter der Bedingung körperlicher Kopräsenz.

3.1.3 Praxis vs. Interaktion

Die soziologische Praxistheorie stellt keinen einheitlichen Theorieansatz dar (vgl. Schatzki 2001; Reckwitz 2003).[60] Stattdessen werden seit den 1990er Jahren verschiedene Ansätze und Forschungsrichtungen darunter subsumiert, so z. B. die Ethnomethodologie und die Theorie der Praxis von Pierre Bourdieu. Gemeinsamer Ausgangspunkt der praxistheoretischen Perspektive ist die Kritik an den mentalistisch-intentionalistischen Verkürzungen von Handlungs- und Kommunikationstheorien, sowie deren Verortung von Sozialität jenseits des menschlichen Körpers in Texten, Diskursen und Sprache. Praxistheoretischen Annahmen zufolge basiert soziale Praxis nicht wie Handlung und Kommunikation auf der bewussten Auswahl zwischen verschiedenen Alternativen, sondern erfolgt eher im Modus der Routine, als im Körper verankerte Tätigkeit, die „ohne den Umweg […] über abstraktes Denken und strategisches Kalkül" ausgeübt wird (Wacquant 2003: 100 f.). Im Mittelpunkt praxistheoretischer Analysen steht daher weder die Rekonstruktion von Sinn noch von kommunikativen Akten, sondern der praktische Vollzug sozialer Wirklichkeit. Es geht also um eine andere Art Tätigkeitsmodus von Sozialität, der durch den Praxisbegriff erfasst werden soll und der weder durch die Konzepte Handlung noch Kommunikation angemessen beschrieben werden kann.

Praktiken beziehen sich in erster Linie auf jene Art präreflexiver Tätigkeiten (*doings and sayings*), mit denen wir den größten Teil unseres Alltags verbringen (vgl. Schatzki 1996: 89). Es handelt sich um körperbasierte Tätigkeiten, die nicht das Ergebnis zuvor gefasster Handlungsentwürfe oder bestehender Regelstrukturen sind, sondern deren Vollzug ohne großes Nachdenken vonstattengeht. Diese Tätigkeiten werden generiert durch inkorporierte und dem Bewusstsein nicht zugängliche Wahrnehmungs-, Bewertungs- und Deutungsschemata, die vor allem durch praktisches Begreifen und kontinuierliche Anwendung erlernt und im

60 Streng genommen könnte man das auch über die zuvor beschriebenen Handlungs- und Kommunikationstheorien sagen.

Körper gespeichert werden. Die Bezeichnung für diese habituellen Dispositionen variiert je nach Autor: Michael Polanyi nennt es *tacit knowledge*, Gilbert Ryle spricht vom *knowing how*, Harold Garfinkel von *embodied skills* und Pierre Bourdieu beschreibt es als *Habitus*. Anschauliche Beispiele hierfür finden sich u. a. im Sport, z. B. im Boxen (vgl. Wacquant 2003) oder auch im Fußball (vgl. Müller 2014).

Die Fokussierung der Praxistheorien auf körperlich verankertes Wissen und körperbasierte Tätigkeiten sowie deren Beitrag zur Herstellung von Sozialität geht mit einer stärkeren Berücksichtigung von Materialität einher, also Dingen bzw. Objekten der physischen Welt. In den Blick geraten dabei vor allem Artefakte bzw. Kulturgegenstände, denen einige Autor:innen dann sogar einen Teilnehmer:innenstatus in sozialen Situationen zusprechen. Aus dieser Perspektive werden dann technische Gegenstände ebenso wie der menschliche Körper zu „Partizipanden" (vgl. Hirschauer 2016) oder gar zu „Aktanten" (vgl. Latour 2001), die über ein eigenes Skript verfügen und damit als handlungsfähig gelten. Bruno Latour (2001: 248 f.) nennt das *Interobjektivität* und weitet durch die Berücksichtigung der omnipräsenten (technischen) Objekte, auf die Menschen regelmäßig in sozialen Situationen zurückgreifen, das Verständnis von Interaktion deutlich in Zeit und Raum aus.[61] Aus einer praxistheoretischen Perspektive besteht eine Verbindung zwischen diesen Dingen und dem praktischen Wissen der jeweiligen menschlichen Körper, das zu ihrer Benutzung benötigt wird.

Zusammenfassung Praxistheorie

Gemeinsamer Ausgangspunkt praxistheoretischer Ansätze ist die Abgrenzung vom intentionalistischen Bias des Handlungsbegriffs. Soziale Praktiken werden demgegenüber als Vollzug von im Körper verankerten und präreflexiv vollzogenen Tätigkeiten (*doings and sayings*) beschrieben, die weder als Ergebnis zuvor gefasster Handlungsentwürfe noch als Folge bestehender Regeln oder Strukturen verstanden werden. Der Fokus liegt nicht mehr auf der Rekonstruktion von Bedeutung, sondern auf dem praktischen Vollzug von Wirklichkeit. Dieser Vollzug muss nicht notwendigerweise nur durch menschliche Akteure, sondern kann auch durch anwesende Objekte oder andere Materialitäten erfolgen.

Konstitutive Merkmale praxistheoretischer Perspektiven:

- Analysefokus auf dem praktischen Vollzug sozialer Wirklichkeit

61 So polemisiert Latour (2001: 237), dass die „klassische Definition der Interaktion" eher angemessen sei „für eine Soziologie der Primaten als für eine Soziologie der Menschen": „In der Tat erweist sich die Primatensoziologie als ein extremer Fall des Interaktionismus, denn alle Akteure sind kopräsent und Face-to-Face in Handlungen involviert, deren Dynamik kontinuierlich von der Reaktion der anderen abhängig ist."

- Soziale Praktiken als präreflexive und inkorporierte Wahrnehmungs-, Bewertungs- und Deutungsschemata
- Dezentrierung des Akteurs und Berücksichtigung von Objekten als Aktanten
- Keine systematische Berücksichtigung der gleichzeitigen körperlichen Anwesenheit mehrerer Personen bei der Analyse sozialer Praktiken

In welchem Verhältnis stehen nun die beiden Begriffe Praxis und Interaktion? Die meisten praxistheoretischen Ansätze betrachten die gleichzeitige körperliche Anwesenheit weiterer Akteure nicht als notwendige Bedingung für das Zustandekommen von Sozialität. Soziale Praktiken sind auch allein bzw. als „selbstbezogene Praktiken" denkbar (vgl. Reckwitz 2003: 292). Sozial sind die Praktiken nicht durch die Anwesenheit anderer, sondern durch die Einlagerung früherer Erfahrungen in die materielle Infrastruktur der Situation, also das in den Körpern und auch Dingen inkorporierte und tradierte Wissen über den Gebrauch dieser Gegenstände. Latour, der die Goffmansche Interaktionstheorie für überholt hält, formuliert das folgendermaßen: „Indem wir die Interaktion verschieben und uns mit dem Nicht-Menschlichen verbinden, können wir über die aktuelle Zeit hinaus in einer anderen Materie als unserem eigenen Körper überdauern und auf Distanz interagieren – eine Sache, die für Paviane und Schimpansen absolut unmöglich ist." (Latour 2001: 248) Demnach wäre also auch Zähneputzen – allein zuhause vor dem Spiegel mit der Zahnbürste in der Hand, in deren Handhabung das technische Know-how vieler anderer Menschen Eingang gefunden hat – eine interaktive Praxis.

Auch die Eigengesetzlichkeit von Interaktionen findet in der Praxistheorie keine systematische Berücksichtigung. So hält z. B. Bourdieu die Vorstellung einer emergenten und autonomen Interaktionsebene für einen „interaktionistischen Irrtum" und erklärt stattdessen: „Noch in die zufälligsten Interaktionen bringen die Interagierenden alle ihre Eigenschaften und Merkmale ein – und es ist die jeweilige Position innerhalb der sozialen Struktur (oder eines spezifischen Feldes), die die jeweilige Position im Rahmen der Interaktion determiniert." (Bourdieu 1998: 378 f., FN 20) Für Bourdieu sind Interaktionen also nur Reproduktionsmechanismen sozialer Ungleichheitsstrukturen.[62]

Reckwitz (2003: 289 f.) hält dagegen soziale Praktiken selbst für „eine emergente Ebene des Sozialen", konzipiert Praktiken aber gleichzeitig auch als „kleinste Einheit des Sozialen". Hillebrandt (2009: 390) scheint der einzige zu sein, der eine Anwendung der Praxistheorie „auf allen Aggregationsebenen der Sozialität

---

62 Interessanterweise hat Bourdieu (1998: 754, FN 21) an anderer Stelle Goffmans Konzept des „sense of one's place" übernommen, um das Gespür des Einzelnen für seine soziale Position zu beschreiben. Dabei hat er jedoch nicht reflektiert, dass es sich eigentlich um ein interaktionstheoretisches Konzept handelt, das sich auf soziale Situationen bezieht.

– also von der Interaktion über die Organisation bis zur Gesellschaft“ fordert. Hier gibt es also noch einigen Diskussionsbedarf und bisher keinen einheitlichen Standpunkt der Praxistheorie.

Prinzipiell scheint eine interaktionstheoretische Perspektive aber mit dem Praxisbegriff kompatibel zu sein. So werden auch Goffmans Arbeiten regelmäßig praxistheoretisch eingeordnet, ohne allerdings zu berücksichtigen, dass sich seine Analysen nur auf Anwesenheitssituationen beschränken (vgl. z. B. Schmidt 2012). Diese Verortung Goffmans in der Praxistheorie liegt vermutlich daran, dass im Vordergrund seiner Beobachtungen meistens körperliche Tätigkeiten bzw. das Management des Körpers unter den Bedingungen von Kopräsenz standen. Gleichzeitig finden sich aber auch Überlegungen zur bewussten Umsetzung geplanter Strategien der Eindrucksmanipulation. Goffman interessierte sich jedoch kaum für die Unterschiede zwischen diesen verschiedenen Tätigkeitsmodi und reflektierte nur an wenigen Stellen seines Werks über Differenzen zwischen intentionalem Handeln bzw. Kommunikation und stärker körperbasierten bzw. inkorporierten Formen von Aktivität, also dem, was Praxistheoretiker:innen heute soziale Praxis nennen. Bei Goffman sind das eher verschiedene Facetten seiner ethologischen Betrachtungsweise, ähnlich Punkten auf einem Kontinuum mit einem fließenden Übergang dazwischen.

Zusammenfassend kann man festhalten, dass der Interaktionsbegriff zwar sowohl in Handlungs-, Kommunikations- und Praxistheorien verwendet, aber nur selten systematisch über die Unterschiede der verschiedenen Grundkonzepte zur Erfassung von Sozialität nachgedacht wird. Grundsätzlich lässt sich die Interaktionssoziologie eher im Bereich der Kommunikations- und Praxistheorien verorten als in der Handlungstheorie.

Nach diesen ersten begrifflichen Abgrenzungen folgt nun die grundlagentheoretische und methodologische Einordnung der Interaktionstheorie vor dem Hintergrund von zwei weiteren Typologien der soziologischen Theorien: zunächst der theoriegeschichtlich und grundlagentheoretisch bedeutsamen Unterscheidung zwischen dem normativem und dem interpretativen Paradigma (3.2) und anschließend der auch heute noch weit verbreiteten Differenzierung von mikro- und makrosoziologischen Ansätzen (3.3).

3.2 Grundannahmen der Interaktionstheorie I: normatives vs. interpretatives Paradigma

Die Unterscheidung zwischen Theorieansätzen des normativen und interpretativen Paradigmas diente im Prozess der Theorieentwicklung vor allem zur Abgrenzung bzw. Kontrastierung neuerer Ansätze von bereits bestehenden. Dennoch ist die Differenzierung auch heute noch wichtig, um bestimmte Zusammenhänge besser verstehen zu können. Studierende sollten sie kennen und Interaktionstheorien entsprechend verorten können.

Die Differenzierung soziologischer Theorien nach ihrer Zugehörigkeit zum normativen bzw. interpretativem Paradigma stammt von Thomas Wilson (1970/1974) und zielt in erster Linie darauf ab, die Gemeinsamkeit verschiedener neuerer (bzw. wiederentdeckter) Theorieansätze unter einem gemeinsamen Label (*interpretativ*) zusammenzufassen und gegen die bis in die 1950er Jahre dominierenden *normativen* Theorien abzugrenzen – vor allem gegen den Strukturfunktionalismus von Talcott Parsons. Zu diesen vermeintlich neuen Ansätzen werden sowohl die eigentlich älteren, aber in den 1960er Jahren erstmals breit rezipierten Theorien von George Herbert Mead (Sozialbehaviorismus), Herbert Blumer (Symbolischer Interaktionismus) und Alfred Schütz (Sozialphänomenologie) gezählt als auch jüngere Ansätze, wie die Ethnomethodologie Harold Garfinkels, die (hermeneutische) Wissenssoziologie (Hans-Georg Soeffner), die Objektive Hermeneutik (Ulrich Oevermann) und auch die Interaktionstheorie Erving Goffmans.

Die Unterschiede zwischen den Theorien des normativen und interpretativen Paradigmas sind vielfältig und können hier nur angerissen werden: Im Zentrum stehen dabei unterschiedliche Bestimmungsgründe von Sozialität und menschlichem Handeln, die Vorgehensweise beim Erkenntnisgewinn und die damit verbundenen unterschiedlichen ontologischen Annahmen über Erkenntnisgegenstand und Erkenntnismöglichkeiten.

Im Folgenden werden zunächst die Grundannahmen von normativem (3.2.1) und interpretativem Paradigma (3.2.2) beschrieben, bevor diese dann auf interaktionstheoretische Ansätze bezogen werden (3.2.3).

3.2.1 Das normative Paradigma

Der Strukturfunktionalismus erklärt menschliches Handeln in erster Linie durch den Verweis auf bestehende Normen und Werte. Seinem normativen Akteursmodell (*homo sociologicus*) zufolge wird menschliches Handeln in erster Linie durch vorgegebene Erwartungen bestimmt, denen sich der Einzelne kaum entziehen kann – als wären die Akteure ferngesteuert oder würden wie Marionetten an Fäden hängen und nur das machen, was ihnen in ihrer Kindheit internalisierte Werte und die durch die Situation implizierten Normen vorgeben. Dieses deterministische Handlungsverständnis, das vermutlich auch ein Stück weit der Lebenswirklichkeit der 1950er Jahre entsprach, geriet im Lauf der Zeit zunehmend in Widerspruch zur Idee eines modernen Individuums, das selbstbestimmt über sein eigenes Schicksal entscheidet. Insofern spiegelte sich die gesellschaftliche Aufbruchstimmung der 1960er Jahre auch in der „Krise der westlichen Soziologie“ wider (vgl. Gouldner 1974).

Im Gegensatz zum normativen Paradigma berücksichtigen interpretative Ansätze stärker die Eigenleistung der Akteure bei der Ausgestaltung ihrer Rollen und Handlungsentscheidungen. Der Mensch wird nicht (mehr) als „judgemental dope" (Garfinkel 1967: 68) verstanden, der in einer vorgegebenen Welt fremdbestimmt Normen befolgt, sondern als jemand, der diese Welt selbst durch aktives Tun und Deuten erzeugen und mit Sinn ausstatten muss (vgl. Giddens 1984: 197 ff.). Insofern unterstellen neuere Theorien nicht mehr, dass das menschliche Handeln primär durch Normen und Werte gesteuert werde, sondern durch die Fähigkeit der Akteure zur Interpretation.

Wilsons (1974: 54) Unterteilung in normativ und interpretativ bezieht sich außerdem auf die verschiedenen Vorgehensweisen von Theorieansätzen beim Erkenntnisgewinn, also die Frage, wie soziale Phänomene erklärt werden. Theorien des normativen Paradigmas orientieren sich primär am sog. deduktiv-nomologischen Erklärungsmodell der Naturwissenschaften. Diesem auch als Hempel-Oppenheim-Schema bekannten Modell zufolge lassen sich die zu erklärenden Phänomene (Explanandum) aus allgemeinen Gesetzen und Randbedingungen logisch ableiten. Wilson stellt fest, dass sich diese Vorstellung auch in dem von Parsons beschriebenen „action frame of reference" findet, mit dessen Hilfe im normativen Paradigma Handlungsentscheidungen erklärt werden. Wie jemand handelt, wird demnach aus den durch Normen festgelegten Zielen und Mitteln sowie den vorgegebenen Randbedingungen in einer konkreten Situation abgeleitet. Die normativen Erwartungen, durch die letztlich alles bestimmt werde, werden hierbei – sozusagen analog zu Naturphänomenen – als vortheoretische Realität betrachtet und nicht weiter hinterfragt. Das entspricht weitgehend den im ersten Kapitel beschrieben Annahmen der normativen Rollentheorie, der zufolge Rollenträger beim Rollenhandeln lediglich die an sie gerichteten Erwartungen zu erfüllen haben (*role taking*).

Dieses Erklärungsmodell impliziert ein objektivistisches Wirklichkeitsverständnis: Aus dieser Perspektive geht man also davon aus, dass soziale Phänomene genau wie Naturereignisse unabhängig von der Wahrnehmung des/r Beobachter:in existieren. Demzufolge gibt es auch keine Unterschiede bei ihrer Erklärung: Es ist also egal, ob man nach den Ursachen eines Vulkanausbruchs sucht oder nach den Gründen für die Existenz bestimmter normativer Erwartungen. Die Eigenleistungen der beteiligten Subjekte, die in einer Situation bestehende Erwartungen immer auch erst einmal wahrnehmen, interpretieren und eventuell gegeneinander abwägen müssen, werden dabei nahezu vollkommen ausgeblendet.

3.2.2 Das interpretative Paradigma

Dieser normativen Perspektive setzt Wilson nun das Programm des interpretativen Paradigmas entgegen, dessen Ausgangspunkt die Annahme ist, dass menschliches Handeln zunächst nicht unerhebliche Interpretationsleistungen der beteiligten Akteure voraussetzt: Sie müssen aufgrund ihrer Eindrücke von Ereignissen und ihrer Vorerfahrungen die konkrete Situation erst einmal deuten. Demnach gibt es keine feststehenden, kontextunabhängigen Bedeutungen, die sich z. B. aus den vorher erhobenen Einstellungen der Akteure einfach ableiten ließen. Das gleiche gilt für das Verhalten der anderen, denen je nach Kontext und Verhalten bestimmte Absichten und Erwartungen erst zugeschrieben werden müssen, an denen sich dann wiederum das eigene Verhalten orientieren kann. Interpretationen und Handeln hängen in dieser Perspektive eng zusammen und erzeugen erst durch ihr Wechselspiel bestimmte soziale Situationen mit konkreten Erwartungen, zu denen man sich dann in der einen oder anderen Art und Weise verhalten kann. Rollenhandeln aus der Perspektive des interpretativen Paradigmas bedeutet, dass die Akteure trotz bestehender Vorgaben gewisse Entscheidungsspielräume zur Ausgestaltung bzw. zur Distanzierung von ihren Rollen haben (*role making*).

Im Gegensatz zum normativen Paradigma impliziert die Perspektive des interpretativen Paradigmas also ein konstruktivistisches Wirklichkeitsverständnis, demzufolge soziale Phänomene nicht unabhängig von unserer Wahrnehmung, unseren Deutungen und unserem Wissen existieren. Demnach haben Menschen keinen direkten, unmittelbaren Zugriff auf die Realität, sondern können Wirklichkeit nur vermittelt über Sinnesorgane und ihr Bewusstsein wahrnehmen. Die von den Augen und/oder Ohren wahrgenommenen Signale werden dann durch mehr oder weniger aufwendige kognitive Deutungs- und Zuschreibungsprozessen mit Sinn verbunden, indem sie z. B. mit früheren Erfahrungen abgeglichen und daraus hervorgegangenen Kategorien zugeordnet werden. Ein solches konstruktivistisches Wirklichkeitsverständnis sagt also nichts darüber aus, ob die Welt tatsächlich so ist, wie wir sie wahrnehmen, sondern nur, dass wir die Welt gar nicht unabhängig von unserem Bewusstsein wahrnehmen können. Vor dem Hintergrund dieser Annahme verschiebt sich der Fokus des Erkenntnisinteresses hin zu den Leistungen der beteiligten Akteure bei der Herstellung und Zuschreibung von Sinn. Ansätze des interpretativen Paradigmas gehen davon aus, dass menschliches Handeln nur durch die Rekonstruktion dieser grundlegenden Deutungsprozesse erklärt werden kann:

> „Soziologie beschäftigt sich nicht mit einer ‚vor-gegebenen' Welt von Objekten, sondern mit einer, die durch das aktive Tun von Subjekten konstituiert oder produziert wird. […] Die Produktion und Reproduktion der Gesellschaft muß daher als eine auf

Fertigkeiten beruhende Leistung ihrer Mitglieder betrachtet werden." (Giddens 1984: 197)

Für die Soziologie bedeutet das, dass eine soziologische Analyse eine Art doppeltes Verstehen (bzw. „doppelte Hermeneutik") leisten muss: die Rekonstruktion der Deutungen der beobachteten Akteure sowie die Rekonstruktion des durch die eigene Wahrnehmung und das eigene Vorwissen geleisteten Beitrags bei der Konstitution des Forschungsgegenstands (vgl. Giddens 1984).

Tabelle 1: Gegenüberstellung von normativem und interpretativem Paradigma

Normatives Paradigma	**Interpretatives Paradigma**
Erklärung sozialer Phänomene durch Ableitung aus normativ vorgegebenen Zielen, Mitteln und Situationsbedingungen kausales Erklären	Erklärung sozialer Phänomene durch Rekonstruktion der Deutungen beteiligter Akteure (und deren Wissensbestände) Verstehen
Kleinste Einheit der soziologischen Analyse ist das individuelle Handeln	Soziologische Analyse bezieht sich auf das wechselseitige Aufeinander-Einwirken von Akteuren
Prägung durch Normen und Werte als Bestimmungsgrund menschlichen Handelns	Deutungs- und Zuschreibungsprozesse als notwendige Teilnehmer:innenleistung bei der Herstellung und dem Vollzug sozialer Wirklichkeit
Objektivistisches Wirklichkeitsverständnis	Konstruktivistisches Wirklichkeitsverständnis
Normenbefolgender Akteur (homo sociologicus) *role taking*	Interpretierender und gestaltender Akteur *role making*

3.2.3 Interaktionstheoretische Ansätze als Teil des interpretativen Paradigmas

Wie bereits erwähnt, lassen sich interaktionstheoretische Perspektiven zweifellos dem interpretativen Paradigma zurechnen. Die unter Anwesenheitsbedingungen beobachtbaren Reaktionen und Verhaltensweisen lassen sich nicht einfach durch Ableitung aus festgelegten Normen erklären. Stattdessen können sie nur durch die Rekonstruktion der aufeinander bezogenen Deutungen der jeweiligen Interaktionsteilnehmer:innen in einem konkreten Situationskontext nachvollziehend verstanden werden. Illustrieren lässt das am Beispiel der Eigengesetzlichkeit sozialer Interaktionen: Was z. B. bei einer Abteilungssitzung in einem Unternehmen passiert, wird nicht durch die Vorschriften der Organisation determiniert – wie eine normativistische Perspektive unterstellen würde –, sondern unterliegt den Regeln der Interaktion bzw. der konkreten Ordnung, die von den Teilnehmer:innen etabliert wird und die ihnen bestimmte Verhaltensmöglichkeiten eröffnet und andere beschränkt. So kann es bspw. im Rahmen einer solchen Sitzung notwendig sein, die Orientierung an formalen Rollenerwartungen und Statusdifferenzen zwischen den Beteiligten zumindest vorübergehend auszusetzen, damit man im Gespräch auf Augenhöhe diskutieren kann. Das widerspricht zwar der formalen Organisationsstruktur (hier: der Hierarchie innerhalb der Organisation), wird aber durch die soziale Situation der Sitzung ermöglicht und hilft z. B. bei der Lösung eines konkreten Kooperationsproblems.[63]

Ein weiteres zentrales Merkmal interpretativer Ansätze ist die Fokussierung von wechselseitig aufeinander bezogenem Handeln mehrerer Akteure und den damit verbundenen Deutungsprozessen. Wilson betont diesen Unterschied zum normativen Paradigma, dessen Erkenntnisinteresse primär auf individuelles Handeln zielt:

> „Es gibt [im interpretativen Paradigma; M.M.] keine voneinander isolierten Handlungen; vielmehr sind Handlungen aufeinander bezogen, insofern der eine Handelnde auf den anderen ‚antwortet' und zugleich die Handlungen des anderen antizipiert, und dies gilt auch, wenn in situativer Einsamkeit gehandelt wird. So ist jede einzelne und besondere Handlung ein Teil eines Prozesses der Interaktion, in den verschiedene Handelnde einbezogen sind, die jeweils auf die Handlungen des anderen antworten." (Wilson 1974: 55)

Auch die Interaktionstheorie interessiert sich nicht für das Handeln Einzelner, sondern für das wechselseitig aufeinander bezogene Verhalten – im Unterschied zu anderen Theorieansätzen des interpretativen Paradigmas allerdings nur unter Anwesenheitsbedingungen. Es fällt auf, dass der Interaktionsbegriff in dem Zitat nicht für direkte Begegnungen reserviert ist, sondern stattdessen eine breitere Bedeutung hat und eher ein diffuses wechselseitiges Aufeinander-bezogen-Sein beschreibt. In den Ansätzen des interpretativen Paradigmas scheint der gleichzeitigen Anwesenheit also keine besondere Relevanz für das weitere Geschehen zugeschrieben zu werden. Stattdessen geht es eher um den Bezug auf Andere bzw. deren Deutungen beim Handeln, was aber prinzipiell auch für das Handeln allein zuhause gilt.

Das Erkenntnisinteresse der Interaktionstheorie ist demgegenüber deutlich spezifischer als bei anderen Ansätzen des interpretativen Paradigmas und konzentriert sich auf eine ganz besondere Form aufeinander bezogener Handlungen – nämlich die unter körperlich kopräsenten Personen, die sich wechselseitig wahrnehmen (vgl. Abb. 1). Den Unterschied zu anderen interpretativen bzw. auf Sinnverstehen ausgerichteten Ansätzen illustriert noch einmal das folgende Zitat Goffmans:

> „Ich setze voraus, daß der eigentliche Gegenstand der Interaktion nicht das Individuum und seine Psychologie ist, sondern eher die syntaktischen Beziehungen zwischen den Handlungen verschiedener gleichzeitig anwesender Personen. […] Es geht hier

63 Ausführliche Beschreibungen von Interaktionen in formalen Organisationen finden sich in Luhmann 1964/1999: 299 ff.

also nicht um Menschen und ihre Situationen, sondern eher um Situationen und ihre Menschen." (Goffman 1973a: 8 f.)

Das Erkenntnisinteresse liegt auf dem *Dazwischen*, dem „inter-act" mehrerer gleichzeitig anwesender Personen (Knorr-Cetina 1981: 10). Darüber hinaus betont die interaktionstheoretische Perspektive auch den Rahmen direkter Begegnungen und fragt nach der *Situation*. Es kommt also zu einer weitergehenden „Dezentrierung" des individuellen Akteurs, indem die Analyse der beobachtbaren Beziehungen ausgehend vom Setting einer Begegnung her gedacht wird. Anders als in der sinnverstehenden Soziologie fragt Goffman aber nicht nach dem subjektiven Sinn, den die Akteure mit ihren Handlungen verbinden, sondern fokussiert nur die unter Anwesenden entstehende Form von Sozialität und deren besondere Regelhaftigkeit. Das beobachtbare Geschehen in direkten Begegnungen wird weder als Ergebnis individueller Handlungswahl und Entscheidungen verstanden noch als rein zufälliges Geschehen, sondern als Folge bestimmter sozialer Zwänge, die unter Anwesenden und im Zusammenspiel mit bestimmten situationellen Rahmenbedingungen zum Aufbau bestimmter sozialer Regelmäßigkeiten führen. Im Vordergrund steht dabei die Rekonstruktion der entstehenden Interaktionsordnung. Das Erkenntnisinteresse ist also eher deskriptiv ausgerichtet und beschäftigt sich nicht mit wertenden Fragen nach den Bedingungen für das Gelingen oder Misslingen von Interaktion. Entsprechend gilt praktisch alles beobachtbare Verhalten unter sich wechselseitig wahrnehmenden Anwesenden (mindestens) als (nicht-zentrierte) Interaktion.

Es lässt sich festhalten, dass die Interaktionstheorie zwar zu den Ansätzen des interpretativen Paradigmas gehört, mit ihrem Fokus auf die soziale Ordnung unter gleichzeitig Anwesenden aber ein sehr spezielles Interesse verfolgt. Anders als viele andere interpretative Theorieansätze, die in erster Linie versuchen, subjektive Sinnzuschreibungen zu rekonstruieren, stehen nicht die einzelnen Akteure, sondern die Wechselwirkungen zwischen ihnen im Mittelpunkt des Interesses.

3.3 Grundannahmen der Interaktionstheorie II: die Mikro-Makro-Unterscheidung

Die Vorstellung einer Sozialwelt, die sich in verschiedene Ebenen (z. B. Mikro, Meso und Makro) unterteilen lässt, ist eine in der Soziologie weit verbreitete analytische Unterscheidung, die zum einen zur *Sortierung von Theorieansätzen* je nach ihrem primären Erkenntnisgegenstand verwendet wird – also kleine oder große soziale Phänomene – und zum anderen als *Markierung des impliziten methodologischen Erklärungsmodells* – d. h. des jeweils mitgedachten Zusammenhangs zwischen individuellem Handeln und sozialen Strukturen. Beide Bedeutungsnuancen werden im Folgenden nacheinander kurz erläutert und von interaktionstheoretischen Perspektiven abgegrenzt (3.3.1). Im Anschluss werden ausgewählte methodologische Positionen der Interaktionstheorie vorgestellt, in denen verschiedene Autor:innen versucht haben, Interaktion in ein Mehrebenen-Modell einzuordnen (3.3.2).

3.3.1 Die zwei Bedeutungen der Mikro-Makro-Unterscheidung: Untersuchungsgegenstand und Erklärungswege

Je nach Untersuchungsgegenstand wird bisweilen die Vielzahl soziologischer Theorien in mikro- und makrosoziologische Ansätze unterschieden. Theorieansätze, die sich mit kleinteiligen Prozessen des alltäglichen Lebens beschäftigen – bspw. mit dem individuellen Handeln bzw. Entscheidungshandeln oder unseren Alltagsroutinen –, gelten als Mikro-Soziologie. Unter diesem Label werden nicht nur die meisten der Ansätze des interpretativen Paradigmas subsumiert (also u. a. der Symbolische Interaktionismus und die Sozialphänomenologie), sondern auch andere akteurszentrierte Handlungstheorien, wie z. B. Tausch- und Entscheidungstheorien. Makrosoziologische Ansätze beschäftigen sich dagegen mit überindividuellen sozialen Einheiten (wie der ganzen Gesellschaft, Nationen und Nationalstaaten), Ungleichheitsstrukturen und anderen, als groß wahrgenommenen Dingen, wie kulturellem Wandel und demografischen Übergängen. Beispiele für solche Makro-Theorien sind der Strukturalismus von Émile Durkheim, der Strukturfunktionalismus von Talcott Parsons sowie die Systemtheorie Niklas Luhmanns.[64]

Diese Unterscheidung scheint auf den ersten Blick relativ einfach und präzise, bei genauerer Betrachtung stellen sich aber doch einige Fragen: Was ist mit sozialen Phänomenen, die irgendwo zwischen Mikro und Makro liegen, also die sich auf mehr als ein Individuum beziehen, aber nicht auf die gesamte Gesellschaft? Dazu gehören z. B. Gruppen oder formale Organisationen. Ansätze mit entsprechenden Forschungsschwerpunkten werden entweder zu den makrosoziologischen Ansätzen gezählt oder als Theorien der Meso-Ebene beschrieben. Wo genau die Grenze zwischen Mikro, Meso und Makro liegt, ist aber unklar. Geht es bei dieser Abgrenzung um die Anzahl der beteiligten Personen – also Quantität – oder hat es vielleicht eher etwas mit den Besonderheiten – also der Qualität – sozialer Phänomene zu tun? Hier stellt sich die Frage, nach welchen Kriterien Ebenen des Sozialen voneinander unterschieden (und Phänomene entsprechend

64 Gerade für den Fall der Systemtheorie ist das Label Makrosoziologie allerdings nicht ganz korrekt, da sich Luhmann vor allem zu Beginn seiner Karriere sehr intensiv mit interaktionstheoretischen Fragestellungen beschäftigt hat. Außerdem beansprucht die Systemtheorie eine universale Anwendbarkeit für sich.

verortet) werden sowie in welchem Verhältnis diese Ebenen zueinander stehen. Das bleibt häufig unklar.

In der zweiten Lesart des Mikro-Makro-Problems geht es nicht um Unterschiede der Untersuchungsgegenstände, sondern um verschiedene *Erklärungswege soziologischer Theorieansätze*. Im Mittelpunkt steht dabei die Frage nach der Verbindung zwischen dem Handeln einzelner Personen und größeren sozialen Phänomenen. Bestehen solche Makro-Phänomene, wie z. B. die Gesellschaft oder ein Staat, letztlich nur aus der Summe aller in ihnen stattfindenden Mikro-Phänomene (bspw. Handlungen oder Kommunikationen in einem Staat) oder sind sie mehr als das? Besitzt die Gesellschaft als Ganzes – wie Durkheim meinte – eine „Realität sui generis" oder ist sie das Ergebnis einer Vielzahl einzelner Handlungen und Begegnungen? Bei diesem Verständnis von Mikro und Makro geht es also um die Unterstellung der Existenz verschiedener Realitätsebenen: „Mit ‚Makro' ist die Auffassung gemeint, dass die höhere Ebene eigenständige Gesetzmäßigkeiten aufweist, die ohne Rückführung auf die tiefere Ebene analysierbar sind." (Heintz 2004: 3) Diese Perspektive nennt man *methodologischer Kollektivismus/Holismus* und sie bezieht sich in erster Linie auf die mit dieser Annahme verbundene Erklärungsstrategie (siehe Abb. 2). Hier werden Makro-Strukturen als *emergente* Phänomene begriffen, d. h. als Phänomene auf einer übergeordneten Ebene, die sich nicht aus den Einheiten darunterliegender Ebenen ableiten lassen (vgl. Heintz 2004).

Etwas besser verständlich wird die Sache mit der Emergenz, wenn man sich das Verhältnis zwischen Individuen und Gesellschaft analog zur Beziehung von Gehirn und Bewusstsein vorstellt (vgl. ebd.). Lässt sich der menschliche Geist vollständig auf neurophysiologische Prozesse in unseren Gehirnen zurückführen oder sind Gedanken und Gefühle doch mehr als diese kleinen grauen Zellen und besitzen eine Art Eigenleben? Gehirne und Nervenzellen sind zwar die Voraussetzung dafür, dass Gedanken entstehen können, aber einmal in der Welt sind sie etwas anderes und können auch ohne Gehirn und Nerven weiterbestehen. So ähnlich stellte sich Émile Durkheim das auch für das Verhältnis von Gesellschaft und dem einzelnen Menschen vor: Demnach ist auch die Gesellschaft „nicht bloß eine Summe von Individuen" (Durkheim 1901/1984: 187), sondern durch die Verbindungen und Beziehungen zwischen den Menschen entstehe etwas Neues, ein kollektives Ganzes, das letztlich nicht mehr zurückführbar sei auf die Handlungen Einzelner (vgl. ebd.).

Entsprechend folgerte Durkheim, dass man Soziales auch nur durch Soziales erklären könne und es sinnlos sei, zur Erklärung sozialer Tatbestände das Handeln Einzelner zu untersuchen (vgl. ebd.: 185 ff.). Die Analyse und Erklärung sozialer Phänomene erfolgt in diesem Modell also ausschließlich auf der Makroebene: So z. B. wenn Durkheim die höhere Selbstmordrate von Protestant:innen mit Verweis auf die Integrationskrisen moderner individualistisch ausgerichteter Gesellschaften erklärt (vgl. Durkheim 1897/1983). Einen Zusammenhang zwischen der Makro- und der Mikroebene gibt es in diesem Modell nur in Bezug auf den Einfluss sozialer Strukturen (z. B. in Form gesellschaftlicher Normen) auf das individuelle Handeln. Genau diese Wirkung auf den/die Einzelne:n beschreibt Durkheim (1901/1984: 115) am Beispiel der sog. sozialen resp. soziologischen Tatbestände (*fait social*), die ähnlich dem normativen Rollenbegriff eine „festgelegte Art des Handelns" implizieren und „auf den Einzelnen einen äußeren Zwang" ausüben. Demnach sind sie auch kein „Erzeugnis unseres Willens", sondern bestimmen unser Handeln von außen her: „[S]ie bestehen gewissermaßen aus Gußformen, in die wir unsere Handlungen gießen müssen." (ebd.: 125 f.)

Abbildung 2: Erklärungsschema des methodologischen Kollektivismus/Holismus

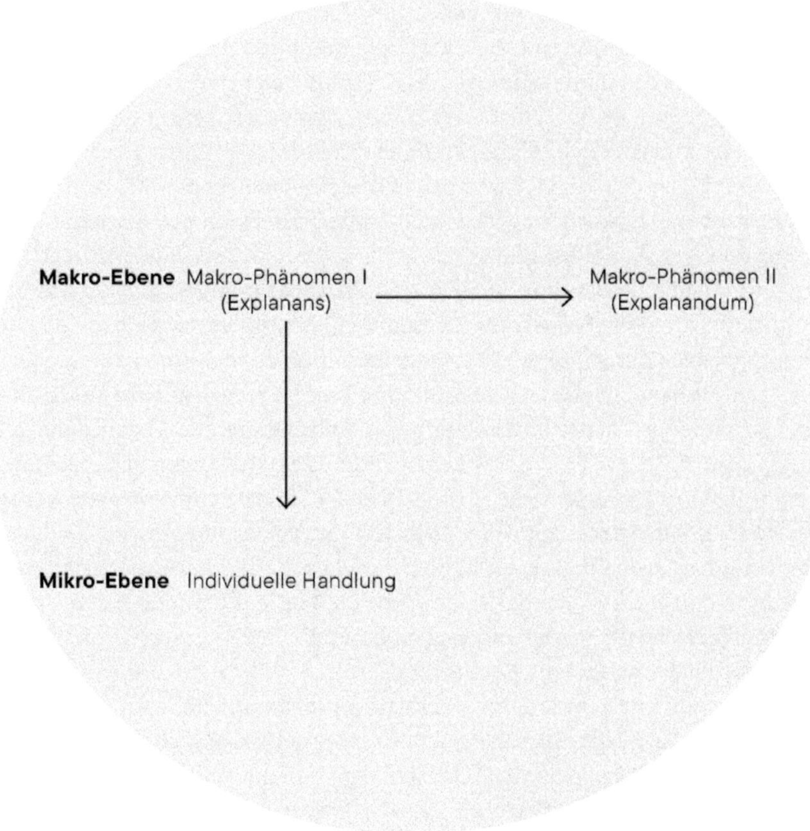

Die Gegenposition zu einem solchen emergenztheoretischen Erklärungsweg nennt man *methodologischer Individualismus*. Auch hier wird zwischen einer Mikro- und einer Makro-Ebene unterschieden. Anders als beim methodologischen

Kollektivismus gehen Theorien des methodologischen Individualismus aber davon aus, dass sich Makro-Phänomene[65] aus individuellem Handeln ableiten und erklären lassen. Einer solchen reduktionistischen Perspektive zufolge besteht Gesellschaft aus nichts anderem als der Summe der individuellen Handlungen ihrer Mitglieder und ihrer sozialen Beziehungen. Gleichzeitig prägen bestehende soziale Strukturen aber auch die Handlungsbedingungen jedes Einzelnen. Insofern gibt es in diesem Erklärungsmodell zwei Verbindungen zwischen der Makro- und der Mikro-Ebene, die für eine vollständige Erklärung sozialer Phänomene benötigt werden. Dieses individualistische bzw. „atomistische" (Schulz-Schaeffer 2014) Erklärungsmodell kennen viele Studierende vermutlich unter dem Namen „Colemansche Badewanne". Ursprünglich entwickelt wurde es aber von dem Sozialpsychologen David McClelland (1961), hat aber erst durch den US-amerikanischen Soziologen James Samuel Coleman (1986) als Makro-Mikro-Makro-Erklärungsschema Eingang in die Soziologie gefunden. Im deutschsprachigen Diskurs wurde es durch die Arbeiten von Hartmut Esser (1993) verbreitet. Dieses Erklärungsmodell wird vor allem von Handlungstheoretiker:innen verwendet, wie z. B. in den Ansätzen der Rational Choice Theorie.

Das zu erklärende soziale Phänomen in diesem Badewannen-Modell liegt auf der Makro-Ebene, wird aber nicht wie im Modell des methodologischen Kollektivismus durch soziale Phänomene auf dieser Ebene erklärt, sondern zurückgeführt auf individuelle Handlungsentscheidungen auf der Mikro-Ebene. Das passiert mithilfe sog. Brückengesetze. Diese beschreiben makrostrukturelle Randbedingungen als Kontext für die Situationsdefinition der einzelnen Akteure (Brückenhypothese bzw. „Logik der Situation", vgl. Esser 1996: 94). Auf der Mikro-Ebene treffen dann die Akteure ihre individuellen Entscheidungen („Logik der Selektion", vgl. Esser 1996: 94 ff.), die sie in entsprechende Handlungen umsetzen, welche anschließend aggregiert und in ein Makro-Phänomen transformiert werden (Aggregationsregeln bzw. „Logik der Aggregation", vgl. ebd.: 96 ff.).

Möchte man also ein Makro-Phänomen, wie z. B. den Rückgang der Fertilitätsraten in den Industrieländern des Globalen Nordens seit den 1960er Jahren aus der Perspektive des methodologischen Individualismus erklären, dann funktioniert das nicht direkt mit Verweis auf andere Makro-Phänomene wie den Anstieg des Wohlstands in dieser Zeit oder die zunehmend höheren Bildungsabschlüsse von Frauen (vgl. Esser 1996: 291 ff.). Stattdessen braucht man Brückenhypothesen, mit deren Hilfe diese Makro-Phänomene (Wohlstandssteigerung, Wertewandel, höhere Bildungsabschlüsse von Frauen etc.) als Rahmenbedingungen für die Wahrnehmung und Entscheidungen *Einzelner* gedeutet werden: Weil z. B. die Alterssicherung nicht mehr über (möglichst viele) Kinder geregelt wird,

65 Inwiefern es sich bei solchen Makro-Phänomenen um emergente Phänomene und damit auch eine andere Realitätsebene handelt, ist umstritten und variiert je nach Theorie (vgl. dazu Heintz 2004: 17 ff.).

Abbildung 3: Erklärungsschema des methodologischen Individualismus (Colemansche Badewanne)

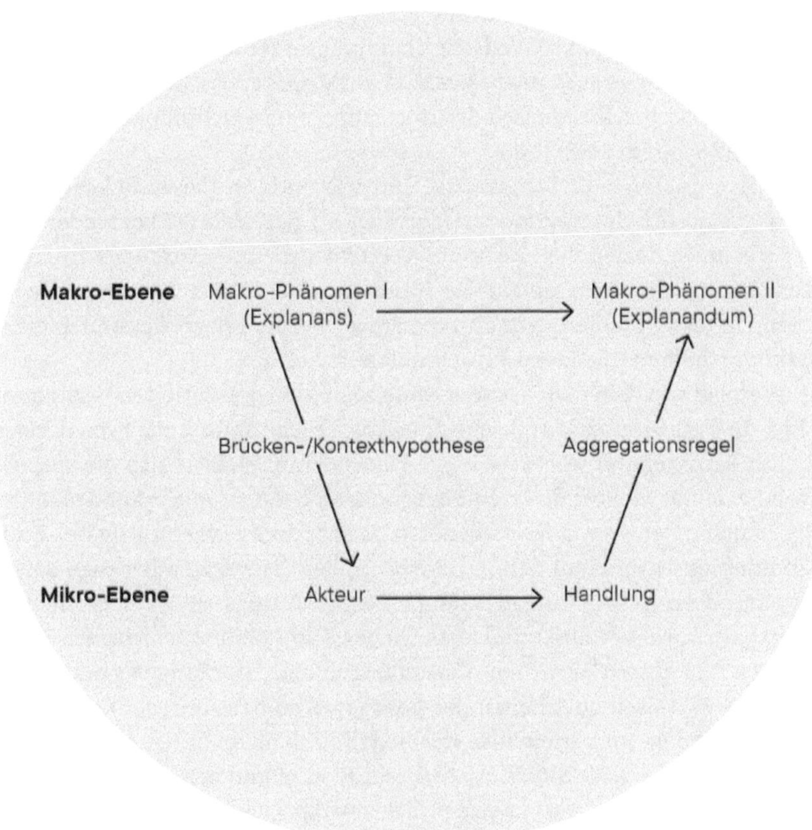

weil immer mehr Menschen sich primär selbst verwirklichen wollen, weil Frauen immer höhere Bildungsabschlüsse und dadurch bessere Erwerbschancen haben und weil mit der Erfindung der Anti-Baby-Pille ein zuverlässiges und durch die Frauen selbst anwendbares Verhütungsmittel zur Verfügung steht, entscheiden sich immer weniger Menschen fürs Kinderkriegen.[66] Die veränderten Lebensumstände wirken auf die Deutung der eigenen Situation und beeinflussen so auch das Handeln jedes/r Einzelnen. Dieses Erklärungsmodell unterstellt al-

66 Die Argumentation ist hier stark verkürzt wiedergegeben. U. a. wird hier der handlungstheoretische Kern (d. h. Essers „Logik der Selektion") nicht erläutert. Eine ausführliche Ausführung dieses Beispiels kann man bei Esser (1996: 308 ff.) nachlesen.

so, dass Geburtenraten das Ergebnis einer Aneinanderreihung individueller Entscheidungen sind.[67]

Soziale Phänomene werden im methodologischen Individualismus also zurückgeführt auf und erklärt durch die Handlungsentscheidungen Einzelner. Es handelt sich um ein akteurszentriertes bzw. anthropozentrisches Erklärungsmodell, in dem der einzelne Mensch der „Ausgangs- und Fluchtpunkt" der Analyse ist (Scheffer / Schmidt 2019: 155).

Wie aber passen nun Face-to-Face Interaktionen in dieses Mikro-Makro-Schema? Lässt sich Interaktion auf der Mikro-, der Makro-Ebene oder doch besser irgendwo dazwischen verorten? Versteht man Interaktion als emergentes Phänomen oder kann sie auf die Handlungen einzelner Akteure reduziert werden? Damit verbunden stellt sich die Frage, welche Erklärungsstrategie eine interaktionstheoretische Perspektive impliziert.

Ausgehend von dem in den ersten beiden Kapiteln präsentierten Verständnis von Face-to-Face Interaktion (gleichzeitige körperliche Anwesenheit von mindestens zwei Personen mit wechselseitiger Wahrnehmung), lässt sich die spezielle Art von Sozialität, die bei direkten Begegnungen entsteht, nicht auf das individuelle Handeln der Beteiligten reduzieren. Wie bereits erwähnt, liegt der Fokus der Interaktionstheorie auf dem Dazwischen, den „*interacts* rather than acts as the crucial observables of human conduct" (Knorr-Cetina 1981: 10; Hervorhebung im Original). Ausgangspunkt und analytischer Fokus sind also nicht der einzelne Mensch und dessen Absichten, Einstellungen und Handlungen, sondern das besondere wechselseitige Aufeinander-bezogen-Sein bzw. die sog. Reziprozität unter Anwesenden. Im Mittelpunkt stehen demnach nicht die beteiligten Individuen, sondern die soziale Situation. In dieser Hinsicht unterscheidet sich die interaktionstheoretische Perspektive deutlich von den theoretischen Ansätzen des methodologischen Individualismus. Während akteurszentrierte Theorien davon ausgehen, dass Individuen stabile Einheiten sind, auf die sich Handlungen einfach und kausal zurechnen lassen, kommen in der Interaktionstheorie eher *Personen* vor. Das sind keine natur-gegebene Einheiten, sondern Ergebnisse sozial voraussetzungsvoller Konstruktionsprozesse von mindestens zwei Beteiligten.

Der Status als Person entsteht erst in der Interaktion durch das Wechselspiel zwischen der eigenen Darstellung und der Zuschreibung anderer Anwesender. Zur Anerkennung als vollwertige Person und Interaktionsteilnehmer:in reicht die bloße Anwesenheit eines körperlichen Organismus nicht aus. Außerdem widerspricht die Vorstellung von Einheitlichkeit und Stabilität, die mit dem handlungstheoretischen Akteursbegriff verbunden ist (vgl. Kap. 3.1), der in der Interaktionstheorie beschriebenen Fragmentierung und Kontextabhängigkeit von Personen und den von ihnen erzeugten Eindrücken. So beschäftigen sich viele interakti-

67 Eine alternative, interaktionstheoretische Erklärung des Kinderkriegens findet sich im Kasten "Wie erklärt man Kinderkriegen?" auf S. 146.

onssoziologische Konzepte mit den Besonderheiten sozialer Situationen und der Möglichkeit, je nach Publikum sehr unterschiedliche (z. B. auch widersprüchliche) Images von sich zu erzeugen. Die Vorstellung eines über Situations- und Publikumsgrenzen hinweg einheitlichen oder sogar wahren Selbst hielt Goffman für eine Fiktion:

> „In unserer Gesellschaft werden die Rollen, die man spielt, und das Selbst, das man ist, in einer gewissen Weise gleichgesetzt, und diese Selbst-als-Rolle wird meist als etwas gesehen, das im Körper seines Besitzers zu Hause ist, besonders in den oberen Teilen desselben, also sozusagen als ein Knoten in der Psychobiologie der Persönlichkeit. Ich behaupte, dieser Standpunkt sei ein implizierter Bestandteil dessen, was wir alle darstellen wollen, liefere aber gerade deshalb eine schlechte Analyse der Darstellung. In dieser Arbeit wurde das dargestellte Selbst als eine Art von Bild, meistens ein glaubwürdiges Bild, gesehen, das durch die Bemühungen des Darstellers auf der Bühne und in seiner Rolle den anderen nahegebracht wird. Insofern man dieses Bild von dem einzelnen gemacht und ihm somit ein Selbst zugeschrieben hat, entspringt dieses Selbst nicht seinem Besitzer, sondern der Gesamtszene seiner Handlungen, und wird von den Merkmalen lokaler Ereignisse erzeugt, die sie für Beobachter interpretierbar machen. Eine richtig inszenierte und gespielte Szene veranlaßt das Publikum, der dargestellten Rolle ein Selbst zuzuschreiben, aber dieses zugeschriebene Selbst ist ein Produkt einer erfolgreichen Szene, und nicht ihre Ursache. Das Selbst als dargestellte Rolle ist also kein organisches Ding, das einen spezifischen Ort hat und dessen Schicksal es ist, geboren zu werden, zu reifen und zu sterben; es ist eine dramatische Wirkung, die sich aus einer dargestellten Szene entfaltet, und der springende Punkt, die entscheidende Frage, ist, ob es glaubwürdig oder unglaubwürdig ist." (Goffman 1983a: 230 f.)

Es ist also nicht unser angeblich wahres Selbst, das wir versuchen, in direkten Begegnungen zum Ausdruck zu bringen, sondern dieses Selbst wird erst innerhalb sozialer Situationen im Wechselspiel mit anderen Interaktionsteilnehmer:innen hergestellt und u. a. in verschiedenen Rollen inszeniert. Das Selbst ändert sich je nach Situation, Rolle und/oder Publikum. Personen sind demnach nicht etwa die Essenz oder der soziologisch relevante Teil eines Menschen, sondern werden erst in sozialen Situationen dargestellt und zugeschrieben (vgl. Knorr-Cetina 1988: 25). Das wiederum geschieht nicht notwendigerweise so, wie sich die Interaktionsteilnehmer:innen das vorgenommen oder beabsichtigt haben. Stattdessen haben direkte Begegnungen eine gewisse Eigenlogik und folgen ihren eigenen Regeln, sodass trotz detaillierter Planung und entgegen allen guten Absichten Interaktionen manchmal auch ganz anders verlaufen als gedacht (vgl. Kap. 2.6). Und da soziale Interaktionen sich nicht auf individuelles Handeln reduzieren oder aus den Merkmalen ihrer Teilnehmer:innen ableiten lassen, sondern eine *Realität sui generis* besitzen, lassen sie sich als emergente Phänomene beschreiben (vgl. Knorr-Cetina 1988: 27). Mit anderen Worten: In Interaktionen emergiert „das Soziale [...] zwischen den Individuen" (Scheffer / Schmidt 2019: 156).

Wie erklärt man Kinderkriegen? Ergebnis individueller Handlungsentscheidungen oder Produkt paardynamischer und kontextabhängiger Interaktionen von Personen und ihren Körpern?

Illustrieren lassen sich Emergenz und Eigenlogik sozialer Interaktionen anschaulich am Beispiel der Familiengründung. Wie bereits im Zusammenhang mit Fertilitätsraten erwähnt, wird Kinderkriegen in demografischen Analysen (z. B. der Fertilitätsforschung oder Familiensoziologie) üblicherweise unter Zugrundelegung des Modells des methodologischen Individualismus erklärt: nämlich als Ergebnis individueller Entscheidungen und daraus folgender Handlungen. Da es zum Kinderkriegen aber in der Regel mindestens zwei Menschen braucht und das Ganze auch etwas mit gleichzeitiger körperlicher Anwesenheit zu tun hat, stellt sich die Frage, ob eine interaktionstheoretische Perspektive hier vielleicht bessere Erklärungen liefern kann als ein rein individualistisch ausgerichtetes Erklärungsmodell.[68]

Genau das haben sich auch Birgit Heimerl und Peter Hofmann (2016) gefragt und sich genauer angeschaut, wie Paare eigentlich Kinder kriegen bzw. wie aus Paaren Eltern werden. Dazu muss man zunächst verstehen, warum eine auf individuelles Entscheidungshandeln ausgerichtete Modellierung nur begrenzt hilfreich ist, um die sozialen Prozesse zu verstehen, die in der Geburt eines Kindes resultieren (vgl. Burkart 1994). Einem solchen individualistischen Erklärungsmodell zufolge besteht Kinderkriegen aus einer Reihe verschiedener Einzelentscheidungen, die in standardisierten Befragungen relativ leicht erhoben und später aggregiert werden können: Dazu gehören u. a. die Fragen nach der generellen Fertilitätsintention (ob überhaupt ein Kinderwunsch besteht), der geplanten Anzahl, ob und wie man verhütet, ob eine Schwangerschaft geplant ist oder ob eine bestehende Schwangerschaft beendet werden soll. Problematisch an dieser Art von Fertilitätsforschung ist jedoch, dass die von den Befragten genannten Absichten nur wenig mit ihrem tatsächlichen Verhalten zu tun haben: So gibt es z. B. große Abweichungen zwischen der beabsichtigten und der verwirklichten Kinderzahl. Menschen bekommen Kinder, obwohl sie andere Pläne hatten, verhütet haben und freuen sich trotzdem darüber. Außerdem gibt es immer noch eine stabil hohe Anzahl nicht geplanter und ungewollter Schwangerschaften. Die Erklärung von Fertilitätsraten (und deren Veränderungen) durch Rückgriff auf die Handlungsabsichten einzelner Akteure hilft also nicht dabei zu verstehen, wann, warum oder wie Menschen zu ihren Kindern kommen, sondern scheint letztlich eher der Notwendigkeit zu entspringen, dass man ein möglichst einfaches und gut operationalisierbares Modell als Grundlage für die quantitative Datenerhebung benötigt:

„Der damit verbundene methodologische Individualismus verfehlt die soziale Dimension des Gegenstands, weil er die in Paarbeziehungen stattfindenden kommunikativen Konstrukti-

---

68 Auch wenn es mittlerweile die technischen Möglichkeiten für eine künstliche Befruchtung gibt, bei der die biologischen Eltern weder anwesend sein noch sich je begegnen müssen, geht es im Folgenden um den wesentlich häufiger vorkommenden Zeugungsakt unter Anwesenden.

onsprozesse empirisch gar nicht erfasst. Problematisch ist, dass die Fertilitätsforschung mit dieser Konzeption implizit jene Ansprüche, die sie an ihre theoretischen Modelle stellt (Einfachheit, Linearität, Konsistenz, Zurechenbarkeit etc.) auf das Phänomen selbst projiziert: Kinderkriegen wird zu einem vernunftgeleiteten (rationalen) Entscheidungsverhalten gemacht." (Heimerl/Hofmann 2016: 415)

Die hier geäußerte Kritik bezieht sich vor allem auf zwei Merkmale dieses individualistischen Erklärungsansatzes: *Erstens* werden durch die Fokussierung auf die Einstellungen der Befragten und die Unterstellung daraus resultierender Handlungsselektionen zwar äußere Randbedingungen (wie z. B. materielle Ressourcen, Zufriedenheit mit der Paarbeziehung, etc.) erfasst, der unmittelbare soziale Kontext des Kinderkriegens bleibt aber unberücksichtigt, wie bspw. die sozialen Situationen, in denen Partner:innen über die Kinderfrage sprechen bzw. entsprechende Wünsche gemeinsam entstehen lassen oder einander zuschreiben. Tatsächlich scheint der Kinderwunsch sich kaum de-kontextualisieren zu lassen: Er ist nicht konstant, sondern hängt in hohem Maße von der/m aktuellen Partner:in und den jeweiligen Lebensumständen ab.

Zweitens macht die ausschließliche Konzentration auf die Intentionen der Akteure es sehr schwer, den Beitrag der Körper der Beteiligten in die Analyse einzubeziehen. Soziologische Studien zu Schwangerschaft und Geburt belegen, dass Schwangerschaften eher selten das Ergebnis vorausgegangener dezidierter (und noch dazu separater) Entscheidungen beider Partner:innen sind, die dann nur noch umgesetzt werden. Stattdessen wird viel häufiger erst dann entschieden, wenn es schon passiert ist, wenn also eine Schwangerschaft unbeabsichtigt eingetreten ist. Entsprechende Fälle beschreibt auch Burkart (1994), so z. B. ein Paar, das erklärt, der erste Sohn sei „ne Durchfallquote vom Verhütungsmittel" (ebd.: 291 ff.), den man dann halt bekommen habe, obwohl man eigentlich (noch) keine Kinder gewollt habe (vgl. Burkart 1996: 33). Eine ebenfalls häufig beobachtbare Praxis des Kinder-*kriegens* – wie der Begriff bereits insinuiert – ist es, die Handlungsmacht (*agency*) an den eigenen Körper zu delegieren, „im Sinne eines ‚Geschehenlassens'" (Hirschauer et al. 2014: 39). So berichtet eine Frau, dass sie irgendwann die Pille weggelassen habe, das aber für sie nicht gleichbedeutend gewesen sei mit einer expliziten Entscheidung für eine Schwangerschaft (vgl. Heimerl/Hofmann 2016: 420 f.). Stattdessen hätten die Partner dann bei jedem Intimkontakt – der ja immer auch eine direkte Interaktion ist – die Verhütungsfrage thematisiert. Nach und nach sei das tatsächliche Zustandekommen einer Schwangerschaft dann den beteiligten Körpern überlassen worden (vgl. Heimerl/Hofmann 2016: 421). Die Körper partizipieren also auf ihre eigene unberechenbare Art und Weise am Geschehen und nehmen in der Regel wenig Rücksicht auf die Entscheidungen und Erwartungen ihrer Besitzer:innen, sodass die Akteure ihnen ein Stück weit ausgeliefert sind. In einigen Fällen entstehen Schwangerschaften, ohne dass einer der Beteiligten das möchte, und in anderen Fällen tritt trotz wiederholter Versuche und dem großen Wunsch danach keine Schwangerschaft ein. Wie frustrierend diese Unberechenbarkeit der Körper und ihre Unabhängigkeit von den Entscheidungen der Akteure ist, beschreibt eine der betroffenen Frauen, deren Erwartung schwanger zu werden, immer wieder enttäuscht wurde:

„Du hast es ja so was von nicht in der Hand. Ich fühl mich so hilflos, ich kann nichts machen, ich bin echt ein Macher. Natürlich möchte ich so viel machen, wie ich kann. Es ist die einzige

Möglichkeit für mich, die Situation zu ändern, indem ich zum Arzt gehe, Hormone nehme, indem ich Sex habe, indem ich gucke, ob meine Eileiter durchlässig sind oder nicht. Was anderes kann man nicht machen. Das ist so unbefriedigend [...]. Man muss halt die Natur machen lassen, und das bin ich gar nicht gewohnt. Wenn mir meine Haare nicht gefallen, dann geh ich zum Friseur. [...] Ich kann alles ändern, aber das hat man nicht in der Hand, den Körper." (Heimerl/Hofmann 2016: 426)

Kinderkriegen ist also ein genuin interaktives Geschehen, das sich mit einem methodologisch-individualistischen Erklärungsmodell, das separate Entscheidungen einzelner Akteure rekonstruiert, nicht ausreichend erfassen lässt. Eine soziologische Analyse menschlicher Fortpflanzungsprozesse mithilfe einer interaktionstheoretischen Perspektive verspricht dagegen einen größeren Erkenntnisgewinn: Auf diese Weise lässt sich letztlich besser verstehen, was in den sozialen Situationen zwischen den beteiligten Personen und ihren Körpern eigentlich passiert, welche Erwartungen jeweils zugeschrieben werden und wie das alles schließlich in der Geburt von Kindern resultiert.

Literatur:

Burkart, Günter (1994): Die Entscheidung zur Elternschaft. Eine empirische Kritik von Individualisierungs- und Rational-Choice-Theorien. Stuttgart: Enke.

Burkart, Günter (1996): Grenzen biographischer Planbarkeit und die Entscheidung zur Elternschaft. In: Bundeszentrale für gesundheitliche Aufklärung (Hrsg.): Kontrazeption, Konzeption, Kinder oder keine. Dokumentation einer Expertentagung. Forschung und Praxis der Sexualaufklärung, Band 6. Köln, S. 27–50.

Heimerl, Birgit/Hofmann, Peter (2016): Wie konzipieren wir Kinderkriegen? Normativer Rationalismus versus empirische Praxisforschung. In: Zeitschrift für Soziologie 45, H. 6, S. 410–430.

3.3.2 Spielarten der Interaktionstheorie

Aus den genannten Gründen – Dezentrierung des Akteurs, Fokussierung sozialer Situationen und Betonung der Eigengesetzlichkeit bzw. Emergenz sozialer Interaktionen – ist es nicht möglich, die interaktionstheoretische Perspektive in der einfachen Mikro-Makro Dichotomie zu verorten.[69] Die Ebene der individuellen Handlungen aus dem Modell des methodologischen Individualismus gibt es aus Sicht der Interaktionstheorie gar nicht, deshalb macht es auch wenig Sinn, Interaktionen als eine Art Meso-Ebene in die Colemansche Badewanne einzuzeichnen (vgl. z. B. Esser 1996: 112 f.). Interaktionstheoretische Perspektiven gehen statt-

69 Auch wenn sich die selbstverständliche Denomination von Interaktionstheorie als Mikrosoziologie regelmäßig in den Lehrplänen des Soziologie-Grundstudiums finden lässt.

dessen von anderen Realitätsebenen und anderen Erklärungswegen aus als die bereits vorgestellten Positionen des methodologischen Individualismus und Kollektivismus. Karin Knorr-Cetina (1981; 1988) hat versucht, diese anderen Grundannahmen in einem Gegenentwurf zusammenzufassen: dem Modell des *methodologischen Situationalismus*. Die mit dem methodologischen Situationalismus verbundenen Grundannahmen sind jedoch nicht eindeutig, sondern variieren – wie so oft in der Soziologie – nach Autor:in (s. u.). Einig ist man sich nur darüber, dass es sich bei Interaktionen um eine emergente Ebene des Sozialen handelt, die sich nicht auf eine darunterliegende Ebene individuellen Handelns reduzieren lässt. In Bezug auf die Makro-Ebene gibt es allerdings unterschiedliche Vorstellungen darüber, ob es überhaupt eine entsprechende Realitätsebene gibt und wenn ja, in welchem Zusammenhang sie zur Interaktionsebene steht.

Im Folgenden werden nun vier ausgewählte interaktionstheoretische Positionen und deren jeweilige Grundannahmen bzgl. der Mikro-Makro-Unterscheidung und des zugrunde gelegten Erklärungsmodells vorgestellt: Das sind zunächst die Positionen von Erving Goffmans (1) und Niklas Luhmann (2), die relativ eng beieinander liegen, da beide an der Unterscheidung verschiedener Ebenen festhalten. Es folgen die Überlegungen von Karin Knorr-Cetina, die den Begriff des methodologischen Situationalismus geprägt hat (3). Abschließend wird noch die radikal empiristische Theorie verketteter Interaktionsrituale von Randall Collins präsentiert (4). Dieser Theorieansatz unterscheidet sich von den anderen Positionen dahingehend, dass er eine reduktionistische Perspektive vertritt und die Existenz einer Makroebene negiert. Die Auswahl dieser vier unterschiedlichen Positionen verdeutlicht die Spannweite möglicher methodologischer Grundannahmen innerhalb der Interaktionstheorie.

(1) Schnittstellen zwischen der Interaktionsordnung und der Sozialstruktur (Erving Goffman)

Goffman beschäftigte sich fast ausschließlich mit Face-to-Face Interaktionen und den dort geltenden Regeln. Der größte Teil seiner Forschungsarbeiten zielte darauf, einen Nachweis für die Autonomie der Interaktionsebene zu erbringen. Interaktionen stellen demnach eine emergente Ebene dar, die sich nicht auf die Handlungen der beteiligten Individuen reduzieren lassen. So erklärt Goffman in Anspielung auf Durkheim:

> „Man kann sagen, dass soziale Situationen – zumindest in unserer Gesellschaft – eine Realität *sui generis* darstellen, wie er [Durkheim; M.M.] zu sagen pflegte, und daher eine eigenständige Analyse verdienen und diese auch gerechtfertigt ist, so wie sie auch bei anderen Grundformen der sozialen Organisation angewendet wird." (Goffman 1964: 134; Hervorhebung im Original; eigene Übersetzung)

Jenseits dieser Mikroebene der sozialen Situationen gibt es Goffman zufolge aber durchaus so etwas wie „soziale Strukturen“ und „makroskopische Welten“ (Goffman 1994b: 72). Die seien der soziologischen Analyse aber nicht so zugänglich wie direkte Interaktionen, die aufgrund ihrer kürzeren Dauer und räumlichen Begrenztheit relativ einfach aufgezeichnet und untersucht werden könnten (vgl. ebd.: 77). Dennoch sei die Interaktionsebene nicht „irgendwie vorgängig oder konstitutiv für die Gestalt von makroskopischen Phänomenen“ (ebd.). Goffman wendet sich explizit gegen die Auffassung (z. B. von Randall Collins, siehe (4)), der zufolge es keine makrosoziologischen Phänomene gibt bzw. Gesellschaft nichts anderes sei als „ein periodisch in Erscheinung tretendes Kompositum von etwas [..], das letztlich auf die Wirklichkeit von Begegnungen zurückgeführt werden könne – also bloß eine Frage der Anhäufung und Extrapolation interaktiver Wirkungen“ (Goffman 1994b: 75).

Dennoch hat sich Goffman selbst nicht an der Analyse von Makro-Phänomenen beteiligt. Lediglich in seinem letzten Aufsatz, der Antrittsrede als Präsident der American Sociological Association (ASA) 1982, kam er auf die Frage nach dem Zusammenhang von Mikro- (im Sinne von Interaktion) und Makro-Ebene zu sprechen, beantwortete sie aber in gewohnt unsystematischer Art und Weise. Goffman ging demnach davon aus, dass die Interaktionsebene zwar einer gewissen Eigengesetzlichkeit unterliegt und damit relativ autonom ist, dass es aber trotzdem so etwas wie eine „lose Kopplung“ zur gesellschaftlichen Makro-Ebene gibt (ebd.: 85). Er illustriert das mit insgesamt sechs Typen potenzieller „Schnittstellen“ zwischen den beiden Ebenen (vgl. Abb. 4), an denen jeweils Übertragungen in die eine oder andere Richtung – also entweder von Mikro nach Makro oder von Makro nach Mikro – stattfinden könnten, aber keineswegs müssten. Wie genau das passiert oder nicht und unter welchen Bedingungen es zu einer Übertragung kommt, erklärte er aber nicht.

Bei den ersten drei der genannten Schnittstellen geht es primär um die möglichen unmittelbaren Auswirkungen sozialer Situationen auf die Strukturebene (vgl. Goffman 1994b: 72 ff.): Das betreffe *erstens* die Personenabhängigkeit von Organisationen. Werde z. B. der Firmenchef entführt oder versterbe, habe das unmittelbare Folgen für das Unternehmen und könne sogar dessen Fortbestand gefährden. Ein weiterer regelmäßiger Berührungspunkt der beiden Ebenen seien *zweitens* die Arbeitsprozesse innerhalb großer Organisationen oder auch in Nationalstaaten, die häufig in Form direkter Interaktionen stattfinden und unmittelbar strukturbildend sein könnten, bspw. Vorstandssitzungen oder Bundestagssitzungen, auf denen folgenreiche Entscheidungen getroffen werden. Darüber hinaus gebe es *drittens* so etwas wie „Schlüsselsituationen“, d. h. direkte Begegnungen, die besonders „situationsanfällig“ seien und „über das weitere Schicksal von Leuten entscheiden“ würden (ebd.: 73 f.). So könne sich der Eindruck, den man in einem Vorstellungsgespräch mache, unmittelbar auf den gesamten weiteren Lebensverlauf auswirken. Dasselbe gilt auch für Kündigungen, Prüfungen oder

Heiratsanträge (vgl. Hirschauer 2014a: 112 f.). Diese drei Berührungspunkte zwischen Mikro- und Makroebene sind Beispiele für eine gewisse Durchlässigkeit der Ebenen von unten nach oben. Es geht allerdings weder um regelmäßige oder gar zwangsläufig ablaufende Prozesse noch um kausale Zusammenhänge. Stattdessen betonte Goffman, dass es sich lediglich um Möglichkeiten für Wirkungsübertragungen handele, die jedoch keinesfalls automatisch in jeder der genannten Situation realisiert würden.

Als *vierte* potenzielle Schnittstelle verweist Goffman (1994b: 78 ff.) auf Durkheim und dessen Vorstellung, dass die Gesellschaft bzw. alle Makro-Strukturen direkt auf soziale Situationen einwirkten (im Sinne einer Makrodetermination). Das würden sie u. a. in Form von Ritualen tun, die demnach als situative Repräsentationen größerer sozialer Strukturen verstanden werden: als standardisierte Abfolge von Handlungen, Kleidung, Gesten und angeordneten Körpern, durch die eine bestehende soziale Ordnung symbolisch dargestellt und auf diese Weise auch situativ erfahrbar werde. Man denke hier nur an die elaborierte Sitzordnung bei einer Krönungsfeier oder während eines Vorstandsmeetings. Rituale weisen über sich selbst hinaus und machen eine bestehende Ordnung für den/die Einzelne:n zugänglich. So kann man z. B. bei der Beobachtung von Massenritualen totalitärer Staaten (wie etwa bei den perfekt choreografierten und disziplinierten Aufmärschen beim NS-Reichsparteitag in Nürnberg) erkennen, wie der Einzelne im Volkskörper verschwindet (vgl. Frie 2007: 59; Kracauer 1977). Diese symbolisch-repräsentative Funktion von Ritualen hielt Goffman (1994b: 79 f.) jedoch für zu einseitig, denn Rituale spiegelten nicht nur bestimmte strukturelle Vorgaben, sondern hätten gleichzeitig auch selbst performative und damit strukturbildende Wirkung – also von der Mikro- zur Makroebene (vgl. auch Stollberg-Rilinger 2019: 11 ff.). Demnach repräsentierten die Inszenierungen auf den Reichsparteitagen in Nürnberg nicht nur die Struktur des NS-Regimes, sondern trugen auch selbst zur politischen Vormachtstellung bzw. dem Machterhalt der Nationalsozialisten bei. Rituale symbolisieren also größere soziale Strukturen und entfalten gleichzeitig selbst eine strukturbildende Wirkung. Sie bewirken letztlich das, was sie darstellen (vgl. ebd.: 12).

Goffmans (1994b: 82) Ritualbegriff lässt sich aber nicht nur auf große feierliche Festtags-Rituale beziehen, sondern vor allem auf die „kurzen, mechanischen Ausdruckshandlungen, die im Alltagsleben so häufig und sozusagen im Vorbeigehen stattfinden". Er versteht auch sie als potenzielle Schnittstelle zwischen der Mikro- und der Makroebene. Eine klare Wirkrichtung oder Kausalität sei dabei aber nicht vorgegeben:

> „Ein kleines soziales Ritual ist in keinem schlichten Sinne ‚ein Ausdruck *von*' strukturellen Anordnungen; es ist bestenfalls ein Ausdruck in dem Sinne, als es *mit Blick* auf diese Anordnungen erzeugt wird. Soziale Strukturen ‚determinieren' nicht kulturell standardisierte Darstellungsformen, sie helfen lediglich, aus einem verfügba-

Abbildung 4: Zwei-Ebenen-Modell nach Erving Goffman

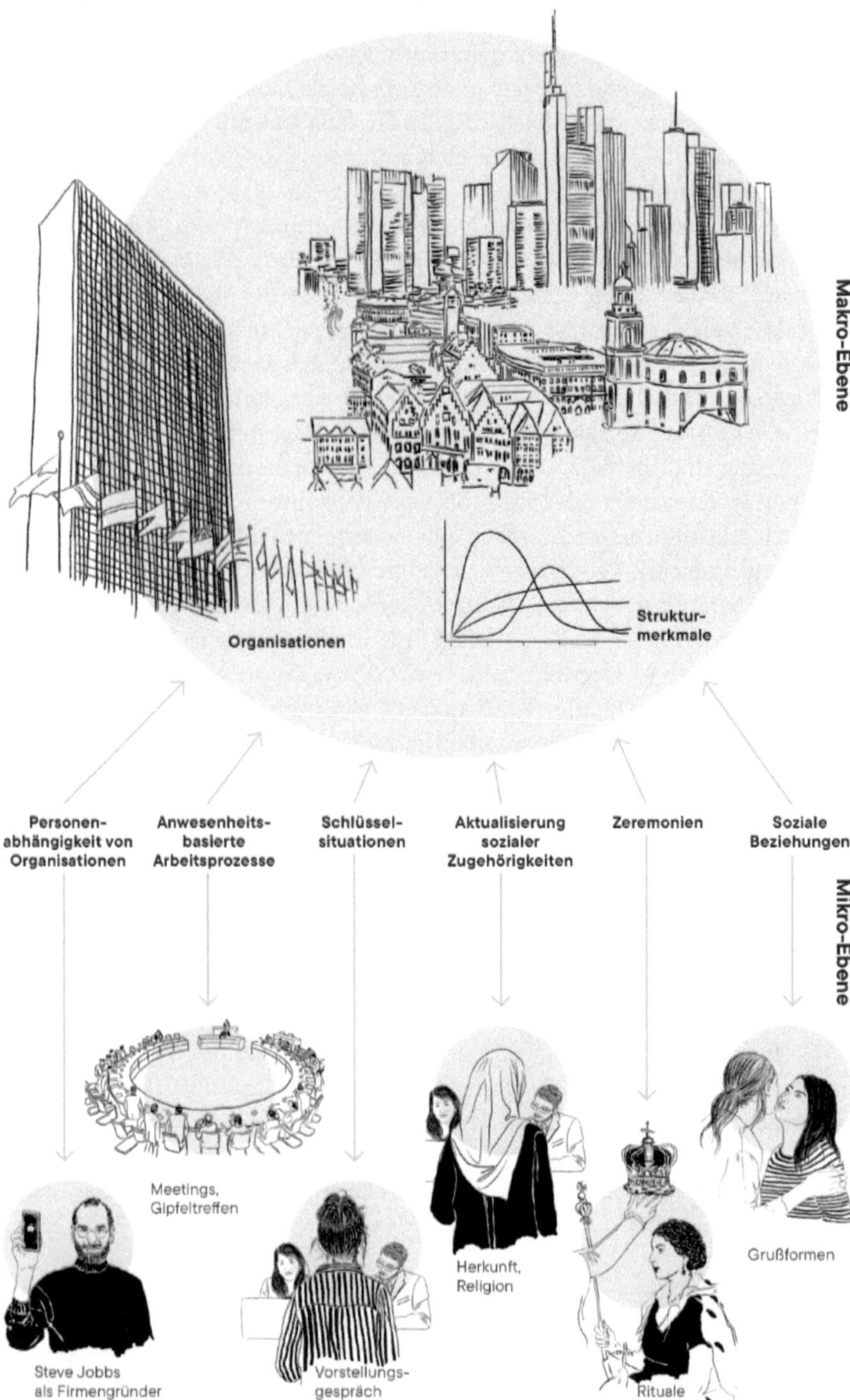

> ren Repertoire von Darstellungen auszuwählen. Die Darstellungsformen selbst [...] sind von Grund auf und im Kern interaktiv; sie können bestenfalls locker geknüpfte Beziehungen zu so etwas wie Sozialstrukturen haben, die mit ihnen in Verbindung gebracht werden könnten. Die Formen sind Zeichenträger, die aus dem situativ verfügbaren Darstellungsrepertoire hergestellt werden, und was sie ‚reflektieren' sollen, bleibt notwendigerweise eine offene Frage." (ebd.: 83; Hervorhebungen im Original)

Die *fünfte* von Goffman (1994b: 85 ff.) beschriebene Schnittstelle bezieht sich auf soziale Zugehörigkeiten von Personen, also z. B. Geschlecht, ethnische Herkunft, Klasse, Alter etc., und deren Bedeutung in direkten Begegnungen. Einige dieser klassischen Sozialstrukturmerkmale wirken sich sehr prägend auf soziale Situationen aus. Das gilt z. B. für vergeschlechtlichte Anredeformen und Namen. Aber selbst wenn Menschen sich gegenseitig diesen Zugehörigkeiten entsprechend kategorisieren, bedeutet das noch nicht automatisch, dass diese Differenzierungen auch den Ablauf einer Begegnung bestimmen oder überhaupt sozial relevant werden. In Interaktionen gilt zunächst einmal die Regel der Irrelevanz, der zufolge Eigenschaften der Teilnehmer:innen, deren Ursprung außerhalb der jeweiligen Situation liegen, in der aktuellen Situation keine Bedeutung haben (vgl. Kap. 2.6). Auch der Bundespräsident muss sich an der Supermarktkasse hinten anstellen und die Geschlechtszugehörigkeit kann in einer angeregten Diskussion unter Kolleg:innen in Vergessenheit geraten. Die Gesetze der Interaktion (bspw. in Dienstleistungstransaktionen) können also sozialstrukturelle Merkmale neutralisieren. Gleichzeitig können diese Merkmale in der Interaktion aber auch jederzeit wieder aktualisiert und relevant gesetzt werden, etwa wenn in der eben erwähnten angeregten Diskussion die Position einer Teilnehmerin auf ihre Erfahrungen als Mutter und nicht auf Sachgründe zurückgeführt werden. „Makrostrukturen *können* also in Interaktionen reproduziert werden, müssen es aber nicht, denn Interaktionsverläufe bestimmen die Auswahl situativ relevanter Makrovariablen." (Hirschauer 2014a: 113; Hervorhebungen im Original)

Diese Schnittstelle belegt also erneut nur eine lose Kopplung zwischen Interaktions- und Strukturebene. Goffman (1994b: 87) weist außerdem darauf hin, dass die Strukturkategorien „in nahezu keinem Falle" mit den in Interaktionen verwendeten Personenkategorien übereinstimmen. Als Beispiel hierfür nennt er geschlechtsbezogene Höflichkeitsnormen (Tür öffnen, beim Tragen helfen etc.), die sich den Benimmbüchern zufolge zwar theoretisch auf alle Frauen und Männer beziehen, in der Alltagspraxis aber üblicherweise nur bei ganz bestimmten Typen von Frauen und Männern Anwendung finden. So darf man vermuten, dass es einen Zusammenhang gibt zwischen dem Alter und der Attraktivität einer Frau und der Anzahl der Hilfsangebote beim Tragen von Getränkekisten. Als weiteren Beleg für den nur vagen Zusammenhang von Mikro und Makro verweist Goffman auf den Zugang zu vorher verschlossenen öffentlichen Räumen, den sich Frauen und Schwarze erobert hätten, der aber lediglich mit geringfügigen Veränderungen ihrer Position in der Sozialstruktur einhergegangen sei (vgl. ebd.: 88).

Als *sechste* und letzte Schnittstelle nennt Goffman „soziale Beziehungen", die seiner Ansicht nach den „engsten Zusammenhang" zwischen Interaktion und Sozialstruktur aufweisen würden (Goffman 1994b: 90 ff.). Soziale Beziehungen entstehen zwar in sozialen Interaktionen, überdauern diese aber. Gleichzeitig benötigen zumindest manche Arten von Beziehungen hin und wieder direkte Begegnungen, um die Beziehung aufrechtzuerhalten. Die Art der Beziehung, die wir zu anderen Menschen haben, strukturiert im Fall einer direkten Begegnung außerdem das Geschehen: Manche Personen muss man z. B. nur kurz grüßen, wenn man sie trifft und anderen gegenüber ist man verpflichtet, sich auszutauschen und auf den neuesten Stand zu bringen. Die Reichweite der Nachwirkungen sozialer Beziehungen verdeutlicht Goffman (1994b: 90) mit dem Hinweis, dass eine einmal hergestellte Bekanntschaft prinzipiell als lebenslang betrachtet wird und zumindest mit der entsprechenden Verpflichtung zum Gruß verbunden ist.

Abschließend lässt sich festhalten, dass Goffman eine dualistische Position vertritt, in der er zwei mehr oder weniger autonome Ebenen voneinander unterscheidet (Interaktion und Makrostrukturen), die lediglich über einige Schnittstellen lose miteinander gekoppelt sind, sodass sowohl direkte Begegnungen unmittelbar strukturbildend wirken als auch soziale Makrostrukturen auf das Geschehen in Interaktionen durchschlagen können, aber nicht müssen. Die Beschreibungen der verschiedenen Schnittstellen und Übertragungsmöglichkeiten bleiben jedoch ungenau und anekdotisch.

(2) Interaktion, Organisation, Gesellschaft als alternative Ebenendifferenzierung (Niklas Luhmann)

Luhmanns (2005) Version der Ebenen-Unterscheidung bricht mit der dualistischen Mikro-Makro-Kontrastierung und ersetzt sie durch drei, prinzipiell gleichwertige, autonome Typen von Sozialsystemen: Interaktion, Organisation und Gesellschaft (vgl. Abb. 5). Mit Blick auf die erste Bedeutung der Mikro-Makro-Differenz (also die Unterscheidung nach der Größe bzw. Komplexität des Untersuchungsgegenstands) könnte man sagen, dass diese drei Ebenen in etwa der Unterteilung in Mikro, Meso, Makro entsprechen. Hinsichtlich der mit diesen Ebenen verbundenen Erklärungswege und methodologischen Grundannahmen (also der zweiten Bedeutung der Mikro-Makro-Unterscheidung) sind Luhmanns Ebenen aber konsequent emergenztheoretisch gedacht.

Zunächst aber muss man verstehen, dass der zentrale Untersuchungsgegenstand der soziologischen Systemtheorie Luhmanns soziale Systeme sind. Sie umfassen alle Formen von Sozialität. Die Systemtheorie hat den Anspruch, auf alle verschiedenen Formen von Sozialität anwendbar zu sein – also sowohl auf die kurzen oberflächlichen Kontakte zwischen Fremden als auch auf eheähnliche Langzeitbeziehungen, formale Organisationen, Staaten, soziale Felder oder die gesamte Weltgesellschaft. Die Gemeinsamkeit dieser verschiedenen sozialen Systeme besteht für die Systemtheorie darin, dass sie alle aus Kommunikationen bestehen (vgl. Luhmann 1987). Je nach den Bedingungen, unter denen diese Sozialität stattfindet (d. h. der Ebene, auf der soziale Systeme gebildet werden), gelten jedoch unterschiedliche Regeln: Sozialität (bzw. Kommunikation) unter Anwesenden funktioniert anders als in formalen Organisationen oder auf Gesellschaftsebene. Daher lässt sich auch keine Ebene auf die andere reduzieren bzw. aus ihr ableiten. Alle drei Ebenen werden als emergent beschrieben.

Abbildung 5: Ebenenunterscheidung nach Niklas Luhmann

Luhmann (2005: 10) zufolge findet diese Vielfältigkeit des Sozialen ihre Entsprechung in der soziologischen Forschung, die er in Interaktions-, Organisations- und Gesellschaftstheorien unterteilt. Mithilfe der Systemtheorie könne man diese drei Forschungsfelder zwar integrieren, aber es sei nicht (mehr) möglich, „das Ganze ganz zu erforschen" (ebd.). Dazu sei die Gesellschaft mittlerweile einfach zu komplex und die verschiedenen Theorieansätze jeweils nur in der Lage, bestimmte Ausschnitte der Wirklichkeit zu erfassen. Man brauche also das Zusammenspiel dieser drei, sich ergänzenden Perspektiven, um soziale Phänomene umfassend erklären zu können. Luhmann priorisiert dabei weder eine der drei Ebenen des Sozialen noch eines der dazugehörenden Forschungsfelder, sondern betrachtet sie als prinzipiell gleichwertig (vgl. ebd.: 15). Auf diese Weise versöhnt er Mikro- und Makrosoziologie miteinander.

Was genau ist aber nun damit gemeint, dass Sozialität in Interaktionen anders funktioniert (bzw. soziale Systeme nach anderen Regeln gebildet werden) als in Organisationen oder der Gesellschaft? Und in welchem Verhältnis stehen die drei Ebenen zueinander? Wie bereits erwähnt, ist die Grundeinheit von Sozialität in der Systemtheorie Kommunikation. Alle sozialen Systeme bestehen also aus Kommunikationen (vgl. Kap. 3.1.2). Die Bedingungen für das Zustandekommen von Kommunikation unterscheiden sich jedoch je nach Ebene: In Interaktionen entsteht Kommunikation bereits durch Anwesenheit und wechselseitige Wahrnehmung, in Organisationen ist dafür Mitgliedschaft notwendig, und auf Gesellschaftsebene bildet die Erreichbarkeit und die Verständlichkeit die Grenze für das Zustandekommen von Kommunikation. Die drei Ebenen unterliegen außerdem eigenen Regeln (*Eigengesetzlichkeit*), bilden also emergente Ordnungen, die das Ergebnis historischer Entwicklungen darstellen (vgl. Heintz 2004: 23 f.). Gleichzeitig sind sie aber stufenförmig aufgebaut, sodass die höheren Ebenen die tiefer liegenden zumindest teilweise beinhalten (*inklusive Hierarchie*). So können z. B. Interaktionen auch in Organisationen stattfinden, und Interaktionen sind ebenso wie Organisationen Teil der Gesellschaft, die das umfassendste Sozialsystem ist.

Die drei Ebenen sind also ineinander verschachtelt, lassen sich aber trotzdem nicht aufeinander reduzieren oder durch Rückgriff auf die tieferliegende Ebene erklären (*Irreduzibilität*). Entsprechend besteht die Gesellschaft nicht nur aus der Gesamtheit aller Interaktionen und Organisationen, und Interaktionen behalten auch in Organisationen ihre Autonomie und werden nicht durch die organisationalen Rahmenbedingungen, in denen sie stattfinden, determiniert. Denn wäre das so, würden alle Schulstunden oder Seminarsitzungen gleich ablaufen. Das tun sie aber nicht, was u. a. daran liegt, dass es sich um Interaktionen mit denen für sie typischen Unabwägbarkeiten handelt (vgl. Kap. 2.6).

Die drei Ebenen unterscheiden sich außerdem durch ihre unterschiedliche Komplexität: Das Gesellschaftssystem ist das komplexeste und umfasst in letzter Konsequenz die „den Erdball überspannende Weltgesellschaft" (Luhmann 2014: 22). Dagegen verfügen Interaktionssysteme über die geringste Komplexität und sind praktisch gar nicht in der Lage sich auszudifferenzieren. Luhmann illustriert diese unterschiedliche Komplexität am Beispiel der Konfliktfähigkeit: Demzufolge können Interaktionssysteme offene Konflikte nicht einfach „nebenherlaufen lassen, dazu sind sie nicht komplex genug. Sie haben nur die Wahl, Konflikte zu vermeiden oder Konflikte zu sein“ (Luhmann 1975/2005: 19). Im Gegensatz dazu sind formale Organisationen bereits komplex genug, um Konflikte (sozusagen nebenbei) aushalten zu können. Wenn die Abteilungsleiterin der Einordnung der Sekretärin in eine bestimmte Gehaltsgruppe widerspricht und formal Einspruch bei der Personalabteilung einlegt, dann ist das weder ein Problem für den Fortbestand der Organisation noch für die Mitgliedschaft der Abteilungsleiterin oder der Sekretärin.

Auf der Ebene der Weltgesellschaft besteht sogar eine noch höhere Konflikttoleranz, die vor allem durch die hohe Komplexität bzw. Möglichkeit zur Ausdifferenzierung erreicht wird (vgl. ebd.: 20). Die Konflikte werden in verschiedene sachliche Segmente unterteilt, die einander nicht notwendigerweise beeinflussen und auf diese Weise daran gehindert werden, sich immer weiter auszudehnen. Auch wenn man beruflich um Aufträge konkurriert, unterschiedliche politische Parteien wählt und an andere Gottheiten glaubt, kann man trotzdem gemeinsam zum Essen eingeladen werden oder beim Kindergartenfest zusammen Kuchen verkaufen.

Die von Luhmann beschriebene Ebenenunterscheidung ist nicht nur eine begriffliche Konstruktion, sondern Ergebnis einer jahrhundertelangen „soziokulturellen Evolution“ (Luhmann 2014: 18). Demzufolge haben die Ebenen mit zunehmender gesellschaftlicher Differenzierung zugenommen und sich immer weiter voneinander entfernt. Vor allem Interaktion und Gesellschaft hätten sich zunehmend voneinander entkoppelt: Während frühneuzeitliche Gesellschaften noch stark durch Anwesenheit und Interaktion geprägt gewesen seien (vgl. Schlögl 2008) und direkte Begegnungen zwischen Mitgliedern der Oberschicht unmittelbare Folgen für die Strukturbildung gehabt hätten, sei die heutige, primär funktional differenzierte (Welt-)Gesellschaft in sehr viel geringerem Maße auf direkte Begegnungen angewiesen. Interaktionen seien weniger folgenreich und Gesellschaften ließen sich nicht mehr durch Interaktionen kontrollieren (vgl. Luhmann 1997: 575 f.). Überhaupt scheine die „moderne Gesellschaft [..] gegen Interaktion im allgemeinen indifferenter und in spezifischen Hinsichten zugleich empfindlicher“ zu werden (ebd.: 579, FN 44). Interaktion ist demnach heutzutage sozial weniger folgenreich, gleichzeitig aber auch intensiver, z. B. in der Familie oder Partnerschaft. Auch sei es für die einzelne Interaktion „weniger relevant, in welchen anderen Interaktionszusammenhängen die Teilnehmer jeweils stehen“ (ebd.: 579) – oder man könnte auch sagen: welche sozialstrukturellen Merkmale sie mitbringen. Hier erkennt man, wie sehr die Luhmannsche These des „Auseinandertretens“ von Interaktion und Gesellschaft Goffmans „loser Kopplung“ der beiden Ebenen ähnelt.

Organisationen haben sich Luhmann zufolge als neuer eigenständiger Systemtypus moderner Gesellschaften erst in der jüngeren Vergangenheit etabliert und zeichnen sich vor allem dadurch aus, dass sie auf Mitgliedschaft basieren.[70] Das bedeutet, dass der Eintritt (ebenso wie der Austritt) an bestimmte Bedingungen geknüpft wird. Luhmann zieht hier also im Gegensatz zu Goffman eine Art mittlere Ebene ein. Da die Ebenenunterscheidung als Ergebnis historischer Prozesse konzipiert wurde, besteht auch kein Anspruch auf Vollständigkeit, und es ist denkbar, dass sich im Laufe der Zeit weitere autonome Ebenen etablieren. Vorschläge hierfür gab es bereits einige: z. B. zu Gruppen (vgl. Tyrell 1983) oder Netzwerken (vgl. Bommes/Tacke 2006).

Zusammenfassend lässt sich festhalten, dass die Luhmannsche Ebenendifferenzierung versucht, Sozialität in drei Typen zu unterscheiden. Alles in allem ist es eher eine forschungspragmatische Unterscheidung als ein Erklärungsmodell. Es verdeutlicht allerdings, dass vollständige soziologische Analysen soziale Wirklichkeit im besten Fall aus mehreren Perspektiven untersuchen sollten. Unklar bleibt jedoch, wie man mit sozialen Phänomenen umgeht, die in dieser Ebenenunterscheidung (noch) keinen systematischen Platz gefunden haben, wie z. B. Familien oder Geschlechtszugehörigkeit (vgl. Hirschauer 2014a: 116).

(3) Die Reorganisation der Mikro-Ebene (Karin Knorr-Cetina)

Karin Knorr-Cetina (1981; 1988) hat den Begriff des *methodologischen Situationalismus* eingeführt und ihn erstmals Anfang der 1980er Jahre verwendet. Sie reagierte damit auf die zunehmende Verbreitung und Prominenz mikrosoziologischer Ansätze, zu denen sie u. a. die Ethnomethodologie (Garfinkel), die Sozialphänomenologie (Schütz) und auch die Interaktionstheorie zählt. Diese sog. mikrosoziologische Revolution machte ihrer Ansicht nach eine Reorganisation der methodologischen Grundlagen und des Verhältnisses von Mikro- und Makro-Soziologie notwendig. Im Gegensatz zu den Ansätzen des methodologischen Individualismus seien nicht Individuen oder deren Merkmale die zentrale methodologische Analyseeinheit, sondern *soziale Situationen* (vgl. Knorr-Cetina 1981: 8 ff.). Hier knüpft Knorr-Cetina sowohl an den Pragmatismus und George Herbert Mead an als auch an Goffman und dessen Ansicht, dass soziale Situationen eine emergente Wirklichkeitsebene darstellen. Mit Verweis auf Mead erklärt sie, dass das Selbst und damit auch dessen Absichten und Motivationen nicht als individuelles, sondern eher als interaktives bzw. reziprokes Konzept zu verstehen sei: Demnach ist die Person selbst (ebenso wie ihre Absichten) ein Produkt vorangegangener Begegnungen und der Abwägung zwischen ihren eigenen Impulsen und den internali-

70 Im Fall der Organisation ist die Mitgliedschaft in der Regel freiwillig und kann auch wieder gekündigt werden. Es gibt natürlich auch Formen der Mitgliedschaft, die man sich nicht aussuchen kann (z. B. Geschlecht aber auch Familie) und die hier von Luhmann nicht berücksichtigt werden (vgl. dazu Kühl 2014).

sierten Erwartungen anderer. Entsprechend stehe auch nicht individuelles Handeln, sondern immer dessen Eingebettetsein in Interaktionen im Fokus. Mit Goffman geht sie davon aus, dass soziale Situationen eigenen Gesetzmäßigkeiten folgen, die sich weder aus den Handlungsabsichten einzelner Akteure noch deren Merkmalen ableiten lassen. Die Personen werden eher als eine Art Anhängsel der Situation gedacht.

> „Der methodologische Situationalismus […] stellt den methodologischen Individualismus wegen der vereinfachenden Annahme in Frage, dass der Ort sozialen Handelns der einzelne Mensch ist, und er stellt den methodologischen Kollektivismus wegen der ebenso vereinfachenden und vermutlich damit zusammenhängenden Annahme in Frage, dass Interviewantworten oder Daten in Form von Berichten und organisatorischen Aufzeichnungen direkte, gültige Quellen darstellen, die Rückschlüsse auf Makrophänomene zulassen würden. (Knorr-Cetina 1981: 15; eigene Übersetzung)

Die Reorganisation der methodologischen Grundlagen durch den methodologischen Situationalismus bezieht sich demzufolge also auch auf die Art der Datenerhebung. Kritisiert werden vor allem die quantitative Sozialforschung und ihre oberflächlichen, von ihrer situativen Entstehung entkoppelten Daten (vgl. ebd.: 14 f.).

Aus der Perspektive des methodologischen Situationalismus steht die Ebene der Situation im Fokus. Nun stellt sich die Frage, ob es überhaupt weitere Ebenen im Erklärungsmodell des Situationalismus gibt und wie diese zusammenhängen. Knorr-Cetina unterscheidet hier zwischen drei möglichen Positionen: der *radikal reduktionistischen*, der zufolge es gar keine eigenständige Makro-Ebene gibt und Makro-Phänomene vollständig durch die in Situationen beobachtbaren Verhaltensweisen erklärt werden, einer *moderat reduktionistischen*, die Makro-Phänomene als nicht-intendierte Folgen sozialer Situationen versteht, und einer *repräsentationistischen*, der zufolge Makro-Phänomene lediglich Repräsentationen sind, die in einer Abfolge von Situationen entstehen und auf die sich Teilnehmer:innen in Situationen beziehen (vgl. Knorr-Cetina 1988: 32 ff.).[71]

Der *radikal reduktionistischen Perspektive* zufolge, die u. a. Randall Collins (s. u.) vertritt, bestehen Makro-Phänomene aus nichts anderem als aggregierten und ständig wiederholten Ereignissen auf der Mikroebene. Demnach sind z. B. Klassenverhältnisse nichts anderes als zahlreiche unmittelbare Begegnungen und Ereignisse, in denen diejenigen, die über Produktionsmittel verfügen, diejenigen

71 Die Position Goffmans und dessen Vorstellung einer losen Kopplung zwischen Mikro- und Makroebene wird von Knorr-Cetina nicht berücksichtigt. In späteren Arbeiten erweitert sie dann aber Goffmans auf Anwesenheit festgelegten Interaktionsbegriff durch das Konzept der „synthetischen Situation“ und entkoppelt ihn von der gleichzeitigen Anwesenheit (vgl. dazu Kap. 4.1.2).

ausbeuten, die das nicht tun. Ein anderes Beispiel liefert soziale Mobilität, die dieser Perspektive zufolge nur die Summe von Situationen ist, in denen Lehrer:innen Entscheidungen über die weitere Schullaufbahn von Schüler:innen treffen. In dieser Spielart des methodologischen Situationalismus gibt es also gar keine eigenständige Makro-Ebene, sondern man geht davon aus, dass es sich einfach nur um zurückliegende direkte Begegnungen handelt.

Im Gegensatz dazu hat die *Hypothese der nicht-intendierten Folgen* keinen Zweifel an der ontologischen Existenz von Makro-Strukturen. Es gebe eine eigenständige Makro-Ebene, die zwar letztlich auch einmal durch menschliches Handeln entstanden sei, sich aber nicht vollständig durch soziale Situationen erklären ließe, da sie sowohl aus den intendierten als auch den nicht-intendierten Folgen verschiedener Situationen bestünde. Hier geht es also nicht um die bloße Aggregation von Mikro-Ereignissen, sondern eher um die Verknüpfung verschiedener sozialer Situationen (z. B. über Märkte) und deren komplexe (und für die unterschiedlichen Teilnehmer:innen nicht vorhersehbaren) Konsequenzen. Als Vertreter dieser Perspektive nennt Knorr-Cetina Anthony Giddens.

Die dritte Position versteht Makro-Phänomene als *Repräsentationen*, auf die Personen in sozialen Situationen referieren. Diese Perspektive wird z. B. von vielen Ethnomethodolog:innen vertreten wie Aaron Cicourel (1981) und auch Karin Knorr-Cetina selbst. Repräsentationen werden dabei als verdichtete und im kollektiven Wissen verankerten Konzepte von Makro-Phänomenen verstanden, die einzelne Situationen überdauern und sie miteinander verbinden. Sie werden zurückgeführt auf strukturierende Praktiken innerhalb von Situationen, z. B. in Form von Typisierungen. Sie existieren demnach nicht irgendwo außerhalb dieser Situationen auf einer eigenständigen übergeordneten Ebene, sondern gelten als Teil direkter Begegnungen, in denen sie jederzeit aufgerufen und aktualisiert werden können. Demnach gibt es in dieser Perspektive zwar keine ontologische Makro-Ebene, aber dennoch können die Repräsentationen von Makro-Gebilden wie Organisationen oder Staaten durchaus auch praktische Wirkungen haben, wenn sich die Teilnehmer:innen sozialer Situationen deren Wirklichkeitsgehalt gegenseitig bestätigen. Auf diese Weise können Phänomene wie der Staat dann auch in der Alltagspraxis symbolisch sichtbar gemacht werden (so z. B. auch Coulter 1996).

Die drei Positionen zeigen, dass die Idee des methodologischen Situationalismus von Anfang an keine einheitliche theoretische Position mit einheitlicher Methodologie war – weder in Bezug darauf, welche Ebenen unterschieden werden noch welches Erklärungsmodell zugrunde gelegt wird.[72] Dennoch lassen sich einige gemeinsame Merkmale der genannten Positionen erkennen: Die kleinste Einheit von Sozialität ist nicht das individuelle Handeln, sondern die reziproke

72 Deshalb war es hier auch nicht möglich, ein Schaubild zu erstellen.

Begegnung von mindestens zwei Personen. Daher gilt die Situations- oder Interaktionsebene als Mikroebene, die sich nicht weiter reduzieren lässt. Entsprechend wird gefordert, dass die Situiertheit des Handelns auch Berücksichtigung bei der Auswahl der Erhebungs- und Auswertungsmethoden finden solle.

Mittlerweile gibt es einige weitere Vorschläge für die Reorganisation der methodologischen Grundlagen situationistischer Ansätze. Dazu gehört z. B. der Vorschlag von Stefan Hirschauer (2014), nicht mehr nach der Verbindung zwischen Mikro und Makro zu fragen, sondern nur noch nach „Intersituativität", d. h. der Verbindung zwischen verschiedenen Situationen. Diese kann bspw. durch Medien erfolgen, aber auch durch Artefakte bzw. Objekte oder menschliche Körper. Diese Abwendung von einer hierarchischen Modellvorstellung verschiedener Ebenen des Sozialen hin zu einer flachen Welt ohne Mikro-Makro-Abstufungen vertritt auch Bruno Latour (2001).

(4) Die Verkettung von Interaktionsritualen: zur radikalen Mikrosoziologie von Randall Collins

Randall Collins radikal reduktionistischer Theorieansatz wurde bereits als eine der drei Positionen des methodologischen Situationalismus von Knorr-Cetina erwähnt. Er soll nun noch einmal etwas ausführlicher dargestellt werden, da Collins einer der wenigen Interaktionstheoretiker ist, der sich ausführlich mit der Frage des Mikro-Makro-Problems auseinandergesetzt hat, und darüber hinaus Sozialität unter Anwesenden nicht nur beschreibt, sondern auch eine Erklärung anbietet.

Im Zentrum stehen dabei rituelle Interaktionsketten, die durch ständige Wiederholungen größere Strukturen bilden (vgl. Collins 2004). Anders aber als dem methodologischen Individualismus geht es Collins nicht nur darum, Makro-Phänomene wie z. B. soziale Institutionen oder Organisationen durch ihre Reduktion auf aggregierte individuelle Handlungen zu erklären. Seiner Ansicht nach gibt es diese Makro-Phänomene nicht „wirklich", weil sie sich nicht direkt beobachten lassen. Collins vertritt also einen „radikalen Empirismus" (Heintz 2004: 15):

> „So zeigt sich zunächst in erkenntnistheoretischer Perspektive, daß strenggenommen so etwas wie ‚Staat', ‚Wirtschaft', ‚Kultur' oder ‚soziale Schicht' in der Wirklichkeit überhaupt nicht existiert. Dies sind bloß Ansammlungen von Individuen, die in bestimmten Mikrosituationen handeln – Ansammlungen, die kurzerhand auf einen Begriff gebracht werden." (Collins 2000: 103)

Als empirische Grundeinheit zur soziologischen Analyse sowohl aller Mikro- als auch Makro-Phänomene verwendet Collins Zeitintervalle (Sekunden bis Jahrhunderte) und den physischen Raum (vgl. Collins 2000: 102). Auf diese Weise wird der Unterschied zwischen Mikro und Makro gradualisiert, und alle Phänomene der Makroebene werden letztlich zu Erfahrungen und Projektionen innerhalb sozialer Situationen. Die handelnden Personen befinden sich in Collins Erklärungsmodell immer nur auf der Mikroebene: Indem viele von ihnen über längere Zeit hinweg bestimmte Verhaltensweisen oftmals wiederholen, entsteht der Eindruck der Existenz größerer Makro-Gebilde, wie z. B. Organisationen oder Staaten. Dabei stellen die einzelnen Personen in den Situationen selbst diese Bezüge auf Makro-Phänomene her, die auf diese Weise durchaus auch eine Wirkung ausüben. Letztlich geht Collins aber davon aus, dass sich „[a]lle Erscheinungsweisen von Makrostrukturen oder -ereignissen [..] in die Form der Aggregation von Mikroereignissen übersetzen" lassen (ebd.: 105).

Collins verdeutlicht sein Modell in Form einer Raum-Zeit-Tabelle (vgl. Abb. 6) mit den bereits genannten Variablen (physischer Raum, zeitliche Dauer und Anzahl der beteiligten Personen; vgl. Collins 2000: 105). Die tatsächlich empirisch beobachtbaren und erfahrbaren Situationen im Hier und Jetzt befinden sich in dieser Raum-Zeit-Tabelle oben links, während die Phänomene weiter rechts analytische Konstrukte sind, die dadurch erzeugt werden, dass viele Individuen immer wieder an sie denken und sich in ihrem Handeln auf sie beziehen. Dadurch entstehen komplexe Verkettungen von Handlungen und es werden zeitlich und räumlich auseinanderliegende Situationen miteinander verbunden, so z. B., wenn man behauptet, dass die soziale Herkunft relevant für den Habitus einer Person sei.

Auch wenn Collins in seinen Überlegungen tatsächlich bis auf die Ebene des individuellen Akteurs zurückgeht, ist die Basiseinheit von Sozialität für ihn dennoch die Interaktion, oder genauer: die Verkettung von Interaktionsritualen. Mit seinem Verständnis von Interaktionsritualen knüpft er an Goffman, aber auch an Durkheim an, und benennt vier zentrale Merkmale (vgl. Collins 1987: 47 f.):

1. gleichzeitige körperliche Anwesenheit von mindestens zwei Personen, sodass sie sich wechselseitig wahrnehmen können,
2. Grenzziehungsprozesse der Beteiligten, die erkennbar machen, wer dazu gehört und wer nicht,
3. gemeinsamer Aufmerksamkeitsfokus sowie Bewusstsein für diese Gemeinsamkeit,
4. geteilte Stimmung oder emotionales Erleben.

Zu den möglichen Ergebnissen solcher Interaktionsrituale, die Collins gleichzeitig auch als Motivation versteht, um sich an ihnen zu beteiligen, gehören:

5. Gruppensolidarität bzw. Zugehörigkeitsgefühl,
6. emotionale Energie in jedem Einzelnen (z. B. Selbstvertrauen, Stärke, Enthusiasmus, etc.),
7. Entstehung von Symbolen zur Repräsentation der Gruppe,
8. moralisches Empfinden (d. h. Bewertung der eigenen Gruppenzugehörigkeit und Verletzungen der Gruppensolidarität als richtig/falsch bzw. gut/böse).

Abbildung 6: Randall Collins' Raum-Zeit-Tabelle

Raumachse ↓ / Zeitachse →	Sekunden	Minuten/ Stunden	Tage	Wochen/ Monate	Jahre	Jahr- hunderte
eine Person 	Kognitive/ emotionale Prozesse	Arbeit Bedeutsame Ereignisse			Karrieren/ Lebens- geschichten	Genealogien
Kleine Gruppe 	Augen- kontakt	Rituale Gruppen- dynamiken				
Menge Organisation 		Massen- verhalten		Formale Organi- sationen Soziale Bewegun- gen	Organisa- tionsge- schichte	
Territoriale Gesellschaft 					Politische Muster Kulturen	Langfristiger sozialer Wandel

Quelle: gekürzte Darstellung nach Collins 2000: 102

Interaktionsrituale sind für Collins also Mechanismen, durch die Solidarität, persönliche Identifikation und Zugehörigkeitsgefühle entstehen können, wenn alles gut läuft. Demnach ziehen die Beteiligten emotionale Energie (EE) aus einer Begegnung – als eine Art Belohnung und persönliche Bestätigung –, die sie zu einem späteren Zeitpunkt in die nächste Begegnung als Ressource einbringen können. Gut beobachtbar seien solche gemeinsamen Emotionen in größeren Menschenansammlungen, wie z. B. einer Demonstration oder bei einer guten Party. Durkheim (1912/1997: 300 ff.) nannte diese bis ins Rauschhafte steigerbaren Erregungszustände in der Gemeinschaft „kollektive Efferveszenz" und hat sie vor allem am Beispiel religiöser Events beschrieben. Demnach können Einzelne in solchen größeren Menschenansammlungen durch die Verdichtung und wechselseitige Steigerung von Anwesenheit und Kommunikation in solche Euphorie geraten, dass sie Dinge fühlen und tun, die sie allein nie fühlen und tun würden. Diese Möglichkeit zur kollektiven Leidenschaft sei auch der Grund, warum politische Parteien regelmäßig Versammlungen einberiefen. Denn nur in der Anwesenheit vieler Menschen sei es möglich, solche Empfindungen hervorzurufen:

> „Das erklärt auch die besondere Haltung desjenigen, der zu einer Menge spricht, wenigstens wenn es ihm gelungen ist, mit ihr in Kommunikation zu treten. Seine Sprache wird großsprecherisch, was unter gewöhnlichen Umständen lächerlich wäre; seine Gesten haben etwas Herrisches [...]. Er fühlt ein Übermaß an Kräften [...]. Nun ist dieses ungewöhnliche Übermaß an Kräften höchst wirklich: Es wächst dem Redner aus der Gruppe zu, an die er sich wendet. Die Gefühle, die er hervorruft, kommen zu ihm zurück, nur mächtiger und vergrößert, und verstärken wiederum seine eigenen Gefühle. Die leidenschaftlichen Energien, die er entfacht, hallen in ihm wider und steigern seine Stimme. Es spricht nicht mehr der einzelne, sondern die verkörperte und personifizierte Gruppe." (Durkheim 1912/1997: 290)

Durkheim zufolge entsteht mit Hilfe solcher Gemeinschaftsrituale gesellschaftlicher Zusammenhalt und Solidarität, also letztlich das, was eine Gesellschaft zusammenhält. Collins übernimmt diesen Gedanken, überträgt ihn auf alle direkten Begegnungen und versteht diese emotionale Energie als Antriebskraft für das Zustandekommen von Interaktionen. Er fragt also nicht nur nach dem Wie und rekonstruiert die direkten Begegnungen beschreibend, sondern er fragt auch nach dem Warum bzw. der situationsspezifischen Motivation der Handelnden (vgl. Collins 2000: 105 ff.). Darin liegt eine weitere Besonderheit dieses Theorieansatzes im Vergleich zu Goffman oder Luhmann: Collins hat den Anspruch, Interaktionen kausal zu erklären. Menschen engagieren sich in direkten Begegnungen mit anderen, weil sie dadurch ein Gefühl der Zugehörigkeit, Vertrauen und Anerkennung entwickeln. Das geschieht je nach Art der Interaktion und der dort erlebten gemeinsamen Fokussierung und Stimmung in unterschiedlichem Umfang. Dabei geht es weniger um den konkreten Inhalt eines Gesprächs und der dabei empfundenen Gefühle, sondern eher um die längerfristig mit einem Ritual verbundenen Empfindungen. Während man z. B. bei einer Beerdigung vor allem traurig sei, werde durch das dabei erlebte Ritual in Kirche und Friedhof gleichzeitig auch ein tröstendes Gefühl der Solidarität und Mitgliedschaft in einer Gemeinschaft erzeugt (vgl. Collins 2004: 108).

Anders als Goffman und Luhmann unterscheidet Collins zwischen erfolgreichen und misslungenen Interaktionsritualen. Erfolg oder Misserfolg einer Begegnung zeigt sich in der daraus resultierenden emotionalen Energie: Während eine gelungene Begegnung – und sei sie auch noch so kurz – ein gutes Gefühl bei den Beteiligten hinterlasse, seien Erschöpfung und Müdigkeit die Folge von weniger gelungenen Situationen, wie z. B. einem Abendessen, bei dem kein Gespräch in Gang gekommen sei, einer politischen Versammlung, bei der einfach kein Funke überspringen wollte oder nach einem zäh verlaufenen Bewerbungsgespräch.

Letzteres sei ein Beispiel für eine erzwungene Interaktion (*forced rituals*), die Collins (2004: 53) als besonders energieraubend beschreibt.

3.4 Fazit

Ziel dieses Kapitels war es, die theoretischen und methodologischen Grundannahmen der Interaktionstheorie zu explizieren und die interaktionstheoretische Perspektive im Feld der verschiedenen soziologischen Theorieansätze zu verorten. Für die Darstellung wurde auf verschiedene Typologien von Theorien zurückgegriffen. Solche dichotomen Gegenüberstellungen von Theorien werden in der Soziologie häufig verwendet, können aber auch irreführend sein, weil nur Gegensätze betont werden, während Überschneidungen und Ähnlichkeiten meistens unerwähnt bleiben.

Zu Beginn stand eine Gegenüberstellung zentraler soziologischer Grundbegriffe (Interaktion vs. Handeln, Kommunikation und Praxis), die regelmäßig zur Beschreibung und Analyse von Sozialität verwendet, aber nur selten voneinander abgegrenzt werden. Mit diesen verschiedenen Grundbegriffen sind in der Regel auch unterschiedliche Theorieorientierungen verbunden, die Sozialität jeweils anders konzeptualisieren und erklären. Hier zeigte sich eine große Nähe bzw. Kompatibilität zwischen dem Interaktionsbegriff und den Konzepten Kommunikation und Praxis. Dennoch gibt es deutliche Unterschiede bzgl. des Erkenntnisinteresses und des analytischen Fokus zwischen Kommunikations- und Praxistheorien einerseits und einer interaktionstheoretischen Perspektive andererseits.

Im zweiten und dritten Teil des Kapitels ging es um die theoriegeschichtlich bedeutsame Unterscheidung zwischen dem normativen und dem interpretativen Paradigma sowie die auch heute noch aktuelle Sortierung soziologischer Ansätze in Mikro- und Makro-Theorien und die damit verbundenen impliziten Erklärungsmodelle. Hier zeigte sich, dass interaktionstheoretische Perspektiven zwar üblicherweise als Ansatz des interpretativen Paradigmas verstanden und in der Mikrosoziologie verortet werden, es aber dennoch einige Besonderheiten der Interaktionstheorie gibt, die sie deutlich von anderen interpretativen bzw. mikrosoziologischen Ansätzen unterscheiden. Daher werden im Folgenden die zentralen theoretischen und methodologischen Prinzipien der Interaktionstheorie noch einmal zusammengefasst.

Das wohl wichtigste Merkmal und sozusagen der kleinste gemeinsame Nenner interaktionstheoretischer Ansätze ist die Fokussierung des *Erkenntnisinteresses auf das Dazwischen* bzw. die gesamte soziale Situation, also das, was zwischen den beteiligten Akteuren und ihrer Umgebung passiert. In dieser *De-Zentrierung der Akteure* unterscheidet sich die Interaktion u. a. von Handlungstheorien sowie von Ansätzen des normativen Paradigmas. Damit verbunden ist die Annahme einer *Eigengesetzlichkeit sozialer Situationen* bzw. die Existenz eigener Regelstrukturen, die von den Beteiligten aktiv hergestellt und aufrechterhalten werden. Diese Idee einer besonderen Form von Sozialität unter Anwesenden wird in den verschiedenen interaktionstheoretischen Spielarten mit verschiedenen Konzepten beschrieben, z. B. als Interaktionsordnung (Goffman), Emergenz (Luhmann) oder auch Emotionale Energie (Collins).

Entsprechend diesem Fokus auf „Situationen und ihre Menschen" (Goffman) fragen Interaktionstheorien in erster Linie nach den *Wirkmechanismen körperlicher Kopräsenz* sowie der Herstellung und Aufrechterhaltung sozialer Ordnung unter Anwesenden. Es handelt sich also eher um *deskriptive Theorieansätze*, deren Schwerpunkt auf der Beantwortung von *Wie-Fragen* liegt. Nur selten wird z. B. explizit nach kausalen Erklärungen für das Zustandekommen von Interaktionen oder deren Auswirkungen gefragt. Die Ausnahme von der Regel ist jedoch der Ansatz von Randall Collins, der sich nicht nur mit der Analyse verketteter Interaktionsrituale beschäftigt, sondern auch mit der Motivation zur Teilnahme an Interaktionen sowie deren Folgen. Man darf vermuten, dass dieses geringe Interesse an Warum-Fragen auch der Grund dafür ist, dass es nur wenig systematische Überlegungen zu einem interaktionstheoretischen Erklärungsmodell gibt. Auch der Zusammenhang zwischen sozialen Situationen und anderen Ebenen von Sozialität (z. B. Makro-Strukturen) wird in der Interaktionstheorie nur selten diskutiert, und es gibt unterschiedliche Vorstellungen darüber, wie dieser Zusammenhang aussehen könnte. Dazu wurden in diesem Kapitel vier verschiedene interaktionstheoretische Perspektiven vorgestellt: Goffmans Idee der losen Kopplung zwischen Interaktions- und Strukturebene, Luhmanns alternative Unterscheidung der Ebenen Interaktion, Organisation und Gesellschaft, Knorr-Cetinas Begriffsschöpfung des methodologischen Situationalismus und Collins' radikal reduktionistische Theorie der Interaktionsritualketten.

Diese Darstellung der theoretischen und methodologischen Grundannahmen der Interaktionstheorie zeigt, dass es nicht unerheblichen Bedarf für Weiterentwicklungen und Präzisierungen gibt, um das Analysepotential des Interaktionsbegriffs zu erhöhen. So stellt sich z. B. die Frage, inwiefern angesichts der großen Ähnlichkeiten zwischen Kommunikation unter Anwesenden und medienvermittelter Kommunikation ein dogmatisches Festhalten am Fokus auf körperliche Kopräsenz bei der Begriffsdefinition von Interaktion noch Sinn macht. Mit diesen und anderen Fragen beschäftigen sich aktuelle Forschungsfelder der Interaktionssoziologie, die im folgenden Kapitel beschrieben werden.

4 Aktuelle Forschungsfelder der Interaktionssoziologie[73]

Im Zentrum dieses Kapitels stehen ausgewählte Forschungsfelder der Interaktionstheorie sowie die damit verbundenen konzeptionellen Weiterentwicklungen in diesem soziologischen Spezialbereich. Dabei geht es nicht nur um die Vorstellung interessanter Themen, sondern auch um die aus den Ergebnissen empirischer Forschung resultierenden Veränderungen und Präzisierungen des Interaktionsbegriffs. Begriffe und Konzepte sind zwar die Voraussetzung für den Forschungsprozess, gleichzeitig reagieren sie aber auch auf empirische Beobachtungen und können angepasst werden (vgl. Mayntz 2009: 14 ff.). Verändern sich z. B. die gesellschaftlichen Rahmenbedingungen drastisch, muss man überlegen, ob die Anwendung eines zuvor dafür verwendeten theoretischen Konzepts überhaupt noch sinnvoll ist. Darüber hinaus wurden im Lauf der Zeit gewisse blinde Flecken der Interaktionssoziologie festgestellt, die es auszugleichen gilt. Ob das durch eine Ausweitung oder Modifikation des Interaktionsbegriffs geschehen kann und sollte oder aber auf andere Art und Weise, muss ebenfalls entschieden werden.

Der derzeit sicher umfassendste interaktionssoziologische Forschungsbereich beschäftigt sich mit Ähnlichkeiten und Unterschieden zwischen der Kommunikation unter Anwesenden und Telekommunikation. Mit Blick auf die fortschreitende Entwicklung moderner Kommunikationstechnologien und eine zunehmende „Enträumlichung von Kommunikation“ (Berger 1995: 99) stellen sich eine Vielzahl von Fragen: Wie sinnvoll ist die Verwendung des Interaktionsbegriffs überhaupt noch? Sollte Interaktion weiterhin ausschließlich in sozialen Situationen lokalisiert werden, in denen die beteiligten Personen körperlich kopräsent sind oder sollte konzeptionell „Anwesenheit durch Erreichbarkeit“ ersetzt werden (ebd.: 100)? Diese sowie weitere Fragen und die mit ihrer Beantwortung beschäftigten Forschungsarbeiten rund um den Vergleich von anwesenheitsbasierter und technisch vermittelter Kommunikation werden im Folgenden unter dem Titel *Interaktion und Telekommunikation* vorgestellt (4.1).

Ein zweiter wichtiger Forschungsbereich beschäftigt sich mit den *Grenzen der Interaktion* (4.2): Hierbei geht es um die in Goffmans Konzepten implizit enthaltenen Vorannahmen und (Mindest-)Anforderungen an mögliche Interaktionsteilnehmer:innen. Das von Goffman beschriebene Individuum als ein sakrales Objekt der Moderne, das es in der Interaktion zu inszenieren und zu beschützen

73 Das 4. Kapitel wurde gemeinsam mit Marie-Kristin Döbler abgefasst.

gilt, wird üblicherweise als erwachsener, wacher und normaler (bzw. *able-bodied*) Mensch gedeutet, der keinerlei Einschränkungen bzgl. sensorischer und kognitiver Ressourcen hat. Entsprechend stellt sich die Frage, inwiefern sich interaktionssoziologische Konzepte auch auf die Kommunikation mit (körperlich anwesenden) Kindern, Menschen mit Behinderungen, Menschen mit Demenz, Tieren, Robotern oder virtuellen Agenten anwenden lassen. Wenn der Blickkontakt so essenziell zur Etablierung einer zentrierten Interaktion ist, wie Goffman das beschrieben hat, wie funktioniert das dann z. B. mit einem blinden Menschen? Anders formuliert: Handelt es sich um universell anwendbare Definitionen oder implizieren Goffmans Überlegungen nicht doch neben einer kulturellen und zeithistorischen Spezifik auch bestimmte normative Vorgaben, die es zu berücksichtigen gilt?

Neben diesen beiden relativ umfangreichen Forschungsfeldern gibt es noch jede Menge weitere interessante aktuelle Arbeiten in der Interaktionssoziologie, die hier vor allem aus Platzgründen nicht ausführlicher erörtert werden können. Dazu gehören z. B. Analysen zur gleichzeitigen interaktiven Herstellung verschiedener sozialer Zugehörigkeiten (Geschlecht, Ethnizität und Klasse), die seit einigen Jahren unter dem Schlagwort der „Humandifferenzierungen“ bearbeitet werden (Hirschauer 2014b). Ebenfalls vielversprechend ist die Auseinandersetzung mit Gewaltphänomenen aus interaktionssoziologischer Perspektive, die Teil der „neueren Gewaltforschung“ sind (z. B. Collins 2008; Höbel 2014; kritisch dazu: Kühl 2021).

4.1 Interaktion vs. Telekommunikation

Der Vergleich von Face-to-Face Interaktion und technisch vermittelter Kommunikation sowie die Frage, inwiefern das eine das andere ersetzen kann, beschäftigen die Interaktionssoziologie schon eine ganze Weile. Es handelt sich um eines der wichtigsten aktuellen und schnell wachsenden Forschungsfelder. Daher kann es nicht der Anspruch dieses Kapitels sein, einen vollständigen Überblick über den aktuellen Forschungsstand zu diesem Thema zu liefern. Stattdessen wird aus der hier vertretenen interaktionstheoretischen Perspektive eine Art Bresche in die bestehende Literatur geschlagen, und es werden Möglichkeiten für eine Weiterentwicklung der Interaktionstheorie aufgezeigt.

Ausgangspunkt ist das Verständnis von *Interaktion* als einer unmittelbaren Begegnung von mindestens zwei Personen, die gleichzeitig körperlich am gleichen Ort anwesend sind, sich wechselseitig wahrnehmen und auch ihr Verhalten aneinander ausrichten (vgl. Kap. 2.1). Wenn im Folgenden von technisch vermittelter Kommunikation bzw. *Telekommunikation* die Rede ist, ist damit Kommunikation gemeint, die mit Hilfe elektronischer Medien (wie z. B. Rundfunk, Telefon oder Internet) über räumliche und/oder zeitliche Distanz hinweg erfolgt (vgl. Luhmann 1997: 302 ff.). Dabei greift Telekommunikation auf unterschiedliche kommunikative Codes zurück, wie z. B. Schrift, Zahlen und Bilder oder auch Mischungen aus mehreren davon. Als die Interaktionssoziologie entstand, waren zwar einige Telekommunikationsmedien schon sehr verbreitet (Radio, Fernsehen und Telefon), aber Computer, Internet, Mobiltelefone und Smartphones,[74] die klein, handlich, transportabel eine Vielzahl von Kommunikationsmöglichkeiten vereinen, gab es noch nicht. Diese wurden erst seit den 1990er bzw. 2000er Jahren zum Massenphänomen. Durch ihre tendenziell immer niedrigschwelliger werdende Nutzung, vielfältige Anwendungsmöglichkeiten und Omnipräsenz haben sie Kommunikation nachhaltig verändert. Daher ist es keine neue, aber eine zunehmend breit diskutierte Frage, ob bzw. inwiefern sich gerade auch diese neuen Formen technisch vermittelter Kommunikation als Interaktion (unter Abwesenden) verstehen lassen (vgl. auch Ayaß 2022).

Goffman, der Vater der Interaktionstheorie, bezeichnete Telefonieren und Briefeschreiben als „eingeschränkte Varianten" von Face-to-Face Interaktion (Goffman 1994b: 55) bzw. „marginale und abgeleitete Formen des sozialen Kontakts" (Goffman 1974c: 107) und beschäftigte sich kaum mit Telekommunikation.[75] Mittlerweile lässt sich aber nicht mehr ignorieren, dass technisch vermittelte Kommunikation nicht nur ein Massenphänomen ist, sondern teilweise auch große Ähnlichkeiten zur direkten Interaktion aufweist.

Im Folgenden werden zunächst ausgewählte Arbeiten aus der umfangreichen Forschung über Gemeinsamkeiten und Unterschiede von Face-to-Face Interaktion und den verschiedenen Formen technisch vermittelter Kommunikation (4.1.1) sowie Versuche zur Rekonzeptualisierung und Erweiterung des Interaktionsbegriffs vorgestellt (4.1.2). Im Anschluss geht es dann um die Frage der Ersetzbarkeit von körperlicher Anwesenheit durch technisch vermittelte Kommunikation und die damit verbundenen Folgen für den Interaktionsbegriff (4.1.3).

---

74 Im Unterschied zu reinen Mobiltelefonen besitzen Smartphones die Funktionen und die Konnektivität eines Computers, d. h. man kann mit ihnen im Internet surfen, Fotos und Videoaufnahmen machen, verschicken und empfangen, Medien abspielen und das Telefon als GPS-Navigationsgerät verwenden. Durch Kommunikations- und Vernetzungs-Apps besteht u. a. auch die Möglichkeit zur Video-Telefonie.

75 An anderer Stelle geht Goffman (1994b: 69) jedoch davon aus, dass je nach Situation auch beim Telefonieren und Briefeschreiben Reaktionspräsenz (*response presence*) vorliegen könne. Auch seine Überlegungen zu interpersonellen Ritualen erweiterte er zur Anwendung auf technisch vermittelte Kommunikation: „Zu den offensichtlichen Voraussetzungen für den Vollzug bestätigender Rituale gehört also, daß Gebender und Empfänger Kontakt miteinander haben, gleichgültig ob sich dieser nun von Angesicht zu Angesicht abspielt oder ob er vermittelt ist." (Goffman 1974c: 108)

4.1.1 Unterschiede und Gemeinsamkeiten von direkter und technisch vermittelter Kommunikation

Worin liegen nun die Unterschiede zwischen Face-to-Face Interaktion und der Kommunikation per Brief, E-Mail, Messenger App, Telefon oder Videotelefonie? Inwiefern lässt sich Goffmans Interaktionskonzept auch auf technisch vermittelte Kommunikation anwenden bzw. macht das Festhalten an dieser alten Definition angesichts der Verbreitung und Selbstverständlichkeit mit der wir alltäglich moderne Kommunikationsmedien nutzen überhaupt noch Sinn?[76]

Für Goffmans Verständnis von Face-to-Face Interaktion sind sowohl die *Gleichzeitigkeit* als auch die *Gleichörtlichkeit* der körperlichen Anwesenheit von mindestens zwei Personen und deren wechselseitige Wahrnehmung konstitutiv (vgl. Heintz 2014: 236). Für Telekommunikation gelten veränderte Voraussetzungen: Die Teilnehmer:innen technisch vermittelter Kommunikation sind in der Regel nicht gleichzeitig am gleichen Ort körperlich anwesend. Telekommunikation ist also eine Art Weiterentwicklung bisheriger Verbreitungsmedien, wie z. B. Schrift, durch die Kommunikation bereits von der Notwendigkeit gleichzeitiger Anwesenheit entlastet wurde, da sich die Erreichbarkeit durch elektronische Medien deutlich erweitert und beschleunigt hat. Das bedeutet aber auch, dass man im Fall technisch vermittelter Kommunikation anders als bei unmittelbarer Interaktion keinen gemeinsamen Wahrnehmungs- und Erfahrungsraum miteinander teilt. Es gibt sozusagen keine gemeinsame „Welt in meiner Reichweite“ (Schütz 1971: 353 ff.), die von den Kommunikationsteilnehmer:innen mit allen vorhandenen Sinnen gleichermaßen erfasst werden kann.[77] Entsprechend gibt es auch keine gemeinsame Umwelt, deren selbstverständliche Wahrnehmbarkeit in Face-to-Face Interaktionen üblicherweise den anderen Teilnehmer:innen einer sozialen Situation unterstellt wird. Das wiederum hat Auswirkungen auf die Form der entstehenden Sozialität: So wird z. B. zu Beginn eines Mobilfunktelefonats meistens kurz abgeklärt, in welcher Situation wir jemanden gerade

76 In der Kommunikations- und Medienwissenschaft kam es seit den 1990er Jahren zu einem zunehmend inflationären und weitgehend undifferenzierten Gebrauch des Interaktionsbegriffs für alle möglichen Formen technisch vermittelter Kommunikation (vgl. Jäckel 1995; Neuberger 2007; Schultz 2001). Daher muss man beim Lesen von Studien aus diesem Bereich aufpassen, was genau mit „Interaktion“ gemeint ist. Eines der prominentesten Beispiele ist die sog. „parasoziale Interaktion“ (Horton/Wohl 1956): die Imitation einer Face-to-Face Interaktion in audiovisuellen Massenmedien, z. B. wenn eine Nachrichtensprecherin das Publikum direkt anspricht. Da jedoch die Wahrnehmung nicht wechselseitig ist, kommt keine Reaktionspräsenz und damit keine Interaktion im Goffmanschen Sinn zustande.

77 Bestenfalls teilt man im Fall technisch vermittelter Kommunikation einen virtuellen Raum bzw. eine virtuelle Realität (VR) miteinander, wie z. B. die Benutzeroberfläche eines Computerspiels. Mit dem entsprechenden technischen Equipment (Computer mit großer Rechenkapazität, entsprechende Software, VR-Headsets und Kameras etc.) kann man die wechselseitige visuelle, auditive und sogar sensorische Wahrnehmung simulieren.

antreffen bzw. ob wir stören (vgl. Rettie 2009: 432ff.). Auch Ereignisse während eines Telefonats oder eines Videoanrufs müssen erläutert werden, z. B. wenn ein Kollege das Zimmer betritt oder man die Tür öffnen geht, weil es geklingelt hat. Anders also als Luhmann (1972: 54) es für die direkte Interaktion beschreibt, bei der man sich nicht mehr darüber zu verständigen braucht, „[d]aß es geknallt hat", muss man in technisch vermittelter Kommunikation genau das tun.

Technisch vermittelte Kommunikation unterscheidet sich außerdem von direkter Interaktion dadurch, dass die wechselseitige Wahrnehmung (also die Wahrnehmung, dass man wahrgenommen wird) – je nach Telekommunikationsmedium – auf bestimmte Sinneskanäle[78] beschränkt ist: Beim Telefonieren (und auch Funkgeräten) kann man einander z. B. nur hören, aber nicht sehen oder riechen; bei schriftlicher Kommunikation kann man die Stimme und damit auch Tonlage und Sprachmelodie nicht hören, sondern hat nur noch das geschriebene Wort. Beim Chatten (z. B. über die meisten webbasierten Instant-Messaging-Dienste) kann man – anders als beim normalen Brief- oder Mail-Schreiben – erkennen, ob der/die andere die Nachricht erhalten bzw. gelesen hat, ob er/sie auch online ist oder gerade schreibt. Gleichzeitig ist den Nutzer:innen auch bewusst, dass die anderen sehen können, dass man selbst online ist, die Nachricht gelesen hat oder bereits am Tippen ist. Auf diese Weise kann ein sehr schneller Nachrichtenaustausch zustande kommen, da interaktionsähnliche Erwartungen und Erwartungserwartungen entstehen: Man weiß, dass der/die andere weiß, dass man online war und die Nachricht gelesen hat. Entsprechend kann Zögern oder Nicht-Antworten als bedeutsam interpretiert werden. Dennoch beschränkt sich die wechselseitige Wahrnehmung auch beim Chatten auf eine Art virtuelle Anwesenheit, bei der man zwar wahrnimmt, dass der andere irgendwie vor seinem Smartphone oder Computer anwesend ist, aber was genau er/sie gerade macht, weiß man nicht.

Darüber hinaus stehen bei schriftlicher Kommunikation (egal ob Briefwechsel, Mail oder Messengerdienst) nur die Schriftzeichen zur Verfügung, die der/die andere zuvor in ihre/seine Nachricht eingegeben hat. Was man nicht sieht, ist das, was sich nicht in Worte fassen lässt (vgl. Simmel 1908a/1992: 429ff.). Da es Briefe, E-Mails, Chats etc. nicht erlauben, einander zu hören oder zu sehen oder sonst wie wahrzunehmen, greifen Verfasser:innen schriftlicher Nachrichten vielfach auf paratextliche Elemente sowie (je nach elektronischem Medium) Bilder

78 Tatsächlich wurden diese parallelen Wahrnehmungs- und Informationskanäle, mit denen wir face-to-face kommunizieren auch in der Interaktionssoziologie lange nicht systematisch berücksichtigt. Das hat sich allerdings spätestens seit den 1990er Jahren mit der Entwicklung der multimodalen Interaktionsanalyse geändert, bei der nicht nur die gesprochenen Worte, sondern auch Bewegungen, Blickrichtungen etc. miterhoben und ausgewertet werden. Pionier:innen dieser Entwicklung waren vor allem Charles und Majorie Goodwin (vgl. Goodwin/Goodwin 1986). Zur Geschichte der multimodalen Interaktionsanalyse vgl. Deppermann 2018: 54ff.

zurück, um zusätzliche Informationen und Deutungshilfen für Leser:innen zu liefern (vgl. Menchik/Tian 2008). Dazu gehören z. B. Satzzeichen, veränderte Rechtschreibung („...soooo sehr!"), Emoticons, Memes sowie andere Bildformen. Letztere werden vor allem im digitalen Schriftverkehr (E-Mails, SMS, Instant Messaging, Chat) verwendet, um Stimmungen oder Gefühle auszudrücken und damit das Fehlen anderer Kommunikationskanäle zu kompensieren (vgl. Bai/Dan/Yang 2019).

Im Unterschied zu diesen Formen reziproker technisch vermittelter Kommunikation verläuft massenmediale Kommunikation in Radio und Fernsehen (ebenso wie in den sog. sozialen Medien wie YouTube) einseitig und ohne wechselseitige Wahrnehmung: Eine Person sieht und hört zwar die andere oder liest ihren Text, weiß aber gleichzeitig, dass sie selbst von dieser/m anderen nicht wahrgenommen werden kann.[79] Während die Zuschauer:innen bzw. Zuhörer:innen also den/die Nachrichtensprecher:in im Radio oder Fernsehen zumindest visuell und akustisch wahrnehmen können, hat der/die Sprecher:in keine Ahnung, ob oder wie viele Leute ihm/ihr jetzt gerade zuhören.

Tabelle 2: Unterschiede zwischen Face-to-Face Interaktion und technisch vermittelter Kommunikation

Face-to-Face Interaktion	**Technisch vermittelte Kommunikation**
Gleichörtliche körperliche Anwesenheit und eine gemeinsame Umwelt(wahrnehmung)	Keine gleichörtliche körperliche Anwesenheit und keine gemeinsame Umwelt(wahrnehmung)
Gleichzeitige körperliche Anwesenheit	Je nach Medium: gleichzeitige (Telefon) bis ungleichzeitige (Briefe, E-Mails) Wahrnehmung
Wechselseitige Wahrnehmung mit allen Sinneskanälen (multimodal)	Beschränkung der wechselseitigen Wahrnehmung auf bestimmte Sinneskanäle: z. B. akustisch (Telefon), visuell und akustisch (Videotelefonie)
	Einseitige Wahrnehmung im Fall massenmedialer Kommunikation

Sowohl mit dem Vergleich als auch mit den Besonderheiten technisch vermittelter Kommunikation gegenüber Face-to-Face Interaktion beschäftigen sich eine ganze Reihe von Studien. Im Zentrum stehen hierbei häufig die je nach elektronischem Medium unterschiedlichen Wahrnehmungs- und Darstellungskanäle sowie die Frage nach den Folgen für die Kommunikation. Mit Blick auf die sonst unter Anwesenden üblichen Techniken der Eindrucksmanipulation (*impression management*) stellt z. B. Geser (2004: 24) fest, dass die Selbstdarstellung beim Tele-

79 Die Rezeption eines Beitrags in den Massenmedien kann in Form von Likes oder Kommentaren bzw. Leserbriefen sichtbar gemacht werden.

fonieren nicht multimodal, sondern ausschließlich über verbale Kommunikation erfolgen müsse. Daher würden z. B. Körpersprache, Gesten und Blicke durch kleine Laute („hmhm" etc.) ersetzt, mit denen die Beteiligten Aufmerksamkeit und/oder Zustimmung signalisieren und die Sprecherwechsel (*turn-taking*) organisierten (vgl. z. B. Ling 1997). Fürs Telefonieren verfügen wir mittlerweile über eine sehr aufwendige und ausdifferenzierte Form sprachlichen Verhaltens zur Koordination der Kommunikation mit der Person am anderen Ende der Leitung – eine Medienkompetenz, die sich erst mit der massenhaften Verbreitung von Telefonen entwickelt hat.[80] Je nach Situation kann dieses Verhaltensrepertoire von Gesten und körpersprachlicher Kommunikation begleitet werden, die sich während des Telefonats an gleichzeitig körperlich anwesende dritte Personen richten, denen signalisiert wird, still zu sein oder dass man gleich fertig ist.[81] Hier scheinen sich also verschiedene Ebenen von Anwesenheit – sowohl körperliche als auch technisch vermittelte – übereinander zu schieben: Die Selbstdarstellung richtet sich dann gleichzeitig an verschiedene Adressat:innen, z. B. körperlich kopräsente Personen sowie den/die Gesprächspartner:in am Telefon.

Einige Autor:innen vermuten, dass die massenhafte Verbreitung von Smartphones umfassende Auswirkungen auf unser gesamtes Kommunikationsverhalten habe – also auch in Face-to-Face Interaktionen. So stellte z. B. Richard Ling (2012: 177) bereits vor mehr als zehn Jahren fest:

> „The mobile phone clearly represents a challenge to decorum with both those who are co-present and our mediated interlocutors. Because of this, we have had to develop a sense of courtesy with which to address these situations. In reference to co-present others, texting, ducking into less trafficked areas, and ignoring incoming calls are all strategies to deal with this."

Allein die Anwesenheit eines Mobiltelefons, mehr noch eines Smartphones und der damit verbundenen ständigen potenziellen Erreichbarkeit und Einbindung in

---

80 So kann sich eine der Autorinnen noch gut an die irritierenden Telefonate mit ihrer Großmutter in Ostdeutschland erinnern, die erst nach der Wiedervereinigung 1989 ein eigenes Telefon in ihrer Wohnung und kaum Erfahrung mit dem Telefonieren hatte. Wenn man mit ihr telefonierte, blieb sie zwischen ihren eigenen Redebeiträgen vollkommen still und gab kein hörbares Zeichen, so dass man nie wusste, ob sie einen verstanden hatte oder überhaupt noch dran war. Und auch das Ende des Telefonats kam meist sehr abrupt und wenn überhaupt nur mit einer kurzen Ankündigung. Meistens legte sie einfach irgendwann auf, wenn sie etwas anderes machen wollte.

81 Zum gleichzeitigen Rollenspiel auf zwei Vorderbühnen – also innerhalb des Telefonats und innerhalb der sozialen Situation, in der das Telefonat stattfindet – vgl. z. B. Geser 2004: 23 f. Mit den unterschiedlichen Arten zulässiger und nicht zulässiger Nebenengagements während des Telefonierens beschäftigte sich bereits Goffman (1971: 69 ff.), während andere danach fragen, in welchen sozialen Situationen das Telefonieren oder die Nutzung anderer elektronischer Medien als Nebenengagement zulässig ist (vgl. z. B. Rettie 2009).

technisch vermittelte Kommunikation, kann auch ohne dessen aktive Nutzung zu Veränderungen der aktuellen Situation bzw. dem Umgang mit anderen anwesenden Personen führen (so z. B. Misra et al. 2016; Walsh / Clark 2018). Darüber hinaus zeigen Studien, dass sich durch die Möglichkeit, immer und überall erreichbar zu sein, und die Allgegenwart von Mobiltelefonen (und mittlerweile auch Smartphones) die Art und Weise verändert hat, wie wir uns realweltlich treffen und wie wir diese Treffen arrangieren und koordinieren. So stellen Larsen / Uryy / Axhausen (2008: 643) fest, dass mittlerweile nicht mehr die von Simmel (1903/1995) beschriebene Pünktlichkeit[82] als Voraussetzung für das Funktionieren des modernen Großstadtlebens gilt, sondern eine „flexible punctuality", in deren Folge Verabredungen räumlich und zeitlich bis zuletzt ungenau bleiben. Die Feinabstimmung (*micro coordination*) erfolge fast ausschließlich über mobile Telekommunikation (Anrufe oder Kurznachrichten) und unterliege ständiger Umplanung oder Neuaushandlung. Darüber hinaus ist die technische Möglichkeit für solche kurzfristigen und spontanen Einladungen zu Verabredungen und deren Koordination für eine große Anzahl von Menschen auch politisch folgenreich, so z. B. für die Organisation sog. Flash- oder Smartmobs[83] (Larsen / Urry / Axhausen 2008: 644 f.).

Bei Videotelefonie, also Telefonieren mit zusätzlichem Sichtkontakt zwischen den Anrufer:innen, stehen für die Selbstdarstellung neben der Stimme auch das eigene Gesicht, ein Teil des Oberkörpers sowie ein Ausschnitt der Fassade – d. h. ein in der Regel selbst ausgesuchter bzw. gestalteter Ort – zur Verfügung. Neben dieser Vorderbühne gibt es aber immer auch eine Hinterbühne, die mindestens den Bereich des Raums umfasst, der nicht unmittelbar von der Kamera eingefangen wird (vgl. Rosenbaum et al. 2016).[84] Je nachdem wie gut oder schlecht dieser Bereich kontrolliert werden kann (z. B. bei einer Videokonferenz im Homeoffice), bietet er regelmäßig Anlässe für Störungen oder peinliche Situationen, z. B. wenn der im Videoanruf erweckte Eindruck von Professionalität durch die immer wieder ins Bild rennende Katze widerlegt wird oder die hereinkommende weinende Tochter einen unmittelbaren Rollenwechsel einfordert.[85] Die soziale Bedeutung des Hintergrunds für die Eindrucksmanipulation und die Grenzen zwischen Vor-

82 Ermöglicht wurde die Durchsetzung dieser Pünktlichkeitsnorm aber erst durch die massenhafte Verbreitung von Taschenuhren Anfang des 20. Jahrhunderts (vgl. Simmel 1903/1995).

83 Flash- und Smartmobs nennt man die mit Hilfe internetbasierter, technischer Geräte (vor allem Smartphones) sehr kurzfristig organisierten Menschenaufläufe auf öffentlichen und halböffentlichen Plätzen als Ausdrucksform politischen oder sozialen Protests.

84 Genau genommen verbleibt auch der nicht sichtbare Teil des eigenen Körpers auf der Hinterbühne. Das spiegelt sich z. B. in der während der Corona-Pandemie weitverbreiteten Praxis wider, im Homeoffice bei Videokonferenzen Jogginghosen zu tragen.

85 Es gab und gibt technische Anstrengung zur Schaffung spezieller Videoräume, in denen dann der ganze Körper der Teilnehmer:innen von den Kameras erfasst werden kann. Diese sog. T-Rooms sind vollkommen identisch gebaut, so dass für alle Videokonferenzteilnehmer:innen unabhängig von ihrem geografischen Standort der Eindruck entsteht, dass sie eine identische Umgebung haben (vgl. hierzu Luff et al. 2016). Dass es sich dabei jedoch tatsächlich nicht um

der- und Hinterbühne zeigt sich im mittlerweile weit verbreiteten Einsatz virtueller Hintergrundbilder bei Videokonferenzen oder dem Weichzeichnen des Hintergrunds. Auf diese Weise werden die Gesprächsteilnehmer:innen diszipliniert, da mögliche Ablenkungsreize aus der Situation entfernt werden.

Mittlerweile lassen sich mit den Videokonferenz-Programmen sehr viele Menschen gleichzeitig zusammenschalten, so dass sie sich (bzw. ihre Gesichter) zumindest audiovisuell wechselseitig wahrnehmen können. Es ist außerdem möglich, einen gemeinsamen Aufmerksamkeitsfokus zu etablieren, z. B. durch das für alle sichtbare Zeigen einer Präsentation durch die Freigabe des eigenen Bildschirms (*screen sharing*). Auf diese Weise teilen alle virtuell Anwesenden eine nahezu identische Sicht auf ein Dokument, was wiederum die Verständigung erleichtert und möglicherweise auch die „Effizienz und Qualität der Kommunikation" (Roth/Laut 2023: 116). Mit Hilfe sog. Breakout Räume lassen sich die Videotreffen in viele kleine separate Sitzungen aufteilen und Kleingruppenarbeit simulieren. Im Gegensatz zur direkten Interaktion ermöglicht die Videokonferenzsoftware neben der audiovisuellen Übertragung den Austausch mit ausgewählten Teilnehmer:innen über die Chat-Funktion, der anders als Tuscheleien unter Anwesenden ein laufendes Gespräch nicht stört und (vollkommen unbemerkt für die Nicht-Beteiligten) im Hintergrund ablaufen kann.

Neben der technischen Beherrschung des jeweiligen Programms besteht die soziale Herausforderung beim Videotelefonieren vor allem darin, die kommunikativen Signale auf die eigene Stimme und die Mimik zu konzentrieren, und den restlichen Körper vergleichsweise ruhig zu halten (vgl. Due/Licoppe 2021). Größere Bewegungen führen zu Problemen, weil man den Kameraausschnitt verlässt und für den anderen nicht mehr sichtbar ist oder die Software es nicht schafft, den virtuellen Hintergrund mit den sich schnell ändernden, von der Kamera eingefangenen Bildern zusammenzubringen. Außerdem benötigt man eine besondere Form von Aufmerksamkeit zur Teilnahme an face-to-screen-to-face Kommunikation, eine gewisse Kompetenz zur Einordnung des Gesehenen in den eigenen physischen Raum und den Raum des Gegenübers sowie ein Verständnis für Repräsentationen. Daher funktioniert z. B. Videotelefonie mit Kleinkindern und Haustieren nur beschränkt, weil sie (noch) nicht verstehen, dass die Person auf dem Bildschirm nicht wirklich räumlich anwesend ist (entsprechend tasten, schnüffeln oder suchen sie auf und hinter dem Bildschirm nach dem realweltlichen Körper). Außerdem muss man den Blickwinkel der Kamera nachvollziehen und abschätzen können, was sie einfangen kann und was nicht. Das technisch vermittelte Hineinversetzen in andere bzw. deren Kameraperspektive ist eine voraussetzungsvolle Kompetenz, über die Kinder und Tiere (noch) nicht verfügen.

---

eine gemeinsame Umwelt handelt, wird spätestens dann deutlich, wenn in einem der Orte der Strom ausfällt oder ein Feuer ausbricht.

Dass Video-übermittelte Kommunikation anstrengender als Face-to-Face Begegnungen ist, zeigt sich in dem Phänomen der sog. Zoom-Fatigue, einer Form von Müdigkeit und Erschöpfung, die durch die längere Teilnahme an Videokonferenzen ausgelöst wird (vgl. Fauville et al. 2021). Als Ursachen dieses Zustands werden verschiedene Besonderheiten der Video-Kommunikation vermutet, wie z. B. das lange Anschauen der Gesichter der anderen Teilnehmer:innen, die auf dem Bildschirm größer und näher erscheinen als Face-to-Face, die größere Anstrengung bei dem Versuch, die Mimik und Körpersprache der anderen trotz fehlender Informationen zu deuten (wie z. B. Hinweise, die man in direkter Interaktion durch die Sitzordnung oder die Blickrichtung der anderen bekommt), die größere Aufmerksamkeit, die das gleichzeitige Beobachten von Bildern, gesprochenem Dialog und Textnachrichten im Chat erfordert und die Herausforderung dabei auch noch permanent das eigene Gesicht sehen (und zusätzlich die Grenzen der Vorderbühne und die Fassade kontrollieren) zu müssen (vgl. Bailenson 2020; Fosslien / Duffy 2020).

Als möglichen weiteren Grund für die verkürzte Aufmerksamkeitsspanne in Video-Konferenzen nennt Kühl (2020: 399) den „Verlust von Selbstdarstellungsmöglichkeiten“: Demnach fehlen in der Video-übermittelten Kommunikation die Entspannungsmomente, die die kleinen ablenkenden sozialen Gesten des Sitznachbarn oder das bewusste Schweifenlassen des Blicks unter Anwesenden üblicherweise mit sich bringen. Auch Stimmungen lassen sich – wenn überhaupt – nur schwer übertragen in Videokonferenzen, weil sowohl gruppendynamische als auch emotionale Ansteckungsmechanismen offenbar technisch nicht vermittelt werden können.[86] So berichtet Collins (2020: 491), dass die Mitglieder eines Berufsverbands in einer Videokonferenz bei der Mitteilung, dass man umfangreiche Fördermittel erhalten werde, kaum reagiert hätten. Er begründet das damit, dass es für die Koordination von Applaus und Jubel Blickkontakt, Synchronisation und Rückmeldungen bedürfe, da man nicht alleine klatschen wolle. Diese mangelnde technische Übertragbarkeit von Emotionen ist wohl auch einer der wichtigsten Gründe dafür, dass Geselligkeit – vor allem in größerer Runde – in Video-übermittelter Kommunikation nicht wirklich zustande kommen will (vgl. Burow 2022).

Ebenfalls gewöhnungsbedürftig bei der Videotelefonie ist die Tatsache, dass direkter Augenkontakt aus technischen Gründen nicht möglich ist (vgl. Dourish et al. 1996; Nielsen 2014, 2019): Wenn man der Person auf dem Bildschirm in die Augen schaut, sieht man nicht in die Kamera, da diese sich meist oberhalb des Bildschirms befindet. Für andere sieht es dann so aus, also schaue man sie nicht

---

86 Roth und Laut (2023: 113 f.) vermuten den Grund für die Behinderung gruppendynamischer Prozesse in Video-Calls in den Schwierigkeiten der Teilnehmer:innen, überhaupt eine geteilte Situationsdefinition herstellen zu können und einer allgemeinen Tendenz zur Versachlichung der Kommunikation durch die Virtualisierung.

an. Umgekehrt sieht man die anderen Konferenzteilnehmer:innen nicht, wenn man direkt in die Kamera schaut, während die anderen jedoch den Eindruck bekommen, man schaue ihnen in die Augen. Das erschwert die Koordination der Situation. Anders als unter Anwesenden können z. B. Sprecher:innenwechsel nicht über Blickkontakte organisiert werden – erst recht nicht, wenn mehr als zwei Personen beteiligt sind. Die Koordination wird außerdem durch die Qualität der Technik beeinflusst: Je reibungsloser die Technik funktioniert und je routinierter sie genutzt wird, desto weniger stört sie die Kommunikation. Demgegenüber erschweren bspw. schon kleinere Zeitverzögerungen oder Unterbrechungen bei der Übertragung von Ton und Bild die Koordinierung der Redezüge.[87]

Ebenfalls wichtig ist die Erfahrung im Umgang mit der Technik. Das konnten wir alle im Zuge der Corona-Pandemie erleben, als direkte Kontakte aus Angst vor Infektionen gemieden werden sollten und sowohl berufliche als auch private Kontakte massenhaft durch Video-vermittelte Kommunikation ersetzt wurden. Während viele Menschen zu Beginn noch recht unbeholfen waren, normalisierte sich der Umgang mit der Technik im Lauf der Zeit, so dass Video-Telefonie mittlerweile sehr routiniert im Alltag verwendet wird (Due / Licoppe 2021).[88]

Läuft alles optimal, dann entsteht tatsächlich der Eindruck wechselseitiger Wahrnehmung und Gleichzeitigkeit. Hierin liegt wohl auch der größte Unterschied zwischen (Video-)Telefonie und schriftlicher Kommunikation. Entsprechend unterscheidet Rettie (2009: 425) zwischen *synchroner* und *asynchroner* technisch vermittelter Kommunikation, also z. B. dem zeitgleichen Telefonieren im Gegensatz zum mehr oder weniger zeitversetzten Mail- oder SMS-Austausch.[89] Diese Differenzierung hängt teilweise mit der zugrundeliegenden Technologie zusammen, teilweise aber auch mit den Erwartungen und Gebrauchsformen, die jeweils mit den verschiedenen Telekommunikationsmedien

---

87 Je besser die Technik und je zuverlässiger das Internet werden, desto eher werden vermutlich Kommunikationsprobleme sozial verortet bzw. als bedeutsam wahrgenommen und nicht mehr als Folge technischer Probleme.

88 Erleichtert wurde diese Normalisierung von Videokonferenzen u. a. dadurch, dass die meisten Notebooks und Smartphones heutzutage integrierte Front- / Selfiekameras enthalten und die entsprechenden Programme sehr anwenderfreundlich sind. Da viele Personen über solche mobilen Geräte verfügen, diese auch immer häufiger bei sich haben und ständig online sind, entfällt die Notwendigkeit sich zum Videotelefonieren verabreden bzw. vor einem stationären Computer platzieren, diesen hochfahren und sich ins Internet einwählen zu müssen.

89 Es gibt zahlreiche Versuche zur Kategorisierung technisch vermittelter Kommunikation, die hier nicht alle vorgestellt werden können und deren Erkenntnisgewinn sehr unterschiedlich ist, da sie sich nicht um eine systematische Rekonzeptualisierung des Interaktionsbegriffs bemühen, sondern ihn einfach bis zur Unkenntlichkeit erweitern: So z. B. Thompson (2020), der zwischen „face-to-face interaction", „mediated interaction", „mediated quasi-interaction" und „mediated online interaction" unterscheidet. Neben der Gleichörtlich- und Gleichzeitlichkeit berücksichtigt er die Bandbreite der verwendeten Kommunikationskanäle, den Grad der Wechselseitigkeit (dialogisch oder monologisch) und die Ausrichtung der Kommunikation (one-to-one, one-to-many, many-to-many).

verbunden werden: So scheint eine Antwortverzögerung um mehrere Tage bei E-Mails vollkommen akzeptabel zu sein, während SMS oder (mobile) Messenger-Apps als beinahe synchrone Medien gelten und daher auch eine sofortige Reaktion auf eine Nachricht erwartet wird bzw. Verzögerungen bereits als bedeutsam interpretiert werden (vgl. Rettie 2009: 434). Folglich findet das Schreiben beim Chatten oder in einer Messenger App unter einem gewissen Zeitdruck statt und ähnelt daher auch eher direkter Interaktion als das Verfassen einer Mail.

Zusammenfassend lässt sich festhalten, dass die Forschungsergebnisse zur technisch vermittelten Kommunikation zeigen, dass es teilweise große Ähnlichkeiten zur direkten Interaktion gibt. Daher scheint die ausschließliche Fokussierung des Interaktionsbegriffs auf körperliche Kopräsenz bzw. Gleichörtlichkeit unter Umständen nicht (mehr) angemessen zu sein. Es stellt sich die Frage, wie weit man den Interaktionsbegriff für bestimmte Formen technisch vermittelter Kommunikation öffnen kann, ohne seinen analytischen Mehrwert einzubüßen und weiterhin präzise Aussagen über die Unterschiede zwischen Interaktion unter Anwesenden und Abwesenden treffen zu können. Das geht nur durch eine Rekonzeptualisierung bzw. Neufassung des Interaktionsbegriffs bzw. seiner konstitutiven Merkmale.

Da technisch vermittelte Kommunikation praktisch nie gleichörtlich, aber je nach technischem Kommunikationsmedium durchaus gleichzeitig (synchron) stattfinden kann, setzen Versuche für eine Neufassung des Interaktionsbegriffs auch häufig hier an. Einige Autor:innen vermuten, dass weniger die Gleichörtlichkeit der Beteiligten für das Zustandekommen der für direkte Interaktionen typischen Form von verdichteter Sozialität relevant ist, als vielmehr die Gleichzeitigkeit der Kommunikation (so z. B. Hirschauer 2014a; Rettie 2009: 426; Meyer 2014). Demnach basiert die Wahrnehmung von Intersubjektivität sowie das Erleben einer geteilten Wirklichkeit in erster Linie auf der Synchronizität von Kommunikation. Mit diesem Argument werden dann entweder bestimmte Formen (vor allem synchroner) technisch vermittelter Kommunikation unter den alten Interaktionsbegriff subsumiert (so z. B. Zhao 2003; Campos-Castillo/Hitlin 2013) oder dieser wird durch neue Konzepte erweitert bzw. ganz ersetzt (so z. B. Knorr-Cetina 2012a; 2012b). Da diese Überlegungen sehr wichtig für die Weiterentwicklung der Interaktionstheorie sind, werden sie im Folgenden genauer vorgestellt: zunächst anhand eines Vorschlags zweier US-amerikanischer Soziolog:innen (Celeste Campos-Castillo und Steven Hitlin) und im Anschluss mit dem Ansatz von Karin Knorr-Cetina, deren grundlagentheoretische Arbeiten zum methodologischen Situationalismus bereits in Kap. 3 ausführlicher besprochen wurden. Abschließend werden eigene Überlegungen zu dieser Frage zusammengefasst.

4.1.2 Re-Konzeptualisierungen des Interaktionsbegriffs

Gemeinsamer Ausgangspunkt der im Folgenden präsentierten Vorschläge zur Rekonzeptualisierung des Interaktionsbegriffs ist zunächst die Feststellung, dass große Teile des alltäglichen Lebens mittlerweile nicht mehr in Form direkter Interaktionen (also in physischer Kopräsenz) stattfinden, sondern sich im Internet bzw. in virtuellen Räumen abspielen.[90] Angesichts dieser veränderten Lebenswirklichkeit scheint eine Anpassung der Interaktionstheorie notwendig, um zumindest einige der vorgestellten Formen technisch vermittelter Kommunikation berücksichtigen zu können. Im Folgenden werden drei Versuche vorgestellt, den Interaktionsbegriff so zu verändern resp. zu erweitern, dass sich auch technisch vermittelte Kommunikation damit erfassen lässt: zunächst das Konzept zur Gradualisierung und Subjektivierung des Konzepts der Kopräsenz der US-amerikanischen Soziolog:innen Celeste Campos-Castillo und Steven Hitlin und anschließend der Vorschlag von Karin Knorr-Cetina,[91] den Interaktionsbegriff durch das Konzept der synthetischen Situation zu ersetzen. Abschließend folgen ein paar eigene erste Ideen für eine Dimensionalisierung und Gradualisierung von Interaktion.

Die Gradualisierung und Subjektivierung von Kopräsenz

Campos-Castillo und Hitlin (2013) schlagen eine Art „Update" der Interaktionstheorie vor, das vor allem auf einer Entkopplung von Kopräsenz und physischer Gleichörtlichkeit beruht. Sie konzentrieren sich in ihrer Überarbeitung der Interaktionstheorie auf das bislang für Interaktion konstitutive Merkmal der *Kopräsenz*, das Goffman (1971: 28) zufolge nur dann zustandekommt, wenn „die Einzelnen deutlich das Gefühl haben, daß sie einander nahe genug sind, um sich gegenseitig wahrzunehmen bei allem, was sie tun, einschließlich ihrer Erfahrungen der anderen, und nahe genug auch, um wahrgenommen zu werden als solche, die fühlen, daß sie wahrgenommen werden."

Die Autor:innen modifizieren diese Definition zunächst dahingehend, dass Kopräsenz keine dichotome Variable mehr ist (also: kopräsent vs. nicht kopräsent), sondern ein graduelles Konzept, das in erster Linie von der subjektiven Wahrnehmung der beteiligten Akteure abhängt, nicht aber notwendigerweise von deren körperlicher Gleichörtlichkeit (Campos-Castillo/Hitlin 2013: 170 f.). Vielmehr gehe es um die Frage, wie sehr sich ein Akteur auf andere Beteiligte einlasse „one's entrainment with others" und dessen Reflektion darüber, inwie-

90 So nutzen mittlerweile weltweit rund 5 Milliarden Menschen das Internet: Mindestens einmal am Tag online sind in den USA immerhin 74 Prozent der Bevölkerung und in Deutschland 54 Prozent (Pew Research Center 2018; Statista 2022).

91 Zu den grundlagentheoretischen Arbeiten von Karin Knorr-Cetina zum methodologischen Situationalismus vgl. Kap. 3.3.2.

fern die anderen sich auf ihn einlassen („one's belief that others are mutually entrained") (ebd.). Entsprechend operationalisieren die Autor:innen Kopräsenz als „the degree to which one actor (1) perceives entrainment with a second actor and (2) sees the second actor reciprocating entrainment" (ebd.: 171).

Für das Zustandekommen wechselseitiger Aufmerksamkeit seien die für die Beteiligten jeweils zugängigen Kommunikationskanäle entscheidend: Demnach ist es einfacher, sich aufeinander einzulassen und ein Mehr an Kopräsenz und Nähe zu erleben, je mehr Sinne beteiligt sind. Wenn man sich sehen, hören, fühlen und riechen könne, falle die wechselseitige Abstimmung entsprechend leichter als bei rein textbasierten Telekommunikationsmedien (Campos-Castillo/Hitlin 2013: 175). Zusätzlich zu allen Arten technisch vermittelter Kommunikation mit anderen realen, aber körperlich abwesenden Personen fassen die Autor:innen unter ihr aktualisiertes Verständnis von Kopräsenz aber auch Formen imaginierter Kommunikation mit gefühlt Anwesenden, wie z. B. ein Gebet oder Kommunikation mit Geistwesen (ebd.: 173).

Schließlich entwickeln Campos-Castillo und Hitlin (2013: 173 ff.) ein formalisiertes Modell[92] von Kopräsenz, in dem Kopräsenz das Produkt der beiden Faktoren PEO und P(OEP) ist und in jedem Fall größer Null sein sollte: PEO ist die Abkürzung für „a person's [..] perception of her own entrainment toward one other person" und P(OEP) für „P's subjective belief that O is entrained with P" (ebd.: 173). Etwas vereinfacht formuliert heißt das: Für das Zustandekommen von Kopräsenz kommt es vor allem darauf an, dass eine Person subjektiv wahrnimmt, dass sie sich auf jemand anderen einlässt und auch davon überzeugt ist, dass diese:r andere sich auch auf sie eingelassen hat.[93] Sie verdeutlichen ihre Überlegungen mit Hilfe der folgenden Beispiele:

> „When one meets with a colleague to discuss research and each participant is building directly on the other's ideas, each actor has high PEO and P(OEP). Similarly, both PEO and P(OEP) tend to be high when exchanging text messages with a friend regarding latest work gossip. At the opposite end, PEO and P(OEP) are both low, and perhaps even zero (no copresence), when we are objectively if not subjectively alone, such as sitting on a crowded bus, engulfed in a book, or when we purposefully turn off our cell phone to avoid contact with someone." (ebd.: 173)

92 Formalisierte Modelle dienen vor allem der empirischen Überprüfbarkeit von Theorien. Im Gegensatz zu Goffmans bisweilen vagen Formulierungen haben Modelle klar definierte Annahmen und folgen genauen Regeln. Dadurch lassen sich im besten Fall sogar konkrete Vorhersagen ableiten. Die beiden Autor:innen formulieren ihre Annahmen klar und eindeutig in Form einer mathematischen Formel.

93 Streng genommen genügt in diesem Konzept für das Zustandekommen von Kopräsenz jedoch eine Person.

Die beiden wichtigsten Komponenten dieses Vorschlags zur Aktualisierung der Interaktionstheorie von Campos-Castillo und Hitlin sind zum einen die Gradualisierung von Kopräsenz, wodurch eine Art Abstufung von Anwesenheit vorstellbar wird, und zum anderen die Fokussierung auf die subjektive Wahrnehmung. Demnach soll die subjektive Deutung einer einzelnen Person für das Zustandekommen von Kopräsenz – und damit Interaktion – ausreichen. Sie verzichten damit auf die Festlegung unabhängiger Kriterien für das Vorliegen von Kopräsenz und übernehmen die subjektive Sichtweise eines Akteurs als Tatsachenbeschreibung. Mit dieser Annahme wenden sich die Autor:innen jedoch gegen zentrale theoretische Grundannahmen der Interaktionssoziologie: Indem das Zustandekommen von Kopräsenz von der individuellen Wahrnehmung Einzelner abhängt, sprechen sie der Interaktion ihre Eigengesetzlichkeit ab[94] (vgl. Kap 2.6) und führen ein reduktionistisches Erklärungsschema ein (vgl. Kap. 3.3.1):[95] Kopräsenz (und damit auch Interaktion) ist in dieser Konzeptualisierung kein emergentes Phänomen mehr, sondern wird auf die Deutungen Einzelner zurückgeführt und durch sie erklärt.[96] Letztlich handelt es sich also um kein interaktionstheoretisches Konzept, sondern eher um Überlegungen aus der Perspektive des Symbolischen Interaktionismus (vgl. dazu Kap. 3.2). Entsprechend erklären Campos-Castillo und Hitlin (2013: 182):

> „[W]e highlight the fundamental importance of individual perceptions as a micro-level phenomenological construct that supports the edifice of social interactions and social structure. In this, classical symbolic interactionists were correct: perception is reality, insofar as it channels meaningful social action in the Weberian sense."

Alles in allem lässt sich festhalten, dass es sich bei der hier vorgeschlagenen Rekonzeptualisierung nicht nur um eine Erweiterung des Interaktionsbegriffs handelt, sondern um eine Aushöhlung zentraler interaktionstheoretischer Grundan-

---

94 Das fehlende Bewusstsein der Autor:innen für die Eigenlogik direkter Interaktionen spiegelt sich auch in ihren ungleichheitstheoretischen Überlegungen, die sie mit ihrem Verständnis von Kopräsenz verbinden, z. B. der These, dass der soziale Status einer Person unmittelbaren Einfluss darauf habe, ob sie von anderen wahrgenommen werde (ebd.: 176 ff.). Entgegen den von Goffman beschriebenen Regeln der Irrelevanz, denen zufolge Merkmale der Teilnehmer:innen, die außerhalb einer Interaktion ihren Ursprung haben, nicht automatisch soziale Relevanz in einer direkten Begegnung haben (vgl. Kap. 2.6), schreiben Campos-Castillo und Hitlin gesellschaftlichen Strukturen automatisch unmittelbare Wirkung auf Interaktionen zu. Da sie diese Bedeutungsverschiebungen der Grundlagen der Interaktionstheorie aber kaum begründen, liegt die Vermutung nahe, dass sie sich dessen gar nicht bewusst sind.

95 Mit Blick auf die Mikro-Makro-Unterscheidung bedeutet das, dass Campos-Castillo und Hitlin ihre Überlegungen ausgehend von den Grundannahmen des methodologischen Individualismus formulieren (vgl. Kap. 3.3.1).

96 Der Grund für die Fokussierung auf subjektive Wahrnehmung liegt vermutlich im Wunsch nach einer besseren Operationalisierbarkeit der Interaktionstheorie sowie dem Ziel, ein entsprechendes formalisiertes Modell von Kopräsenz anbieten zu können.

nahmen zugunsten einer Spielart des Symbolischen Interaktionismus. Alltagsweltlich gesprochen, haben Campos-Castillo und Hitlin „das Kind mit dem Bade ausgegossen“: Sie sind bei der notwendigen Überarbeitung des Interaktionsbegriffs über das Ziel hinausgeschossen und haben zentrale Grundprinzipien der Interaktionstheorie – sozusagen ihr Alleinstellungsmerkmal in der Landschaft der soziologischen Theorien – (aus Versehen) verworfen.

Die synthetische Situation

Ein anderer Vorschlag zur Neuausrichtung der Interaktionstheorie, der vor allem in der Mediensoziologie auf große Zustimmung gestoßen ist, stammt von Karin Knorr-Cetina. Ihre Überlegungen setzen nicht am Begriff der Kopräsenz an, sondern an dem der Reaktionspräsenz (*response presence*). Die kommt aus interaktionstheoretischer Perspektive mehr oder weniger automatisch zustande, wenn mehrere Personen gleichzeitig körperlich anwesend sind (Knorr-Cetina 2012a) bzw. wie Goffman (1994b: 55) es formuliert: Reaktionspräsenz entsteht in Umwelten, „in denen zwei oder mehr Individuen körperlich anwesend sind, und zwar so, daß sie aufeinander reagieren können.“

Diese Verbindung von Reaktionspräsenz mit körperlicher Anwesenheit bzw. Gleichörtlichkeit löst Knorr-Cetina mit dem Verweis auf Alfred Schütz‘ Beschreibungen der „Wir-Beziehung“ bzw. „Wir-Erfahrung“ auf (vgl. dazu Kap. 2.5): Demnach basiert das Zustandekommen simultaner Bewusstseinsströme und reziproken Erlebens vor allem auf der „Gleichzeitigkeit des Ereignisses“, der Erfahrung dieser Gleichzeitigkeit und der „Signale, dass der Andere an dem selben Ereignis orientiert ist“ (Knorr-Cetina / Brügger 2005: 165).[97] Konstitutiv für Reaktionspräsenz sei also nicht das Erleben einer gemeinsamen physischen Umwelt, sondern die Synchronizität der Beobachtungen, und die könne nicht nur unter Anwesenden, sondern auch mit Hilfe sog. skopischer Medien entstehen.

Unter *skopischen Medien* versteht Knorr-Cetina (2012b: 168) Beobachtungs- und Bildschirmtechnologien, durch die „distante bzw. unsichtbare Phänomene situational präsent“ gemacht, bestehende soziale Situationen informationell erweitert und in sog. synthetische Situationen transformiert werden. Face-to-Face Interaktionen würden auf diese Weise zu „face-to-screen-Beziehungen“, und laufende Kommunikation unter Anwesenden werde durch parallel live eingespielte Informationsströme ergänzt. Beispiele für solche synthetischen Situationen mit zu-

---

97 Zu sehr ähnlichen Schlussfolgerungen bzgl. der Höherbewertung von Gleichzeitigkeit vor Gleichörtlichkeit für das Zustandekommen einer „Wir-Beziehung“ kommt Zhao (2004). In ihrer Anwendung von Schütz sozialphänomenologischer Analyse auf technisch vermittelte Kommunikation unterscheidet sie zwischen „telepresence“ (Situationen, in denen physisch entfernte Personen Mitteilungen anderer, nicht anwesender Menschen empfangen können, aber keine wechselseitige Wahrnehmung besteht, wie z. B. beim Fernsehen) und „telecopresence“ (Situationen, in denen Personen zwar nicht räumlich anwesend sind, sich aber mit Hilfe technisch vermittelter Kommunikation wechselseitig wahrnehmen können) (Zhao 2004: 98 f.).

sätzlichen Informationen in Echtzeit sind die von Devisenhändler:innen weltweit beobachteten, ständig aktualisierten Preiskurven an den Finanzmärkten, Nachrichtenticker am Arbeitsplatz oder die an Patienten angehängten Überwachungsmonitore im Krankenhaus. Bei den medial visualisierten Informationen handelt es sich häufig um große Mengen synthetisierter Daten, die menschlichen Sinnen normalerweise gar nicht zugänglich wären. Knorr-Cetina (2012a: 89) unterscheidet je nach dem Anteil körperlicher und skopischer Elemente (nicht besonders trennscharf) verschiedene Typen synthetischer Situationen.[98] Eine *synthetische Situation* ist demnach eine „durch gänzlich oder teilweise skopische Bestandteile bereicherte (und verzeitlichte) Umgebung – in der wir uns in der Reaktionspräsenz des jeweils Anderen und der skopischen Komponenten befinden, ohne die Notwendigkeit einer wechselseitigen physischen Anwesenheit zu haben." (Knorr-Cetina 2012a: 90)

Knorr-Cetina verallgemeinert also den Interaktionsbegriff und verzichtet dabei auf das Merkmal der körperlichen Anwesenheit. Ihrer Ansicht nach entsteht Reaktionspräsenz (und damit eine soziale Situation) schon dann, wenn sich mindestens zwei Personen gleichzeitig wechselseitig wahrnehmen, auch wenn sie sich nur gemeinsam in einem virtuellen Raum befinden (wie z. B. bei einer Videokonferenz) bzw. sich die Wahrnehmung nur auf die zeitgleiche Beobachtung von technisch vermittelten Informationen bezieht (wie z. B. die Aktienkurse zeigenden Bildschirme an verschiedenen Börsenstandpunkten des globalen Finanzmarktes). Letztlich verwendet sie den Interaktionsbegriff in ihren Arbeiten jedoch gar nicht mehr, sondern ersetzt ihn durch das Konzept der synthetischen Situation, das vor allem in der Mediensoziologie verwendet wird.

Es gibt aber auch Kritik an Knorr-Cetinas Vorschlag, den Interaktionsbegriff so umfassend für technisch vermittelte Kommunikation zu öffnen und die Bedingung der körperlichen Kopräsenz vollständig auszublenden: So verweist z. B. Bettina Heintz (2014: 237 f.) darauf, dass die von Knorr-Cetina beschriebenen face-to-screen Situationen nur unter bestimmten Umständen funktionale Äquivalente für die gemeinsame Wahrnehmung in direkter Interaktion sein könnten. Es gehe nämlich meistens nicht nur darum, dass man gemeinsam und zeitgleich die

98 Das ist erstens die beschriebene Situation der Devisenhändler:innen des globalen Finanzmarkts, die zwar zu mehreren in einem Raum vor ihren Bildschirmen sitzen (*face-to-screen*), aber auch gleichzeitig mit anderen Menschen an anderen Orten weltweit dieselben Informationsgrafiken auf den Bildschirmen beobachten. Beim zweiten Typ synthetischer Situationen gibt es eine klare Trennung zwischen der laufenden Face-to-Face Interaktion und der synthetischen Umwelt: Als fiktives Beispiel beschreibt Knorr-Cetina (2012a: 87) hier einen Ehestreit, währenddessen skopische Medien zusätzliche, für die Auseinandersetzung relevante Informationen liefern. Beim dritten Typ beinhaltet die Situation nur eine skopische Komponente, die jedoch im Einzelfall sehr dominant sein kann, wie z. B. der Fernseher im Wohnzimmer, der die Aufmerksamkeit aller Anwesenden bindet. Im vierten Typ synthetischer Situationen sind dann alle Beteiligten telepräsent und Face-to-Face Interaktion wird nur noch simuliert.

Außenwelt wahrnehme (wie die von Knorr-Cetina untersuchten Devisenhändler, die Preisschwankungen jeweils gleichzeitig auf den Bildschirmen in New York und Frankfurt beobachten), sondern dass man auch die Reaktionen der anderen darauf wahrnehmen könne. Die Betonung der Wechselseitigkeit von Wahrnehmung (dass man einander also als wahrnehmend beobachtet) findet sich bereits bei Goffman (1994b: 59):

> „Befindet sich ein Individuum erst einmal in der Gegenwart eines anderen, zeigen beide eine bewundernswerte Fähigkeit, ihre Aufmerksamkeit auf ein und dieselbe Sache zu richten, gleichzeitig wahrzunehmen, was sie gerade tun und außerdem zu registrieren, daß sie es wahrnehmen."

Heintz (2014: 238) zufolge ist eben diese „physische Anwesenheit im Wahrnehmungsfeld des Anderen" die zentrale Basis des Interaktionskonzepts und könne damit nicht einfach weggelassen oder ersetzt werden. Sie unterscheidet zwei Konstellationen von Wahrnehmung, die bei Kopräsenz zusammenfallen: die gleichzeitige Gegenwart von mindestens zwei Personen am gleichen Ort, so dass sie sich wechselseitig wahrnehmen können, und die „unhintergehbare Präsenz einer gemeinsamen Außenwelt", die von allen Anwesenden gleichermaßen wahrnehmbar ist (ebd.). Bei technisch vermittelter Kommunikation entfalle aber nicht nur die unmittelbare wechselseitige Wahrnehmung, sondern auch die direkte Wahrnehmung einer gemeinsamen Außenwelt, so dass die von Knorr-Cetina beschriebenen Devisenhändler:innen in New York weder wahrnehmen, wie ihre Kolleg:innen in Frankfurt als Reaktion auf die Preisschwankungen am Aktienmarkt in Schweiß ausbrechen, noch wenn es in Frankfurt ein Erdbeben gibt.

Diese Einwände sind überzeugend und verdeutlichen noch einmal, dass der Vorschlag, die Bedingung der Kopräsenz einfach aus der Definition von Interaktion zu streichen, genauso wenig sinnvoll ist, wie subjektzentrierte Deutungen von Kopräsenz mit Interaktion gleichzusetzen, da der Interaktionsbegriff dann erheblich an Präzisionskraft verlieren würde. Dennoch besteht angesichts der Forschungsergebnisse über die verschiedenen Formen von Telekommunikation unbestritten Bedarf für eine begriffliche Differenzierung des Interaktionsbegriffs. Wie lassen sich die Unterschiede, aber auch Gemeinsamkeiten zwischen diesen Kommunikationsarten begrifflich präziser erfassen, ohne dabei jedoch die Grundannahmen der Interaktionstheorie vollständig aufzugeben?

Die Dimensionalisierung und Gradualisierung von Kommunikation unter Anwesenden

Eine Möglichkeit zur Rekonzeptualisierung des Interaktionsbegriffs, die bisher jedoch nur von verschiedenen Autor:innen angedeutet, aber noch nicht detailliert ausgearbeitet wurde, liegt in der Dimensionalisierung und gleichzeitigen Gra-

Abbildung 7: Gradualisierung von Interaktion

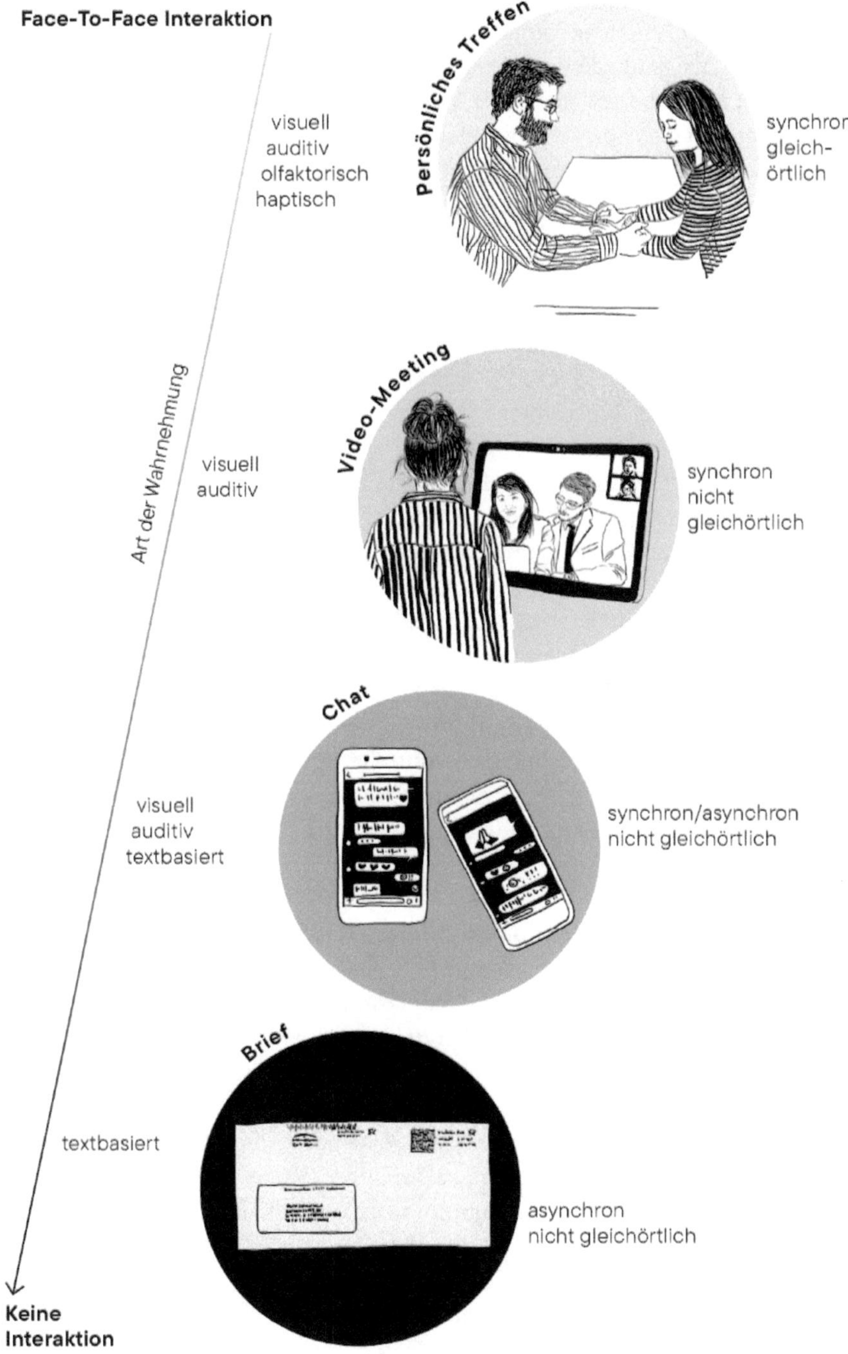

dualisierung von Interaktion (vgl. z. B. Meyer 2014: 338 ff.; Müller 2016). So lässt sich der Interaktionsbegriff mit Blick auf die oben beschriebenen Forschungsergebnisse in verschiedene Dimensionen von Interaktivität ausdifferenzieren, die man sich als gradualisierte Abstufungen zwischen zwei Endpunkten vorstellen kann (vgl. Abb. 7). Auf diese Weise wird z. B. zwischen synchroner vs. asynchroner und gleichörtlicher vs. nicht gleichörtlicher Kommunikation unterschieden sowie den jeweils zugänglichen Wahrnehmungskanälen (in Bezug auf die anderen Teilnehmer:innen und die Außenwelt). Je nach Forschungsinteresse lassen sich auch weitere Dimensionen ergänzen, wie z. B. Restriktionen beim Redezugwechsel oder das Vorliegen eines gemeinsamen Aufmerksamkeitsfokus. Auf diesen verschiedenen Dimensionen können dann ganz unterschiedliche empirische Phänomene, wie z. B. ein Vieraugengespräch, ein Telefonat oder eine Videokonferenz verortet werden. Je weiter oben auf den beschriebenen Achsen eine Kommunikation eingeordnet wird, desto ähnlicher ist sie der von Goffman beschriebenen Face-to-Face Interaktion, je weiter unten eine Kommunikation dagegen liegt, desto wahrscheinlicher folgt sie anderen Regeln. Letztlich ist es also eine empirische Frage, ab welcher Stelle auf dieser Skala man eine technisch vermittelte Kommunikation sinnvoll als Interaktion beschreiben kann und ab wo nicht mehr.

Neben diesen Versuchen, technisch vermittelte Kommunikation angemessen begrifflich erfassen zu können, stellen sich aus interaktionstheoretischer Perspektive jedoch noch weitere wichtige Fragen mit Blick auf Telekommunikationsmedien. Eine zentrale Überlegung bezieht sich auf die Ersetzbarkeit von Face-to-Face Interaktion durch technisch vermittelte Kommunikation. Im folgenden Abschnitt werden ausgewählte Arbeiten aus diesem, nicht erst seit der Corona-Pandemie intensiv bearbeiteten Forschungsfeld vorgestellt.

4.1.3 Zur (Un-)Ersetzbarkeit direkter Interaktion

Die Frage nach der Ersetzbarkeit von Interaktion durch Telekommunikation verweist auf bestimmte Vorannahmen über das Verhältnis zwischen beiden Formen der Kommunikation, die aber in der soziologischen Literatur nicht immer explizit gemacht werden. Dazu gehört zunächst einmal die Feststellung, dass Face-to-Face Interaktion aus einer historischen Perspektive das „ursprüngliche Phänomen“ (Goffman 1994b: 55) gewesen sei, eine Art „Prototyp aller gesellschaftlicher Interaktion“, von der andere Kommunikationsformen nur „abgeleitet“ worden seien bzw. Face-to-Face Interaktion „imitieren“ würden (Berger/Luckmann 1969/2004: 31). Des Weiteren wird infolge fortschreitender technischer und sozialer Entwicklungen von einem generellen Bedeutungsverlust von Face-to-Face Interaktion bzw. körperlicher Anwesenheit in der modernen Gesellschaft ausgegangen (z. B. Berger 1995). Diese Entwicklung wird in der Literatur ganz unterschiedlich bewertet: So beklagen einige Autor:innen die zunehmende Technisierung und warnen vor möglichen negativen gesellschaftlichen Folgen. Hier spielen auch technikkritische Perspektiven eine Rolle, die in der technischen Vermittlung von Kommunikation immer auch einen Informations- bzw. Authentizitätsverlust vermuten (vgl. Schultz 2001: 89 f.). Andere Autor:innen betonen die besondere Qualität von Face-to-Face Interaktion und deren Unverzichtbarkeit (z. B. Boden / Molotch 1994; Heintz 2014). Der Grund dafür liege vor allem in der hohen Komplexität und der großen informationellen Dichte direkter Interaktion, die in technisch vermittelter Kommunikation (noch) nicht erreichbar sei.

Ganz anders bewerten modernisierungs- sowie differenzierungstheoretische Ansätze diese Entwicklung: Hier wird die zunehmende Ablösung direkter Interaktionen durch andere Kommunikationsformen als Fortschritt und Indikator gesellschaftlicher Entwicklung gedeutet. So nimmt z. B. Peter A. Berger (1995: 100) an, dass die Entwicklung neuer Kommunikationstechnologien und die immer selbstverständlicher werdende Mobilität zu einer „Enträumlichung von Kommunikation" führe und das Ersetzen von Anwesenheit durch „Erreichbarkeit" nur noch eine Frage der Zeit sei. Entsprechend wird Modernisierung häufig auch als „Enträumlichung" bzw. „Entbettung" (*Disembedding*) beschrieben im Sinne einer Herauslösung aus ortsgebundenen sozialen Beziehungen, inklusive der damit verbundenen Verpflichtungen und Beschränkungen (z. B. Giddens 1991, 1996).

Einige Autor:innen bewerten das explizit positiv und vermuten, dass diese kommunikative Revolution mit einer Versachlichung der Kommunikation einhergehe, z. B. weil mit dem Körper verbundene Merkmale, wie Geschlecht und Ethnizität, in technisch vermittelter Kommunikation an Bedeutung verlieren würden (z. B. Turkle 1996, 1998).[99] Auch die Systemtheorie Niklas Luhmanns geht davon aus, dass die zunehmende Entkopplung von Interaktion und Gesellschaft (sowie der damit zumindest implizit verbundene Bedeutungsverlust von Kommunikation unter Anwesenden) eine Voraussetzung für funktionale Differenzierung und damit die Entstehung der Weltgesellschaft ist (vgl. dazu Heintz 2014: 229 f.). Begründet wird das mit Verweis auf die Störanfälligkeit und geringere Komplexität von Interaktionen (vgl. Kap. 2.5).

Diese These von der zunehmenden Ersetzbarkeit von Anwesenheit wurde bisher jedoch kaum durch empirische Daten belegt oder als Ausgangspunkt für eine systematische Erforschung genommen. Als Beleg wird lediglich regelmäßig auf die technischen Fortschritte und/oder die Zunahme technisch vermittelter Kommunikation verwiesen. Dabei stellen sich hier eine ganze Reihe von bislang wenig beachteten Fragen: Gilt diese Vermutung tatsächlich für die ganze Gesell-

---

99 Mittlerweile hat Sherry Turkle ihre Position jedoch verändert: In ihrem Buch „Reclaiming Conversation" (Turkle 2015) sorgt sie sich um die gesellschaftlichen Folgen, wenn zu viel Face-to-Face Interaktion durch technisch vermittelte Kommunikation ersetzt werde.

schaft oder nur für bestimmte Bereiche oder Situationen? Unter welchen Bedingungen wird also trotz der Existenz entsprechender Telekommunikationsmedien nach wie vor auf realweltliche Treffen zurückgegriffen, und wann und warum werden sie durch Telefonate oder Videokonferenzen für ersetzbar gehalten? Geht es dabei möglicherweise um unterschiedliche Funktionen von direkter Interaktion und anderen Kommunikationsformen? Und welche Funktionen sind das?

Wichtige Erkenntnisse darüber, ob und wie genau direkte Interaktion substituiert werden kann (oder eben auch nicht), lieferte die Corona-Pandemie. Während dieser Zeit wurde deutlich, in welchen Situationen – zumindest vorübergehend – auf technisch vermittelte Kommunikation ausgewichen werden konnte.[100] Denn auch wenn es die für Videoanrufe notwendige Software für Computer, Tablets und Smartphones bereits vor der Pandemie gab, bevorzugten doch viele Menschen sowohl privat als auch im Beruf direkte Interaktionen. Wie sehr sich das geändert hat, zeigen die Nutzer:innenzahlen: So hatte z. B. Zoom, eine der aktuell beliebtesten Plattformen für virtuelle Treffen, im Dezember 2019 rund 10 Millionen Nutzer:innen pro Tag, während die Zahl bis April 2020 auf rund 300 Millionen anstieg (Woodward 2022).[101] Für Kontakte zu Freund:innen und Familie werden – wenn möglich – mittlerweile wieder realweltliche Treffen favorisiert, aber Expert:innen gehen davon aus, dass Videokonferenzen für bestimmte Arten beruflicher Meetings auch nach dem Ende der Pandemie die bevorzugte Kommunikationsform sein werden (z. B. Standaert / Muylle / Basu 2022).

Im Folgenden werden ausgewählte Forschungsarbeiten vorgestellt, die einige erste Antworten auf die oben genannten Fragen geben. Eine systematische Bearbeitung dieses Themas fehlt allerdings bisher und gehört zu den wichtigen Forschungsdesideraten der Interaktionssoziologie. Zur besseren Übersichtlichkeit wird die Darstellung grob unterteilt in öffentliche bzw. berufliche Treffen und private Kontakte zu Familie und Freund:innen.

Berufliche Interaktionen: Business Meetings und Zoom Fatigue

Interessiert man sich für den angeblichen Bedeutungsverlust direkter Interaktion in modernen Gesellschaften, liefert ein Blick in die Vergangenheit eine wichtige Vergleichsfolie. In Gesellschaften, in denen es noch keine Telekommunikationsmittel gab, musste soziale Ordnung ausschließlich mit Hilfe von Kommunikation unter Anwesenden hergestellt werden. Kommunikationshistorische Studien zeigen, dass in diesen anwesenheitsbasierten Gesellschaften der Frühen Neuzeit eine „Präsenzkultur" herrschte (Stollberg-Rilinger 2008: 11), die zuallererst auf kör-

100 Die Aufarbeitung der Corona-Pandemie aus interaktionstheoretischer Perspektive hat erst begonnen. Einige erste Ergebnisse aus einem umfangreichen Projekt von Lorenza Mondada findet man hier: www.lorenzamondada.net/humansociality-covid19 (Zugriff am 06.06.2023).

101 Auch andere Videokonferenz-Plattformen, wie Microsoft Teams oder Google Meet, hatten in dieser Zeit einen deutlichen Anstieg ihrer Nutzer:innenzahlen zu verzeichnen.

perlicher Anwesenheit beruhte, auch wenn es schon schriftliche Kommunikation und das Prinzip der Stellvertretung gab (vgl. Schlögl 2008). Zentrale Bedeutung für die Strukturbildung kam z. B. *Ereignissen* zu, d. h. punktuellen Phänomenen mit einem verdichteten Geschehen, das sich zeitlich und räumlich klar abgrenzen und gut beobachten lässt (Schlögl 2008: 198 ff.). Entscheidend ist hierbei, dass Ereignisse ihre Bedeutung in sich selbst enthalten und nicht auf etwas anderes verweisen. Sie *sind*, was sie darstellen und damit identisch mit der Struktur, die sie erzeugen. In diesem Sinne sind auch Rituale und Zeremonien Ereignisse, wie z. B. Krönungen, Belehnungen und Reichstage. Diese Rituale und Versammlungen verwiesen nicht nur auf die bestehende Ordnung des Reichs, sondern sie *waren* das Reich. Auf diese Weise wurde Herrschaft sinnlich erfahrbar dargestellt bzw. hergestellt (ebd.: 300). Allein durch die Anwesenheit bei so einem Ritual bezeugten die Teilnehmer:innen dessen Wirkung sowie Geltung und gaben damit ihre Zustimmung zu erkennen (vgl. Stollberg-Rilinger 2008: 299 ff.). Wollten sie sich dieser Verpflichtungswirkung entziehen, mussten sie entweder noch während des Rituals öffentlich Protest einlegen oder aber gar nicht erst teilnehmen. Damals waren also die politische und die symbolische Repräsentation noch weitgehend deckungsgleich, und die grundlegenden Strukturen der damaligen Gesellschaftsordnung wurden in Form solch feierlicher Inszenierungen symbolisch vollzogen.

Auch wenn heutzutage, rund 500 Jahre später, die politische Strukturbildung nicht mehr notwendigerweise auf solche Ereignisse mit vielen anwesenden Würdenträger:innen angewiesen ist, gibt es dennoch mehr oder weniger regelmäßig Treffen der aktuellen Machthaber:innen unter Anwesenheitsbedingungen. Bei solchen Gipfeltreffen kommen z. B. hochrangige politische und/oder wirtschaftliche Führungskräfte aus unterschiedlichen Staaten zusammen. Trotz der Existenz der notwendigen Telekommunikationstechnik nehmen Beteiligte also weite Reisen auf sich, um von Angesicht zu Angesicht über wichtige Themen zu sprechen oder Verträge auszuhandeln. Ähnlich wie im Fall der vormodernen Rituale und Zeremonien gilt dabei bereits die Anwesenheit als wichtiger Indikator für prinzipielle Zustimmungsbereitschaft. Bettina Heintz (2014: 242 ff.) beschreibt die Bedeutung dieser Anwesenheitsrituale am Beispiel von UN-Weltkonferenzen und anderen „global formatierten Interaktionssystemen", bei denen sich zahlreiche Staatsvertreter:innen aus allen Mitgliedsländern der Vereinten Nationen treffen und tagelang über einen Text verhandeln, der dann am Ende konsensual verabschiedet wird. Ist man mit dem Inhalt nicht einverstanden, genügt nicht einfach eine Enthaltung oder Gegenstimme, sondern die Ablehnung muss auch symbolisch inszeniert werden: entweder durch einen Boykott der Veranstaltung oder aber durch das demonstrative Verlassen des Saals.[102]

102 So z. B. medienwirksam geschehen 2009 bei der Durban Review Conference, einer Nachfolgekonferenz zur dritten Weltkonferenz gegen Rassismus: Während der Eröffnungsrede des dama-

Heintz (2014: 246) zufolge spielen direkte Interaktionen gerade auf dieser Ebene der internationalen Politik und der bislang nur unvollständig institutionalisierten Weltgesellschaft eine wichtige Rolle, da das Zusammenkommen auf diesen UN-Konferenzen symbolisch „eine Weltgesellschaft im Kleinen“ sichtbar mache, wobei die Interaktion „das unverzichtbare Spielmaterial“ für die Etablierung einer solchen weltgesellschaftlichen Ordnungsebene bereitstelle (Heintz 2007: 352).

Wie aber sieht es in anderen beruflichen Kontexten jenseits internationaler politischer Gipfeltreffen aus? Mit Blick auf Business Meetings und Geschäftsreisen gab es auch schon vor der Corona-Pandemie relativ viel Forschung zur Ersetzbarkeit von Anwesenheit. Business Meetings sind ein zentraler Bestandteil des beruflichen Lebens in modernen Gesellschaften. Darunter versteht man „eine Zusammenkunft von drei oder mehr Personen, die sich zu einem bestimmten Zweck versammeln, der mit den Arbeitsabläufen einer Organisation zusammenhängt“ (Schwartzman 1989: 61; eigene Übersetzung).[103] Topmanager verbringen eigenen Angaben zufolge 60 bis 75 Prozent ihrer Arbeitszeit in Face-to-Face Meetings oder am Telefon – obwohl sie das selbst nicht unbedingt für besonders produktiv halten (Denstadli / Julsrud / Hjorthol 2012: 67).

In zahlreichen (vor allem vorpandemischen) Studien konnte gezeigt werden, dass die Wahl der präferierten Kommunikationsform von verschiedenen Dingen abhängt: vom erklärten Ziel und Zweck eines Meetings, davon ob sich die Beteiligten schon kennen und bestimmten Randbedingungen, wie dem Zeit- und Kostenbudget eines Unternehmens. Demnach funktionieren Videokonferenzen dann am besten bzw. werden am wahrscheinlichsten verwendet, wenn es um Sach- und Routineaufgaben geht und wenn es sich um Arbeitsgruppen handelt, in denen sich die Mitarbeiter:innen schon kennen und klar formulierbare Fragen beantwortet werden müssen. Sind die Aufgaben uneindeutig oder die Inhalte besonders anspruchsvoll, muss mit bzw. an bestimmten Objekten gearbeitet werden (Produktentwicklung), geht es eher um Fragen des sozialen Miteinanders (z. B. Teambuilding) bzw. kennen sich die Beteiligten noch nicht, werden eher Face-to-Face Meetings präferiert (vgl. Denstadli / Julsrud / Hjorthol 2012: 85 f.). Immer dann, wenn das Ziel „Vertrauensbildung, Kompromissfindung, Beziehungspflege und Legitimationsbeschaffung“ heißt, werden direkte Treffen einer technisch vermittelten Kommunikation vorgezogen (Heintz 2014: 238). Das gilt vor allem für die Etablierung neuer Kontakte: Die in einer Interaktion entstehenden Erwartungen beziehen sich nämlich zuerst auf die Person der/s Gesprächspartner:in, und erst nach einer gewissen Zeit wird das so entstandene persönliche Vertrau-

---

ligen iranischen Präsidenten Ahmadinedschad verließen die Delegierten von mehr als 30 Ländern den Saal, um damit zu signalisieren, dass sie den antisemitischen Inhalten dieser Rede nicht zustimmten.

103 Es gibt sogar eine eigenständige Meeting-Forschung (vgl. Olien et al. 2015).

en auf das Unternehmen übertragen, das eine Person repräsentiert (vgl. Heintz 2007: 351).

Alles in allem ging man also mit Blick auf den beruflichen Kontext eher nicht davon aus, dass Video-vermittelte Kommunikation die realweltlichen Face-to-Face Treffen irgendwann vollkommen ersetzen würden, sondern dass beide Kommunikationsformen unterschiedliche Funktionen erfüllen und sich daher komplementär ergänzen (Denstadli / Julsrud / Hjorthol 2012: 67). Als jedoch aufgrund der Corona-Pandemie bzw. der damit verbundenen Kontaktbeschränkungen im Frühjahr 2020 plötzlich praktisch keine Dienstreisen mehr möglich waren, mussten notgedrungen alle Meetings und Besprechungen in Form von Telekommunikation stattfinden. Während vor Corona Videokonferenzen vor allem von oberen und mittleren Führungskräften genutzt wurden (Denstadli / Julsrud / Hjorthol 2012: 83), erweiterte sich der Nutzer:innenkreis seit dieser Zeit deutlich. Viele Angestellte mussten sich die notwendige Software auf ihren Computer oder Laptop laden und Online-Besprechungen zuhause am Küchentisch durchführen. Gleichzeitig bemühten sich viele Unternehmen um die Anschaffung bzw. Einrichtung professioneller Besprechungsräume mit der entsprechenden technischen Ausstattung. Die Pandemie wirkte also wie ein „natürlich vorkommendes Experiment" (vgl. Collins 2020: 478) bzgl. der Frage der Ersetzbarkeit von Face-to-Face Interaktion, und man konnte sehr gut beobachten, in welchen Kontexten Telekommunikation gut funktionierte und wo bzw. wann nicht.

Es bestätigten sich bestimmte vorpandemische Erwartungen, z. B. dass Sachfragen mit Hilfe der Videokonferenz-Tools gut bearbeitet werden konnten, während soziale Bedürfnisse der Teilnehmer:innen offenbar zu kurz kamen: „Work gets done remotely, after a fashion; it just lacks moments of shared enthusiasm." (Collins 2020: 491) Zur Kompensation der fehlenden sozialen Komponenten und um auch im Rahmen technisch vermittelter Kommunikation zumindest ein bisschen Vergemeinschaftung zu ermöglichen, wurden neue Softwarelösungen entwickelt: Programme, wie z. B. Wonder oder Gather.town, die versuchen das Verhalten von Menschen in Face-to-Face Interaktionen bei größeren Veranstaltungen zu imitieren. Die Teilnehmer:innen können als Avatare durch vorher entwickelte (und vielleicht zum Konferenzthema passende) virtuelle Räume laufen. Wenn sie sich einem anderen Avatar nähern, öffnet sich ein Videochatfenster, so dass sie sich wechselseitig sehen und hören können. Auf diese Weise entstehen dann kleinere Gesprächsgruppen, und wenn man keine Lust mehr hat, geht man weiter zu einer anderen Gruppe. Inwiefern dabei tatsächlich so etwas wie Geselligkeit entstehen kann, ist eine offene empirische Frage.

Mittlerweile gibt es erste Überlegungen zu möglichen längerfristigen Veränderungen der Kommunikation durch die zunehmende Verbreitung von Videotelefonie: So beschreiben z. B. Philip Roth und Christina Laut (2023) die Folgen der Virtualisierung von Kommunikation in Arbeitskontexten oder genauer gesagt: in formalen Organisationen. Sie vermuten u. a. eine Marginalisierung informeller Kommunikation im organisationalen Alltag, wie sie üblicherweise bei zufälligen Begegnungen in der Teeküche zustande kommen. Im Gegensatz dazu müssten virtuelle Situationen gezielt arrangiert werden und benötigten einen konkreten Anlass. Wenn nun aber durch die Normalisierung von Homeoffice und die Zunahme virtueller Kommunikation solche kleinen Begegnungen auch mit unbekannten Kolleg:innen seltener stattfinden, gingen auch die damit verbundenen produktiven Nebeneffekte für die Arbeitsprozesse verloren (ebd.: 110 f.). Darüber hinaus rechnen die Autor:innen aber auch mit einer Effizienzsteigerung der Kommunikation, was ihrer Ansicht nach eine Folge der mangelnden „Markanz virtueller Situationen" ist (ebd.: 112): In Video-Calls fehlten die sonst unter Anwesenden reichhalten situativen Reize, die immer auch Ablenkungspotenziale enthalten. Außerdem vermuten sie, dass die Einschränkungen bei der Selbstinszenierung der Teilnehmer:innen von Video-vermittelter Kommunikation in signifikanten Veränderungen der Hierarchien in Organisationen resultieren könnten. Anders als unter Anwesenden sei es im Rahmen von Video-Calls schwieriger, die formalen Rollenvorgaben von Führungskräften praktisch zu realisieren. Die Inszenierung von Status durch den Sitzplatz am Kopfende des Konferenztisches oder exquisite Kleidung werde durch das technische Medium erschwert (ebd.: 113). Das wiederum führe dazu, dass „inhaltliche Beiträge als Mittel der Selbstinszenierung an Bedeutung gewinnen, während etwa Charisma an Bedeutung verliert" (ebd.: 113). Letztlich rechnen sie mit einer Verflachung organisationaler Hierarchien.

Die Kontakteinschränkungen während der Corona-Pandemie betrafen nicht nur Business Meetings in Unternehmen, sondern auch Face-to-Face Interaktionen in Berufsfeldern, in denen es um die Bearbeitung rechtlicher, gesundheitlicher, sozialer oder psychischer Probleme ging und die auf die Veränderung der betroffenen Personen ausgerichtet sind (*people processing*). Für diese sog. Professionen, zu denen z. B. Berufe in den Bereichen Medizin, Jurisprudenz, Theologie und Erziehung gezählt werden, wurde stets eine besondere „Prominenz der Interaktionsebene" angenommen (Stichweh 1996: 64), da zwischen Professionellen und ihren Klient:innen eine Art „Arbeitsbündnis" entstehen müsse (Oevermann 1996). Während der Pandemie wurde nun auch in diesen Bereichen Video-vermittelte Kommunikation verwendet – offenbar mit unterschiedlichem Erfolg. So wurde im Bereich der Rechtspflege vieles auf (verschlüsselte) Online-Kommunikation umgeleitet, aber trotzdem gab es in den meisten Bundesländer Ausnahmen von den Kontaktbeschränkungen für dringende Anwalts- und Notartermine.[104] Auch viele Ärzt:innen sowie Psychotherapeut:innen ersetzten einen Teil ihrer Sprechstunden durch Videokonsultationen, um auf diese Weise Diagnosen zu stellen, Patient:innen zu beraten oder Notfallhilfe anzubieten. Diese sog. Tele-

---

104 Im Gegensatz dazu wurden in anderen Ländern, wie z. B. den USA, teilweise ganze Gerichtsverfahren online durchgeführt.

medizin gab es allerdings auch schon vor der Pandemie, sie soll in Zukunft die medizinische Versorgung im ländlichen Raum sicherstellen und scheint mittlerweile auch bei vielen Patient:innen Anklang zu finden. Dennoch blieben auch die Arztpraxen während der Pandemie geöffnet und werden wohl auch weiterhin Orte sein, die besucht werden müssen, da manche körperliche Untersuchung nicht über Videotelefonie durchgeführt werden kann, etwa wenn Ärzt:innen die Patient:innen dafür anfassen und Körperstellen abtasten müssen.

Auch die Begegnung zwischen Geistlichen und ihren Gemeindemitgliedern konnte nur sehr begrenzt auf Anwesenheit verzichten. Da zumindest zu Beginn der Pandemie die Zusammenkunft zu Gottesdiensten verboten wurde, begannen z. B. christliche Kirchen damit, Gottesdienste entweder aufzuzeichnen und dann im Fernsehen oder Internet auszustrahlen oder aber im Livestream zu übertragen. Dabei handelte es sich in der Regel um einseitige Kommunikation ohne die Möglichkeit für die Geistlichen, die Gläubigen wahrzunehmen. Durch das Fehlen dieser Wechselseitigkeit wurde auch die Durchführung bestimmter, für die Liturgie typischer Rituale schwierig bzw. unmöglich, wie z. B. gemeinsames Singen, das abwechselnde Aufsagen bestimmter Formeln (wie z. B. beim Friedensgruß) oder das Empfangen von Sakramenten. Entsprechend kam die für religiöse Zusammenkünfte so wichtige Form von Efferveszenz (Durkheim; vgl. Kap. 3.3.2) unter den Bedingungen Video-vermittelter Kommunikation gar nicht zustande.[105] Die körperliche Anwesenheit der Gläubigen spielt außerdem eine entscheidende Rolle in der Eucharistie-Feier, die als eine Art magisches Ereignis die „reale Präsenz von Christi Leib und Blut" herstellt, die dann im Akt der Kommunion durch die Gläubigen inkorporiert werden können (Gumbrecht 2012: 268). Es geht also auch um die Berührbarkeit materieller Gegenstände und die Möglichkeit ihrer Aneignung durch Anfassen oder Verzehr. Möglicherweise waren das die Gründe, warum die Kirchen relativ schnell wieder öffnen und Gottesdienste in Kopräsenz durchführen durften – wenn zunächst auch mit beschränkter Teilnehmer:innenzahl.[106]

Während der Pandemie wurden auch die Schulen geschlossen, und der Unterricht sollte zumindest teilweise mit Hilfe von Lernplattformen online stattfinden: zum einen durch dort hinterlegte Aufgaben für die Schüler:innen und zum anderen durch Videokonferenzen mit denselben Programmen, die auch für Business Meetings verwendet wurden. Alles in allem scheint diese Art des Unterrichts nur unter bestimmten Voraussetzungen und nur für ein bestimmtes Klientel funktioniert zu haben. Schüler:innen und Lehrer:innen benötigten die entsprechende technische Infrastruktur (Endgeräte, Internetzugang), einen Arbeitsplatz für

105 Zur Bedeutung direkter Anwesenheit für religiöses Erleben am Beispiel evangelikaler Kirchen vgl. Petzke 2014.

106 Juristischer Hintergrund dieser Entscheidung war der besondere verfassungsrechtliche Schutz des Rechts auf Religionsausübung.

das sog. Homeschooling, Medienkompetenz und – je nach Alter – auch noch Erwachsene zur Anleitung. Zumindest ein Teil der hohen Drop-Out-Rate (angeblich ca. 30 Prozent höhere tägliche Fehlzeiten und höhere Schulabbrecherzahlen; vgl. Collins 2020: 488) lässt sich vermutlich auf solche Ressourcenprobleme zurückführen. Weitere Gründe liegen aber möglicherweise in der Kommunikationsform selbst: Bei den Videokonferenzen fehlt bspw. die disziplinierende und konfliktvermeidende Wirkung von Anwesenheit (vor allem wenn die eigene Kamera ausgeschaltet ist), und weil Gefühle nur schwer technisch übertragbar sind, gab es Schwierigkeiten mit der notwendigen Motivation und der Entstehung einer gemeinsamen Lernatmosphäre. Das Fehlen von Möglichkeiten zur Vergemeinschaftung mit gleichaltrigen Peers führte bei vielen Kindern und Jugendlichen außerdem zu einem Gefühl der Isolation und Entfremdung. Auch wenn die systematische Aufarbeitung dieser Zeit derzeit noch aussteht, scheint sich die Einschätzung durchzusetzen, dass technisch vermittelte Kommunikation den Face-to-Face Schulunterricht nicht ersetzen kann und nur in Ausnahmefällen oder als Überbrückung für eine kurze Zeit funktioniert.[107]

Neben den Professionen gibt es aber auch ganze Gesellschaftsfelder, die in stärkerem Maße als andere auf Kopräsenz angewiesen sind: Das gilt z. B. für den Sport und den Bereich des Tourismus. So ist die gleichzeitige Anwesenheit der konkurrierenden Athlet:innen die Grundbedingung und Voraussetzung für die Austragung sportlicher Wettkämpfe (vgl. Müller 2014).[108] Das gilt sowohl für Mannschaftsportarten als auch antagonistisch strukturierte Individualsportarten, in denen mit- oder gegeneinander gespielt und gekämpft wird. Im Zentrum steht hierbei vor allem die Ereignishaftigkeit des Sports. Selbst in den Meter-Gramm-Sekunde Sportarten, in denen sich die sportliche Leistung sehr genau messen lässt und daher zumindest theoretisch auch unabhängig voneinander ermittelt werden könnte, wird auf die körperliche Kopräsenz aller Gegner:innen nicht verzichtet. Sowohl der Anwesenheit der Konkurrenz als auch des Publikums werden besondere Eigenschaften zugeschrieben: Läufer:innen werden von den vor ihnen Laufenden „mitgezogen", Springer:innen oder Werfer:innen werden von den Leistungen anderer „angespornt" oder „eingeschüchtert", und unabhängig von der Disziplin beschreiben viele Sportler:innen, von der „Atmosphäre" im Stadion getragen zu werden und erklären damit ihre eigenen Bestleistungen.

107 Im Bereich der Universitäten kam man zu einer etwas anderen Einschätzung: Der Video-vermittelte Unterricht wurde deutlich länger eingesetzt und scheint sich in bestimmten Bereichen der Wissenschaft offenbar weiter zu etablieren (z. B. internationale Konferenzen). Bei Studierenden kam die Online-Lehre offenbar sehr unterschiedlich an: Manche kamen mit dem nötigen Maß an Eigeninitiative, Selbstdisziplin und -motivation gut klar, während andere ihr Studium abbrachen. So verweist z. B. Collins (2020: 488) auf die Bedeutung unterschiedlicher Persönlichkeitsstrukturen bei der Bewältigung dieser Umstellung des Unterrichts: „grinds like online learning, party animals don't".

108 Es gibt nur wenige Ausnahmen, wie z. B. Fernschach.

Mit dieser Angewiesenheit auf direkte Interaktion unterscheidet sich der Sport von anderen Gesellschaftsbereichen, die stärker auf verbaler Kommunikation basieren und in denen Kopräsenz einfacher ersetzt werden kann, wie z. B. in der Wirtschaft oder der Wissenschaft. Diese Notwendigkeit von body-to-body Interaktion im Sport wurde in der soziologischen Analyse bislang kaum beachtet und – wenn überhaupt – als Folge der starken Fokussierung auf den Körper gedeutet (*body processing*).

Auch im Tourismus lässt sich Anwesenheit nicht durch Telekommunikation ersetzen: Menschen geben nach wie vor sehr viel Geld aus für Reisen rund um die Welt, zu Orten oder Ereignissen, um dort ihren Urlaub zu verbringen oder ein Festival oder eine Opernpremiere zu besuchen. Und sie tun das, obwohl es von den allermeisten Weltregionen mittlerweile unzählige Fotos oder Dokumentarfilme gibt und berühmte Opernhäuser ihre Aufführungen im Livestream online übertragen. Hier geht es aber nicht immer um direkte Interaktionen, so z. B. bei Trips allein durch den Urwald oder dem Erleben der Nordlichter in Alaska. Entsprechend wird bei der Analyse von Reiseaktivitäten zwischen „face-to-face", „face-the-place" und „face-the-moment" unterschieden (Urry 2002: 262). Warum, wie häufig und zu welchen Anlässen welche Gruppen von Menschen sich trotz der Existenz moderner Telekommunikationstechnologie zueinander im geografischen Raum bewegen, ist Thema der relativ jungen Disziplin der Mobility-Studies (vgl. z. B. Cresswell 2006; Urry 2007).

Direkte Interaktionen mit Familie und Freund:innen

Betrachtet man nun den Bereich der persönlichen Beziehungen fällt zunächst auf, dass direkte Interaktionen hier eine besonders wichtige Rolle zu spielen scheinen. So werden persönliche und mehr noch intime Beziehungen häufig durch den Grad der Nähe der in Beziehung stehenden Personen unterschieden. Dies ist nicht nur metaphorisch, sondern wörtlich zu verstehen, da sich die Vertrautheit üblicherweise auch in den räumlichen Arrangements niederzuschlagen pflegt (vgl. Goffman 1974a; Kap. 2.4). Ferner werden in freundschaftlichen, familiären und vor allem romantischen Beziehungen körperliche Berührungen, Intimitäten und emotionales, gemeinsames und sich wechselseitig Erleben erwartet.

Aus interaktionstheoretischer Perspektive konstituieren sich Beziehungen durch wiederholte, aufeinander bezogene Interaktionen mit denselben Teilnehmer:innen, in deren Verlauf eine Art Wir-Bewusstsein und eigene Verhaltensregeln entstehen (vgl. Schmidt 2007).[109] Beziehungen beginnen also dann, wenn

109 Interessant ist hier die Abgrenzung zwischen den Begriffen „Beziehung", „Gruppe" und „Organisation" (vgl. Schmidt 2007: 521 f.): Im Unterschied zu formalen Organisationen sind Gruppen und Beziehungen interaktionsbasiert, überdauern aber gleichzeitig einzelne Interaktionen. Sowohl Gruppen als auch Beziehungen verfügen über ein Wir-Bewusstsein. Während aber eine Beziehung schon bei der Dyade beginnt, besteht eine Gruppe mindestens aus drei Personen.

Interaktionspartner:innen sich wiedertreffen und nicht jedes Mal von vorne anfangen, sondern an ihre vorangegangenen Kommunikationen anschließen.[110] Dabei entscheiden sie selbst, in der Regel situativ und in Abhängigkeit von intersubjektiv verfügbaren Beziehungsvorstellungen und -erwartungen, wen sie in ihre Interaktionsgeschichte miteinschließen (müssen).[111] Die auf diese Weise entstehenden Strukturen werden ebenfalls von den Beteiligten selbst mit bereits existierenden Beziehungsbezeichnungen beschrieben, z. B. als Freundschaft, als Liebesbeziehung oder als kollegiales Verhältnis (vgl. ebd.: 522 ff.). Im Verlauf direkter Begegnungen wird ausgehandelt, um welche Art von Beziehung es sich handelt, wer welche Rolle darin spielt und welche Art körperlicher Nähe erwartet wird. Persönliche Beziehungen existieren also nicht einfach, nachdem sie einmal etabliert sind, sondern sie müssen immer wieder erneuert und performativ durch neue Face-to-Face Interaktionen reproduziert werden.

Wie oft man sich trifft, wie lange eine Begegnung jeweils dauern sollte und wie lange Abwesenheiten zwischen den Treffen akzeptabel sind, hängt von der Art der Beziehung ab. Die Beziehung besteht prinzipiell auch in der Zeit zwischen den einzelnen Interaktionen, kann aber auch irgendwann enden, wenn man sich nicht mehr trifft. Aber auch längere Zeiträume der physischen Trennung müssen nicht zum Ende der Beziehung führen, wenn die Zeit durch technisch vermittelte Kommunikation überbrückt wird.[112] Wie oft und für wie lange technische Übermittlung als hinreichend wahrgenommen wird, unterscheidet sich mit der Art der Beziehung (etwa Freundschaft, Kernfamilie, Paar), der Beziehungs- und Lebensphase (Aufbau-, Bestandsphase, aktive oder post-aktive Elternschaft), der (Kommunikations- und Medien-)Kompetenz (s. oben) und den Bedürfnissen (in diesem Zusammenhang insb. jene nach Nähe und Berührung) der Beteiligten.

Die Bedürfnisse variieren dabei u. a. mit den Themen oder bestimmten, eine:n oder alle Interaktionsteilnehmenden betreffenden (situativen) Umständen. Auch in persönlichen Beziehungen lassen sich Sachfragen gut aus der Distanz klären, aber Emotionen können offenbar – wie bereits beschrieben – nur bedingt tech-

110 Daher verwendete Luhmann zur Beschreibung sozialer Beziehungen auch den Begriff der „intermittierenden Systeme“: Das sind „einfache Systeme“ (d. h. Interaktionssysteme), die allerdings „das System auf eine neue Ebene struktureller Organisation bringen“ (Luhmann 1972: 32).

111 Die Grenzen und die Effekte des (Nicht-)Einbezugs erweisen sich als unterschiedlich flexibel und situationsübergreifend bedeutsam. So ist es z. B. vom konkreten Kontext abhängig, wen man zu den Arbeitskolleg:innen zählt (alle Unternehmensangehörigen oder nur die aus der eigenen Abteilung oder nur die, mit denen man das Büro teilt), doch niemand verliert auf Dauer seine Organisationsmitgliedschaft, wenn er/sie (z. B. auf Grund von Organisations- oder Sachfragen) einmal nicht dazugerechnet wurde. Anders im Falle von Freund:innen und Liebespaaren, wo das Personal in der Regel vergleichsweise klar bis eindeutig umrissen ist und es unmittelbar strukturrelevant sein kann, jemanden (nicht mehr) dazuzurechnen.

112 Es muss natürlich nicht jede Abwesenheit überbrückt werden, sondern es ist selbst in Intimbeziehungen normal, für eine gewisse Zeit nicht körperlich zusammen zu sein, z. B. während der täglichen Arbeitszeit (vgl. Döbler 2020).

nisch übermittelt werden, sondern bedürfen körperlicher Nähe bzw. des Zugriffs auf die Körpersprache des anderen. So kann man z. B. viel schlechter übers Telefon oder den Computer trösten oder streiten als unter Anwesenden (vgl. Döbler 2020). Gefühle wie verletzter Stolz, Eifersucht oder sonstige Kränkungen sind in technisch vermittelter Kommunikation nur schwer zu bearbeiten, was u. a. daran liegt, dass selbst im Streit die Hürden viel höher liegen, eine Kommunikation unter Anwesenden abzubrechen als eine unter Abwesenden (z. B. durch Auflegen des Hörers).

Wie genau Paare oder Familien mit Fern- oder Wochenendbeziehungen ihre Beziehungen trotz längerer Abwesenheiten durch die Verwendung verschiedener Kommunikationstechnologien aufrechterhalten, wurde bereits vor der Corona-Pandemie intensiv untersucht (z. B. Baldassar 2016; Döbler 2020; Holmes 2006; Jennings / Wartella 2013). So beschreibt z. B. Heike Greschke (2019), wie Migrant:innen in einem virtuellen Raum eigene Formen von Sozialität und globaler Gemeinschaft entstehen lassen. Dort gibt es sogar „medial vermittelte Liebesbeziehungen", die durch die Kombination verschiedener Kommunikationsmedien ihren Alltag miteinander teilen, so dass eine der betroffenen Frauen erklärt: „Es ist schon wie Zusammenleben, nur dass der Körper fehlt." (Greschke 2009: 186)

Diese Forschungsergebnisse erstaunen bzw. erscheinen auf den ersten Blick widersprüchlich, da die physische Erreichbarkeit einerseits konstitutiv für persönliche Beziehungen ist, es andererseits aber gerade in diesen Beziehungen vergleichsweise erfolgreich gelingt, räumliche Distanzen zu überbrücken. Die Substitution von Anwesenheit durch technisch vermittelte Kommunikation zwischen Intimpartner:innen und Familienmitgliedern funktioniert deshalb so gut, weil man in der Regel auch sehr motiviert ist, die Beziehung aufrechtzuerhalten, einander schon kennt und viel Vorwissen übereinander hat. So können technisch verursachte Leerstellen (etwa die Reduktion auf auditive oder audiovisuelle Informationen) durch den Rückgriff auf vorherige Erfahrungen gefüllt werden, was z. B. auch in Bezug auf die bekannte Umwelt des anderen gilt (Döbler 2020: 166–214). Mit Fremden ist das schwieriger.

Während also diese fehlende körperliche Nähe in Intimbeziehungen falls notwendig auch für längere Zeit durch die Nutzung von Telekommunikation ersetzt oder der vermeintlich trennende Raum überbrückt werden kann (z. B. auch in Form von Online- bzw. Cybersex), funktioniert das in der Beziehung mit Babys und Kleinkindern nicht und mit pflegebedürftigen, kranken Angehörigen kaum.[113] Der Umgang mit Menschen an ihrem Lebensanfang sowie Lebensende scheint in ganz besonderer Weise auf Anwesenheit sowie körperliche Berührun-

113 Sind die Kinder aber älter oder haben das Elternhaus sogar schon verlassen, scheint der Einsatz verschiedener Telekommunikationsmedien (z. B. WhatsApp-Familiengruppen und Videoanrufe) dabei zu helfen, die Eltern-Kind-Beziehung auch noch im Erwachsenenalter aufrechtzuerhalten (vgl. Döbler / Müller / Zillien 2023).

gen (Hautkontakt, Handhalten oder in den Arm nehmen) ausgerichtet zu sein und ist somit nicht ersetzbar durch irgendeine Form von technisch vermittelter Kommunikation.[114] Das ist einer der Gründe, warum es während der Corona-Pandemie als besondere Härte wahrgenommen wurde, dass Menschen nicht bei ihren im Krankenhaus bspw. an COVID-19 sterbenden Familienangehörigen und Ehepartner:innen sein durften.

Auch bei Zeremonien anlässlich bestimmter Übergänge im Lebensverlauf wird die Anwesenheit nicht nur der direkt Betroffenen, sondern auch der engeren Familienmitglieder erwartet, wie z. B. bei Taufen, Hochzeiten oder Beerdigungen. Ähnlich wie bei den für das Mittelalter beschriebenen Anwesenheitsritualen sind auch moderne Familienfeiern nicht nur symbolische Inszenierungen, sondern begründen auch tatsächliche Verpflichtungen und reproduzieren familiale Beziehungsstrukturen: Die Anwesenden bei Taufen und Hochzeiten fungieren auch als Zeug:innen für die Geltung der Zeremonie. Technisch vermitteltes Hinzuschalten funktioniert in diesen Situationen nur schwer. Es lässt sich zwar in Ausnahmen oder Notzeiten legitimieren,[115] wird aber von den Betroffenen selbst als problematisch wahrgenommen. Ähnliches gilt für Beerdigungen: Auch wenn es mittlerweile offenbar ein wachsendes Angebot von Livestreaming oder Aufzeichnungen von Beerdigungen gibt (vgl. Graham 2020),[116] berichten Hinterbliebene von Menschen, die während der Corona-Pandemie verstorben sind und ohne Angehörige und Trauerfeier beigesetzt werden mussten, über ihr Bedauern, nicht richtig Abschied genommen zu haben und wie sich die Trauerarbeit dadurch verlängere.

Die vorgestellten Ergebnisse und Überlegungen zeigen, dass die Frage nach der Ersetzbarkeit direkter Interaktion je nach Beziehungsstruktur und Kontext bzw. Gesellschaftsbereich stark variiert. Unter welchen Bedingungen Begegnungen durch Telekommunikation ersetzt werden (können), hat neben den technischen Voraussetzungen offenbar vor allem mit der Funktion zu tun, die ein Treffen in der jeweiligen Situation oder für eine Beziehung erfüllen soll. Unverzichtbar scheint Anwesenheit immer dann zu sein, wenn es um Fragen des persönlichen Vertrauens, Suche nach Kompromissen, die Übertragung von

---

114 Genau genommen handelt es sich beim Tragen eines Babys oder dem Sitzen am Krankenbett vermutlich eher um Grenzfälle von Kommunikation (vgl. dazu Kap. 4.2.1 und 4.2.2).

115 Vor allem in Kriegszeiten, aber offenbar auch bei Seefahrernationen gab es die Möglichkeit zu Ferntrauungen, d. h. Eheschließungen unter Abwesenden, bei denen ein Vertreter für den nicht kopräsenten in der Regel männlichen Partner unterzeichnete (vgl. Essner/Conte 1996). Auch heute noch erkennen einige Länder solche „proxy weddings" unter bestimmten Umständen an (z. B. Militärdienst, Gefängnis- oder Krankenhausaufenthalt, Reisebeschränkungen). Die zukünftigen Eheleute müssen mittlerweile allerdings telepräsent sein, um ihren Willen erklären zu können.

116 Hilfen zum Umgang mit einer solchen Situation sowie konkrete Links zu Filmfirmen gibt die Deutsche Friedhofsgesellschaft: www.deutschefriedhofsgesellschaft.de/ratgeber/bestattung/beerdigung-ohne-angehoerige (Zugriff am 06.06.2023).

Gefühlen oder das körperliche Erleben einer Situation geht – ganz gleich ob in beruflichen oder privaten Kontexten. Gut durch Telekommunikation kompensierbar sind dagegen Sachfragen und längere Phasen der Abwesenheit in bereits bestehenden Beziehungen, insbesondere dann wenn sich zumindest eine:r der Beziehungspartner:innen in einer der/m anderen bekannten Lebenswelt aufhält und es keine unvorhergesehenen, emotional herausfordernden Ereignisse gibt (vgl. Döbler 2020: 182 ff.).

Die bisherigen Ergebnisse sind aber insgesamt noch unvollständig: Es fehlen u. a. systematisch vergleichende Forschungsarbeiten zur Bedeutung von Face-to-Face Interaktion in verschiedenen Situationskontexten. Außerdem gibt es bisher kaum Überlegungen, inwiefern sich durch solche funktionsspezifischen Unterschiede von Anwesenheit auch unterschiedliche Regelstrukturen der Interaktion in den verschiedenen Gesellschaftsbereichen herausbilden können, z. B. spezifische Interaktionsordnungen des Sports oder der Familie.[117] Die Überlegungen zu den Funktionen von Anwesenheit und deren Kompensierbarkeit durch Telekommunikationsmedien könnten ebenfalls hilfreich sein für technische Weiterentwicklungen und neue Softwarelösungen, die dann z. B. für medizinische Untersuchungen anders aussehen als für den Schulunterricht.

Telekommunikation und die sog. Neuen Medien sind ein wichtiges Forschungsfeld für die Interaktionstheorie, für dessen Bearbeitung es allerdings gewisser Re-Konzeptualisierungen des alten Verständnisses von Interaktion bedarf. Es ist jedoch nicht notwendig, die bisherigen Erkenntnisse der Interaktionssoziologie zu verwerfen bzw. vollständig durch neue Begriffe und Konzepte zu ersetzen: „Theory of interaction rituals is not superseded; we do not need to invent a new sociology and psychology for the IT era." (Collins 2020: 496) Sinnvoller erscheint stattdessen eine maßvolle Erweiterung des Interaktionsbegriffs auf der Grundlage empirischer Forschungsergebnisse, um der neuen, durch Smartphones und das Internet geprägten Kommunikationskultur gerecht werden zu können.

4.2 Die Grenzen der Interaktion(sordnung)

Weitere bislang unbeantwortete Fragen beziehen sich auf die Reichweite und Anwendbarkeit interaktionstheoretischer Konzepte, die sich mit Blick auf sensorische und/oder kognitive Beeinträchtigungen oder (noch) nicht entwickelte Fähigkeiten (Kinder) sowie nicht-menschliche Akteure (Tiere, technische Artefakte) stellen. So erscheint z. B. das Zustandekommen von Interaktion ausgehend von wechselseitiger Wahrnehmung und der daraus resultierenden Möglichkeit

117 In der Terminologie der Systemtheorie formuliert, geht es um den Zusammenhang zwischen funktionaler und sozialer Differenzierung.

aufeinander reagieren zu können (*response presence*) aus der Perspektive wacher, erwachsener und vollsinniger Menschen zunächst unproblematisch – und genau dies sind die Personen, die Goffman bei der Konzeptualisierung seiner Interaktionsordnung im Blick hatte. Er geht explizit davon aus, dass die Beteiligten nicht nur im Vollbesitz ihrer Sinne sind, sondern die mit diesen Sinnen wahrnehmbaren Informationen über die Situation und die anderen anwesenden Personen auch angemessen interpretieren können, d. h. im Rahmen kollektiv verfügbaren selbstverständlichen Alltagswissens.[118]

> „Wenn man sagt, man erfahre jemanden mit seinen bloßen fünf Sinnen, meint man damit gewöhnlich die Rezeption von Botschaften, die im Körper des anderen konkretisiert sind. [...] Jeder Mensch kann *sehen*, daß er in einer bestimmten Weise erfahren wird, und er wird zumindest einige seiner Verhaltensweisen an der wahrgenommenen Identität und der ursprünglichen Reaktion derer, die ihn beobachten, ausrichten. Außerdem kann man ihm ansehen, daß er sie sieht, wie er auch sehen kann, daß er beim Sehen gesehen wurde." (Goffman 1971: 27; Hervorhebung im Original)

So scheint gerade dem Sehsinn eine Schlüsselrolle in den von Goffman beschriebenen Interaktionsritualen zuzukommen (vgl. Goffman 1971: 84 ff.): Die unmittelbare Wechselseitigkeit des Blickkontakts ist z. B. relevant für die höfliche Gleichgültigkeit bei einer Begegnung zwischen Fremden im öffentlichen Raum, der Initiierung zentrierter Interaktion durch verlängerten Blickkontakt oder den Redezugwechsel. Was aber geschieht z. B. bei der Begegnung mit blinden Menschen, die nicht sehen können, ob sie gesehen werden, und auch nicht beim Sehen gesehen werden können? Wie kann Interaktion unter Bedingungen zustande kommen, in denen wechselseitige Wahrnehmung nur eingeschränkt funktioniert?

Mit der Frage nach den möglichen Folgen von Einschränkung oder Ausfall eines oder mehrerer Sinne für direkte Begegnungen wurde sich in der Interaktionstheorie bislang nicht systematisch beschäftigt. Welchen Effekt haben Einschränkungen der Sinne und/oder kognitiver Fähigkeiten auf direkte Begegnungen, und wie lässt sich das mit den bestehenden Begrifflichkeiten erfassen? Wie ist das z. B. bei Begegnungen mit Demenzkranken, Autist:innen oder Menschen im Wachkoma, wenn die Wechselseitigkeit der Wahrnehmung unsicher ist und sich kein gemeinsamer Aufmerksamkeitsfokus etablieren lässt? Inwiefern gelten die von Goffman beschriebenen Regeln in solchen Situationen? Was ist mit kleinen Kindern, Haustieren oder Menschen aus anderer Kulturen, für die sensorische Wahrnehmung anderen Vorgaben unterliegt und Sozialität anders prägt, als wir es gewohnt sind und erwarten? Und wie ist es mit technischen Systemen, mit denen wir uns immer öfter austauschen, z. B. Sprachassistent:innen, Chatbots oder Ser-

118 Zur herausragenden Bedeutung der Sinnesorgane für die Konstitution von Sozialität bzw. Interaktion vgl. Simmels „Soziologie der Sinne" (1908b/1992; vgl. Kap. 2.1).

vice-Avataren und Robotern? Auch hier stellt sich die Frage, inwieweit wechselseitige Wahrnehmung und damit auch Interaktion vorliegt.

Die interaktionstheoretischen Konzepte und Begriffe haben also einen eingelagerten normativen Bias bzgl. der sozialtheoretischen Grundannahmen und Mindestanforderungen an mögliche Interaktionsteilnehmer:innen (z. B. Meyer 2014). Demnach gelten die Regeln der Interaktionsordnung in erster Linie für erwachsene, im westlichen Kulturraum irgendwann nach 1950 sozialisierte, nicht-behinderte Menschen im Vollbesitz ihrer sensorischen und kognitiven Fähigkeiten. Auch wenn Goffman seinen Interaktionsbegriff in diesem besonderen historischen und kulturellen Kontext entwickelt hat, kann man davon ausgehen, dass er sich dieser Spezifität sehr wohl bewusst war und keineswegs von einer universellen Geltung seiner Konzepte ausgegangen ist (vgl. z. B. Goffman 1971: 94, FN 21). Denn letztlich hat er seine Theorie gerade in der Auseinandersetzung mit Interaktionen in gesellschaftlichen Randbereichen entwickelt (z. B. nach mehrmonatiger Feldforschung in einer geschlossenen psychiatrischen Klinik), um auf diese Weise die geltenden Verhaltens- und Normalitätserwartungen unserer Gesellschaft identifizieren zu können.

Letztlich ist es eine empirische Frage, ob und wie genau Anwesenheit hergestellt wird: Wer in einer sozialen Situation als anwesend gilt bzw. als vollwertige:r Teilnehmer:in akzeptiert wird, muss in der Interaktion selbst geklärt werden (vgl. Luhmann 1984: 560). Die beteiligten Personen zeigen sich wechselseitig an, wer dazu gehört, indem sie ihr Verhalten aufeinander beziehen bzw. an die Reaktionen der anderen anschließen – oder eben nicht. Als Beispiel für Rollen am Rande des Interaktionsgeschehens nennt Goffman (1983a: 139) die „Unperson" (*non-person*), d. h. „Personengruppen, die manchmal behandelt werden, als seien sie nicht da". Dazu können neben Dienstboten auch „die sehr jungen, die sehr alten und die Kranken" gehören (ebd.). Eine Unperson wird (noch) nicht (mehr) als vollwertiges Ensemblemitglied akzeptiert, was sich u. a. daran zeigt, dass auch in ihrer körperlichen Anwesenheit über sie gesprochen werden darf und von ihnen nicht erwartet wird, dass sie sich an die sonst üblichen Regeln der Interaktionsordnung halten müssen. So wird z. B. das Quengeln oder Ins-Wort-Fallen kleiner Kinder eher ignoriert als sanktioniert. Tatsächlich scheinen die Übergänge, wer als wie anwesend gilt, eher fließend zu sein, und der Status als Unperson hängt vermutlich von weiteren Faktoren ab, wie z. B. dem Kontext oder bestimmten Rollenerwartungen. Außerdem bleibt weitgehend unklar, was die Stellung als Unperson mit Blick auf die sonstigen Regeln der Interaktionsordnung und deren Generalisierbarkeit bedeuten könnte.

Vor diesem Hintergrund stellt sich die Frage, inwiefern sich die in den ersten beiden Teilen des Buchs präsentierten Interaktionskonzepte auf alle Menschen, Lebewesen oder auch Artefakte anwenden lassen? Für wen gelten die Regeln der Interaktionsordnung überhaupt und wer wird in sozialen Situationen als (kompetente:r) Teilnehmer:in anerkannt? Was sind also die Mindestanforderungen, die im Alltag an ein normales bzw. vollkompetentes Gegenüber gestellt werden? Und wie wird Anwesenheit und wechselseitige Wahrnehmung zwischen unterschiedlich kompetenten Interaktionsteilnehmer:innen hergestellt oder auch nicht? Zu diesen Fragen gibt es bislang zwar kaum systematische Forschung, aber doch empirische Studien,[119] von denen im Folgenden zumindest eine Auswahl vorgestellt werden soll. Auf diese Weise entsteht ein grober Überblick und ein Einstieg für weitere Forschungsarbeiten zu dem Thema. Insofern lassen sich die folgenden Ausführungen auch als Hilfestellung für Studierende bei der Suche nach geeigneten Fragestellungen für Abschlussarbeiten verstehen.

Die Ergebnisse werden im Folgenden nach den verschiedenen Phänomenbereichen gruppiert vorgestellt: Interaktion von und mit Menschen mit sensorischen und/oder kognitiven Beeinträchtigungen (4.2.1), Kindern und Tieren (4.2.2) und technischen Artefakten, wie z. B. Robotern oder virtuellen Agenten (4.2.3). In den vorgestellten Arbeiten geht es manchmal nicht nur um die Grenzen der Interaktion, sondern auch um die Grenzen des Sozialen, also die Frage, wer oder was überhaupt als Akteur gilt und in der Lage ist, sinnhaft zu kommunizieren. Welche Folgen das für die Überarbeitung und Präzisierung interaktionstheoretischer Begriffe und Konzepte haben könnte, wird in einem kurzen Fazit diskutiert (4.2.4).

4.2.1 Interaktion von und mit Menschen mit Behinderungen und kranken Menschen

Goffman hat sich immer wieder in seinen Arbeiten mit dem Thema Behinderung auseinandergesetzt (z. B. Goffman 1972, 1999). Bis heute von zentraler Bedeutung ist sein Buch „Stigma", in dem er Probleme und Techniken des Identitätsmanagements von Personen mit bestimmten, von einer gesellschaftlichen Normalitätsfolie abweichenden Eigenschaften beschrieben hat (Goffman 1999).[120] Was genau dabei unter einem Stigma verstanden werden soll, definiert er folgendermaßen:

> „Ein Individuum, das leicht in gewöhnlichen sozialen Verkehr hätte aufgenommen werden können, besitzt ein Merkmal, das sich der Aufmerksamkeit aufdrängen und bewirken kann, daß wir uns bei der Begegnung mit diesem Individuum von ihm abwenden […]. Es hat ein Stigma, das heißt, es ist in unerwünschter Weise anders, als wir es antizipiert hatten." (Goffman 1999: 13)

119 Hierbei handelt es sich häufig um Studien aus Nachbardisziplinen, die interaktionssoziologisch gelesen und reinterpretiert wurden.

120 Für Goffman ist Behinderung nur eine Art von Stigma neben anderen. Er unterscheidet insgesamt drei Typen (Goffman 1999: 12 ff.): Menschen mit „physischen Deformationen", Menschen mit „Charakterfehlern" oder „unnatürlichen Leidenschaften" und vererbbare Stigmata, wie z. B. die ethnische Zugehörigkeit.

Im Zentrum des Stigma-Konzepts steht die Frage des Umgangs der Betroffenen mit ihrem (selbst wahrgenommenen) Makel und dem Einsatz verschiedener Techniken zur Informationskontrolle, Täuschung oder Ablenkung von ihren potenziell diskreditierenden Merkmalen (*stigma management*). Inwieweit sich ein Stigma verheimlichen lässt oder nicht, hängt wiederum von dessen Wahrnehmbarkeit bzw. Evidenz für andere ab, die je nach Situation und nach Stigma durchaus unterschiedlich sein kann (Goffman 1999: 64 ff.). So gibt es hochgradig sichtbare Stigmata, die sich im Rahmen einer Face-to-Face Begegnung praktisch nicht verbergen lassen, z. B. eine Querschnittlähmung und die Tatsache, im Rollstuhl zu sitzen. Von dieser hochgradigen Sichtbarkeit jedoch unberührt, ist die Frage nach der Relevanz des Stigmas für den jeweiligen Interaktionsverlauf. So fällt im Rahmen einer Fakultätsratssitzung der Rollstuhl einer der Teilnehmer:innen am Konferenztisch zwar gegebenenfalls auf, hat aber in der Situation keine weitere Bedeutung (ebd.: 65). Im Gegensatz dazu sieht man einer/m anderen Teilnehmer:in ihren/seinen Sprachfehler zwar nicht an, dieser hat aber weit größere Auswirkungen auf den Interaktionsverlauf als z. B. der Rollstuhl und sorgt in einer Situation, in der Wortbeiträge kurz und schnell sein müssen, wiederholt für Peinlichkeit.

Darüber hinaus sind Stigmatisierungen regelmäßig mit Erwartungen verbunden und verändern die Wahrnehmung der betroffenen Person: So sortieren wir in direkten Begegnungen andere Menschen aufgrund bestimmter (äußerlich) wahrnehmbarer Merkmale in bestimmte Kategorien (z. B. Geschlechtszugehörigkeit), die wiederum mit bestimmten Erwartungen verknüpft sind (ebd.: 9 ff.). Durch ein Stigma werden diese Erwartungen in Frage gestellt bzw. erheblich verändert, und die Abweichung kann dann so dominant werden, dass eine Person letztlich sogar unter eine neue Kategorie subsumiert und nur noch mit Blick auf die stigmatisierte Eigenschaft wahrgenommen und behandelt wird.

Ein anschauliches Beispiel dafür, wie die Entdeckung eines Stigmas die Wahrnehmung der ganzen Person verändern kann, liefert Miklas Schulz (2020), ein Soziologe mit einer starken Sehbeeinträchtigung. Er erzählt, dass er seine Blindheit bei der Wohnungssuche zunächst verschwiegen habe und sich telefonisch als alleinstehender, promovierter wissenschaftlicher Mitarbeiter mit fester Arbeitsstelle an der Universität vorgestellt hätte. Bei der Wohnungsbesichtigung habe er seine Blindheit aber nicht länger verschweigen können, und der Hausverwalter sei irritiert gewesen: Er habe viele Fragen darüber gestellt, ob und wie man den Alltag als alleinlebender blinder Mensch selbständig bewältigen könne, während sich Miklas Schulz (2020: 407) gleichzeitig um eine Selbstdarstellung als „finanziell solide aufgestellter, promovierter Soziologe“ bemüht habe. Schulz konstatiert, dass er die Wohnung letztlich *trotz* seines Stigmas bekommen habe, weil sich der Hausverwalter offenbar dazu entschieden habe, ihn „vorrangig als den Doktor und nicht als den Blinden wahrzunehmen und zu kategorisieren.“ (ebd.) Es ist ihm also im Rahmen seines Stigma-Managements gelungen zu verhindern, dass seine Behinderung zur Masterkategorie wurde und alle anderen Eigenschaften und Zugehörigkeiten verdrängt hätte.

Anwesenheit und wechselseitige Wahrnehmung von Menschen mit Behinderungen

Das Stigma-Konzept beschäftigt sich also in erster Linie mit den Erwartungen und Erwartungserwartungen von „diskreditierten" und „diskreditierbaren" Stigma-Träger:innen[121] und deren Bewältigungsstrategien (Goffman 1999: 12). Kaum Beachtung finden dagegen die genauen Bedingungen, unter denen Anwesenheit und wechselseitige Wahrnehmung in Begegnungen mit oder von stigmatisierten Personen zustande kommt oder eben nicht. Für den Fall eines Aufeinandertreffens von blinden und vollsinnigen Menschen hat Peter Krähenbühl (1977) entsprechende Überlegungen vorgelegt. Ausgangspunkt ist dabei Goffmans (1971: 28) Konzept der Reaktionspräsenz, die nur dann zustande kommt, wenn die körperlich anwesenden Personen jeweils das Gefühl haben, „daß sie einander nahe genug sind, um sich gegenseitig wahrzunehmen bei allem, was sie tun, einschließlich ihrer Erfahrungen des andern, und nahe genug auch, um wahrgenommen zu werden als solche, die fühlen, daß sie wahrgenommen werden."

Krähenbühl (1977: 86), der selbst in seiner Jugend erblindet ist, verwendet zur Illustration der von ihm analysierten „gemischten sozialen Situationen" autoethnografisches Datenmaterial. In seinen Beschreibungen unterscheidet er zwischen den fünf verschiedenen Wahrnehmungsarten (visuell, akustisch, olfaktorisch, haptisch-taktil und gustatorisch), die je nach ihrer Reichweite in Form großer konzentrischer Kreise um eine Person herumverlaufen (*Wahrnehmungskreise*) (vgl. Abb. 8a). Krähenbühl (1977: 53) weist darauf hin, dass sich die unterschiedliche Reichweite der Sinne nicht nur aus physikalisch-physiologischen Bedingungen ergebe, sondern auch von psychischen sowie soziokulturellen Einflussfaktoren abhänge (Krähenbühl 1977: 58). So variiert z. B. je nach kultureller Herkunft die Reihenfolge bzw. das Größenverhältnis der verschiedenen Wahrnehmungskreise: Während in der „westlichen Industrie- und Dienstleistungsgesellschaft" der Sehsinn dominiere und die größte Reichweite habe (mit etwas Abstand vom Hörsinn gefolgt), könne das in anderen Kulturen durchaus anders sein (ebd.).[122]

Da jedes Individuum aber nicht nur Wahrnehmungsempfänger sei, sondern immer auch selbst Informationen aussende, stehe es nicht nur im Zentrum der eigenen sensorischen Wahrnehmungskreise, sondern erzeuge gleichzeitig auch sog. „*Wirkungskreise*": Diese Wirkungen gehen von den jeweiligen Personenmerk-

121 Wie bereits erwähnt, bezieht sich der Stigma-Begriff keineswegs nur auf Menschen mit Behinderungen.

122 Aufgrund ihrer im Vergleich zu den anderen Sinnen relativ großen Reichweite werden Gesichts- und Gehörsinn gelegentlich auch als Fernsinne bezeichnet.

malen aus, die das Gegenüber dann sehen, hören, riechen, fühlen oder schmecken kann.[123]

In dieser differenzierten Perspektive entsteht Reaktionspräsenz, wenn sich in einer Situation die jeweils funktionell aufeinander ausgerichteten Wahrnehmungs- und Wirkungskreise von mindestens zwei Personen überschneiden, also z. B. das Sichtfeld von Alter und die sichtbaren Personenmerkmale Egos sowie parallel das Sichtfeld Egos und die sichtbaren Merkmale Alters. Je nach Kontext, Nähe und verfügbaren Sinnesorganen können sich unterschiedlich viele Kreise überschneiden: Beim Telefonieren sind es z. B. nur die akustischen Wahrnehmungs- und Wirkungskreise, während bei einer Begegnung zwischen Anwesenden auf der Tanzfläche alle Sinnesorgane beteiligt sein können.

Vor dem Hintergrund dieser Präzisierung von Reaktionspräsenz lässt sich das Aufeinandertreffen von sehenden und blinden Menschen genauer beschreiben. Als blind gilt eine Person dann, wenn sie „nicht (mehr) in der Lage ist, die unmittelbar sichtbaren Gegebenheiten einer sozialen Situation", wie z. B. Merkmale der Interaktionspartner:innen, mit Hilfe des „Gesichtssinns wahrzunehmen und zu erkennen" (Krähenbühl 1977: 18).[124] Hier kommt es nur zu einer einseitigen Kreuzung bestimmter Wahrnehmungs- und Wirkungskreise, d. h. der Sehende sieht zwar den Blinden, der aber sieht ihn nicht. In einem solchen Fall kommt trotz der körperlichen Anwesenheit dieser zwei Personen keine Interaktion zustande, weil keine wechselseitige Wahrnehmung vorliegt (vgl. Abb. 8b). Das ist Peter Krähenbühl z. B. bei einer Preisverleihung passiert, als ein Jurymitglied auf ihn zuging, um ihm zu gratulieren, er ihn aber nicht sehen konnte und sich just in dem Moment abwendete, als der ihm die Hand reichte (Krähenbühl 1977: 91). Reaktionspräsenz hätte nur dann entstehen können, wenn Krähenbühl die Anwesenheit des anderen auf eine andere Art hätte wahrnehmen können, wie z. B. durch das Quietschen seiner Schuhe oder eine Berührung. Denkbar wäre auch das absichtliche Kundtun der eigenen Gegenwart, wie z. B. ein Räuspern zur rechten Zeit.

Möchte ein vollsinniger Mensch mit einer blinden Person (oder andersherum) ein Gespräch beginnen, bedarf es einer räumlich-leiblichen Intervention, wie z. B. direkter Ansprache, Berühren oder In-den-Weg-Stellen und Sagen, dass man da ist (vgl. Saerberg 2007: 207 f.). Das wiederum widerspricht dem unter Sehenden üblichen „Evidenztabu" (Länger 2002: 117), demzufolge Offensichtliches (wie z. B. Anwesenheit) normalerweise nicht ausgesprochen wird. Da die Blindheit einer Person für andere nicht immer unmittelbar erkennbar ist (wie z. B. bei der von Krähenbühl beschriebenen Preisverleihung), können Selbstkennzeichnungen für

123 Bei der grafischen Darstellung in Abb. 8 wurden nur exemplarische Wahrnehmungskreise abgebildet und auf die Visualisierung der Wirkungskreise verzichtet, um die Darstellung übersichtlich zu halten.

124 Demnach sind Normalsichtigkeit und vollständiger Verlust der Sehfähigkeit Endpunkte eines Kontinuums (Krähenbühl 1977: 16).

Abbildung 8a: Wahrnehmungskreise nach Peter Krähenbühl

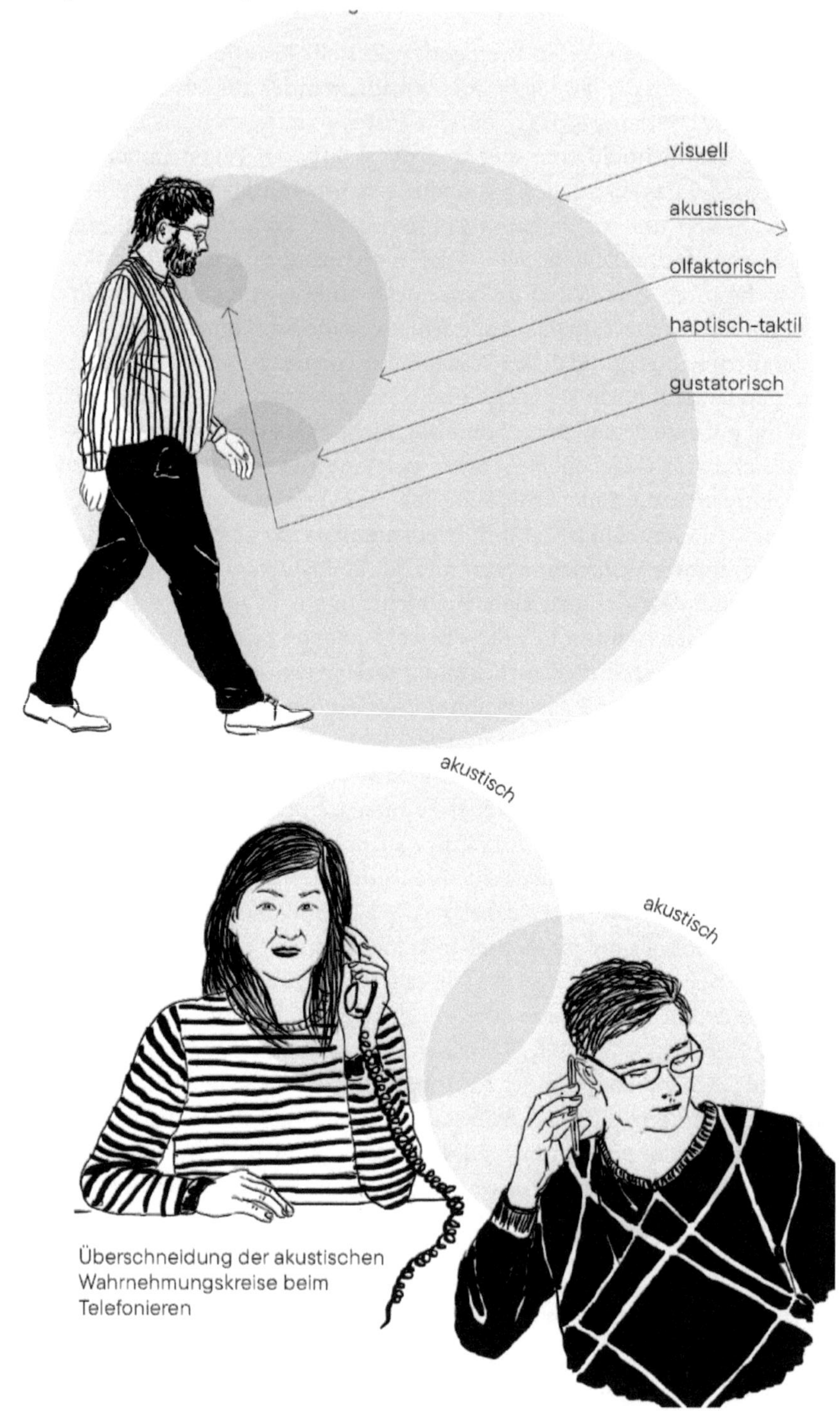

Abbildung 8b: Wahrnehmungskreise nach Peter Krähenbühl

Hier findet keine Überschneidung der korrespondierenden Wahrnehmungs- und Wirkungskreise statt: Der Passant sieht zwar die blinde Frau, sie sieht und hört ihn aber nicht. Nur der Hund riecht den Mann, sieht ihn aber nicht. Interaktion kommt hier nicht zustande.

die Kontaktaufnahme hilfreich sein. Armbinden oder Blindenstöcke etwa können den visuellen Wahrnehmungsrückstand blinder Menschen für Sehende erkennbar machen. Ansonsten besteht leicht die Gefahr, dass ein sehendes Gegenüber halb oder ganz geschlossene Augenlider oder einen gesenkten Kopf als Mitteilungen deutet, mit denen Unaufmerksamkeit und Desinteresse signalisiert werden.

Aufgrund der herausragenden Bedeutung visueller Wahrnehmung in unserer Kultur darf man vermuten, dass Blindheit die von Goffman beschriebenen Interaktionsregeln am stärksten herausfordert.[125] Dennoch wirken sich auch andere sensorische Behinderungen auf das Zustandekommen von Reaktionspräsenz aus. Bei der Begegnung mit schwerhörigen oder gehörlosen Menschen ergeben sich z. B. Probleme, wenn kein Blickkontakt hergestellt werden kann. Da Gehörlosigkeit nicht unmittelbar erkennbar ist, kann es leicht zu Schwierigkeiten und Missverständnissen kommen, wenn andere Vollsinnigkeit unterstellen. Ein anschauliches Beispiel dafür findet sich in einer ethnografischen Studie über ein integratives Wohnmodell für gehörlose, schwerhörige und vollsinnige Studierende in einem US-amerikanischen College (Foster / DeCaro 1991). So beschreibt eine Studentin, die nicht wusste, dass in ihrem Wohnheim auch Gehörlose leben, folgende Situation:

> „At first … I didn't even know that Jackson was for the deaf people … and when I first moved in I said 'Excuse me' to someone. I mean, I didn't see hearing aids or anything, and they just stood there, and I don't know if they happened to see me or something, but they finally moved, and I was like, 'God, how rude'." (Foster / DeCaro 1991: 186)

In Begegnungen mit Gehörlosen, wenn Reaktionspräsenz nicht über akustische Signale hergestellt werden kann und gleichzeitig Sichtkontakt fehlt, kann Interaktion also nur mit Hilfe räumlich-leiblicher Interventionen zustande kommen, also z. B. durch Berührung.[126] Ansonsten funktionieren die meisten der von Goffman beschriebenen (und auf Blickkontakten beruhenden) Interaktionsrituale auch in Begegnungen mit gehörlosen Menschen, z. B. die Gesprächseröffnung. Ausführliche Gespräche sind jedoch schwieriger, sofern keine gemeinsame Sprache gefunden wird, weil Hörende die Gebärdensprache nicht beherrschen und Gehörlose die Lautsprache nur schwer erlernen können bzw. das Gesprochene für Hörende nur schwer verständlich ist (vgl. Ebbinghaus / Heßmann 1989:

125 Noch weitreichendere Auswirkungen sind allerdings bei der Kombination von Einschränkungen mehrerer Sinne zu erwarten, z. B. Taubblindheit.

126 Man darf allerdings vermuten, dass die beschriebene Situation – d. h. das Ausbleiben einer Reaktion auf akustische Signale – seit der massenhaften Verbreitung kabelloser (und damit praktisch unsichtbarer) Kopfhörer im öffentlichen Raum häufiger vorkommt und nicht mehr nur auf die Begegnung mit gehörlosen Menschen beschränkt ist. Insofern dürfte es hier alltagsweltlich zu einer Normalisierung gekommen sein.

115).[127] Daher sind Themenwechsel nur schwer möglich, und es ist aufwendig, bis alle Beteiligten mitbekommen haben, dass über etwas anderes gesprochen wird und nicht noch nach Zusammenhängen zum alten Thema suchen. Nicht zuletzt aufgrund dieser Schwierigkeiten miteinander ins Gespräch zu kommen, werden gehörlose Menschen bisweilen auch als Unpersonen behandelt. So berichtet z. B. eine Übersetzerin für Gebärdensprache davon, das Hörende in der Anwesenheit von Gehörlosen regelmäßig über die Eigenarten gehörloser Menschen sprechen und dadurch eine Art Allianzbildung betreiben (Uhlig 2012: 62). Derartiges Verhalten impliziert, dass gehörlose Menschen situativ nicht als vollwertige Interaktionspartner:innen akzeptiert werden. Ihnen wird nicht die sonst unter Erwachsenen übliche Ehrerbietung und entsprechendes Benehmen entgegengebracht (Goffman 1973e).[128] Noch deutlicher als im Fall sensorischer Behinderungen zeigt sich das bei Begegnungen mit Menschen, die eine auf den ersten Blick erkennbare Behinderung haben, also „sinnlich wahrnehmbare Auffälligkeiten" (Waldschmidt 2011: 93). Solche Menschen werden dann z. B. angestarrt – ein ansonsten unangemessenes Verhalten, das nicht nur als unhöflich, sondern auch als bedrohlich gilt (vgl. Kap. 2.1).[129]

Der Umgang mit bzw. die Angst von Menschen mit Behinderungen vor diesen Reaktionen nicht behinderter Menschen bei direkten Begegnungen machen einen großen Teil des von Goffman (1999) beschriebenen Stigma-Managements aus. Entscheidend dabei ist aber, dass Goffman (ebd.: 179) „Normale" und „Stigmatisierte" nicht als Personen, sondern eher als Perspektiven gedacht hat: als eine Art „Zwei-Rollen-Prozeß, in dem jedes Individuum an beiden Rollen partizipiert."

---

127 Gebärdensprachen sind visuell wahrnehmbare Sprachformen, die aus einer Kombination von Gesten, Mimik, lautlos geformten Wörtern und Körperhaltungen bestehen. Weltweit gibt es weit über 100 verschiedene Gebärdensprachen und zahlreiche Dialekte. Letztlich ähneln die Schwierigkeiten, die sich in der Kommunikation zwischen Hörenden und Gehörlosen ergeben, den Problemen, die sich beim Aufeinandertreffen von Personen aus verschiedenen Kulturen mit unterschiedlichen Sprachen ergeben. Das entspricht auch der Selbstwahrnehmung von Gehörlosen als ethnische Gemeinschaft (vgl. Uhlig 2012). Ein interessantes historisches Fallbeispiel für die gelungene Integration und Anpassung der Interaktionsordnung an die Bedürfnisse gehörloser Menschen liefert die US-amerikanische Insel Martha's Vineyard, deren gesamte Bevölkerung infolge eines relativ hohen Anteils Gehörloser bis etwa Mitte des 20. Jahrhunderts die Gebärdensprache beherrschte (vgl. dazu Groce 1990).

128 Das Fehlen von Interaktionsroutinen im Umgang mit Menschen mit Behinderungen hat seine Ursache zumindest teilweise auch in der lange Zeit ganz selbstverständlichen Exklusion behinderter Menschen aus der Gesellschaft: Sie wuchsen getrennt von nicht behinderten Kindern auf, lebten in Heimen am Stadtrand, besuchten sog. Sonderschulen und arbeiteten in Behindertenwerkstätten. Mittlerweile wird sich politisch zumindest darum bemüht, dass Menschen mit und ohne Behinderungen gemeinsam zur Schule gehen, leben und arbeiten (Inklusion).

129 Zur Wirkung solcher Verhaltensweisen auf Selbstwahrnehmung und Identitätsbildung behinderter Menschen vgl. exemplarisch Degener 1985; zum Selbstverständnis von Menschen mit Behinderungen, die in direkten Interaktionen abwertenden Blicken ausgesetzt sind, vgl. Lenney/Sercombe 2002.

Es sind also die sozialen Reaktionen anderer, denen sich stigmatisierte Menschen ausgesetzt fühlen und die es erforderlich machen, dass sie ihren „Makel" entweder verstecken, andere täuschen oder aber ihn bewusst offen zur Schau tragen („Kuvrieren"; ebd.: 128 ff.).

Die Disability Studies haben diese interaktionstheoretische Perspektive aufgegriffen und weiterentwickelt (Waldschmidt 2008: 92 ff.). Demzufolge bilden nicht irgendwelche körperlichen, sensorischen, psychischen, geistigen oder seelischen Beeinträchtigungen den Ausgangspunkt für die Feststellung einer Behinderung, sondern diese ist erst das Ergebnis sozialer Interaktionen und der dabei erlebten Reaktionen bzw. Zuschreibungen anderer.[130] Diese konstruktivistische Sichtweise findet ihren Ausdruck u. a. im behindertenpolitischen Slogan: „Behindert ist man nicht, behindert wird man." Behinderung (ebenso wie Nichtbehinderung) sind demnach gesellschaftliche Konstruktionen, die in alltäglichen Begegnungen ständig aktiv hergestellt und fortgeschrieben werden müssen.

Ausschlaggebend sind demnach die geltenden Vorstellungen darüber, was normal ist bzw. was von normalen Leuten erwartet wird und was nicht. Diese Vorannahmen und Erwartungen – sowohl mit Blick auf die körperliche als auch die kognitive Leistungsfähigkeit – variieren allerdings nicht nur mit sinnlichen oder kognitiven Beeinträchtigungen, sondern auch mit dem Alter.[131] So wird z. B. das Vergessen eines Namens oder das Verlegen eines Schlüssels unterschiedlich bewertet, je nachdem ob es einem 20- oder einem 80-Jährigen passiert (vgl. Fletcher 2022). Und gibt es bereits eine entsprechende Diagnose, wie z. B. eine Demenzerkrankung, dann werden die Betroffenen bei einer direkten Begegnung mit Angehörigen oder Pflegepersonal von Anfang an anders behandelt – zumindest wenn diese Diagnose bekannt ist.[132]

Begegnungen mit Demenzkranken und Menschen im Wachkoma

Aus interaktionssoziologischer Perspektive stellt sich die Frage, ob und wenn ja, wie Reaktionspräsenz bei Begegnungen mit kognitiv stark beeinträchtigten oder dementen Menschen[133] entstehen kann. Kann jemand als anwesende:r Sozial-

130 Das bezieht sich auch auf die Performanz von Betreuer:innen behinderter Menschen: Vgl. z. B. die Analysen von Alex Cockain (2014) zu den Ängsten der Betreuer:innen eines mehrfachbehinderten jungen Mannes vor den stigmatisierenden Reaktionen Fremder auf dessen gewalttätige Anfälle. Dabei bleibt unklar, inwiefern es diese Reaktionen überhaupt gab oder die Betreuer:innen ihre eigenen Erwartungen auf andere projizierten und dadurch letztlich die Anfälle (mit-)auslösten.

131 Zur Bedeutung des Alters für Interaktion und Kommunikation vgl. Mollenhauer / Meier zu Verl 2023, die für einen systematisch kommunikationstheoretischen Zugang zum Verstehen von Alter plädieren.

132 Im schlimmsten Fall werden die Betroffenen auch pathologisiert, entmündigt, infantilisiert oder sogar misshandelt (vgl. Lindemann 2020).

133 Demenz ist ein Überbegriff für eine Vielzahl von Symptomen ganz unterschiedlicher Erkrankungen (z. B. Alzheimer), die mit einem zunehmenden Verlust von kognitiven, emotionalen

partner:in anerkannt werden, wenn er/sie auf Ansprache nicht sinnvoll, gar nicht (oder zumindest nicht zeitnah) reagiert und/oder die Fähigkeit zur willkürlichen Selbststeuerung verloren hat? Welche Mindestanforderungen müssen erfüllt sein, und welches Wissen bzw. welche Kompetenzen müssen geteilt werden, damit eine Interaktion zustande kommen kann? Diese Fragen stellen sich immer dringender – nicht zuletzt aufgrund der sich wandelnden Altersstruktur unserer Gesellschaft und dem bereits zu verzeichnenden Anstieg der Anzahl von Menschen mit Demenz. Entsprechende Begegnungen werden häufiger werden und rücken damit auch in den Fokus der interaktionssoziologischen Forschung.

Zumindest erste Antworten auf diese Fragen liefern eine Reihe von Studien zum Umgang mit Demenzkranken, Wachkoma-Patient:innen und anderen „Menschen ohne funktionierende Kommunikation" (Tirschmann 2020: 255; z. B. Hitzler 2018; Lindemann/Barth 2020; Meyer 2014). Als besonders instruktiv für die Rekonstruktion von Normalität hat sich die Analyse von Erwartungsenttäuschungen erwiesen (vgl. Lindemann 2002), z. B. wenn Gesprächsinitiierungen durch Blickkontakt, Berührung oder direkte Adressierung keine sinnvoll nachvollziehbare Reaktion beim Gegenüber erzeugen oder Interaktionen ohne erkennbaren Anlass jäh abgebrochen werden (z. B. Rasmussen/Kristiansen/Andersen et al. 2019). Menschen mit fortgeschrittener Demenz ziehen sich bspw. manchmal unvermittelt aus zentrierten Interaktionen zurück. Sie schauen einfach weg oder lassen ihren Blick ins Leere schweifen und reagieren nicht mehr auf Ansprache. Dieses „straying away" (ebd.: 270) erzeugt Irritationen und legt dadurch die impliziten Mindestanforderungen offen, die wir an unsere Interaktionspartner:innen haben. Dazu gehört u. a. die Erwartung, dass das Verhalten des Gegenübers als Reaktion auf die eigenen Erwartungen erkennbar ist, z. B. indem ein Verhalten zeitlich dicht auf das eigene Verhalten folgt, inhaltlich darauf bezogen und für andere nachvollziehbar ist (vgl. Lindemann 2009: 235 ff.).

Eine weitere Hintergrundannahme bezieht sich auf die Unterstellung eines gemeinsamen Hintergrundwissens, z. B. einer gemeinsamen Interaktionsgeschichte (falls eine existiert) und die mit bestimmten Beziehungsformen verbundenen Erwartungen bzw. sozialen Rollen. Tatsächlich verlieren aber Menschen mit Demenz mit dem Fortschreiten der Erkrankung die Fähigkeit, sich dauerhaft rollenkonform zu verhalten und auf fremde, aber typische Gegenüber adäquat zu reagieren. In einem fortgeschrittenen Stadium erkennen sie auch

---

und sozialen Fähigkeiten einhergehen. Im Vordergrund steht dabei zunächst der Verlust der Fähigkeit, sich zu erinnern, sich etwas zu merken und Neues zu lernen. In späteren Phasen der Krankheit folgen Orientierungslosigkeit, der Verlust des Langzeitgedächtnisses und der damit verbundenen Fähigkeiten und Kenntnissen zur sprachlichen Verständigung. In weit fortgeschrittenen Stadien können auch basale Körperpraktiken, wie z. B. das Schlucken, nicht mehr ausgeführt werden.

Freund:innen, Ehepartner:innen und sogar die eigenen Kinder nicht mehr (vgl. Johnson / Kelch / Johnson 2017).

Doch auch wenn ein Individuum viele dieser üblichen Anforderungen nicht (mehr) erfüllt, kann es trotzdem noch (zumindest sequenziell) als Interaktionspartner:in anerkannt werden. Das liegt zum einen an den wohlwollenden Reparaturen, die von anderen Situationsbeteiligten durchgeführt werden. Zum anderen beherrschen offenbar selbst Menschen mit fortgeschrittener Demenz und trotz Fehlen eines *common ground* immer noch bestimmte basale Formen körperlich-affektiver Interaktionspraktiken (z. B. Ganß et al. 2014; Sabat / Cagigas 1997). Dazu gehören z. B. paraverbale Ausdrucksweisen (z. B. melodische Lautäußerungen) und der Charakter von Wechselhaftigkeit (also eine Art Sprecherwechsel bzw. *turn-taking*), die auch dann weiterbestehen, wenn Menschen schon keine sprachlichen Inhalte mehr äußern können. Entsprechend schlägt Meyer (2014: 100 ff.) ein gradualisiertes Interaktionskonzept vor, das dem schrittweisen Verlust kommunikativer Kompetenzen besser gerecht werde und Menschen nicht binär in fähige vs. unfähige Interaktionsteilnehmer:innen unterteile. An einem der beiden Endpunkte eines solchen Kontinuums fänden sich dann vermutlich pflegebedürftige Menschen mit schweren Hirnschädigungen, die zwar körperlich anwesend sind, mit denen aber keine Reaktionspräsenz etabliert werden kann, da sie anderen Anwesenden nicht das Gefühl vermitteln können, wahrzunehmen oder wahrgenommen zu werden. In diesen Fällen versuchen (vollsinnige, vollkompetente) Interaktionsteilnehmer:innen häufig, bloße Körperregungen der/des Anderen situativ als Kommunikation zu deuten, ohne diese Deutungen jedoch bestätigt zu bekommen (Tirschmann 2020: 267). So beschreibt z. B. ein Vater, der seine im Wachkoma liegende Tochter beobachtet:

> „Was denkt die jetzt? Oder DENKT sie überhaupt? Oder was FÜHLT sie jetzt? Das weiß ich nicht. Das weiß ich wirklich nicht. Ich habe mich natürlich sehr damit beschäftigt [..]. Ich habe Bücher gelesen ohne Ende. Irgendwas wird JA SEIN. Und ich merke ja auch an den Reaktionen meiner Tochter, dass da WAS IST. Nur, dass man nicht weiß, ist das ein Reflex, oder ist das tatsächlich gesteuert." (zitiert nach Tirschmann 2020: 259; Hervorhebung im Original)

Das Beispiel zeigt außerdem, dass es im Fall dieser Patient:innen praktisch keine beobachtbare Form der Eindruckskontrolle (*impression management*) mehr gibt. Es geht hier also nicht um die Frage, ob jemand eine Unperson ist, sondern ob ein Mensch überhaupt (noch) als Person existiert. Eine *Person* ist die Art, wie menschliche Individuen beschrieben werden und sich selbst beschreiben, es ist die „soziale Adresse für Kommunikation" (Jahraus 2012: 113).[134] Personen sind soziale Ein-

134 Luhmann (1991: 172) beschreibt die Form der „Person" als „Lösung des Problems der doppelten Kontingenz". Denn in Situationen, in denen alle Beteiligten ihr Verhalten von dem der ande-

heiten, von denen angenommen wird, dass sie über eine stabile Identität und eine eigene Lebensgeschichte verfügen. Sie sind nicht mit dem Menschen oder seinem Körper gleichzusetzen, sondern müssen durch ritualisierte Alltagspraktiken in direkten Interaktionen verkörpert, erneuert und immer wieder bestätigt werden.[135] Wenn das aber aufgrund kognitiver Einschränkungen nicht mehr geht, wie z. B. bei Menschen mit fortgeschrittener Demenz oder im Wachkoma, entsteht für andere der Eindruck, als sei das Selbst eines Menschen *nicht mehr* vorhanden bzw. als sei die gekannte Person nicht mehr adressierbar.

Zusammenfassend lässt sich festhalten, dass die Analyse direkter Begegnungen mit behinderten oder kranken Menschen bestehende interaktionssoziologische Konzepte in mehrfacher Hinsicht herausfordert: Das Zustandekommen von Reaktionspräsenz und damit auch Interaktion kann erschwert sein bzw. nach anderen Regeln funktionieren als zwischen Personen ohne sensorische oder kognitive Einschränkungen. Das hat dann auch Einfluss auf den weiteren Interaktionsverlauf, da z. B. höfliche Gleichgültigkeit, Sprecherwechsel etc. in der Begegnung mit Menschen mit Behinderungen und Kranken anders, eingeschränkt oder gar nicht funktionieren. Die unter vollsinnigen Individuen geltenden Routinen greifen hier nicht, was Irritationen auslösen kann und gelegentlich dazu führt, dass Menschen mit Behinderungen oder bestimmten Erkrankungen als Interaktionsteilnehmer:innen nicht oder nur für kurze Zeit anerkannt werden. Diese Fragen nach den genauen Herstellungsbedingungen von Anwesenheit und Reaktionspräsenz sowie den Voraussetzungen für die Anerkennung als (vollkompetente:r) Interaktionspartner:in wurden in der Interaktionssoziologie (und auch beim Stigma-Konzept) bislang nicht systematisch berücksichtigt und lassen viel Spielraum für weitere Forschung.

4.2.2 Interaktion von und mit (Klein-)Kindern und (Haus-)Tieren

Während wir es bei Komapatient:innen und Dementen mit Menschen zu tun haben, deren Kommunikationsfähigkeit fraglich ist, die aber vor allem retrospektiv – also mit Blick auf ihre Vergangenheit – oftmals noch als Personen adressiert werden, geht es in diesem Abschnitt um Wesen, die den Status als Person noch nicht dauerhaft oder nur prospektiv – also mit Blick auf ihre Zukunft – zugeschrieben bekommen.

---

ren abhängig machten und keine vorstrukturierten Rollen existieren, sei es hilfreich, wenn der Spielraum möglicher Verhaltensweisen durch die Kenntnis einer Person, ihrer üblichen Präferenzen etc. eingeschränkt werden könne.

135 Der Begriff der Person wird hier weitgehend deckungsgleich mit Goffmans Konzept des „Selbst“ verwendet.

Kinder[136] und Haustiere[137] werden hier gemeinsam behandelt, weil sie aus interaktionstheoretischer Perspektive auffallende Gemeinsamkeiten besitzen: Sie fallen zunächst dadurch auf, dass sie durch ihr bisweilen „unzivilisiertes" Verhalten regelmäßig den Ablauf sozialer Situationen stören oder unterbrechen (vgl. Bergmann 1988: 309). Gleichzeitig erhalten sie als „zu umsorgende Familienmitglieder viel Aufmerksamkeit" (ebd.). Mit Blick auf die Eltern-Kind-Beziehung in der Mittelschicht stellt Goffman (1981a: 22) fest, dass es so scheine, „als wäre das Kind dauernd in Ferien". All seine Bedürfnisse würden in der Regel schnellst möglich befriedigt, und es genieße ein Vorrecht auf Vergünstigungen: „An der Tür und im Rettungsboot hat das Kind Vortritt." (ebd.: 23) Auch wenn letzteres für Tiere wohl eher nicht gilt, genießen die mit Menschen eng zusammenlebenden Haustiere ebenfalls erhebliche Privilegien und ihre Herrchen und Frauchen bemühen sich intensiv um ihr Wohlbefinden.[138]

Eine weitere Gemeinsamkeit von Kindern und Tieren besteht in ihrer Funktion als thematische und narrative Ressource in sozialen Situationen, d. h. sie bieten Anlass zum Geschichten-Erzählen, die anwesende Erwachsene bei ihrem Anblick gerne zum Besten geben (Bergmann 1988: 308). Im Unterschied zu vollkompetenten Interaktionsteilnehmer:innen darf also über Babys, kleine Kinder und Tiere auch in deren Anwesenheit gesprochen werden. Gelegentlich werden sie auch als Vermittler:innen verwendet, um den Rahmen sozialer Situationen zu verändern, z. B. indem man ihnen eine Stimme verleiht (wie ein:e Bauchredner:in) und damit zu einem dritten anwesenden Familienmitglied spricht (vgl. Tannen 2004). Auf diese Weise können eventuell vorhandene Spannungen in der Situation gelöst, andere zum Lachen gebracht oder indirekte Kritik geäußert werden. Auch wenn Kinder und Tiere dann in der Rolle der Unperson sind, können sie also trotzdem eine Art Katalysator für kommunikative Prozesse sein, die nicht notwendigerweise etwas mit ihnen zu tun haben.

---

136 Wenn im Folgenden von Kindern die Rede ist, sind in erster Linie Säuglinge und Kleinkinder bis etwa zum dritten Lebensjahr gemeint.

137 Wir beziehen uns in der folgenden Darstellung ausschließlich auf domestizierte Tiere bzw. Haustiere, die eng mit Menschen zusammenleben und ihren Alltag teilen, also z. B. Hunde und Katzen.

138 Ganz generell fällt auf, dass Haustiere in Paarbeziehungen sowohl vor der Familiengründung als auch am Ende der aktiven Elternschaft eine ganz besondere Rolle zu spielen scheinen und phasenweise als Kindersatz fungieren können: So legen sich viele Paare bereits vor dem ersten Kind ein gemeinsames Haustier zu und signalisieren damit, dass sie bereit sind Verpflichtungen einzugehen. Außerdem kann man hier schon mal die elterlichen Versorgungstätigkeiten üben. Tatsächlich bezeichnen sich manche Tierhalter:innen, z. B. in sozialen Medien wie Instagram oder TikTok, selbst als „Mama"/„Mum" und „Papa"/„Dad" ihrer Tiere. Und auch nach Auszug der Kinder im sog. Empty Nest bauen vor allem Mütter erneut eine intensive Beziehung zu einem Tier auf. So lautet eine entsprechende Redewendung: „Das letzte Kind hat immer Fell". Vgl. allgemein zur Anthropomorphisierung von Haustieren und deren Verhalten Mitchell/Hamm 1997.

Der Status als Unpersonen ermöglicht es z. B. auch, dass „Gesten der Zuneigung und Fürsorge“ unmittelbar erfolgen können, ohne die Betroffenen vorher in eine verbale Interaktion zu verwickeln oder um Erlaubnis zu fragen (vgl. Goffman 1981a: 24 f.). Diese Behandlung weist sie als (noch) nicht vollwertige Ensemblemitglieder aus. Goffman (1983a: 193 ff.) zufolge sind Säuglinge, kleine Kinder und Tiere wenig kompetent bei der Eindrucksmanipulation: Es fehle ihnen an dramaturgischer Disziplin (*dramaturgical discipline*; ebd.: 196 ff.), sie verfügten über keine oder zu wenig Selbstbeherrschung, ließen sich von ihren Emotionen und unmittelbaren Gefühlen und Launen hinreißen und gefährdeten dadurch den Eindruck eines Ensembles, so z. B. wenn Kinder Wutanfälle im Supermarkt kriegen, Hunde beim Spazierengehen Artgenossen anpöbeln oder sich an den Hosenbeinen des Nachbarn erleichtern. Auch dramaturgische Loyalität (*dramaturgical loyalty*) besäßen sie nicht (ebd.: 193): So plaudern Kinder gelegentlich die Geheimnisse ihrer Eltern aus, die Familienkatze führt ein Doppelleben bei den Nachbarn (je nach Futterangebot) und (schlecht erzogene) Kinder und Hunde nutzen gerne die Gelegenheit, um die Aufmerksamkeit in sozialen Situationen auf sich zu ziehen und ihre eigene kleine Show zu inszenieren. Darüber hinaus fehle ihnen auch die dramaturgische Sorgfalt (*dramaturgical circumspection*), d. h. sie seien nicht in der Lage, ihre Darstellungen vorausschauend zu planen und die Konsequenzen für sich und andere abzuschätzen (ebd.: 198 ff.).

Eine weitere Parallele im Umgang mit Kindern und Tieren besteht darin, dass ihnen – trotz all der Fürsorge und Privilegien – ein relativ niedriger Status zugeschrieben wird. Das macht sich u. a. darin bemerkbar, dass sie nicht nur von den betreuenden Erwachsenen, sondern auch von Fremden ungeniert und unsanktioniert[139] angeschaut, angesprochen und angefasst werden dürfen.[140] Goffman (1971: 123) beschreibt Kinder als „offene Personen“, „die in ihrem Rang oft so gering eingeschätzt werden und den Schutz des Sakrosankten so wenig genießen, daß allgemein angenommen wird, jene hätten bei einem Blickkontakt absolut nichts zu verlieren und seien deshalb nach Belieben zu kontaktieren.“ In gewisser Weise scheint sich diese besondere Zugänglichkeit sogar auf die Begleitpersonen auszudehnen: Erwachsene Personen, die mit Kindern oder Tieren unterwegs sind, gelten ebenfalls als exponiert und mit Hilfe von Kommentaren über ihre kindlichen oder tierischen Begleiter einfacher ansprechbar.[141] Die sonst übliche Re-

---

139 Zumindest in Bezug auf Kinder hat sich das in den vergangenen Jahrzehnten allerdings geändert. Insbesondere Männer, die gegenüber fremden Kindern zu großes Interesse zeigen, ziehen schnell den Verdacht der Pädophilie auf sich.

140 Das scheint sogar für Ungeborene zu gelten, zu denen auch Fremde immer wieder Kontakt suchen, indem sie z. B. den Bauch einer schwangeren Frau anfassen.

141 Das lässt sich natürlich auch positiv wenden: So kann ein Hund z. B. für Menschen, die neu in einer Stadt oder einsam sind und Kontakt suchen, hilfreich sein (vgl. Rogers / Hart / Boltz 1993). Allgemein scheint zu gelten, dass Hunde die Aufnahme von Interaktionen zwischen Menschen erleichtern (vgl. Guéguen / Ciccotti 2008; Hart / Hart / Bergin 1987).

gel der höflichen Gleichgültigkeit wird gebrochen und eine zentrierte Interaktion initiiert. Darüber hinaus gelten Zeit und Territorien von Kindern und Tieren offenbar als „frei verfügbar" (Goffman 1981a: 25). Sie haben Befehlen zu gehorchen, müssen dafür unterbrechen, was auch immer sie gerade tun, und sie unterliegen der Kontrolle ihrer Erwachsenen, die ihre (Für-)Sorge unter Umständen auch gewaltsam durchsetzen, sei es durch das Führen an Leinen, Einsperren in (Baby-)Ställen oder das Hochheben und Wegtragen trotz Gegenwehr.[142]

Vor dem Hintergrund dieser Gemeinsamkeiten geht es in den folgenden Abschnitten zunächst jeweils um die Frage der Herstellung von Reaktionspräsenz bei Begegnungen mit Kindern und Tieren. Ausgehend davon werden dann ausgewählte Forschungsarbeiten vorgestellt, die sich mit den Besonderheiten der Interaktionsordnung im Umgang mit Kindern und Tieren beschäftigen. Viele dieser Arbeiten entstammen Nachbardisziplinen der Soziologie (z. B. der Erziehungswissenschaft oder der Verhaltensforschung) und/oder verwenden andere Theorien (z. B. Symbolischen Interaktionismus oder Ethnomethodologie), sind aber unserer Ansicht nach dennoch interaktionssoziologisch anschlussfähig.

Kinder

Da wir uns hier mit den Randbereichen sozialer Interaktion beschäftigen, ist es nur konsequent, wenn wir mit Blick auf Babys und Kleinkinder nach der frühestmöglichen Art wechselseitiger Wahrnehmung fragen. Bereits im Mutterleib scheint zwischen der schwangeren Person und dem ungeborenen Fötus eine – wenn auch – primitive Art von Interaktion stattzufinden, die in der Soziologie bislang noch kaum beachtet wurde. Mit solchen Formen „pränataler Sozialität" beschäftigen sich Hirschauer et al. (2014: 288) in einer mehrjährigen explorativen Studie. Sie argumentieren, dass die Kindsregungen im Mutterleib zwar nicht als zeichenvermittelte Kommunikation, sehr wohl aber als basale Form der Interaktion bezeichnet werden können, auch wenn sich die wechselseitige Wahrnehmung vor allem auf die Ebene der innerleiblichen Berührung beschränke. Aufgrund der körperlichen Verbundenheit von Mutter und Kind sei es nahezu unvermeidbar alles Verhalten auch innerhalb des eigenen Leibes als Zeichen wahrzunehmen: Demnach werden der ungeborene Fötus „als Signalgeber" und dessen Bewegungen als Reaktionen gedeutet (ebd.: 282). Mit Hilfe von „impliziten und expliziten Reziprozitätsunterstellungen" könne durchaus Reaktionspräsenz im Umgang

142 In einer ethnografischen Studie zur wissensbasierten Konfiguration von Kinderkörpern im Kontext der Kindervorsorgeuntersuchungen (U1-U9) kommt Marion Ott (2011: 237) zu der Erkenntnis, dass es im Umgang mit (vor allem kleineren) Kindern offenbar relativ einfach ist, den Körper des Kindes von dessen Person zu separieren. Auf diese Weise können die Kinderärzte dann „nahezu gewaltförmig wirkende körperliche Eingriffe" am Kind trotz dessen lautstarker Proteste durchführen.

mit dem Ungeborenen entstehen (ebd.: 286), so z. B. wenn die ungeborenen Kinder immer wieder „in Interaktionen eingebaut“ und zumindest sequenziell als Teilnehmer:innen behandelt würden (ebd.: 285). Hier werde das Kind in seiner zukünftigen Form also praktisch vorweggenommen und sozusagen prospektiv personalisiert, auch wenn es zu diesem Zeitpunkt zweifelsfrei noch gar keine Person sei.[143]

Dieses Verhalten wurde bisher lediglich für die Zeit nach der Geburt beobachtet und als Teilprozess der Primärsozialisation beschrieben: Auf diese Weise werden in direkten Interaktionen aus Kleinkindern Personen gemacht, „indem andere so tun, als seien sie es bereits“ und „so zu ihnen sprechen, als könnten sie die ihnen gebotenen Antwortlücken schon füllen.“ (ebd.: 289) So lernen die Kinder, was von ihnen erwartet wird und internalisieren diese Erwartungen mit der Zeit. Das entspricht weitgehend Meads (1934/1973: 177 ff.) Sozialisationstheorie, der zufolge direkte Interaktionen eine wichtige Rolle dabei spielen, wie Menschen zu kompetenten Interaktionspartner:innen werden. Dazu gehört auch das Erlernen der mit der Interaktionsordnung verbundenen Kompetenzen und Regeln, wie z. B. Eindruckskontrolle, Face-Work, höfliche Gleichgültigkeit und Korrekturrituale (vgl. z. B. Hatch 1987; Müller 2021).

Goffman (1973c: 125 ff.) beschreibt diese schrittweise Internalisierung von Erwartungen und Erwartungserwartungen bei Kindern am Beispiel des Karussellfahrens. Eine Fahrt auf dem Karussell versteht er als soziale Situation, deren Teilnehmer:innen bestimmte Verpflichtungen gegenüber sich selbst und den anderen Beteiligten eingehen und – zumindest für die Dauer der Fahrt bzw. ihrer Anwesenheit in einer Interaktion – in dieser Rolle bleiben müssen. Während Kinder unter drei Jahren offenbar noch nicht dazu in der Lage seien und sich gegen die durch die Eltern an sie gerichteten Erwartungen heftig wehrten, ließen sich Kinder zwischen drei und vier Jahren schon auf das Karussellpferd schnallen und würden sich „mit vollem Ernst in die Rolle“ werfen bzw. seien vollständig von ihr erfasst (ebd.: 119). Hier hätten sie Gelegenheit zum Einüben und Durchhalten der notwendigen Anspannung einer Interaktion, die in diesem Fall nur eine Fahrt lang dauere.

Dennoch bestehe auch hier noch die Möglichkeit einer völligen Entgleisung, also einer Unfähigkeit zur Aufrechterhaltung einer Rolle, wenn das Kind zum Beispiel anfange zu heulen und zu schreien, so dass das Karussell angehalten werden müsse. Entsprechend groß sei die Begeisterung der Eltern, wenn sie ihre Kinder am (regulären) Ende der Fahrt vom Pferd heben und für ihre große Tapferkeit und ihr reiterliches Können loben würden. Man dürfe vermuten, dass solche spielerischen Situationen „Entwicklungsaufgaben“ seien, um aus Kindern nach und nach und zunächst nur für kurze Sequenzen eigenständige Interaktionsteilnehmer:in-

143 Zur Bedeutung der Namensgebung in diesem Prozess vgl. Hoffman 2018.

nen zu machen (ebd.: 123). So beschreibt Goffman, wie schon Fünfjährige das Reiten des Karussellpferds deutlich souveräner meisterten und bereits erste Zeichen von Rollendistanz zeigten: „Die Respektlosigkeit beginnt, man hält sich vielleicht an dem hölzernen Ohr oder Schweif des Pferdes fest. Durch seine Handlungen sagt das Kind ‚Was ich auch bin, ich bin nicht bloß jemand, der mit knapper Not auf einem hölzernen Pferd bleiben kann'." (Goffman 1973c: 121) Mit acht Jahren testeten sie dann immer mehr ihre Grenzen aus, z. B. freihändig reiten oder handhaltend mit einem Freund, und mit 12 Jahren sei das Karussellpferd reiten dann vollständig unter ihrer Würde und sie machten nur noch Quatsch (ebd.: 122).

Zusammenfassend lässt sich festhalten, dass Kinder in dieser klassischen interaktionssoziologischen Perspektive letztlich vor allem als defizitär beschrieben werden: Sie sind eben *noch* keine vollwertigen Interaktionsteilnehmer:innen, sollen (oder wollen) es aber irgendwann werden und müssen die dafür notwendigen Kompetenzen in direkten Interaktionen mit Erwachsenen mehr oder weniger mühsam erwerben. Hier werden die ansonsten eher impliziten normativen Mindestanforderungen an Interaktionsteilnehmer:innen sehr explizit formuliert. Etwas überspitzt könnte man sogar sagen, dass der epistemologische Ausgangspunkt dieser Art von Interaktionssoziologie alltagsweltliche Annahmen über das Nicht-Können und Nicht-Wissen von Kindern sind.[144]

Im Rahmen einer sich seit den 1990er Jahren etablierenden Soziologie der Kindheit bzw. „new social studies of childhood" (James / Jenks / Prout 1998) gibt es jedoch mittlerweile zahlreiche Autor:innen (vor allem aus der Ethnomethodologie und Konversationsanalyse), die eine unreflektierte „adult-oriented deficit view of children" (Cromdal 2008: 1474) ablehnen. Sie kritisieren, dass aus einer solchen, zugunsten Erwachsener verzerrten Perspektive Kinder lediglich als Lernende (in) einer Erwachsenen-Kultur erscheinen und all ihre Erfahrungen und ihr Verhalten lediglich mit Blick auf das zu erreichende Ziel des Erwachsen-Werdens gedeutet würden. Sie gerieten sozusagen nur als „adults-in-the-making" (Thorne 1987: 93) in den Blick der Forschung.[145] Der Vorwurf lautet folgendermaßen: Da erwachsene Menschen bei der Betrachtung von Kindern sowohl alltagsweltlich als auch in der Wissenschaft ganz selbstverständlich von solchen Defizit-Annahmen ausgingen und einen implizit wertenden Entwicklungsbegriff verwendeten, sei eine unvoreingenommene Analyse kindlicher Praktiken und Kompetenzen unmöglich. Demnach lassen sich Begegnungen von Erwachsenen und Kindern auch als Formen von „Kulturkontakt" oder sogar „Kolonisierung"

144 Im Fokus stehen dabei jedoch weniger körperliche und kognitive Entwicklungsaspekte, sondern der Erwerb interaktiver Kompetenzen. Damit grenzt sich die Interaktionssoziologie von entwicklungspsychologischen und evolutionsbiologischen Perspektiven ab (vgl. z. B. Tomasello 2008).

145 Hintergrund dieser neuen Perspektive bildete die historische Entdeckung von Kindheit als eigenständige Lebensphase (vgl. Ariès 1962). Zur westlichen Kulturspezifik dieser Konstruktion von Kindheit als Vorstufe des Erwachsenseins vgl. Cunningham 2005.

deuten, in deren Verlauf die Kinder und ihre Regeln der Gesellschaftsordnung der Erwachsenen untergeordnet werden (vgl. Macay 1975). Kindheit sei „a stage of life that builds preparatory mechanisms into the child's behavior so that he is gradually equipped with the competence to participate in the everyday activities of his cultural partners, and eventually as a bona fide adult member himself." (Speier 1976: 188)[146]

In der soziologischen Analyse von Kindern vollzog sich (ausgehend von soziolinguistischen Analysen) spätestens seit den 1980–90er Jahren ein Perspektivwechsel, weg von der Fokussierung auf Entwicklungserwartungen und all die Dinge, die Kinder (noch) nicht tun können, hin zur Untersuchung kindlicher Akteure, ihrer tatsächlichen Handlungen und einer eigenständigen kindlichen Kultur und Sprache.[147] Das galt auch für die Erforschung von Interaktionen, denn letztlich müssen diese asymmetrischen Positionen von Kindern und Erwachsenen in sozialen Situationen von den Beteiligten erst selbst hervorgebracht werden. Entsprechend beschäftigten sich ethnomethodologische Analysen intensiv mit den komplexen kommunikativen Techniken, die für ein „doing being a child" notwendig sind (z. B. Forrester 2010; Shakespeare 1998). So beschrieb z. B. Harvey Sacks (1992: 256 f.) eine besonders raffinierte Interaktionstechnik von Kindern, mit deren Hilfe Kinder ihr eingeschränktes Rederecht im Umgang mit Erwachsenen umgehen: Sie tun das, indem sie eine Erzählung mit einer offenen Frage einleiten (z. B. „Weißt Du was, Papa?"). Da die übliche Antwort darauf in einer Gegenfrage besteht („Was?"), wird dem Gegenüber das Wort erteilt und man verpflichtet sich gleichzeitig zum Zuhören (zumindest für kurze Zeit). Auf diese Weise schaffen es Kinder, das Rederecht und die Aufmerksamkeit der Erwachsenen zu erhalten und können ihre Geschichte erzählen.

Es gibt zahlreiche weitere Arbeiten (teilweise auch aus der Ethnologie und Soziolinguistik), in denen Interaktionen von Kindern mit Gleichaltrigen (*peers*), Geschwistern, Erwachsenen, Erzieher:innen / Lehrer:innen analysiert werden (z. B. Goodwin 1990; Karrebæk 2011). Der Fokus liegt dabei stets auf den kommunikativen Methoden und Praktiken, die Kinder aktiv und kompetent bei direkten Be-

---

146 Diese Parallelisierung von Kindheit und der gewaltsamen Unterwerfung anderer Völker erscheint auf den ersten Blick sehr drastisch. Studien zum Umgang mit Teenagern im öffentlichen Raum belegen jedoch Alltagspraktiken der Exklusion, die durchaus an Formen von Rassismus erinnern. So beschreibt z. B. Johnson (2016) wie in Großbritannien durch die Installation von Ultraschall-Störgeräusch-Sendern an öffentlichen Plätzen verhindert werden soll, dass sich Teenager dort aufhalten. Diese Geräte dienen eigentlich der Vertreibung von Mosquitos und Mardern („Marderschreck") und erzeugen einen hochfrequenten Ton, der (neben Mardern und Moskitos) auch von Menschen unter 30 Jahren gehört werden kann und als ausgesprochen unangenehm wahrgenommen wird. Zur Einführung dieses sog. „Mosquito"-Geräts in Deutschland vgl. Fiedler 2008.

147 Besonders verbreitet waren pragmatische Analysen zu den sprachlichen Besonderheiten von kindlicher Kommunikation bzw. an Kinder adressierter Erwachsenen-Kommunikation: die sog. Studies of CDS („Child-Directed Speech"; vgl. z. B. Bernstein Ratner 1984; Ferguson 1977).

gegnungen mit anderen anwenden. Besonders spannend sind Studien über die Herstellung von „peer cultures" mit einer eigenständigen (von der Erwachsenenwelt abweichenden) Interaktionsordnung (z. B. Corsaro 2005; Kyratzis 2004). Solche Kulturformen unter Gleichaltrigen umfassen Routinen, Werte und eigene Regeln, die von den Kindern regelmäßig in Interaktionen hergestellt und bekräftigt werden. Ein wichtiger Bestandteil kindlicher Interaktionen und „peer cultures" sind Spiele. Was genau in solchen Spielsituationen passiert und wie die Kinder u. a. beim Hüpfkästchen Spielen oder Seilspringen Allianzen bilden oder Einzelne ausschließen, beschreibt z. B. Marjorie Goodwin (1990, 2002) detailliert in multimodalen Analysen[148] der Kommunikation.

Aus interaktionstheoretischer Perspektive besteht *Spielen* aus sequenziell organisierten, wechselseitigen Handlungszügen, die für das Gegenüber als spielerisch intendiert (d. h. nicht ernst oder gewaltsam) erkennbar sein sollten (vgl. Bateson 1972; Butler 2008: 79). Entscheidend ist dabei, dass die Aktivität einer Person (Alter) von einer anderen anwesenden Person (Ego) als Spieleröffnung bzw. erster Spielzug gedeutet wird. Dann hat Ego verschiedene Reaktionsmöglichkeiten: Bekommt Ego z. B. einen Ball zugeworfen, muss er/sie diesen nicht notwendigerweise zurückwerfen. Stattdessen kann Ego ihn auch behalten, fallen lassen oder kaputt machen. Möchte Ego aber auch spielen, muss er/sie Alter durch seine/ihre Handlung anzeigen, dass er/sie das Zuwerfen des Balls als Aufforderung zum Spiel verstanden hat. Dann wirft Ego den Ball zurück und signalisiert damit Bereitschaft, den Ball erneut zu fangen. Die Teilnehmer:innen eines Spiels müssen einander also wechselseitig anzeigen, dass sie spielen möchten bzw. die Spielabsicht der anderen auch verstanden haben – und zwar nicht nur bei den ersten Spielzügen, sondern im gesamten Verlauf eines Spiels. Ethnomethodolog:innen würden diese beständige Darstellung von Spielbereitschaft vermutlich als „doing play" oder vielleicht „doing being ready to play" beschreiben. Jeder Handlungszug bzw. jede Äußerung wird daraufhin beobachtet, ob sie (noch) spielerisch gemeint ist. Falls nämlich nicht – Alter also z. B. nicht mehr weiterspielen möchte und das auch anzeigt, Ego aber weitermacht – kann aus Spaß sehr schnell Ernst werden.

Entscheidend für das Zustandekommen von Spielen sind also die Deutungs- und Zuschreibungsprozesse eines situierten Ereignisses durch die Beteiligten. Goffman (1980) nennt das die Rahmung (*framing*) einer Situation: Ausgehend von der Frage, was in einer Situation eigentlich vorgeht, beobachten Menschen das Verhalten anderer und suchen nach Anzeichen, wie deren Äußerungen oder Handlungen zu verstehen sind. Dabei gleichen sie Beobachtungen mit ihrem Wissensvorrat und darin verankerten „Interpretationsschemata" bzw. Rahmen

148 In multimodalen Interaktionsanalysen wird anhand von Videoaufnahmen nicht nur die verbale Kommunikation, sondern die Interaktion aller Ausdrucksressourcen rekonstruiert, d. h. Bewegungen, Körperhaltung, Gestik, Mimik aller Beteiligten sowie die Auswirkung der Architektur von Räumen oder Gegenständen auf die Situation.

(*frames*) ab. Rahmen helfen, Ereignisse in sozialen Situationen zu identifizieren, zu kategorisieren, zu benennen und schließlich auch entsprechend darauf zu reagieren sowie sich mit anderen darüber abzustimmen, was vor sich geht (ebd.: 31). Ob der Wurf eines Balls als Aufforderung zum Spielen gedeutet wird, steht also keineswegs fest. Er kann auch – je nachdem wie der Wurf ausgeführt wird bzw. was der Kontext ist – als Angriff oder Versehen interpretiert werden. Andererseits kann aber auch Verhalten, das auf den ersten Blick etwas anderes ist, wie z. B. Anrempeln oder Umstoßen, durchaus spielerisch gemeint sein. In diesem Fall spricht Goffman von einer Modulation (*keying*), womit gemeint ist, dass „eine bestimmte Tätigkeit, die bereits im Rahmen eines primären Rahmens sinnvoll ist, in etwas transformiert wird, das dieser Tätigkeit nachgebildet ist, von den Beteiligten aber als etwas ganz anderes gesehen wird." (ebd.: 55)[149] Diese situativen Rahmungen sind also sehr dynamisch, können sich schnell ändern und sehen sich auf den ersten Blick sehr ähnlich. Goffman bezog sich in seinen Ausführungen zur Rahmenanalyse auf die anschaulichen Beschreibungen des Verhaltensforschers Nicholas Blurton-Jones zu den Parallelen zwischen Kampf und Spiel bei Kindergartenkindern:

> „Der größte Teil des wilden Spiels besteht aus Verhalten, das auf den ersten Blick sehr feindselig wirkt: heftige Verfolgung, Angriff und schneller, sich entziehender Rückzug. Doch die Beteiligten wechseln rasch ihre Rollen, und das Verhalten führt nicht dazu, daß sie sich zerstreuen oder Gegenstände in Besitz nehmen; sie bleiben auch nach dem Ende der Jagerei zusammen. Auch sind die Bewegungen ganz andere als bei Besitzkämpfen. […] Obwohl also das wilde Spiel wie feindseliges Verhalten aussieht, ist es etwas völlig anderes als das Verhalten, das ich deshalb feindselig nenne, weil es mit dem Bestreben verbunden ist, Eigentum an sich zu bringen, und zur Trennung der Individuen führt." (Blurton-Jones 1967: 358[150] zitiert nach Goffman 1980: 54)

Spielen ist also keineswegs eine einfache, sondern eine durchaus anspruchsvolle Tätigkeit, die einiges an interaktiver Kompetenz bei allen Beteiligten voraussetzt. Dazu gehört z. B. auch, dass die Teilnehmer:innen die Regeln sowie die verschiedenen Rollen und Positionen im Spiel kennen und wissen – vor allem wenn mehrere Spieler:innen beteiligt sind –, wer welche Rolle übernimmt und wer welche (möglicherweise) unterschiedlichen Handlungszüge innerhalb des Spielkontexts machen darf und wer nicht (vgl. Sacks 1992: 473 ff.). Auch die Frage, wer teilnehmen darf und wer nicht, was einen Regelbruch darstellt und was genau dabei geschieht, muss von den Teilnehmer:innen in der jeweiligen Spielsituation wechsel-

149 Für genauere Erläuterungen zu Goffmans „Rahmenanalyse" siehe Raab 2022.

150 Blurton-Jones, Nicholas G. (1967): An ethological study of some aspects of social behaviour of children in nursery school. In: Morris, Desmon (Hrsg.): Primate Ethology. London: George Weidenfeld / Nicolson.

seitig ausgehandelt werden. Wie genau die Kinder das interaktiv machen, ist das zentrale Thema vieler interaktionssoziologischer Studien.

So analysierte z. B. Anthony Wootton (1997) die Interaktionen seiner Tochter Amy mit den Eltern und Geschwistern, die er, seit sie eineinhalb Jahre alt war, über einen Zeitraum von 18 Monaten aufgezeichnet hatte. Er kam u. a. zu dem Ergebnis, dass die starke Fokussierung der Kinder auf den unmittelbaren lokalen Kontext der Situation ein zentrales Merkmal dieser kindlichen Begegnungen ist. Bezüge zu anderen Situationen bzw. über die Grenzen des aktuellen Geschehens hinaus gebe es kaum, stattdessen liege der Fokus auf dem Hier und Jetzt. Diese Beobachtung stimmt mit anderen Studien überein, die festgestellt haben, dass Kinder in den ersten beiden Lebensjahren besonders viele indexikale Ausdrücke verwenden (vgl. Diessel 2006), d. h. kontextabhängige Begriffe, wie „hier", „dort", „dies" und „das", die nur innerhalb der konkreten Situation verständlich sind. Das deutet auf die besondere Relevanz hin, die Face-to-Face Interaktionen für Kinder haben, denn für sie besteht das Leben viel mehr noch als für erwachsene Menschen aus einer Aneinanderreihung direkter Begegnungen. Entscheidend sind jeweils nur die aktuelle Situation und die dort anwesenden Entitäten.[151]

Eine andere Fallstudie (Butler 2008) beschäftigt sich mit einem selbst erfundenen Fantasie-Spiel neuseeländischer Grundschulkinder, das sie unter der Anleitung eines Mädchens namens Polly jeden Tag in ihrer Mittagspause spielen. Butler beschreibt, wie die Kinder als Mitglieder eines Elfen-Clubs (*fairy-club*) Pollys Anweisungen befolgen müssten, die mal die Mutter und mal die Lehrerin sei. Von den Kindern selbst werde der *fairy-club* nicht als Spiel verstanden, sondern habe für sie situativ Wirklichkeitscharakter und die im Spiel etablierten Regeln seien ihnen wichtiger als die im Umgang mit Erwachsenen (z. B. Lehrer:innen) geltenden Interaktionsregeln (ebd.: 83 ff.). Da die Regeln zumindest teilweise den üblichen Normen der Erwachsenenwelt widersprächen, könne man den *fairy-club* auch nicht als Imitation oder Vorbereitung auf das Erwachsensein deuten. Anhand von Transkripten der Spielinteraktionen, die von den Kindern selbst aufgenommen wurden, also ohne Anwesenheit Erwachsener stattgefunden haben, rekonstruiert Butler, wie die Kinder innerhalb ihrer mittäglichen Treffen Autorität (vor allem Polly), hierarchische Arrangements zwischen den Teilnehmer:innen

151 Entsprechend funktioniert auch elektronisch oder anderweitig vermittelte Kommunikation im Umgang mit Säuglingen (und auch) Haustieren nicht (vgl. auch Kap. 4.1). Erkenntnissen der Hirnforschung zufolge spielt die unmittelbare körperliche Anwesenheit auch beim Spracherwerb von Kindern eine besonders große Rolle: Dem Neurowissenschaftler Manfred Spitzer zufolge genügt es für die Lautentwicklung offenbar nicht, Kindern eine Sprache nur medial vermittelt (z. B. von CD) vorzuspielen, sondern sie benötigen dafür die Anwesenheit einer Person, die diese Laute produziert (vgl. Müller 2007).

des *fairy-clubs* interaktiv hervorbringen und sich dabei auf situativ geteiltes Wissen beziehen.

Tiere

Nach diesen ersten interaktionstheoretischen Überlegungen zu Begegnungen mit Kindern wenden wir uns nun den Bedingungen zu, unter denen Tiere als Interaktionsteilnehmer anerkannt werden. Dieses Thema schließt unmittelbar an eine relativ umfangreiche Forschungstradition zu den „Grenzen der Sozialwelt" an (Luckmann 1980), in der es um die deutlich umfassendere sozialtheoretische Frage geht, inwiefern Tiere überhaupt Teil unserer Sozialwelt sind und ihnen ein Status als Akteur bzw. Subjekt zuerkannt wird (vgl. z. B. Carter/Charles 2018; Haraway 2003; Wiedenmann 2019). Letztlich handelt es sich dabei um eine empirische Frage, deren Beantwortung von den epochen- und kulturspezifischen Kriterien abhängt, die als relevant hierfür betrachtet werden (vgl. Lindemann 2009). In modernen funktional differenzierten Gesellschaften gelten Haustiere, die mit uns zusammenwohnen, von uns versorgt werden, einen Namen haben und jede Menge anderer Privilegien genießen, als Familienmitglieder und müssen z. B. keine Angst haben, gegessen zu werden (Wiedenmann 2011: 80).[152] Das macht sie jedoch nicht automatisch zu sozialen Akteuren. Eines der häufigsten Argumente, mit dem Tieren dieser Status abgesprochen wird, ist die (angebliche) Unfähigkeit zur sprachlichen Verständigung und zur Rollenübernahme (*taking the role of the other*),[153] das Fehlen eines Ich-Bewusstseins sowie der Fähigkeit zu sinnhaftem Handeln und damit auch zu intersubjektivem Verstehen (so z. B. Mead 1934/1973:112; Weber 1921/1980: 7 f.; Luckmann 1980: 84; Schütz 1971: 9 f.). Aus dieser Perspektive ist jede Aktivität mit einem Tier nichts anderes als eine anthropomorphe Projektion, d. h. die beteiligten Menschen versetzen sich in das jeweilige Tier hinein und übertragen menschenähnliche Eigenschaften auf es (vgl. Mitchell/Hamm 1997).

Für eine interaktionstheoretische Perspektive spielt dieses Argument jedoch keine Rolle: Wer oder was in sozialen Situationen als anwesend bzw. Interakti-

---

152 Um einen Eindruck von der Menge der betroffenen Tiere und Menschen zu bekommen, hier ein paar Zahlen (vgl. ZZF 2023): 2021 lebten in fast der Hälfte aller deutschen Haushalte (47 %) Heimtiere. Während es 2007 nur 11,5 Millionen Heimtiere gab, waren es 2021 insgesamt 34,7 Millionen (darunter 16,7 Millionen Katzen und 10,3 Millionen Hunde). Zur historischen Entstehung dieser Art Haustiere (*pets*) jenseits der Nutztiere (z. B. Jagdhunde, Wachhunde etc.) vgl. Worboys/Strange/Pemberton 2018.

153 Tatsächlich scheint die Soziologie bzgl. der Frage, ob Tiere zur Rollenübernahme fähig sind oder nicht, den Ergebnissen der Verhaltensforschung um mehrere Jahrzehnte hinterherzuhinken. Auch wenn nicht unumstritten, wird mittlerweile neben Menschenaffen und Rabenvögeln auch Hunden diese Fähigkeit zugesprochen (vgl. dazu Pika et al. 2020; kritisch: Horowitz 2011). Dass Hunde und Katzen zum Perspektivwechsel in der Lage sind und wissen, wann sie gesehen werden und wann nicht, wissen Hunde- und Katzenbesitzer:innen aus eigener Erfahrung (vgl. Kaminski/Pitsch/Tomasello 2013).

onsteilnehmer:in gilt, hat nicht notwendigerweise mit dessen Fähigkeiten oder der Zugehörigkeit zu einer bestimmten Klasse von Lebewesen zu tun (also ob es Mensch oder Tier ist), sondern wird im Austausch mit den anderen anwesenden Personen entschieden und wechselseitig angezeigt, z. B. indem alle Anwesenden das Verhalten der anderen als Mitteilung deuten und daran anschließen (oder eben nicht). Inwiefern das in Begegnungen von Mensch und Tier geschieht, ist eine empirische Frage und wird im Folgenden unter Rückgriff auf entsprechende Studien beschrieben.[154]

Voraussetzung für das Zustandekommen direkter Interaktion ist zunächst das Entstehen von Reaktionspräsenz. Wie genau aber kommt wechselseitige Wahrnehmung (also auch Wahrnehmung des Wahrgenommen Werdens) zwischen unterschiedlichen Spezies mit unterschiedlich ausgeprägten Wahrnehmungssinnen zustande?[155] Um sich das Aufeinandertreffen eines Tieres mit einem Menschen besser vorstellen zu können, möchten wir hier auf das von Krähenbühl (1977: 58) eingeführte Modell der Wahrnehmungs- und Wirkungskreise zurückgreifen (vgl. Kap. 4.2.1; Abb. 8). Zur Erinnerung: Ausgehend von der Grundannahme, dass jeder Mensch gleichzeitig Informationen wahrnimmt und aussendet, beschreibt Krähenbühl den Einzelnen als Mittelpunkt konzentrischer Kreise, die sowohl die verschiedenen sinnlichen Wahrnehmungskanäle umfassen (sehen, hören, riechen, fühlen, schmecken) als auch die ausgesendeten Informationen für andere Anwesende (also z. B. die sichtbare Gestalt, Gestik und Mimik, die Stimme oder den Geruch). Die Reichweite der Wahrnehmungs- und Wirkungskreise variiert je nach sensorischen Fähigkeiten, hängt aber auch mit psychischen und kulturellen Rahmenbedingungen zusammen: Bei (in westlichen Industrieländern des 20. und 21. Jahrhunderts sozialisierten) Menschen dominieren in der Regel die beiden Fernsinne Sehen und Hören, während Riechen, Fühlen und Schmecken in Alltagsbegegnungen vermutlich keine große Relevanz zukommen.

Überträgt man dieses Modell nun auf Begegnungen zwischen Menschen und Tieren (z. B. einem Hund) darf man vermuten, dass sich die Reichweiten der jeweiligen Wahrnehmungs- und Wirkungskreise deutlich unterscheiden (vgl. Abb. 8b). Während für Menschen der Sehsinn das wichtigste Wahrnehmungsorgan mit der größten Reichweite ist, können Hunde deutlich besser riechen und hören als sehen. Es kommt also zu mehreren einseitigen Überschneidungen der verschiedenen Wahrnehmungs- und Wirkungskreise: Zunächst einmal hat der Hund den Menschen vermutlich schon gerochen und gehört, bevor er ihn sieht und auch bevor der Mensch den Hund sehen oder vielleicht auch hören, definitiv aber noch nicht riechen kann. Man darf also annehmen, dass der Hund mit seiner Nase viel

154 Kulturbedingte Unterschiede bzgl. der Anerkennung von Tieren als Interaktionspartner:innen werden im Folgenden nicht berücksichtigt, was aber nicht heißt, dass es sie nicht gibt.

155 Sehr aufschlussreich hierzu Yong 2022.

mehr Informationen über den Menschen wahrnimmt als umgekehrt. Vermutlich gibt es auch unterschiedliche Relevanzstrukturen, und Hunde und Menschen interessieren sich für unterschiedliche Eigenschaften ihres Gegenübers. Bleibt es bei einseitigen Überschneidungen, entsteht keine Reaktionspräsenz. Die kommt erst dann zustande, wenn sich beide wahrnehmen und fühlen, dass sie auch wahrgenommen werden. Das ist z. B. der Fall, wenn Mensch und Hund sich gegenseitig in die Augen schauen. Innerhalb eines solchen direkten Blickkontakts entsteht Reaktionspräsenz zwischen Mensch und Tier, da hierbei beide unweigerlich spüren (und sich auch anzeigen), dass sie wahrgenommen werden.[156]

Dass der Hund den Blick des Menschen wahrnehmen kann, zeigt sich z. B., wenn der Mensch die Blickrichtung deutlich ändert und woanders hinschaut und auch der Hund den Kopf dreht und in dieselbe Richtung schaut. Das berichtet z. B. Sanders (1999: 144), einer der bekanntesten soziologischen Ethnographen von Mensch-Tier-Interaktionen, und wertet es als Beleg dafür, dass Hunde in der Lage sind, die Perspektive des Menschen zu übernehmen. Dass der Mensch sich wahrgenommen fühlt, belegen zahlreiche Berichte von Dackelhalter:innen, die Schwierigkeiten damit haben, den Blick ihrer Hunde auszuhalten, wenn sie sich morgens von ihnen verabschieden und zur Arbeit gehen wollen. Entsprechende dichte Beschreibungen liefern Robert Gugutzer und Natascha Holtermann (2017) – die beide selbst offenbar auch mit einem Dackel zusammenleben. Demnach erzeugt der in solchen Situationen erlebte Dackelblick[157] beim Menschen eine unmittelbare affektive Reaktion. Der Blick werde als (durchaus wertende) Anschlusskommunikation an das eigene Verhalten (die Verabschiedung vom Hund) gedeutet, die den Menschen betroffen mache und ihn nahezu nötige, darauf zu reagieren. Der Blick wird also als leibliche Kundgabe von Erwartungsenttäuschung interpretiert: in diesem Fall als vom Hund theatralisch dargebotene Inszenierung von Verzweiflung über die bevorstehende Trennung. Gugutzer und Holterman (2017: 281) konstatieren halb ironisch: „Die leibliche Macht des verzweifelten Dackelblicks ist enorm, ihr nicht zu erliegen fast nur jenen möglich, die einen harten, abweisenden Leibpanzer tragen."

156 In der Herstellung von Reaktionspräsenz zwischen verschiedenen Spezies scheint die Fähigkeit zu direktem Blickkontakt zumindest für die menschlichen Teilnehmer:innen eine wichtige Rolle zu spielen. Die Etablierung wechselseitiger Wahrnehmung fällt vermutlich leichter im Umgang mit Tieren, die einen anschauen können als mit solchen, die das nicht können (z. B. Fischen, Insekten und Reptilien, aber auch Fluchttieren, bei denen sich die Augen an den Kopfseiten befinden).

157 Entscheidend für die dramatische Gestaltung sind hier offenbar das Zusammenspiel von Kopfhaltung, nach oben gedrehten Augen, hoch gezogenen Augenbrauen und dadurch entstehenden Stirnfalten (vgl. Gugutzer / Holterman 2017: 272 f.).

Die Wechselseitigkeit der Wahrnehmung zwischen Mensch und Tier wird ebenfalls detailliert von den Betreuer:innen von Schimpansen (sog. *chimper*[158]) beschrieben, die zur Durchführung wissenschaftlicher Experimente sehr viel Zeit mit den Affen verbracht haben:

> „The chimpanzee's body in a spatially surrounding world is experienced as intersubjective (...). Within this common intersubjective Nature, the chimper's body obtains its sense as body 'over there' for the chimp. He or she perceives the body and, through it, perceives the chimper. Implicit here is a mutual 'being for one another.' The chimper experiences himself or herself as experienced. Fixed through mutual gazes and such behaviors as hiding one's face and turning away, the chimpanzee is experienced as actively witnessing the chimper and his or her comportment." (Wieder 1980: 95)

Jenseits von Blickkontakten mit ihren Tieren sprechen Menschen offenbar auch mehr oder weniger regelmäßig mit ihnen. So belegen zahlreiche Studien, dass Menschen mit ihren Haustieren reden als seien diese Personen und könnten antworten (z. B. Sanders 2003). Das scheinen vor allem ältere Hundehalter:innen zu tun – und zwar auch dann, wenn keine anderen menschlichen Interaktionsteilnehmer:innen anwesend sind (vgl. Stallones et al. 1988). Demnach sprechen sie mit leiser Stimme und langsamer Sprechgeschwindigkeit, „asking their pets questions, and pausing, as if the animal were going to reply" (Rogers / Hart / Boltz 1993: 274). Sie erwarteten allerdings keine verbalen Antworten, sondern würden das beobachtbare Verhalten der Tiere als Mitteilungshandeln auf ihre Frage deuten und selbst wieder kommunikativ daran anschließen.

Die Art und Weise wie mit Tieren gesprochen wird, erinnert an den zuvor beschriebenen Umgang mit Kindern. So ähneln sich beispielsweise die Sprechweisen, man könnte sogar sagen, Erwachsene sprechen Baby Talk mit ihren Hunden: langsam, mit hoher Stimme, in einer Art Singsang, mit einfachen und kurzen Sätzen und vielen Wiederholungen etc. (vgl. Mitchell 2001). Durch das regelmäßige Sprechen mit ihren Tieren findet eine analoge Form der (prospektiven) Personalisierung statt wie im Umgang mit (noch sprachlosen) Säuglingen und Kleinkindern.[159] Man tut so, als sei das Gegenüber eine Person, könnte jedes Wort verste-

---

158 „Chimper" ist die Selbstbezeichnung derjenigen Personen, die im akademischen Kontext bzw. in der Forschung mit Schimpansen außerhalb von Käfigen arbeiten (vgl. Wieder 1980: 93).

159 Vgl. hierzu auch die vor allem in den 1960er und 70er Jahren zahlreich durchgeführten Experimente mit Schimpansen und anderen Affen, die wie Menschenkinder aufgezogen wurden. Nachdem man festgestellt hatte, dass ihnen die anatomischen Voraussetzungen zur Lautsprache fehlen, wurde ihnen erfolgreich Zeichensprache beigebracht. Besonders prominente Beispiele waren die beiden Schimpansinnen Lucy (vgl. Temerlin 1975) und Washoe (Gardner / Gardner 1969). Letztere beherrschte aktiv ca. 130 Worte der Amerikanischen Gebärdensprache (ASL) und konnte etwa doppelt so viele verstehen. Zur Frage inwiefern zwischen den Verhaltensforscher:innen und ihren Schimpansen im alltäglichen Umgang Intersubjektivität zustande kam vgl. Wieder 1980.

hen und Antwort geben. Die Tiere bekommen Namen, ihnen werden bestimmte Eigenschaften zugeschrieben und eine eigene Geschichte.[160] Ähnlich wie im Fall der Kinder weisen solche situativen Sequenzen mit direkt aufeinander bezogenen Verhaltensketten darauf hin, dass Tiere hier – zumindest vorübergehend – als Interaktionsteilnehmer anerkannt werden.[161]

Eine weitere Ähnlichkeit des Sprechens mit Kindern und Tieren besteht darin, dass häufiger als sonst in Alltagsgesprächen indexikale Ausdrücke verwendet werden (vgl. Hirsh-Pasek/Treiman 1980: 233). Solche Begriffe verweisen auf den situativen Kontext einer Äußerung und sind ohne ihn unverständlich („hier", „jetzt", „dort" etc.).[162] Wie bereits bei den Kindern erwähnt, liegt ein möglicher Grund für die Häufigkeit indexikaler Ausdrücke im Umgang mit Kindern und Tieren darin, dass diese eine intensivere raumzeitliche Bindung an das Hier und Jetzt bzw. die jeweils aktuelle Situation haben als erwachsene Menschen.[163] Kommunikation über die zeitlichen, örtlichen und sachlichen Grenzen von Situationen hinaus sind mit ihnen nur schwer möglich. Aber Tiere sind sehr wohl in der Lage, an in früheren Situationen gemachte Erfahrungen anzuschließen, so gibt es z. B. zwischen Hunden und ihren Halter:innen regelmäßige Routinen oder auch Bekanntschaften mit anderen Hunden oder Menschen (vgl. Goode 2007). Es gibt also durchaus so etwas wie gemeinsame Interaktionsgeschichten.[164]

Ein besonderer Ausdruck dieser Bindung an das Hier und Jetzt ist das Spielen, dessen große Bedeutung ebenfalls eine Gemeinsamkeit im Umgang mit Kindern und Tieren darstellt. So hat bereits Goffman explizit darauf hingewiesen, dass die Speziesgrenzen bei dieser Art von Interaktion unproblematisch überwunden werden können: „Spiel ist ja möglich *zwischen* dem Menschen und vielen Tierarten, wovon man wenig Aufhebens zu machen pflegt, wenn es um unsere

---

160 Die großen Ähnlichkeiten zwischen Baby- und Doggy-Talk verdeutlichen außerdem, dass der Grund für diese Sprechweise nicht im sprachlichen oder kognitiven Entwicklungsstand der Kinder und Tiere zu suchen ist, denn beim Sprechen mit Tieren geht es – außer im Fall der Schimpansen – nicht ums Sprechen-Lernen (vgl. Hirsh-Pasek/Treiman 1980).

161 In der Terminologie der Luhmannschen Systemtheorie formuliert, heißt das, dass nur Einheiten als soziale Adressen konstruiert werden, die ein Verhalten zeigen, „an dem Mitteilung und Information unterschieden werden können" (Fuchs 2004: 31). Wenn also ein Hundehalter seinem Hund einen Befehl gibt (von dem er auch weiß, dass der Hund ihn kennt) und der Hund ihn befolgt oder auch nicht befolgt, kann das als Mitteilungshandeln ausgelegt werden (vgl. Muster 2013: 174).

162 Zur Bedeutung von Indexikalität für die Hervorbringung von Alltagswirklichkeit vgl. Garfinkel 1967: 11.

163 Ähnlich auch die Überlegungen der Philosophischen Anthropologie, der zufolge der Unterschied zwischen (erwachsenem) Mensch und Tier in der sog. „exzentrischen Positionalität" liegt, durch die sie in der Lage sind, sich vom Hier und Jetzt abzulösen (vgl. Plessner 1975). Diese Fähigkeit muss jedoch erst im Sozialisationsprozess erworben werden.

164 So erklären sich z. B. manche Gesten eines Hundes aus deren Entstehungsgeschichte (vgl. Goode 2007: 132.)

üblichen schmeichelhaften Auffassungen vom Unterschied zwischen Mensch und Tier geht." (Goffman 1980, S. 53; Hervorhebung im Original).

Es gibt keinen Zweifel daran, dass Tiere sowohl miteinander als auch mit Menschen spielen können, d. h. sie können ihrem Gegenüber anzeigen, dass ein Verhalten, das normalerweise eine andere Bedeutung hat (z. B. Drohung oder Kampf), in einer konkreten Situation ein Spiel sein soll (vgl. Bateson 1972; Goode 2007). Und sie können entsprechendes Verhalten bei anderen verstehen. Anders jedoch als zwischen älteren Kindern oder Erwachsenen geht es beim Spielen mit Tieren (wie auch mit kleineren Kindern) weniger um Wettkampf oder Konkurrenz als vielmehr darum, die gemeinsame spielerische Interaktion am Laufen zu halten (vgl. Sanders 2003: 414).

Wie oben bereits beschrieben bestehen Spiel-Interaktionen aus sequenziell organisierten, wechselseitigen Handlungszügen, bei denen für das Gegenüber klar erkennbar sein sollte, dass eine Spielabsicht besteht. Eine passende Beschreibung zum Ball-Spielen mit seinem Labrador Sunshine findet sich bei Mechling (1989: 313):

> „The game of fetch was truly interactive. I was not always in control of the game. Sometimes Sunshine would fetch the ball but stop on the way back to me some ten feet away. He would begin a slow retriever stalk, then drop the ball in front of him and assume the familiar canine 'play bow' – forepaws extended flat on the ground, the body sloping upward toward his erect hind-quarters, tail wagging. This is the canine invitation to play. In this case, however, we were already engaged in a game, so his message to me was that he, too, could exert some power and control the game."

Diese Vorderkörper-Tief-Stellung (*play bow*) mit in die Luft gestrecktem Hinterteil und wedelndem Schwanz ist die übliche Spielaufforderung bei Hunden und wird sowohl gegenüber Artgenossen als auch Menschen eingesetzt. Häufig wird diese Geste bei der Hund-Mensch-Begegnung auch noch verbunden mit dem Herbeibringen eines Balls oder Stocks, der dann vor den Füßen des Menschen abgelegt wird (vgl. Goode 2007: 43). So erläutert der Ethnomethodologe David Goode, wie sein Hund Katie ihn bei dieser Spielaufforderung bellend anschaue, pausiere und in Spielposition den Ball oder Stock anstarre. Er verstehe das als Aufforderung, den Gegenstand zu werfen, was er dann in der Regel auch tue. Katie jage dann dem Stock/Ball hinterher, nehme ihn ins Maul und kaue darauf herum, bis sie bei ihm angekommen sei. Dann lege sie ihm den Gegenstand erneut vor die Füße und alles wiederhole sich (ebd.: 44). Auf diese Weise haben er und sein Hund verschiedene Spielroutinen für verschiedene Kontexte (hier: beim Spazierengehen; alternativ: im Park oder am See) entwickelt, die für beide abrufbar sind. Anhand ausführlicher Videoanalysen gelingt es ihm, die wechselseitige Aufeinanderbezogenheit dieser Aktivitäten zu rekonstruieren und zu zeigen, dass Mensch und

Tier sich für die Dauer dieser Spielsequenzen als vollwertige Interaktionsteilnehmer:innen akzeptieren.[165]

Daneben gibt es aber auch eine Vielzahl anderer Situationen, in denen Tiere zwar anwesend sind, aber nur als „kommunikative Ressource" (Bergmann 1988) oder Vermittler zwischen anderen anwesenden Menschen (Tannen 2004) fungieren. Dazu gehören z. B. viele Wortwechsel während sog. Gassigespräche, in denen sich der/die Hundehalter:in zwar einem der anwesenden Hunde zuwendet und spricht, aber eigentlich der/die andere Halter:in adressiert wird (z. B. Torres Cajo 2016; Robins/Sanders/Spencer 1991). So z. B. wenn der Mensch den Hund nach seiner Rasse fragt, obwohl klar ist, dass der Hund das nicht beantworten kann (Torres Cajo 2016: 66 f.).

Dass Tiere nicht dauerhaft und von allen als vollwertige Interaktionsteilnehmer:innen anerkannt werden, zeigt sich u. a. in Situationen, in denen sich das Tier in der Öffentlichkeit unangemessen verhält, also z. B. jemanden beißt oder anspringt. Hier wird von betroffenen oder anwesenden Dritten nicht der eigentliche Übeltäter – das Tier –, sondern dessen menschliche Begleitung adressiert (vgl. Sanders 2003: 413). Von ihm/ihr wird eine Entschuldigung oder sonstiges korrektives Verhalten erwartet, nicht aber vom Tier. Das Gleiche gilt im Übrigen auch für den Umgang mit den Untaten von Kindern in der Öffentlichkeit. Auch hier richten sich die Erwartungen zur Wiedergutmachung an die Erziehungsberechtigten. Diese Ähnlichkeiten beschreibt auch Sanders (1990), demzufolge die betroffenen Erwachsenen ihre Hunde oder Kinder dann z. B. demonstrativ maßregeln. Diese Korrekturmaßnahmen lassen sich als Imagepflege (*face-work*) verstehen, mit deren Hilfe das durch die tierischen oder kindlichen Regelverstöße beschädigte Image des beteiligten Erwachsenen wiederhergestellt werden soll.

Auch bei Begegnungen von Hunden mit Kindern oder sonstigen Hunde-unerfahrenen Personen müssen die Halter:innen oder Trainer:innen für ihre Tiere sprechen. Sie scheinen gelegentlich als eine Art Dolmetscher:innen wahrgenommen zu werden, die ihren Hunden eine Stimme geben (vgl. Jackson 2012). So beschreibt es z. B. Tobias Röhl (2017) in Bezug auf die Begegnungen von Kindern mit sog. Lesehunden und deren Trainer:innen: Ein Lesehund ist ein Hund mit einer besonderen Ausbildung zum Therapiehund, der mit seiner/m Halter:in in Schulen oder Büchereien kommt und dort in einem eigenen Raum für ca. eine halbe Stunde neben einem Kind sitzt, das ihm aus einem Buch vorliest und ihn dabei auch streicheln darf. In diesen Begegnungen mit den Hunden vermittelt die Trainer:in zwischen den Kindern und dem Hund und bietet immer wieder Interpretationshilfen für die Kinder an (Röhl 2017: 132 ff.). So wird z. B. das Daliegen des

165 Während die Interaktion zwischen Hunden und Menschen offenbar vor allem über Blickkontakte koordiniert wird, funktioniert das z. B. bei Interaktionen zwischen Menschen und Pferden anders und der Blick wird durch taktile Signale zwischen den Körpern ersetzt (vgl. dazu Brandt 2004). Vermutlich gibt es hier je nach Spezies gewisse Variationen.

Hundes als Wohlfühlen gedeutet und als Ausdruck dafür, dass er es genieße jetzt vorgelesen zu bekommen. Röhl (2017: 133) konstatiert daher, dass „kommunikative Reziprozität […] über den Umweg einer vermittelnden Figur hergestellt" werde. Der Hund werde hier also nur eingeschränkt als Interaktionspartner anerkannt, sozusagen als „Quasi-Akteur" (ebd.: 136).

Zusammenfassend kann man festhalten, dass Kinder und Tiere in Interaktionen offenbar ähnlich behandelt und von anderen Anwesenden nur vorrübergehend als vollwertige Interaktionsteilnehmer:innen anerkannt werden. Es bleiben jedoch viele Fragen offen, und die hier vorgestellten Analysen dienen hoffentlich als Ideengeber für daran anschließende Forschungsarbeiten.

4.2.3 Aktanten, Agenten und Avatare: Interaktion mit technischen Artefakten

In den vorangegangenen Abschnitten haben wir uns bereits mit den Besonderheiten technisch vermittelter Kommunikation (4.1) sowie Fragen nach den impliziten Anforderungen an Interaktionsteilnehmer:innen (4.2) beschäftigt. Bei der Analyse von Begegnungen mit technischen Artefakten geht es um beide Aspekte, die in diesem empirischen Anwendungsfeld auf verschiedene Weise miteinander verbunden sind. So z. B. wenn sich ein Mensch mit einem Chatbot[166] im Internet unterhält und unklar ist, ob das Gegenüber als vollwertiger Interaktionspartner akzeptiert wird (*Grenzen der Interaktion*) oder wenn wir vermittelt durch eine ferngesteuerte Maschine (Telepräsenzroboter) oder Avatare[167] mit anderen nicht anwesenden Menschen kommunizieren (*technisch vermittelte Kommunikation*). Aus interaktionstheoretischer Perspektive stellt sich hier die Frage, um was es sich bei diesen Formen des Austauschs handelt und inwiefern bei derartigen Begegnungen überhaupt so etwas wie Reaktionspräsenz zustande kommt.

Es gibt eine Vielzahl kommunikationswissenschaftlicher Analysen zu diesen Begegnungen mit verschiedenen technischen Artefakten, und der Stand der Forschung kann als sich seit den 1990er Jahren schnell, dynamisch und unübersicht-

166 Ein Chatbot (bzw. ein:e virtuelle:r Assistent:in, Konversationsagent:in oder *conversational agent*) ist ein meist text- oder tonbasiertes Dialogsystem, das aufgrund künstlicher Intelligenz in der Lage ist, sich mit Menschen zu unterhalten. Im Unterschied zu Avataren sind Chatbots körper- und gesichtslos.

167 Avatare (bzw. *embodied conversational agents*) sind künstliche, häufig anthropomorphe Gestalten in der virtuellen Welt, die von einem Menschen oder auch einer Software gesteuert werden, z. B. eine Grafikfigur in einem Computerspiel. Als zentrale technische Kriterien, die ein Avatar erfüllen muss, gelten in der Literatur das (teil-)menschliche Aussehen, ein Mimik-fähiges Gesicht und die Möglichkeit, dass Interaktionsfähigkeit unterstellt werden kann (vgl. hierzu Nowak/Fox 2018; Samson 2022; Miao et al. 2022).

lich entwickelnd beschrieben werden.[168] Das hängt zum einen mit dem großen Interesse und der Popularität von Themen rund um Virtual Reality und Künstliche Intelligenz zusammen und liegt zum anderen am rasanten technischen Wandel und den sich ständig verändernden Möglichkeiten in Bezug auf Hard- und Software. Zu der Frage ob und wie Interaktion mit technischen Artefakten möglich ist, gibt es innerhalb der Soziologie vor allem Publikationen aus den ethnomethodologischen Workplace Studies,[169] der Technikseziologie und den Science and Technology Studies (STS). Vor allem letztere beschäftigen sich regelmäßig mit der Frage der Handlungsträgerschaft von Technik bzw. dem Akteurstatus technischer Artefakte (z. B. Rammert / Schulz-Schaeffer 2002; zum Überblick: Strübing 2005).

Eine der wohl bekanntesten theoretischen Positionen in diesem Feld vertritt die Akteur-Netzwerk-Theorie (ANT). Sie zielt auf eine Reformulierung der sozialtheoretischen Grundannahmen und erweitert das bestehende Verständnis von Handlungsfähigkeit, so dass nicht nur Menschen, sondern auch Tiere, Dinge und andere Formen von Materialität als Akteure betrachtet werden (vgl. Latour 2010). In der ANT ist der Akteurstatus nicht mehr an Intentionalität oder Bewusstsein gebunden. So ist Bruno Latour zufolge „*[j]edes Ding*, das eine gegebene Situation verändert, indem es einen Unterschied macht, ein Akteur – oder wenn es noch keine Figuration hat, ein Aktant" (Latour 2007: 123; Hervorhebung im Original). Damit wendet sich die ANT gegen eine klare Trennung von Technik bzw. Ding und Sozialwelt.

Latour spricht aber auch nicht einfach allen beliebigen Dingen Subjektivität und Handlungsfähigkeit zu, sondern geht von hybriden Netzwerken aus menschlichen und nicht-menschlichen Entitäten aus, die gemeinsam handeln. Entsprechend beschreibt er ein Telefonat mit seiner Mutter als Ergebnis des Zusammenwirkens von Anrufer, Angerufenen, Telefonzelle, -hörer, -leitung, -vermittlung (Latour 1996: 370 ff.). Ein anderes prominentes Beispiel von ihm ist der Gebrauch einer Schusswaffe, mit der ein Mensch getötet wird. Akteur sei hier weder der Mensch, der die Waffe abgefeuert hat, noch die Waffe allein. Stattdessen bildeten Mensch und Waffe einen „Hybrid-Akteur" (Latour 2006: 488). Entscheidend für den Status als *Aktant* ist demnach nicht die Intentionalität, sondern nur die Fähigkeit, etwas zu verändern. So enthalte die Waffe ein eingeschriebenes Handlungsskript (*inscriptions*), das es z. B. wahrscheinlicher mache, sie auf eine bestimmte Art und Weise in der Hand zu halten und zu benutzen.

Aus einer interaktionssoziologischen Perspektive interessiert aber weniger die Frage, ob technische Artefakte handeln können, sondern inwiefern sie als Interaktionsteilnehmer:innen anerkannt werden und ob in der Begegnung mit ihnen Reaktionspräsenz entsteht. Zur Erinnerung: Reaktionspräsenz kommt

---

168 Vgl. für einen ersten Literaturüberblick Krummheuer 2010: 30 ff.; Muhle 2023.

169 Im Mittelpunkt dieses Forschungszweigs steht die Verbindung (neuer) technischer Systeme und alltäglicher Arbeitspraktiken in Organisationen.

dann zustande, wenn die beteiligten Personen (oder hier besser: Entitäten) sich gegenseitig wahrnehmen und auch wahrnehmen, dass sie wahrgenommen werden (vgl. Goffman 1971: 28). In der Kommunikationstheorie Niklas Luhmanns, die sich nicht nur auf Kommunikation unter Anwesenden, sondern auf Kommunikation generell bezieht, werden die Goffmanschen Wahrnehmungswahrnehmungen zu Erwartungserwartungen reformuliert. Demnach wird als Person nur jemand oder etwas anerkannt, dem die Fähigkeit zugesprochen wird, Erwartungen darüber zu entwickeln, was der andere erwartet (vgl. Luhmann 1987: 150 ff.). Nur wem oder was diese Fähigkeit zugesprochen wird, fungiert als Person (und damit als Zurechnungsadresse für Kommunikation), alle anderen sind nur Objekte bzw. können bestenfalls Thema einer Kommunikation sein.[170]

Entsprechend gibt es jede Menge Fachliteratur zur Frage, ob man mit Computern, Robotern oder Chat-Programmen kommunizieren kann, ob es sich dabei um Personen oder gar Subjekte handelt oder doch nur Objekte etc.[171] Viele dieser Studien laufen unter dem Titel „Mensch-Computer-Interaktion" (Human-Computer Interaction, HCI), haben aber mit dem hier vertretenen soziologischen Fachbegriff der Interaktion nur wenig zu tun (Krummheuer 2010: 35 f.).

Prominente Beispiele für solche Analysen, die mittlerweile Klassikerstatus in den STS haben, sind die Studie von Sherry Turkle (1984), die den Computer als Subjekt analysiert, eine Analyse von Lucy Suchman (1987) zum Umgang mit einem Kopierer oder die sog. Wizard-of-Oz-Experimente, bei denen Testpersonen sich mit simulierten Chatbots verständigen sollten, die aber eigentlich gar keine Programme, sondern Menschen waren (z. B. Wooffitt et al. 1997). Frühe Einsichten aus der deutschsprachigen Soziologie zum Mensch-Computer-Austausch lieferten Hans Geser (1989) und Peter Fuchs (1991), die sich mit der Frage beschäftigten, inwiefern der PC ein Interaktions- bzw. Kommunikationspartner sein kann. Geser (1989) z. B. stellte fest, dass der Austausch zwischen Mensch und Computer im Gegensatz zu interpersonalen Begegnungen eine andere Qualität besitze. Demnach spielt anders als in der Begegnung zwischen Menschen die Manipulation der beim anderen erzeugten Eindrücke erst mal keine Rolle. Nichtsdestotrotz handele es sich um Interaktion, denn seiner Ansicht nach reiche es aus, wenn ein:e Nut-

170 Zur Anwendung des Luhmannschen Kommunikationsbegriffs auf den Austausch mit Computern, Robotern und Künstlicher Intelligenz vgl. Luhmann 1998: 304; Esposito 2001, 2017, 2022; Muhle 2018, 2023.

171 Angesichts dieser ungeheuer großen Menge an im weitesten Sinne kommunikationstheoretischen Analysen zu Avataren, Robotern, Chatbots etc. kann die hier vorgelegte Darstellung keinen Anspruch auf Vollständigkeit in Bezug auf den aktuellen Forschungsstand erheben. Gleichzeitig seien Studierende darauf hingewiesen, dass sie bei der Suche und Lektüre interaktionssoziologischer Fachliteratur zu diesem Thema sehr genau die Verwendung der Begriffe „Interaktion", „Kommunikation" und „Interaktivität" prüfen sollten, da darunter sehr unterschiedliche Sachverhalte gemeint sein können, die in den allermeisten Fällen nur wenig mit dem in diesem Buch verwendeten Verständnis zu tun haben.

zer:in dem PC Wahrnehmung zuschreiben könne und den Computer wie einen Interaktionspartner behandele.

Der Verweis auf eine solche Akteursfiktion greift unserer Ansicht nach jedoch zu kurz, da eher handlungstheoretische Annahmen zu Grunde gelegt und nicht ausreichend empirisch analysiert wurde, inwiefern im Umgang mit dem Computer überhaupt wechselseitige Wahrnehmung und damit Reaktionspräsenz zustande kommt. Verschiedene Fragen werden nicht hinreichend adressiert, bspw. ob es jenseits vorprogrammierter und von Entwickler:innen antizipierter Verwendungsskripte überhaupt Reaktionen von Seiten des Computers gibt. Gibt es tatsächlich auf beiden Seiten so etwas wie eine Wahrnehmung des Wahrgenommen Werdens sowie daran anknüpfende Erwartungserwartungen (vgl. Geser 1989: 232)? Für einige dieser Analysen scheint es bereits hinreichend zu sein, wenn menschliche Nutzer:innen beim Umgang mit technischen Artefakten diese zumindest kurzzeitig als Gegenüber anerkennen. Alles in allem erwecken solche und ähnliche Beschreibungen des Mensch-Maschine-Austauschs den Eindruck eines eher instrumentellen Verhältnisses. Es scheint sich also weniger um Interaktionen zu handeln als vielmehr um Formen von „Interaktivität", die hier – einer Definition des Techniksoziologen Holger Braun-Thürmann folgend – als „jene Form sequentieller Aktivitäten" verstanden werden, „die zwischen dem technischen Artefakt und der NutzerIn stattfinden" (Braun-Thürmann 2002: 118).[172] Anders als in einer Interaktion ist im Fall von Interaktivität der Austausch technisch „fest- und vorgeschrieben" und daher letztlich limitiert (ebd.).

Das gilt z. B. auch für verschiedene Arten belebter Technik, wie z. B. sprechende Puppen, die weinen und schreien, bis man sich um sie kümmert (vgl. Berriman/Mascheroni 2019).[173] Vernetzung bestärkt Spielende/Nutzende noch einmal zusätzlich in ihrem Eindruck von Wechselseitigkeit und gegenseitiger Wahrnehmung, so z. B. wenn sich smarte Spielsachen via Bluetooth miteinander verbinden und untereinander austauschen, Zugriff aufs Internet haben und auf Basis der dort verfügbaren Informationen z. B. Fragen ihres menschliches Gegenüber beantworten. Sie können mit Hilfe künstlicher Intelligenz auch die in einer Cloud gespeicherten Daten des bisherigen Spielverhaltens des jeweiligen Kindes auswerten und ihr künftiges Verhalten daran anpassen. Dennoch erscheint es eher zweifelhaft, dass man einen solchen Austausch als direkte Interaktion beschreiben kann.

172 Braun-Thürmann (2002: 15) grenzt von dieser bloßen Interaktivität „künstliche Interaktionen" ab, worunter er „jene Interaktionen" versteht, „an denen technische Dinge in einer Weise teilnehmen, dass sie von menschlichen BeobachterInnen als Subjekte einer sozialen Interaktion wahrgenommen werden können."

173 Zur Nutzung von und Kommunikation mit „smartem Spielzeug" scheint es bisher noch kaum Analysen zu geben.

Wie schon in den anderen Grenzbereichen der Interaktion nähern wir uns dieser Frage auch hier wieder mit Hilfe einer Auswahl verschiedener empirischer Analysen. Dabei scheint es sinnvoll, verschiedene Konstellationen zu differenzieren, die vor allem mit den technischen Randbedingungen für Kommunikation, der Räumlichkeit (alltagsweltliche oder virtuelle Begegnungen) und den unterschiedlichen Formen von Materialität zu tun haben. Ein erster entscheidender Unterschied betrifft die Frage der Körperlichkeit: Anders als virtuelle Agenten, wie z. B. Chatbots oder Sprachassistent:innen, mit denen der Austausch nur per Text- oder Spracheingabe funktioniert, verfügen Roboter über eine materielle Präsenz. Sie sind mehr oder weniger figürlich gestaltete programmierte Hardware, die von Menschen mit den Händen angefasst und im gemeinsamen physischen Raum relativ zum eigenen Körper platziert werden kann. Je nach Programmierung können Roboter sich auch selbst im Raum bewegen bzw. ferngesteuert werden. Im Unterschied dazu sind Avatare (vorwiegend zweidimensionale) visuelle Darstellungen auf einem Bildschirm.[174] Dahinter verbergen kann sich entweder ein Chatbot bzw. eine künstliche Intelligenz oder ein real existierender Mensch, der sich innerhalb einer durch Software erzeugten, virtuellen Realität (z. B. in einem Computerspiel) digital präsentiert. Man kann sie also nie direkt anfassen, es sei denn als Avatar im virtuellen Raum bzw. mit bestimmten Hilfsmitteln (Handschuhe, Anzüge etc.).

Unter Berücksichtigung dieser Unterschiede werden im Folgenden ausgewählte Studien zu entsprechenden Begegnungen vorgestellt. Wir beginnen mit Analysen hybrider Konstellationen zwischen Menschen und rein technischen, nicht-körperlichen Agenten in Form von Chatbots und Avataren (1). Anschließend geht es um (ebenfalls hybride) realweltliche Begegnungen von Menschen mit Robotern (2), die sich danach unterscheiden lassen, ob der Roboter von einem Programm oder einem (nicht anwesenden) Menschen gesteuert wird. Als drittes beschäftigen wir uns mit vollständig virtuellen Begegnungen zwischen Avataren in einer künstlich erzeugten Wirklichkeit, wie z. B. Multi-User-Onlinespielen (3). Hier stellt sich die Frage, ob eine Differenzierung zwischen von Menschen oder durch Software gesteuerten Avataren aus interaktionssoziologischer Perspektive überhaupt noch relevant ist.

Begegnungen von Menschen und virtuellen Agenten (Chatbots, Avatare)

Mittlerweile sind virtuelle Agenten ein selbstverständlicher Teil unseres Alltags geworden. Viele Menschen beginnen ihren Tag mit einem kurzen Wortwechsel mit ihrer Sprachassistentin, wie z. B. Alexa oder Siri. Sie fragen nach dem heutigen Wetter, ihren bevorstehenden Terminen und den wichtigsten Nachrichten. Wenn wir am Bahnhof die beste Zugverbindung suchen oder eine Fahrkarte kau-

174 Es sei denn, es handelt sich um Hologramme, die sind aber – zumindest bislang – aufgrund der voraussetzungsvollen Technik eher Showacts und noch nicht im Alltag angekommen.

fen möchten, verhandeln wir via Texteingabe mit Chatbots, ggf. auch Service-Avataren, und beim Anruf von Service-Hotlines begegnen wir ebenfalls regelmäßig computergenerierten Stimmen, die mit vorformulierten Standardsätzen durch ein Menü führen, uns abwimmeln oder manchmal zu menschlichen Kolleg:innen weiterverbinden.

Im Unterschied zu einer Face-to-Face Interaktion ist bei einer Begegnung mit einem solchen virtuellen Agenten nur eine Person körperlich anwesend, während die andere Einheit keinen materiellen Körper besitzt und entweder nur auf einem Bildschirm als zweidimensionale Abbildung, als Stimme oder in schrifttextlicher Form wahrnehmbar ist.[175] Es handelt sich also letztlich um ein Zusammentreffen zweier Welten (der Alltagswelt und einer virtuellen Realität) und unterschiedlicher Weltzugänge (mit menschlichen Sinnen bzw. mit programmierten Sensoren, technischen Schaltkreisen etc.). Entsprechend beschreibt Antonia Krummheuer (2010: 104) den Austausch zwischen Mensch und Avatar als „hybride" und gekennzeichnet von einer „Zweiweltlichkeit". In ihrer explizit interaktionstheoretisch angelegten Analyse beschäftigt sie sich mit Begegnungen zwischen menschlichen Nutzer:innen und Max, einem programmbasierten „Embodied Conversational Agent (ECA)" (ebd.: 2).[176] Dabei stellt sie zunächst fest, dass der Austausch zwischen Max und den Nutzer:innen über unterschiedliche Wahrnehmungskanäle und Zeichenressourcen geschehe. Demnach erhalten die Nutzer:innen nur über das Eintippen von Text mit einer Tastatur Zugang zu Max (ebd.: 85). Max Antwort dagegen erfolge über einen Lautsprecher, wobei Max, dessen Oberkörper und Arme man auf einem Bildschirm sehen könne, seine Lippen bewege und auch Mimik und Gestik erkennen lasse.[177] Die Nutzer:innen könnten Max also sehen und hören, während er die Nutzer:innen primär durch die Texteingabe wahrnehmen könne.[178] Gleichzeitig seien die beteiligten menschlichen Akteure aber auch von zahlreichen Zuschauer:innen umgeben und würden bei ihrem Austausch mit Max beobachtet, hätten also verschiedene Publika, die sie in ihren Redezügen adressieren könnten.

---

175 Zur Relevanz der Verkörperung eines virtuellen Agenten inklusive erkennbarer Mimik und Gestik für die Herstellung von Reaktionspräsenz vgl. Foster 2019.

176 Max bildliche Darstellung ist ein männlich aussehender Mensch, der von den Oberschenkeln an aufwärts sichtbar in der Mitte des Bildschirms steht vor einem Hintergrundbild der Universität Bielefeld, wo er entwickelt wurde (Krummheuer 2010: 93 f.).

177 Eine ebenfalls vorhandene Kamera diene dem System nur zur Feststellung der Position möglicher menschlicher Ansprechparter:innen im Raum (Krummheuer 2010: 104).

178 Würde man diese Begegnung mit dem Modell der Wahrnehmungs- und Wirkungskreise von Krähenbühl (1977) beschreiben, sähe das folgendermaßen aus (vgl. Kap. 4.2.1): Während Max Informationen nur per Texteingabe wahrnehmen kann, gleichzeitig aber sowohl visuelle als auch akustische Signale abgibt, können die Nutzer:innen Max sehen und hören. Damit Max wiederum die Nutzer:innen wahrnehmen kann, geben sie Text über eine Tastatur ein. Genau genommen gibt es aber keine Überschneidung der funktionell aufeinander ausgerichteten Wahrnehmungs- und Wirkungskreise von Max und seinen Nutzer:innen.

Wir haben es hier also nicht nur mit unterschiedlichen Materialitäten von Nutzer:innen und virtuellem Agent zu tun, sondern auch mit zwei verschiedenen Örtlichkeiten und unterschiedlichen – nämlich asymmetrischen – Teilnahmemöglichkeiten. Damit verbunden wiederum sind dann auch verschiedene Erwartungsstrukturen an den Austausch. Krummheuer erklärt, dass Max den programmierten Regeln folge und allein auf der Grundlage der ihm zugänglichen Datenbanken antworte. Es bestünden außerdem zwei weitere programmierte Einschränkungen: Zum einen beziehe Max seine Antwort immer nur auf die letzte Textnachricht und vergesse alles vorher Gesagte. Zum anderen müsse er einen angefangenen Beitrag erst beenden (und könne nicht abbrechen), auch wenn schon wieder etwas Neues eingegeben würde. Außerdem gehe er stets davon aus, dass er nur mit einer Person spreche. Im Gegensatz dazu ist der Austausch zwischen menschlichen Akteuren wesentlich flexibler: Sie können ihre Antworten während des Sprechens anpassen oder notfalls auch abbrechen und erinnern sich an die gemeinsame Interaktionsgeschichte. Die Antworten und Reaktionen sind bei den Nutzer:innen auch nicht programmiert, sondern basieren auf der Grundlage ihres Erfahrungswissens über direkte Interaktionen, die situationsadäquat aktualisiert werden.

Krummheuer (2010: 105) kommt zu dem Ergebnis, dass die Begegnung mit Max ein „hybrider Austausch" „von Aktivitäten zwischen zwei Welten und zwei Wesen" sei. Es gebe keine gemeinsame Umwelt von Max und den Nutzer:innen, die beide wahrnehmen und sich darin bewegen könnten. Stattdessen könne Max die Nutzer:innen nur wahrnehmen, wenn sie als Text Teil seiner Welt würden. Gleichzeitig werde aber die Anwesenheit von Max im Raum mit den Nutzerinnen simuliert (ebd.: 107). Wechselseitige Wahrnehmung liege also nur in einer merkwürdig sequenziell verschobenen Form vor: Max signalisiere seine Wahrnehmung der Anwesenden erst nach deren Texteingabe. Und erst nach dieser mündlichen Adressierung durch Max könnten die anwesenden Nutzer:innen mit einer neuen Texteingabe anzeigen, dass sie wahrnehmen, wahrgenommen worden zu sein. Krummheuer zeigt anhand ihrer Daten also sowohl, dass Wahrnehmungswahrnehmung möglich ist und die Grundlage des Austauschs zwischen Max und seinen Nutzer:innen darstellt, als auch, dass fundamentale Unterschiede in der Art der Wahrnehmung und Bezugnahme vorliegen und sich die Nutzer:innen in der Situation der Unterschiede dieser Wahrnehmung bewusst sind und diese insbesondere vor dem anwesenden Publikum auch erkennbar inszenieren. So wird der virtuelle Agent nicht durchgängig als vollwertiger Interaktionspartner behandelt, sondern immer wieder auch als abwesend, z. B. wenn sich die menschlichen Gesprächspartner:innen während seiner Redezüge einfach abwenden und mit anderen Anwesenden sprechen.

Dieses Verhalten erinnert an die bereits beschriebenen Praktiken, durch die in Interaktionen Menschen mit Behinderungen, Kindern und Tieren gelegentlich der Personenstatus aberkannt wird bzw. sie wie Unpersonen behandelt werden (vgl. Kap. 4.2.2). Antonia Krummheuer zieht hieraus allerdings eine etwas andere (interaktionstheoretisch höchst interessante) Schlussfolgerung: Beim Austausch mit Max handelt es sich demnach nicht um eine Face-to-Face Interaktion, sondern die Nutzer:innen tun nur so, als ob es eine Interaktion sei, ohne sich jedoch an die üblicherweise damit verbundenen normativen Verpflichtungen gegenüber anderen Anwesenden zu halten. Sie würden sozusagen die Face-to-Face Interaktion nur simulieren oder – in der Terminologie Goffmans reformuliert: den Rahmen der Situation entsprechend modulieren (ebd.: 142 ff.; Goffman 1980: 57 ff.). Dadurch distanzierten sich die Nutzer:innen von einer ernsthaften Begegnung mit Max. Indem sie über Max lachen und Scherze machen oder versuchen, seine Fähigkeiten auszutesten, führen sie ihn dem anwesenden Publikum vor. Krummheuer (ebd.: 325) betont vor allem die Ambiguität und Unentschiedenheit der gesamten Begegnung, in der Max stellenweise als grundlegend andersartiges und fremdes Gegenüber behandelt werde, um dann wieder für ein paar Momente Personenstatus zu erhalten.

Zu ähnlichen Ergebnissen kommen auch andere Studien, die sich sowohl auf ältere als auch neuere, technisch hochwertigere Versionen virtueller Agenten beziehen (z. B. Heintz 1995; Crolic et al. 2022). Im Vergleich mit anderen Programmen fällt außerdem auf, dass für die Frage der Anerkennung als Interaktionspartner auch der Kontext des Austauschs relevant zu sein scheint. Hinweise darauf liefern vor allem Analysen des Sprachprogramms ELIZA, das eines der ersten bekannten Programme war, mit denen man sich unterhalten konnte. Es wurde 1966 entwickelt und simulierte die non-direktive Gesprächsführung von Psychotherapeuten (vgl. Weizenbaum 1966). Das Programm funktionierte vereinfacht gesagt folgendermaßen (vgl. Heintz 1993: 276): Die Nutzer:innen gaben per Tastatur Sätze ein, die von dem Programm nach den Vorgaben eines Skripts analysiert wurden, und es wurden auf der Grundlage entsprechender Regeln Antworten generiert. Die Situation, die hier simuliert werden sollte und auf deren Regelbasis ELIZA operierte, war das psychotherapeutische Gespräch nach Rogers. Das ist eine bestimmte Form der Gesprächstherapie, bei der der/die Therapeut:in sich mit eigenen Deutungen weitgehend zurückhält und die eigenen Redebeiträge darauf reduziert, die Aussagen der Patient:innen aufzunehmen und in Frageform an diese zurückzugeben. Die Regeln einer solchen Rogertherapie waren ziemlich einfach und konnten von den Programmierer:innen gut implementiert werden. Sagt z. B. der Patient: „I need some help, that much seems certain.", würde der/die Therapeut:in bzw. ELIZA antworten: "What would it mean to you if you got some help?" (Weizenbaum 1966: 24)

Das klappte in der Umsetzung offenbar so gut, dass viele Nutzer:innen ELIZA zumindest innerhalb der engen Grenzen eines solchen therapeutischen Gesprächs als Interaktionspartner:in akzeptierten.[179] Das liegt vermutlich in erster Linie an der Art der simulierten Gesprächssituation, die – auch unter ausschließlich menschlichen Teilnehmenden – einen hohen Grad an Strukturiertheit aufweist, klaren Regeln folgt und wenig Verhaltensspielraum lässt (vgl. Heintz 1993: 276). So ist davon auszugehen, dass der Austausch mit virtuellen Agenten vor allem dann problemlos klappt, wenn die Situation in hohem Maße vorstrukturiert, vorhersehbar und damit einfach programmierbar ist (vgl. Malsch 2005: 48 ff.).

Bei Max, mit dem die Nutzer:innen ein offenes Gespräch führen sollten, waren diese Voraussetzungen nicht gegeben, weshalb Nutzende immer wieder Frustrationen erlebten, wenn Max falsche Anschlüsse lieferte bzw. unpassend reagierte. Das gilt allerdings auch für die aktuellen Agenten und Sprachassistent:innen, die zwar ein sehr hohes Niveau bei der Imitation natürlicher Unterhaltungen erreicht haben (so z. B. ChatGPT oder Alexa), aber trotzdem nicht dauerhaft als Interaktionspartner:in anerkannt werden. Zumindest lässt sich regelmäßig beobachten, dass im Umgang mit ihnen gegen die zwischen Menschen geltenden Höflichkeitsnormen verstoßen wird, so z. B. wenn ChatGPT ausgetestet oder beleidigt wird oder wenn die in der Regel mit einer weiblichen Stimme ausgestatteten virtuellen Sprachassistentinnen sexuell belästigt werden (vgl. Walker 2020).[180] Wir kommunizieren also mehr oder weniger regelmäßig mit Programmen wie Max, Alexa und ChatGPT, erkennen sie u. U. zwar temporär als potenzielle Interaktionspartner:innen an, verweigern ihnen aber den Personenstatus und die damit verbundenen moralischen Verpflichtungen. Stattdessen scheinen sich neue Umgangsformen und ein spezieller befehlsförmiger Kommunikationsstil zu entwickeln (vgl. hierzu Reeves / Porcherin / Fischer 2018).

179 In der Folge gab es eine breite Diskussion darüber, ob solche Computerprogramme irgendwann einmal menschliche Psychotherapeut:innen ersetzen könnten: z. B. in dem deutschen Dokumentarfilm „Plug & Pray“ aus dem Jahr 2010, in dem auch der Entwickler von ELIZA, Joseph Weizenbaum, ausführlich zu Wort kommt.
Gerade im Bereich Gesundheit und Therapie erleben *(embodied) conversational agents* etwa in Form von Apps einen Boom (Fiske / Hennigsen / Buyx 2019). Zu den ethischen Implikationen dieser Entwicklung vgl. Omarov / Narnov / Zhumanov 2023: 5117.

180 Interessant sind hierbei auch die Hintergrundannahmen über die Auswirkungen des Mensch-Technik-Austauschs auf die alltägliche zwischenmenschliche Face-to-Face Interaktion. So warnen einige Forschende davor, dass die vergeschlechtlichte Wahrnehmung virtueller Sprachassistentinnen und deren bislang eher positive (oder zumindest nicht zurückweisenden) Reaktionen auf sexuell-übergriffige Kommentare Stereotype gegenüber Frauen auch in der Alltagswelt bestärken und verbale Übergriffe normalisieren könnte (z. B. Bergen 2016). Anders als z. B. der sehr widersprüchliche Forschungsstand zu den realweltlichen Folgen gewalttätiger Computerspiele sind sich die Wissenschaftler:innen nahezu einig, dass Mensch-Mensch-Interaktionen vom kommunikativen Mensch-Technik-Austausch geprägt werden. Demnach ist bei Kindern, die mit Alexa aufwachsen, bereits ein neuer, direkter und fordernder Sprachstil sowie eine seltenere Nutzung von Bitte und Danke beobachtbar (vgl. Elgen 2018).

Begegnungen von Menschen und Robotern

Unter (sozialen) Robotern werden hier (teil-)autonome technische Artefakte verstanden, die mobil und in der Lage sind, mit Menschen in einen Austausch zu treten, also z. B. Worte zu wechseln oder mit ihnen bzw. für sie bestimmte Arbeiten zu verrichten (vgl. Muhle 2023: 3). In der Regel wird auch ein bestimmtes tier- oder menschenähnliches Äußeres vorausgesetzt, um soziale Roboter von anderen Maschinen unterscheiden zu können (vgl. Bendel 2020: 14; Hannibal/Weiss 2020). Anders als der Umgang mit Chatbots bzw. virtuellen Agenten sind Begegnungen mit derartigen Robotern noch keine Alltagsphänomene, und die meisten von uns kennen Roboter eher aus Science-Fiction-Filmen, wie z. B. C-3PO, den goldenen Roboter aus Star Wars (1977) oder Tom, den menschengleich aussehenden Roboter aus dem Film „Ich bin dein Mensch" (2021). Die Beispiele belegen auch die Breite der (fiktiven) potenziellen Einsatzmöglichkeiten: vom Serviceroboter, der bei der Verständigung mit anderen Menschen oder anderen Spezies und in Protokollfragen hilft (C-3PO), bis hin zum humanoiden Roboter, der den Bedürfnissen einer Person entsprechend programmiert wurde, um als Intimpartner zu fungieren (Tom).

Beim Austausch mit Robotern haben wir es im Gegensatz zu den virtuellen Agenten mit einer materiellen Präsenz des Gegenübers zu tun. Wir können ihn anfassen, ihn im Raum und in Relation zu unserem Körper positionieren oder der Roboter kann das, abhängig von der Hard- und Software auch eigenständig bzw. durch Fernsteuerung.[181] Folglich teilen wir das Hier und Jetzt mit ihm. Gleichzeitig haben Roboter keinen lebendigen Leib, sondern sind technische Artefakte, die grundlegend anders funktionieren als wir.[182] Menschen nehmen den Körper des technischen Gegenübers daher als etwas Fremdes wahr. Mit Schütz formuliert, erleben wir in dieser Begegnung „zeitliche und räumliche Unmittelbarkeit", aber es ist zumindest fraglich, ob das dann auch bedeutet, dass „mein und sein Bewußtseinsstrom in echter Gleichzeitigkeit verlaufen können" (Schütz/Luckmann 2003: 101). Und man darf wohl eher ausschließen, dass „[e]r und ich [zusammen]

181 So z. B. der von der norwegischen Entwicklerin Karen Dolva erfundene Telepräsenz-Roboter AV1, der es kranken Kindern ermöglicht, vermittelt über den Roboter, im Schulunterricht anwesend zu sein. Die betroffenen Kinder können AV1 von zu Hause aus steuern und in Echtzeit mit Hilfe einer Kamera und Mikrofon mit ihren Schulkamerad:innen sowie den Lehrer:innen kommunizieren. Vgl. dazu die Website des Vertriebsunternehmens: www.noisolation.com/de (Abruf 08.06.2023).

182 In der (Ir-)Relevanz des Körpers liegt ein wichtiger Unterschied zwischen einer strikt kommunikationstheoretischen und einer interaktionssoziologischen Perspektive auf den Austausch mit Robotern: So beziehen vor allem Systemtheoretiker:innen bei Überlegungen zur Personifizierung von Robotern und KI die körperlichen Beschaffenheiten der beteiligten Maschinen nicht mit ein (vgl. Muhle 2018: 157ff.). Im Gegensatz dazu lassen sich von der Interaktionstheorie leichter Anschlüsse an die sozialphänomenologische Körpersoziologie herstellen, so dass die fehlende Leiblichkeit technischer Artefakte durchaus eine Rolle spielen kann bei der Anerkennung als Person.

altern.“ (ebd.) Diese Deutung wiederum dürfte die zwischen Menschen unproblematische Unterstellung von Ähnlichkeiten der Situationswahrnehmung und -deutung erschweren und damit u. U. auch andere der selbstverständlichen Hintergrundannahmen alltagsweltlichen Verstehens (z. B. die Idealisierung der Reziprozität der Perspektiven; vgl. Schütz 1971: 14).

Mit Verweis auf diese grundsätzlichen Unterschiede und das Fehlen einer basalen Form von „Konvivialität“ wird Robotern von einigen Autor:innen (vor allem solchen in technikkritischer Tradition) sogar jede Möglichkeit auf Erlangung eines Personenstatus abgesprochen (vgl. z. B. Fuchs 2022). Wir haben jedoch schon bei der Diskussion über Tiere gesehen, dass ganz offensichtliche körperliche Unterschiede und unterschiedliche Weltzugänge nicht per se ein Hindernis sind, um zumindest situativ Akteursfiktionen, die Zuschreibung von Personenstatus, den Eindruck wechselseitiger Wahrnehmung und Reaktionspräsenz entstehen zu lassen.

Gerade in dieser Hinsicht wird immer wieder die Frage thematisiert, wie menschenähnlich Roboter sein müssen oder werden dürfen, um Personenstatus zugeschrieben zu bekommen oder als Interaktionspartner:in anerkannt zu werden. Diesbezüglich sind in der Robotik zwei Strömungen zu unterscheiden (vgl. Muhle 2021: 3 f.): Demnach gibt es zum einen Forscher:innen, wie z. B. Cynthia Breazal, eine US-amerikanische Vorreiterin bei der Entwicklung humanoider Roboter, deren Ziel es ist, Roboter zu entwickeln, die sich möglichst kaum noch von echten Menschen unterscheiden sollen. Vertreter:innen der anderen Strömung genüge es jedoch bereits, wenn ein basaler sozialer Austausch zwischen Menschen und Robotern zustande komme und Robotern die Rolle von Assistent:innen für die Verrichtung unliebsamer Tätigkeiten zugeschrieben werde (ebd.: 5).[183]

Dennoch gilt auch für die eher zweckorientierten Roboter, dass ein (wenn auch entfernt) menschenähnliches Äußeres bzw. das Vorhandensein rudimentärer Formen eines Gesichts wichtig zu sein scheint für die soziale Akzeptanz des Roboters und seine Wahrnehmung als möglichem Interaktionspartner (so z. B. Compagna / Marquardt 2015; Koh et al. 2016; Turkle 2020). Anhand zahlreicher Untersuchungen konnte gezeigt werden, dass aufgrund eines Gesichts bei den anwesenden Menschen leichter das Gefühl des Wahrgenommen-Werdens entsteht, was sich durch das Vorhandensein von Mimik noch intensiviert. Dadurch kann bei Menschen der Eindruck geweckt werden, dass der Roboter auch

183 Interessant ist in diesem Zusammenhang jedoch auch die Beobachtung, dass die Menschenähnlichkeit technischer Artefakte offenbar einen Grenznutzen hat und deren Akzeptanz nicht immer weiter zunimmt, je perfekter sie wie ein Mensch aussehen. In der Robotik wird dieses Phänomen *Uncanny Valley* genannt und beschreibt eben diese Akzeptanz- und Erwartungslücke, ab der eine zu große Menschenähnlichkeit die Nutzer:innen eher abschreckt und zu einer Refokussierung auf die Technik führt (vgl. Nowak / Fox 2018).

wahrnimmt, dass er wahrgenommen wurde und so etwas wie Reaktionspräsenz entstehen. Hilfreich hierbei ist vermutlich auch die Bewegungsfähigkeit des Roboters, etwa das wahrnehmbare Fokussieren der Kamera-Augen, das Drehen des Kopfes oder seine (Neu-)Positionierung im Raum. Vor allem wenn der Roboter diese Bewegungen vermeintlich selbstständig ausführt, deuten Menschen sie als intentional, und die Technik bekommt den Status eines potenziellen Interaktionspartners zugesprochen (vgl. z. B. Alač 2016: 521 ff.).

Inwiefern dieser Eindruck der Interaktionsfähigkeit in einer Situation jedoch aufrechterhalten werden kann, hängt u. a. auch von weiteren technischen Faktoren ab, die Ilona Straub (2016) in einer Studie mit einem humanoiden Roboter ausgetestet hat. Dafür wurde ein Roboter in ein Café gesetzt und die Reaktionen der sich nähernden Menschen wurden beobachtet. Bei der ersten Annäherung haben offenbar die meisten Menschen dem Roboter zunächst Interaktionsfähigkeit unterstellt. Inwiefern diese Erwartung im weiteren Verlauf der Situation dann enttäuscht wurde, hing von der jeweiligen Aktivität des Roboters ab. Für den Versuch waren drei verschiedene Aktivitätsmodi vorgegeben: Befand sich der Roboter im Leerlauf (*idle condition*) – er ist aktiv, hebt und senkt z. B. seinen Kopf, reagiert aber nicht auf seine Umwelt und die darin befindlichen Menschen – kam es zu keiner wechselseitigen Wahrnehmung und die anwesenden Personen behandelten den Roboter schon nach Kurzem wie einen Gegenstand. Sie fassten ihn an, sprachen über ihn etc.

War dagegen die Gesichtserkennung (*facetracking condition*) aktiviert, entstand Reaktionspräsenz, da der Roboter sich anwesenden Menschen zuwendete und sogar eine Art Blickkontakt herstellte.[184] Unter diesen Bedingungen wurde dem Roboter – zumindest vorläufig – Personenstatus zugesprochen. Das änderte sich jedoch rasch, wenn bestimmte Gesten oder Reaktionen des Roboters unpassend bzw. nicht anschlussfähig waren und dadurch die Unterstellung eines wechselseitigen Verstehens enttäuscht wurde. Dann war der Roboter plötzlich kein Quasi-Gegenüber mehr, sondern wurde als Objekt wahrgenommen. Nur wenn der Roboter die ganze Zeit aus der Ferne bedient wurde (*teleoperation condition*) entstand dauerhaft Reaktionspräsenz und die beobachtbaren verbalen und non-verbalen Praktiken entsprachen weitgehend dem, was man im Fall menschlicher Akteure als Interaktion bezeichnen würde (Straub 2016: 563 ff.). Demnach konnte man höfliche Begrüßungen und respektvolle Kontaktaufnahmen beobachten sowie Smalltalk. Außerdem seien auch die Grenzen des persönlichen Raums eingehalten worden. Dennoch sei es zu kleineren Überschreitungen dieser Grenzen gekommen, wobei diese sich eher mit dem Umgang mit Prominenten vergleichen lassen, z. B. weil der Roboter gefragt wurde, bevor die Nutzer:innen ein Foto mit ihm machten. Insgesamt sei jedoch erkennbar, dass der Roboter von den Anwe-

184 Detaillierter zur Bedeutung des Blickkontakts mit Robotern vgl. Mutlu et al. 2009.

senden nicht als Mensch und mit Ausnahme des letzten Beispiels auch nicht dauerhaft als Interaktionspartner klassifiziert worden sei (Straub 2016: 567 f.).

Die Anerkennung von Telepräsenzrobotern als Interaktionspartner bleibt bei den Mensch-Maschine-Begegnungen die Ausnahme. Das hängt vermutlich vor allem damit zusammen, dass es im Umgang mit Robotern regelmäßig zu „interaktionalen Frustrationserlebnissen" (Meyer 2016: 91) kommt. Die beschreibt u. a. Florian Muhle (2018) anschaulich anhand seiner empirischen Analysen zum Umgang mit dem humanoiden Roboter Nadine, die im Heinz-Nixdorf Museumsforum in Paderborn als Teil einer Ausstellung zu künstlicher Intelligenz und Robotik in Austausch mit den Museumsbesucher:innen tritt. Auch er kann ein „Changieren zwischen Objekt- und Personen-Status des Roboters" beobachten (Muhle 2023: 206). Nur für kurze Momente sei Nadine von den Besucher:innen als Interaktionspartnerin akzeptiert worden, z. B. bei der Aufforderung zum Gespräch, um kurz danach wieder zu einem Ausstellungsstück degradiert zu werden, über das sich in ihrer Anwesenheit unterhalten wird. Ferner hätten für den Austausch mit Nadine nicht die üblichen Regeln des taktvollen Benehmens gegolten. Stattdessen sei Nadine z. B. direkt bei der Gesprächseröffnung nach ihrem Alter gefragt (Muhle 2023: 211) oder beleidigt worden, um dadurch die Reaktionen des Roboters auf kommunikative Provokationen auszutesten, die normalerweise zum Abbruch von Interaktion führen (vgl. Meyer 2016: 91).

Neben dem Aussehen des Roboters scheint aber auch der Kontext einer Situation Einfluss auf die Anerkennung von technischen Artefakten als potentielle Interaktionspartner zu haben. So weisen Compagna und Marquardt (2015) auf die Besonderheiten von Laborsituationen hin, innerhalb derer Experimentteilnehmer:innen sich verstärkt darum bemüht hätten, auch schon mit vergleichsweise einfachen Robotern basale Formen von Sozialität aufzubauen. Demnach wird unter diesen Bedingungen die zu Beginn einer Begegnung suggerierte wechselseitige Wahrnehmung durch den Kamera-Blickkontakt länger aufrechterhalten, auch wenn der Roboter seine Aufmerksamkeit nach einer gewissen Zeit einfach abwendet und nicht mehr auf die menschlichen Nutzer:innen reagiert (Compagna/Marquardt 2015: 12 ff.). Im Gegensatz dazu würden sich Menschen in anderen Situationen, in denen der Roboter ihnen eher in einer Service- oder Assistenzfunktion entgegentrete, deutlich weniger auf ihn als möglichen Interaktionspartner einlassen. Entsprechend beobachteten sie, dass Bewohner:innen eines Altersheims, denen ein Serviceroboter ein Glass Wasser servierte, sie dabei ansprach, aber nicht situationsadäquat auf bestimmte verbale Adressierungen reagierte, diesen nur als Objekt behandelten und nicht als Gesprächspartner (ebd.: 13).[185]

185 Lediglich die Begegnung zwischen einer demenzkranken Bewohnerin und dem Roboter zeigte den Autoren zufolge interaktionsähnliche Züge (ebd.: 13). Übereinstimmend dazu gibt es Beobachtungen zum Einsatz von Robotern bei der Pflege Demenzkranker, die vermuten lassen,

Zusammenfassend lässt sich festhalten, dass neben der menschenähnlichen Gestaltung des Äußeren von Robotern sowie den technischen Funktionen offenbar auch der Kontext einer Mensch-Roboter-Begegnung eine Rolle für die Realisierung von Wahrnehmungswahrnehmung und das Zustandekommen eines zumindest interaktionsähnlichen Austauschs spielt. Aufgrund der hier vorgestellten Analysen verdichtet sich aber auch für die Begegnungen mit Robotern der Eindruck, dass es sich hier bestenfalls um die Simulation von Face-to-Face Interaktionen handelt und Roboter offenbar nur in Ausnahmesituationen als vollwertige Interaktionspartner akzeptiert werden.

Begegnungen virtueller Agenten in digitalen (Online-)Welten

In diesem Abschnitt geht es nicht mehr um hybride Begegnungen zwischen Menschen und technischen Artefakten in der physisch unvermittelt greifbaren (Alltags-)Welt, sondern um den digitalen Austausch in einer (in der Regel) internetbasierten virtuellen Realität, wie z. B. in sog. Multi-User-Onlinespiele (z. B. World of Warcraft)[186] oder Metaversen (*metaverse*) bzw. Social Virtual-Reality-Plattformen, wie etwa Second Life[187] oder VRChat. Ungeachtet der Zielsetzung der jeweiligen Plattform (spielen, bauen, experimentieren, lernen oder einfach soziale Kontakte) ist ihnen gemeinsam, dass diese künstlichen Realitäten von virtuellen Avataren bevölkert werden, die mehr oder weniger menschenähnlich agieren können: Vermittelt über Technik (die Ansicht auf einem Bildschirm, Audio- und Videoausgabe, über eine VR-Brille oder entsprechende Handschuhe) können sich Avatare bspw. in der Onlinewelt treffen, miteinander sprechen (textbasiert oder per Audio-Chat über Mikrofon), tanzen oder kämpfen, gemeinsam Aufgaben lösen, sich wechselseitig berühren oder sogar intim werden (vgl. z. B. Schroeder 2002a, Krell/Wettmann 2023).

Inwiefern es sich hierbei um Face-to-Face Interaktion handelt, ist dabei eine kontrovers diskutierte Frage. Grundlage dafür sind z. B. Untersuchungen zum Avatar-Verhalten in online Welten (Was tun Avatare auf welche Weise? Welche (Aus-)Wirkung hat das auf andere Avatare und die virtuelle Umwelt?) und Vergleiche mit menschlichem Tun in der Alltagswelt bzw. in Face-to-Face-Begegnun-

---

dass es hierbei offenbar einfacher zu Reaktionspräsenz und Interaktionen kommt (vgl. Maibaum u. a. 2022; Góngora Alonso u. a. 2019).

186 Das Internet-basierte Computer-Rollenspiele World of Warcraft (WoW), ein sog. MMORPG, d. h. Massively Multiplayer Online Role-Playing Game, gibt es seit 2004, und es wird monatlich von ca. 8,5 Millionen Spieler:innen weltweit gespielt (Stand Mai 2023).

187 Second Life stellt eine der bekanntesten Plattformen dar, der die Idee eines Lebens in einer virtuellen Parallelwelt zu Grunde liegt. Diese Plattform wurde 2003 lanciert und findet mindestens indirekt eine Fortsetzung in der Umbenennung des Facebook Konzerns in „Meta“, was der CEO Mark Zuckerberg mit seiner Absicht begründete, einen neuen virtuellen Raum schaffen zu wollen, der aus einer Kombination von realweltlichen und digitalen Welten besteht (vgl. Rieger/Schäfer/Tuschling 2021).

gen. Dabei wird schnell deutlich, dass die Unterschiede zu unserer alltäglichen Lebenswelt gar nicht so groß sind, wie man vielleicht auf den ersten Blick vermuten könnte. Zwar ist die Gestalt der virtuellen Avatare mehr oder weniger wählbar, das Aussehen und Verhalten unterliegt Programmcodes und ist nicht an bestehende Naturgesetze gebunden, d. h. sie können gegebenenfalls fliegen oder ihr Aussehen beliebig verändern. Ferner ist in der Regel nicht erkennbar, ob ein anderer Avatar von einem Menschen gesteuert wird oder es sich um eine Software gesteuerte Entität, ggf. einen (Chat-)Bot handelt. Doch genau wie im normalen Leben haben die Spielfiguren auch in den virtuellen Realitäten Körper, mit denen sie sich zum einen durch den virtuellen Raum bewegen, relativ zueinander im virtuellen Raum positionieren und damit eine Nähe auf der Beziehungsebene zum Ausdruck bringen können. Zum anderen wird diesen Körpern z. B. auch Kleidung angezogen und sie werden zur Inszenierung einer sozialen Identität verwendet (vgl. Taylor 2002). Daher lässt sich zur Beschreibung und Analyse virtueller Begegnungen durchaus auch das interaktionssoziologische Vokabular Goffmans (1973d, 1983a) zur „Eindrucksmanipulation" und den „Techniken der Imagepflege" verwenden: Das gewählte Aussehen des Avatars kann bspw. als Fassade des virtuellen Selbst interpretiert werden, und Nutzer:innen bemühen sich um den Aufbau eines bestimmten Images.[188]

Die Arbeit am virtuellen Selbst geschieht u. a. auch mit durchaus wirklichkeitswirksamen bzw. die digitale und analoge Welt verknüpfenden Handlungen, wie z. B. dem käuflichen Erwerb digitaler Features oder Kleidungsstücke für den Avatar mit realem Geld. In Spielen kann man sich außerdem höhere Positionen in der dort geltenden Gesellschaftsordnung oder Abkürzungen zwischen den Spiel-Leveln erkaufen. Zum anderen wirkt die digitale aber auch in die analoge Welt zurück, z. B. in Form real-leiblicher Reaktionen der Nutzer:innen auf das virtuelle Geschehen (Gall et al 2021; Bollmer / Suddarth 2022). Dieses „Phantom-Erleben" am eigenen, physischen Leib wird üblicherweise mit den Begriffen Immersion (*immersion*) oder Involviertheit (*involvement*) beschrieben (Schroeder 2002b: 3) und ist vor allem bei der Verwendung zusätzlicher Technik (VR-Brillen und Handschuhe, Gadgets u. a.) zu beobachten.[189] Voraussetzung für diese Form der Wahr-

188 Beispiele für die Gestaltung verschiedener Wunsch-Identitäten finden sich in den Analysen von Hans Geser (2007) zur virtuellen Plattform Second Life.

189 Bereits 2004 differenzierte der britische Computerspiele-Forscher Richard Bartle, der als Pionier der MMORPG gilt, vier verschiedene Ebenen von Immersion (*levels of immersion*): Demnach fungieren Spielfiguren (*player*) für Spieler:innen nur als einfache Werkzeuge zur Durchsetzung der eigenen Ziele im Spiel. Avatare (*avatar*) werden hingegen bereits als eine Art Repräsentant:innen eines/r Spieler:in in der Spielwirklichkeit verstanden, auch wenn meist in der dritten Person über den eigenen Avatar gesprochen wird. Mit einem Charakter (*character*) identifizieren sie sich jedoch bereits so stark, dass sie sein Handeln und Fühlen in der ersten Person beschreiben. Und auf der höchsten Stufe der Immersion wird die Spielfigur schließlich zur Person (*persona*) und damit zu einem Bestandteil der eigenen Identität. Der/die Spieler:in handelt dann selbst in einer virtuellen Spielewelt (Bartle 2004: 154 ff.). Man darf vermuten, dass die-

nehmung scheint jedoch zunächst das Erlernen entsprechender Körperpraktiken zu sein, d. h. die Abstimmung des gleichzeitigen Umgangs und der Synchronisation zwischen den körperlichen Bewegungen (mit dem notwendigen technischen Equipment) im realen Raum und denen des Avatar-Körpers im virtuellen Raum (vgl. Krell/Wettmann 2023: 168 ff.).

Für das Erleben einer Situation und die daraus resultierende Immersion ist u. a. auch die Kameraperspektive in Computerspielen und virtuellen Welten wichtig. Denn während wir in unserer alltäglichen Lebenswelt Wirklichkeit immer von unserem eigenen Körper aus wahrnehmen – sozusagen als Nullpunkt unseres ganz persönlichen Koordinatensystems (vgl. Schütz 1972: 291), müssen die Nutzer:innen vieler Online-Spiele und anderer virtueller Welten die von ihnen gesteuerten Avatare aus einer Third-Person-Perspektive beobachten, d. h. von einem Punkt aus, der außerhalb ihrer Spielfigur liegt. Je nach Spiel bzw. Spielmodus kann das eine Vogelperspektive oder eine feste Kameraeinstellung sein. Da aus dieser Perspektive die Nutzer:innen aber eine größere Distanz zu ihrer Figur erleben und damit auch ein niedrigerer Grad an Immersion einhergeht, gibt es in vielen Spielen die Möglichkeit zum Umschalten auf eine Egoperspektive, in der man die virtuelle Welt aus den Augen des Avatars erleben kann.

Offenbar gelten auch in virtuellen Welten Umgangsformen und Regeln, die zumindest teilweise den realweltlichen stark ähneln. So beschreibt Taylor (2002) Begrüßungsrituale in verschiedenen Online-Spielewelten und andere Formen der Ehrerbietung und des Respekts, wie z. B. die Einhaltung von Territorien des virtuellen Selbst oder den Einsatz des Avatar-Körpers in Streitsituationen oder als Ausdruck von Intimität (vgl. Taylor 2002). Es wiederholen sich also online Verhaltensweisen, die aus dem Offline-Leben bekannt sind. Das funktioniert in den Online-Begegnungen offenbar vor allem dann weitgehend reibungslos, wenn die Technik funktioniert – es also z. B. keine Eingabe-bedingte Verzögerungen bei der Handlungskoordination gibt (vgl. Moore/Ducheneaut/Nickell 2006) – und wenn die Situationen stark vorstrukturiert bzw. eindeutig gerahmt sind und alle Beteiligten genau wissen, was zu tun ist (z. B. bei Kämpfen in Online-Spielen). Insofern stellt sich für die Begegnungen zwischen Avataren auch weniger die Frage nach der wechselseitigen Anerkennung von Interaktionsfähigkeit als die Frage nach den Ähnlichkeiten solcher Formen technisch vermittelter Kommunikation mit Face-to-Face Interaktion.

---

se verschiedenen Grade von Immersion auch Hinweise für die Wahrnehmung als Face-to-Face Interaktion sein könnten.

4.2.4 Offene Fragen an den Rändern der Interaktion

Ausgangspunkt dieses Abschnitts war die Frage nach dem Geltungsanspruch der von Goffman beschriebenen interaktionssoziologischen Konzepte und den damit verbundenen impliziten Mindestanforderungen an potenzielle Interaktionsteilnehmer:innen. Unserem Verständnis nach handelt es sich beim Interaktionsbegriff nicht um ein universelles Konzept in dem Sinne, dass es immer schon (also transhistorisch) überall auf der Welt auf alle Begegnungen zwischen Personen anwendbar war und ist. Stattdessen formuliert Goffman an verschiedenen Stellen seines Werks, dass er die von ihm beschriebene Interaktionsordnung historisch in der Mitte des 20. Jahrhunderts und begrenzt auf einen bestimmten Kulturraum (westliche Industriegesellschaften) verortet (z. B. Goffman 1971: 96, FN 25). Insofern lassen sich die im zweiten Kapitel vorgestellten Begriffe und Konzepte als Realdefinitionen verstehen, d. h. sie sind „in Reaktion auf empirische Beobachtungen und analytische Überlegungen" entstanden und können entsprechend verändert und präzisiert werden, wenn das neuere Forschungsergebnisse nahelegen (vgl. Mayntz 2009: 14).

Anstatt a priori davon auszugehen, dass nur (wache, erwachsene) Menschen interaktionsfähig sind, geht die Interaktionssoziologie davon aus, dass die Frage nach den Grenzen der Interaktion nur empirisch beantwortet werden kann. Vor diesem Hintergrund wurden in diesem Kapitel ausgesuchte Forschungsarbeiten vorgestellt, die sich mit Begegnungen zwischen verschiedenen Einheiten mit unklarem Teilnehmer:innenstatus beschäftigen: Menschen mit Behinderungen, Demenzkranke, Kinder, Tiere, virtuelle Agenten, Roboter und Avatare. Anhand dieser empirischen Beispiele lässt sich über die Geltung interaktionssoziologischer Konzepte und Begriffe sowie über Möglichkeiten und Notwendigkeiten nachdenken, sie anzupassen. Gleichzeitig sollen die Studien auch eine Anregung darstellen für dringend notwendige interaktionssoziologische Forschungsarbeiten.

Mit Blick auf die hier präsentierten Arbeiten bleibt noch einmal anzumerken, dass kein Anspruch auf Vollständigkeit besteht – weder in Bezug auf die hier behandelten Sorten potenzieller Interaktionsteilnehmer:innen oder Grenzbereiche noch bzgl. des jeweiligen Forschungsstands. Die ausgewählten Themen und Studien liefern stattdessen lediglich Beispielmaterial und Anknüpfungspunkte für weitergehende interaktionssoziologische Überlegungen. Es gibt aber noch jede Menge weitere interessante Grenzbereiche, mit denen sich eine intensivere Beschäftigung lohnt, die wir an dieser Stelle nicht leisten können. Dazu gehören bspw. kulturübergreifende Studien zu Begegnungen mit Fremden, die immer auch mit Interaktionskrisen einhergehen können, z. B. wenn der Redezugwechsel in direkten Begegnungen in einer anderen Gesellschaft nicht mit Hilfe von Blicken, sondern durch andere Modalitäten organisiert wird, wie etwa mittels auditiver oder taktiler Signale (z. B. Meyer 2014: 329 ff.).

Ferner gilt es noch einmal auf die spezifische Lesart der hier vorgestellten Forschungsarbeiten hinzuweisen: Ungeachtet der Verwendung anderer Theorieperspektiven wurden die präsentierten Studien entsprechend der in diesem Abschnitt untersuchten Fragestellung gelesen, unter welchen Bedingungen Interaktion zustande kommt, wer wie lange als vollwertige:r Interaktionspartner:in akzeptiert wird und inwiefern die von Goffman beschriebenen Interaktionsregeln in diesen Situationen Geltung haben. Sie wurden also interaktionssoziologisch re-interpretiert. Das war vor allem deshalb notwendig, weil es keine systematische und aneinander anschließende Forschung aus interaktionssoziologischer Perspektive zu diesen Grenzen bzw. Randbereichen der Interaktion gibt.

Die Beschäftigung mit den Rändern der Interaktion erweist sich aber als wichtig und erkenntnistheoretisch hilfreich, weil hier die Anforderungen an Interaktionen und Interaktionsteilnehmende noch einmal deutlicher expliziert werden müssen: Die von Goffman genannten Minimalvoraussetzungen für das Zustandekommen von Interaktion sind die gleichzeitige körperliche Anwesenheit von mindestens zwei Individuen und deren wechselseitige Wahrnehmung. Unter diesen Bedingungen der Wahrnehmung des Wahrgenommen-Werdens, d. h. des Wissens, dass man beobachtet wird sowie des Wissens der Beobachter:innen, dass die Beobachteten wissen, dass sie beobachtet werden, entsteht Reaktionspräsenz und damit – zumindest eine basale Form von – Interaktion. In der Goffmanschen Terminologie ist das z. B. eine nicht-zentrierte Interaktion, die ohne einen gemeinsamen Aufmerksamkeitsfokus oder eine übereinstimmende Situationsdefinition auskommt.

Aber selbst bei diesen Minimalanforderungen bleiben offene Fragen, und es fehlt eine präzise Operationalisierung von Anwesenheit und wechselseitiger Wahrnehmung. Als hilfreich zur Differenzierung und Präzisierung von Wahrnehmung hat sich Krähenbühls (1977) Modell der sich überschneidenden Wahrnehmungs- und Wirkungskreise erwiesen. Damit lassen sich zum einen die verschiedenen Wahrnehmungssinne unterscheiden und deren Relevanz für die jeweilige Situation erkennen, und zum anderen wird das Zustandekommen von Wechselseitigkeit präziser darstellbar.

Die präsentierten Studien zeigen außerdem, dass der prozedurale Verlauf von Begegnungen, in denen Teilnehmer:innen bestimmte sensorische Einschränkungen haben, anders gestaltet werden muss, als in der klassischen Interaktionssoziologie beschrieben. Gleichzeitig scheint die Frage der grundsätzlichen Anerkennung als Interaktionspartner:in nicht unmittelbar von den sinnlichen oder kognitiven Fähigkeiten eines Individuums bzw. Artefakts abzuhängen. Viel entscheidender scheinen Reziprozitätsunterstellungen zu sein, mit denen körperlich anwesenden Einheiten (prospektiv, retrospektiv oder einfach so) Personenstatus zugeschrieben wird oder eben nicht. Diese müssen allerdings ergänzt werden durch wahrnehmbare Reaktionen des Gegenübers, die als Mitteilungsabsicht verstanden werden können. Das gilt sowohl für Menschen als auch Tiere oder Roboter. Die Studien zeigen allerdings auch, dass die Anerkennung als Interaktionsteilnehmer:in keine Frage des Entweder-Oder ist, sondern dass durchaus Abstufungen von oder ein Changieren zwischen Anwesenheiten denkbar sind: Die Anerkennung als Interaktionspartner:in ist keine ein-für-allemal-Entscheidung, sondern kann auch nur vorrübergehend gelten.

Darüber hinaus scheint es auch sinnvoll, sich weiter mit der Frage der Operationalisierung von Reaktionspräsenz auseinanderzusetzen. Wahrnehmungswahrnehmung bzw. Erwartungserwartungen lassen sich hierbei als Minimalforderung für das Zustandekommen von Interaktion verstehen. Weitere (relativ gut beobachtbare) Bedingungen könnten ein gemeinsamer Aufmerksamkeitsfokus, Unterstellung wechselseitigen Verstehens und reziproker Perspektiven sowie aufeinander bezogenes Handeln sein. Konsequent weitergedacht, ergeben sich hieraus Abstufungen von Sozialität und Reziprozität, die u. a. auch von unserem jeweiligen Gegenüber abhängen. Entsprechend schlägt z. B. Christian Meyer (2014: 340) eine Differenzierung vor zwischen „Situationen starker Sozialität mit ‚wachen und normalen Erwachsenen' und Situationen mit schwacher Sozialität „mit Wesen mit abgestufter Normalität, Wachheit und Erwachsenheit (z. B. Kinder, Tiere, Menschen mit Demenz, Roboter, Geister etc.)".

Es gibt also noch jede Menge offene Fragen in der Interaktionssoziologie und Anschlussmöglichkeiten für zukünftige Forschungsarbeiten rund um die hier vorgestellten Phänomenbereiche. In diesem Sinne soll dieser letzte Teil des Buchs als Motivation und Entscheidungshilfe bei der Suche nach interessanten Fragestellungen für Abschlussarbeiten und Dissertationen verstanden werden, und wir würden uns freuen, wenn unsere Anregungen aufgegriffen werden.

Glossar zu Fachbegriffen der Interaktionssoziologie

Die folgenden Begriffserklärungen sollen vor allem Anfänger:innen der (Interaktions-)Soziologie das Lesen dieses Buches (oder auch anderer interaktionssoziologischer Werke) erleichtern und eine erste Idee geben, worum es bei den genannten Konzepten geht. Für detailliertere Erläuterungen sollte jedoch in den entsprechenden Kapiteln im Buch nachgelesen oder aber weitere Fachliteratur zu Rate gezogen werden.

A

Accounts: ein Konzept aus der Ethnomethodologie Harold Garfinkels. Accounts sind „praktische Erklärungen" (Bergmann) mit deren Hilfe die Beteiligten selbst Alltagsaktivitäten für andere erkenn- und verstehbar machen.

Anwesenheit → siehe **Kopräsenz** (*copresence*)

B

Begegnung, direkte/unmittelbare (*encounter*): Synonym für Face-to-Face Interaktion

Benutzungsraum (*use space*): situationaller Anspruch auf ein Territorium, das unmittelbar vor einer Person bzw. um sie herum liegt und das von ihr für bestimmte Zwecke benötigt wird, wie z. B. der Weg unmittelbar vor einem oder der Raum zwischen einem Bild und seinem Betrachter im Museum. Der Benutzungsraum gehört zu den von Goffman beschriebenen → Territorien des Selbst. (siehe **S. 80**)

Besitzterritorium (*possessional territory*): situationeller Anspruch, der sich auf die Gegenstände bezieht, die den Körper umgeben, wie z. B. Zeitungen, Essen oder Handschuhe sowie die Regulierungsmacht über ein Mobiltelefon, ein Notebook oder einen Fernseher. Besitzterritorien gehören zu den von Goffman beschriebenen → Territorien des Selbst. (siehe **S. 80**)

Beziehung, soziale (*relation/relationship*): konstituiert sich durch wiederholte, aufeinander bezogene Face-to-Face Interaktionen mit denselben Teilnehmer:innen, in deren Verlauf ein Wir-Bewusstsein sowie eigene Verhaltensregeln entwickelt werden. Die neu entstehenden Strukturen werden von den Beteiligten mit bereits existierenden Beziehungsbezeichnungen (z. B. Freundschaft) beschrieben und sie entscheiden selbst, wer Mitglied dieser Beziehung ist. (siehe **S. 154, 195 ff.**)

Beziehungszeichen (*tie-signs*): ritualisierte Kundgabe der eigenen Position und Verbindungen zu anderen Personen in einer Situation mit Hilfe von Gegenständen, Handlungen oder sonstigem Ausdrucksverhalten. (siehe **S. 68**)

Box (*stall*): deutlich begrenzter Raum, auf deren Besitz oder Benutzung eine oder mehrere Personen gemeinsam temporären Anspruch erheben, z. B. ein bequemer Sessel, ein Tennisplatz oder ein Tisch in einem Restaurant. Die Box gehört zu den von Goffman beschriebenen → Territorien des Selbst. (siehe **S. 78 f.**)

D

Darstellung (*performance*): alle beobachtbaren Aktivitäten einer/s Interaktionsteilnehmer:in, die dazu beitragen, die anderen anwesenden Personen irgendwie zu beeinflussen und einen möglichst glaubwürdigen Eindruck von sich selbst zu vermitteln

Dramatische Gestaltung (*dramatic realization*): Inszenierung bzw. Hervorhebung unbemerkter Tätigkeiten in sozialen Situationen, durch die ein erwünschter Eindruck untermauert werden soll. So reicht es z. B. nicht aus, beruflich erfolgreich zu sein, sondern man muss diesen Erfolg durch bestimmte Statussymbole und schicke Kleidung sichtbar machen. (siehe **S. 42**)

Doppelte Kontingenz: Begriff von Niklas Luhmann (bzw. Talcott Parsons) zur Beschreibung offener sozialer Situationen, in denen sowohl die Erwartungen als auch die Erwartungserwartungen der Beteiligten unsicher bzw. kontingent sind. Da das sowohl für Alter als auch Ego gilt, handelt es sich um eine Situation doppelter Kontingenz. Zum Problem wird das vor allem dann, wenn die Beteiligten ihre Erwartungen und ihr Verhalten von den Erwartungen und dem Verhalten des anderen abhängig machen. Dann sind beide handlungsunfähig und es kommt zu einer Art Blockade. Prototypisches Beispiel hierfür ist der Elfmeter im Fußballspiel. (siehe **S. 56 ff.**)

E

Efferveszenz, kollektive: Begriff von Émile Durkheim zur Beschreibung rauschhafter kollektiver Erregungszustände im Kontext religiöser Ereignisse. Im Zentrum steht die Erkenntnis, dass die/der Einzelne in größeren Menschenansammlungen durch eine Verdichtung und wechselseitige Steigerung von Anwesenheit und Kommunikation in eine Art Euphorie geraten kann, und in der Folge Dinge fühlt und tut, die er/sie allein nie fühlen und tun würde. (siehe **S. 163 f.**)

Eindrucksmanipulation (*impression management*): Praktiken bzw. Techniken, um unter Anwesenden einen durch Darstellungen erzeugten Eindruck zu schützen (siehe **S. 32 f.**)

Ensemble (*team*): Zusammenschluss mehrerer Darsteller:innen, die in einer sozialen Situation gemeinsam versuchen, einen bestimmten Eindruck bei den anderen Anwesenden zu erzeugen und aufrechterhalten. Ein Ensemble ist nicht notwendigerweise eine soziale Gruppe, da es nicht unbedingt über die Grenzen einer direkten Begegnung hinweg Bestand hat. (siehe **S. 45**)

Ereignis: ein punktuelles Phänomen mit einem verdichteten Geschehen, das sich zeitlich und räumlich klar abgrenzen und gut beobachten lässt, z. B. Rituale und Zeremonien. Durch ereignishafte Rituale werden Strukturen und damit soziale Ordnung erzeugt und reproduziert und gleichzeitig wird durch sie soziale Ordnung sinnlich erlebbar gemacht.

Erwartungserwartungen: in direkten Begegnungen unter der Bedingung wechselseitiger Wahrnehmung entstehende Erwartungen Egos über die Erwartungen der anderen Personen an Ego, z. B. dass Ego erwartet, dass Alter erwartet, dass Ego sich auf eine bestimmte Art und Weise verhält. Die Funktion von Erwartungen und Erwartungserwartungen in sozialen Situationen ist es, den Beteiligten Handlungsorientierung zu geben. (siehe **S. 57**)

Ethnomethodologie: ein von Harold Garfinkel entwickelter soziologischer Forschungsansatz, der darauf abzielt, die Praktiken und Regeln zu rekonstruieren, mit deren Hilfe die Angehörigen einer Gesellschaft durch ihr Verhalten im Alltag sinnhaft Wirklichkeit konstituieren und ihr Handeln für andere erkenn- und zurechenbar machen.

Ethologie: Fachbegriff für die (vergleichende) Verhaltensforschung, ein Teilgebiet der Zoologie, das sich etwa seit den 1930er Jahren als eigenständige Disziplin etabliert hat. Sie beschäftigt sich mit dem Verhalten bzw. den Lebensgewohnheiten von Tieren und basiert vor allem auf Beobachtungen und detaillierten Beschreibungen. Als Mitbegründer der modernen Ethologie gilt Konrad Lorenz, dessen Schüler, Irenäus Eibl-Eibesfeldt in den 1970er Jahren das Programm der Ethologie auf Menschen angewendet und die sog. Humanethologie entwickelt hat. (siehe **S. 52 f.**)

F

Fassade (*front*): weitgehend standardisierte Teile der Eindrucksmanipulation einer Person, wie die selbst gestalteten Räume und Gegenstände, mit denen wir uns umgeben oder in denen wir uns regelmäßig vor anderen inszenieren, z. B. die eigene Wohnung, Büro oder Auto (siehe **S. 38 f.**). Mit **persönlicher Fassade** bezeichnet Goffman diejenigen Ausdrucksmittel, die eine Person üblicherweise mit sich herumträgt, wie z. B. Kleidung, Frisur, Make-up. (siehe **S. 87**)

G

gesellige Interaktion: zweckfreie und zwanglose soziale Interaktion unter Gleichen, ohne sachliches Ziel oder Resultat, bei denen es in erster Linie um das Vergnügen geht, wie z. B. eine Party (siehe **S. 108 f.**)

Gesprächsreservat (*conversational preserve*): situationeller Anspruch auf Kontrolle darüber, wer einen zum Gespräch auffordern darf sowie auf das Recht, beim Gespräch nicht durch andere Personen gestört zu werden. Gesprächsreservate gehören zu den von Goffman beschriebenen → Territorien des Selbst. (siehe **S. 81**)

Gruppe, soziale: mehrere (mindestens drei) Personen, die in regelmäßigem Kontakt stehen und anders als z. B. die Mitglieder formaler Organisationen auch nicht einfach austauschbar sind, weil sie als ganze Personen wahrgenommen werden und diffuse (also nicht funktional spezifische) Beziehungen zueinander haben (siehe **S. 23 f.**)

H

Hinterbühne (*backstage*): Bereich in einer sozialen Situation, zu dem das Publikum keinen Zutritt hat. Sie dient der Einübung und Vorbereitung der Darstellungen und Eindrücke, die auf der Vorderbühne erzeugt werden. (siehe **S. 39 ff.**)

Höfliche Gleichgültigkeit, höfliche Nichtbeachtung[190]**, höfliche Unaufmerksamkeit**[191] (*civil/tactful inattention*): Verhalten zwischen Fremden in direkten Begegnungen im öffentlichen Raum, mit dem man die Anwesenheit des anderen würdigt, gleichzeitig aber signalisiert, dass es keinen Grund zum Misstrauen gibt. Angezeigt wird das durch ein Mustern des anderen aus der Distanz, aber dem Absenken des Blicks beim Näherkommen. (siehe **S. 51 ff.**)

---

190 Alternative Übersetzung: Hirschauer 1999
191 Alternative Übersetzung: Knoblauch 1994

Hülle (*sheath*): situationeller Raumanspruch, der sich auf die den Körper unmittelbar umgebende Haut sowie die Kleidung bezieht. Die Hülle ist das kleinste der von Goffman beschriebenen → Territorien des Selbst. (siehe **S. 80**)

I

Idealisierung (*idealization*): besondere Hervorhebung gesellschaftlich erwünschter Werte bei der Selbstdarstellung in sozialen Interaktionen bzw. Praktiken, durch die Darsteller:innen etwas besser erscheinen wollen als sie eigentlich sind (siehe **S. 44 f.**)

Image (*face*): von einer Person in einer sozialen Situation erzeugtes (Selbst-)Bild, dem sie sich verpflichtet fühlt und das von anderen Personen akzeptiert werden soll. Mit Hilfe zahlreicher Techniken der **Imagepflege** (*face-work*) sorgen Teilnehmer:innen einer Interaktion in der Regel dafür, dass alle ihr Gesicht wahren können. (siehe **S. 32 f.**)

indexikale Ausdrücke (*indexical expressions*): sprachliche Ausdrücke, die nur innerhalb des konkreten sozialen Kontexts, in dem sie geäußert wurden, verständlich sind, z. B. hier, jetzt, dort etc. (siehe **S. 222, 227**)

indirekte Kommunikation: unterschwellige Mitteilung von Informationen, die nicht als Kommunikation ausgewiesen ist und daher auch von beiden Seiten geleugnet werden kann, z. B. ein leicht genervter Blick oder ein Stirnrunzeln, der auf Nachfrage geleugnet wird (siehe **S. 88 f.**)

Informationsreservat (*information preserve*): situationeller Anspruch auf Kontrolle von Informationen über sich selbst. Informationsreservate gehören zu den von Goffman beschriebenen → Territorien des Selbst. (siehe **S. 81**)

Institutionelle Reflexivität (*institutional reflexivity*): sozialer Mechanismus an der Schnittstelle zwischen Interaktionsebene und Sozialstruktur, durch den ein gesellschaftlich folgenreiches Arrangement etabliert wird (z. B. institutionalisierte Geschlechtertrennung) mit Verweis auf eine vermeintliche Ursache (biologische Unterschiede zwischen Frauen und Männern). Tatsächlich werden die Unterschiede zwischen den Geschlechtern aber erst in Folge der institutionalisierten Geschlechtersegregation für alle Beteiligten im Alltag ständig betont und dadurch (re-)produziert. (siehe **S. 41 f.**)

Interaktion (*face-to-face interaction*): eine unmittelbare Begegnung von mindestens zwei Personen, die gleichzeitig körperlich anwesend sind, sich wechselseitig wahrnehmen (d. h. wahrnehmen, dass sie wahrgenommen werden) und ihr Verhalten mehr oder weniger zwangsläufig daran ausrichten

Interaktionsritual (*interaction ritual*): standardisierte Abfolge menschlicher Handlungen innerhalb direkter Begegnungen, durch die eine wechselseitige Verpflichtung erzeugt und performativ – also für alle beobachtbar – inszeniert wird

Interaktionstonus (*interaction tonus*): kontrollierte Wachheit, Aufmerksamkeit und disziplinierte Körperspannung, die von kompetenten (erwachsenen) Interaktionsteilnehmer:innen erwartet wird, um in direkten Begegnungen als präsent wahrgenommen zu werden. Diese Form der Präsenz muss von den Beteiligten während der gesamten Dauer einer fokussierten Interaktion entsprechend inszeniert werden. (siehe **S. 50 f.**)

K

Kopräsenz (*copresence*): kommt zustande, wenn sich zwei gleichzeitig körperlich anwesende Individuen nahe genug kommen, um sich wechselseitig wahrnehmen zu können (also auch wahrnehmen, dass sie wahrgenommen werden)

Kommunikation: mehrteiliger sozialer Prozess, an dem mindestens zwei Parteien beteiligt sind und der zustande kommt, wenn die eine Partei eine Information mitteilt und die andere diese mitgeteilte Information auch als solche versteht bzw. darauf antwortet oder wahrnehmbar reagiert (siehe **S. 125 ff.**)

Konflikte in Interaktionen: soziales Phänomen, das entsteht, wenn unter Anwesenden jeder gegen den Willen des anderen handelt und das auch kundtut bzw. in seinem Verhalten anzeigt. Es genügt also nicht, nur das Angebot eines anderen abzulehnen, sondern diese Ablehnung muss Thema in der weiteren Kommunikation werden. (siehe **S. 96 ff.**)

M

Methodologischer Individualismus: reduktionistisches Erklärungsmodell in den Sozialwissenschaften, demzufolge soziale (Makro-)Phänomene aus individuellem Handeln abgeleitet und erklärt werden (siehe **S. 141 ff.**)

Methodologischer Holismus/Kollektivismus: Erklärungsmodell in den Sozialwissenschaften, demzufolge soziale (Makro-)Phänomene aus anderen Makro-Phänomenen abgeleitet werden, nicht aber aus individuellem Handeln (siehe **S. 140 f.**)

Methodologischer Situationalismus: Erklärungsmodell in den Sozialwissenschaften, demzufolge soziale Phänomene sich nicht durch individuelles Handeln erklären oder aus Makro-Phänomenen ableiten lassen. Stattdessen wird davon ausgegangen, dass Face-to-Face Interaktion eine emergente Ebene des Sozialen darstellt. (siehe **S. 149, 158 ff.**)

Modulation (*keying*): Transformation bzw. Umdeutung einer bereits bekannten und sinnvoll interpretierten Tätigkeit, so dass die Beteiligten sie als etwas anderes verstehen, z. B. wenn man nur so tut als ob man etwas ernst meint, es sich aber tatsächlich um einen Spaß handelt (siehe **S. 221**)

Multimodale Interaktionsanalyse: Rekonstruktion und Analyse interaktiver Ordnungsstrukturen mit Hilfe von Videoaufnahmen, um nicht nur die verbale Kommunikation, sondern alle Ausdrucksressourcen der Beteiligten erfassen zu können, d. h. Bewegungen, Körperhaltung, Gestik, Mimik sowie die Auswirkung der Architektur von Räumen oder Gegenständen auf die Situation (siehe **S. 171, 220**)

Mystifikation (*mystification*): Zur Inszenierung von Ehrfurcht verwendete Technik, mit deren Hilfe Kontakte reguliert und eingeschränkt werden, um damit Distanz zwischen Darsteller:in und Publikum zu erzeugen. Auf diese Weise versucht der/die Darsteller:in den Eindruck von Ehrfurcht zu erzeugen und aufrechtzuerhalten. (siehe **S. 45**)

N

Nicht-zentrierte Interaktion (*unfocused interaction*): basalste Form der Face-to-Face Interaktion, die bereits dann entsteht, wenn mindestens zwei Individuen körperlich anwesend sind und sich wechselseitig wahrnehmen, d. h. wissen, dass sie wahrgenommen werden. Im Gegensatz zur zentrierten Interaktion gibt es jedoch keinen gemeinsamen Aufmerksamkeitsfokus oder eine übereinstimmende Situationsdefinition. (siehe **S. 50 f.**)

P

Peinlichkeit → siehe Verlegenheit

Person: Ergebnis von Zuschreibungsprozessen in direkten Interaktionen und damit nicht einfach identisch mit vorhandenen menschlichen Körpern. Daher ist körperliche Anwesenheit keine hinreichende Bedingung für die Anerkennung als Person. Personen sind „Adressen" bzw. „Zurechnungspunkte" von Kommunikation (Luhmann), mit deren Konstruktion sowohl Verhaltenserwartungen entstehen als auch moralische Verpflichtungen (Goffman). In der Rollentheorie fungiert Person häufig als Gegenbegriff zur Rolle. (siehe **S. 144 f., 212 f., 232)**

Persönlicher Raum (*personal space*): temporäres, situationelles Reservat, in dessen Mittelpunkt das Individuum steht und in das andere Personen nur unter bestimmten Umständen eindringen dürfen, ohne dass es als Übergriff erlebt wird. Die Ausdehnung dieses Raums variiert je nach Anzahl und Dichte der anwesenden Personen, den strukturellen Vorgaben (z. B. Sitzeinrichtungen), kultureller Prägung und der Art der Situation. Der persönliche Raum gehört zu den von Goffman beschriebenen → Territorien des Selbst. (siehe **S. 77 f.**)

Publikum (*audience*): andere anwesende Personen in einer sozialen Situation, die durch eine Darstellung beeinflusst werden sollen (siehe **S. 38**)

Publikumssegregation → siehe Zuschauersegregation

R

Rahmen (*frame*): im kollektiven Wissensvorrat verankerte Interpretationsschemata, die den Interaktionsteilnehmer:innen dabei helfen, Ereignisse bzw. Verhalten oder Äußerungen der Anwesenden zu identifizieren, zu benennen und entsprechend darauf reagieren zu können. Rahmen helfen, Ereignisse in sozialen Situationen zu identifizieren, zu kategorisieren, zu benennen und schließlich auch entsprechend darauf zu reagieren sowie sich mit anderen darüber abzustimmen, was vor sich geht. (siehe **S. 220 f.**)

Rahmung (*framing*): der dynamische Prozess, in dem ein Individuum in einer sozialen Situation eine Tätigkeit, ein Ereignis oder eine Äußerung als etwas identifiziert und benennt, indem es auf im kollektiven Wissensvorrat verankerte Interpretationsschemata bzw. Rahmen zurückgreift (siehe **S. 220**)

Reaktionspräsenz (*response presence*): Minimalbedingung für das Zustandekommen von Interaktion. Sie entsteht, wenn mindestens zwei gleichzeitig körperlich anwesende Individuen sich wechselseitig wahrnehmen, also auch das Wahrgenommen Werden wahrnehmen. (siehe **S. 47 f., 182 ff., 205 ff., 231 ff.**)

Reaktionsrufe (*response cries*): erklärende Geste oder Lautäußerung (z. B. Hoppla), die nach einem Versehen oder Missgeschick im öffentlichen Raum ausgestoßen wird (z. B. einem Stolpern). Mit diesem Ausruf wird möglichen Beobachtern der Szene signalisiert, dass das dem Reaktionsruf vorangegangene Verhalten nur ein kurzfristiger Kontrollverlust war und kein Hinweis auf eine generelle Inkompetenz der Person. (siehe **S. 55 f.**)

Reihenposition (*the turn*): situationeller Anspruch auf Anwendung einer bestimmten Entscheidungsregel zur Festlegung der Reihenfolge der anwesenden Personen. So wird z. B. die Rangfolge der Bedienung bei Dienstleistungstransaktionen in der Regel aufgrund der Reihenfolge des Erscheinens entschieden („Wer zuerst kommt, mahlt zuerst.“). Die Reihenposition gehört zu den von Goffman beschriebenen → Territorien des Selbst. (siehe **S. 80, 114**)

Ritualisierungen: nach festgelegten Regeln ablaufende formelle Handlungen

Rolle, soziale: Gesamtheit der Erwartungen, die verschiedene Bezugsgruppen an die/den Inhaber:in einer bestimmten sozialen Position richten. Der/Die Rolleninhaber:in kennt diese Erwartungen und verhält sich dazu in der einen oder anderen Art und Weise. In der Rollentheorie Erving Goffmans hat der/die Rollenträger:in einen größeren Handlungsspielraum bei der Ausgestaltung der Rolle (*role making*) als in den älteren stärker normativ ausgerichteten Konzepten (*role taking*), in denen davon ausgegangen wird, dass Rollenträger:innen ihre Rollen bzw. die an sie gerichteten Erwartungen einfach erfüllen. (siehe **S. 35 ff.**)

Rollendistanz (*role distance*): wenn ein:e Rollenträger:in beim Ausüben der Rolle signalisiert, dass er/sie nicht in dieser Rolle aufgeht, sondern auch die eigene Person in sein Rollenspiel mit einbringt (siehe **S. 37 f., 218**)

Rollenkonflikt (*role conflict*): konfligierende Erwartungen zwischen verschiedenen Bezugsgruppen an dieselbe Rolle (Intra-Rollenkonflikt) oder aber zwischen verschiedenen Rollen der gleichen Person (Inter-Rollenkonflikt) oder aber zwischen den mit einer Rolle verbundenen Erwartungen und den Bedürfnissen der/s jeweiligen Rollenträger:in (Person-Rolle-Konflikt) (siehe **S. 37**)

S

Scham: unangenehmes, angstbesetztes Gefühl in Bezug auf die Wahrnehmung der Unzulänglichkeit der eigenen Person, das zwar mit Blick auf die vermutete Wahrnehmung durch andere entsteht, aber – im Gegensatz zur Verlegenheit – nicht nur in deren Anwesenheit zustande kommt, sondern bereits beim Gedanken an deren Bewertung gefühlt wird (siehe **S. 29 f.**)

Signs given/given off: Unterscheidung Goffmans zwischen bewusst und willkürlich abgegebenen Botschaften (*given*), wie z. B. sprachlichen Mitteilungen, und eher unwillkürlich mit Körper, Mimik oder Gestik kundgegebenen Ausdrucksformen (*given off*), die häufig für authentischer (da schwerer kontrollierbar) gehalten werden (siehe **S. 87 ff.**)

Situation, soziale: entsteht sobald zwei oder mehr Personen körperlich anwesend und dadurch füreinander sinnlich wahrnehmbar sind, und sie dauert an, bis die vorletzte Person die Situation verlässt

Situation, synthetische: Konzept von Karin Knorr-Cetina, das eine Umgebung beschreibt, die durch skopische Medien angereichert ist und Informationen in Echtzeit anzeigt. Auf diese Weise kann die Gleichörtlichkeit in Face-to-Face Interaktion u. U. vollständig ersetzt werden. (siehe **S. 182 ff.**)

Situationsdefinition: innerhalb einer sozialen Situation verständigen sich die anwesenden Akteure darüber, um was es überhaupt geht und was bzgl. der wahrgenommenen Umgebung (ir)relevant ist. Dazu greifen sie auf kulturell verfügbare Deutungsschemata und Handlungs- bzw. Rollenmuster zurück, die sie auf das jeweilige Setting sowie das beobachtbare Verhalten der anderen Beteiligten anwenden. (siehe **S. 31, 45, 62 ff.**)

Skopische Medien: Begriff von Karin Knorr-Cetina für technisch vermittelte Informationen über Geschehnisse an anderen Orten, die z. B. in Form von Bildschirmen in sozialen Situationen angezeigt werden und dadurch die Situation gewissermaßen erweitern (siehe **S. 182 f.**)

Specher:innenwechsel (*turn taking*): Mechanismus zur Regulierung des Rederechts in sozialen Situationen, durch das Gesprächsbeiträge zwischen den Beteiligten wechseln

Stigma (*stigma*): Konzept von Goffman zur Beschreibung von (häufig aber nicht immer körperlichen) Merkmalen eines Individuums, die von einer existierenden gesellschaftlichen Normerwartung abweichen und deren öffentliche Kenntnis daher die soziale Identität des/r Betroffenen schädigen kann (siehe **S. 202 ff.**)

Stigma Management (*stigma management*): Umgang der Stigma-Träger mit ihrem (selbst wahrgenommenen) Makel und dem Einsatz verschiedener Techniken zur Informationskontrolle, Täuschung oder Ablenkung von ihren potenziell diskreditierenden Merkmalen (siehe **S. 203**)

T

Takt (*tact*): gehört zu den Techniken der Imagepflege (*face-work*), mit denen man die Darstellungen und Selbstinszenierungen anderer Interaktionsteilnehmer:innen schützt und unterstützt – und zwar auch dann wenn man es besser weiß oder Ereignisse eintreten, die dem zuvor erzeugten Selbstbild einer Person widersprechen (siehe **S. 26 f.**)

Techniken der Imagepflege → siehe Image

Telekommunikation/technisch vermittelte Kommunikation (*mediated communication*): Kommunikation, die mit Hilfe elektronischer Medien (wie z. B. Rundfunk, Telefon oder Internet) über räumliche und/oder zeitliche Distanz hinweg erfolgt. Dafür können unterschiedliche kommunikative Codes verwendet werden, z. B. Schrift, Zahlen und Bilder oder auch Mischungen. (siehe **S. 170 ff.**)

Territorien des Selbst (*territories of the self*): Konzept von Goffman zur Erfassung und Beschreibung territorialer Ansprüche und Regeln bzgl. Nähe und Distanz zwischen anwesenden Personen in Face-to-Face Interaktionen. Dabei geht es sowohl um ortsgebundene, also geografisch festgelegte, sowie situationelle, also vorübergehende Nutzungsrechte als auch egozentrische und damit gewissermaßen mobile, an den Anspruchsträger gebundene Reservate. Goffman unterscheidet insgesamt acht Territorien: den persönlichen Raum, die Box, den Benutzungsraum, die Reihenposition, die Hülle, Besitzterritorien, Informationsreservate und Gesprächsreservate. (siehe **S. 77 ff.**)

Totale Institutionen (*total institutions*): allumfassende Einrichtungen (z. B. Gefängnisse, psychiatrische Kliniken, Konzentrationslager und Internate), in denen alle Grenzen zwischen verschiedenen Lebensbereichen systematisch aufgehoben sind und das gesamte Leben der Insass:innen nur noch an einem Ort stattfindet und einer zentralen Autorität unterworfen ist

U

Ungesellige Interaktion: zweckgerichtete, unfreiwillige Interaktion unter Ungleichen, für die es in der Regel klare Rollenvorgaben mit unterschiedlichen Redeanteilen und Entscheidungsmacht gibt. Die Teilnahme an ungeselligen Interaktionen ist (außer in den jeweiligen Leistungsrollen) nicht freiwillig, sondern man ist dazu verpflichtet (Schulunterricht), wird vorgeladen (Gerichtsverhandlung) oder geht hin, weil man Schmerzen hat (Arztbesuch). (siehe **S. 109 ff.**)

Unperson (*non-person*): eine von Goffman beschriebene Sonderrolle, deren Inhaber:in zwar in einer sozialen Situation körperlich anwesend ist, aber trotzdem nicht als vollwertige:r Interaktionspartner:in akzeptiert wird (siehe **S. 93, 201 ff.**)

V

Verlegenheit oder **Peinlichkeit** (*embarrassment*): situationsbezogene emotionale Reaktion unter Anwesenden auf ein Ereignis, durch das der zuvor erzeugte Eindruck einer der Anwesenden gefährdet oder widerlegt wird, z. B. der kurzfristige

Kontrollverlust über den eigenen Körper oder dessen Ausstattung. Da Verlegenheit für alle Anwesenden unangenehm ist, wird in der Regel versucht sie zu vermeiden (durch Takt) oder schnellst möglich zu reparieren. Im Unterschied zur Scham endet Verlegenheit, wenn man die Situation verlässt. (siehe **S. 25 ff.**)

Z

zentrierte Interaktion (*focused interaction*): gleichzeitige körperliche Anwesenheit von mindestens zwei Individuen, die sich wechselseitig wahrnehmen, aufmerksam und ansprechbar sind, einen gemeinsamen Aufmerksamkeitsfokus haben und eine gemeinsame Definition der Situation (siehe **S. 51**)

Zuschauersegregation (*audience segregation*): Technik der Eindrucksmanipulation, die darauf abzielt, dass eine Person mit unterschiedlichen Rollen, diese in der Regel vor unterschiedlichen Zuschauern spielt. Das ist vor allem dann nötig, wenn mit den verschiedenen Rollen auch sehr unterschiedliche Requisiten und Darstellungsrepertoires verbunden sind, die sich möglicherweise sogar widersprechen und daher Glaubwürdigkeitsprobleme erzeugen können. (siehe **S. 39**)

Literaturverzeichnis

Alač, Morana (2016): Social robots: Things or agents? In: AI & Society 31, H. 4, S. 519–535.

Allert, Tilman (2005): Der deutsche Gruß. Geschichte einer unheilvollen Geste. Berlin: Eichborn.

Ayaß, Ruth (2022): Interaktion und (digitale) Medien. In: Lenz, Karl / Hettlage, Robert (Hrsg.): Goffman-Handbuch. Leben – Werk – Wirkung. Berlin: J. B. Metzler, S. 451–459.

Bai, Qiyu / Dan, Qi / Muh, Zhe / Yang, Maokun (2019): A systematic review of emoji: current research and future perspectives. In: Frontiers in Psychology 10, Artikel 2221.

Bailenson, Jeremy (2020): Why zoom meetings can exhaust us; being gazed at by giant heads can take a mental toll. New technologies may remedy that problem. www.wsj.com/articles/why-zoom-meetings-can-exhaust-us-11585953336 (Abfrage: 08.06.2023).

Baldassar, Loretta (2016): De-demonizing distance in mobile family lives. Co-presence, care circulation and polymedia as vibrant matter. In: Global Networks 16, H. 2, S. 145–163.

Bartle, Richard A. (2004): Designing virtual worlds. New Riders: Indianapolis.

Bateson, Gregory (1972): Steps to an ecology of mind. London: Palladin.

Beauvoir, Simone de (1987): Das andere Geschlecht. Sitte und Sexus der Frau. Reinbek: Rowohlt.

Behrend, Heike (2020): Menschwerdung eines Affen. Eine Autobiografie der ethnografischen Forschung. Berlin: Matthes & Seitz.

Bellil, Samira (2005): Durch die Hölle der Gewalt. München: Blanvalet.

Bendel, Oliver (Hrsg.) (2020): Maschinenliebe. Wiesbaden: Springer Fachmedien Wiesbaden.

Benkel, Torsten (2010): Der intime Augenzeuge. Elemente einer Soziologie des Voyeurismus. In: Ders. (Hrsg.): Soziale Dimensionen der Sexualität. Gießen: Psychosozial-Verlag, S. 361–390.

Bergen, Hilary (2016): 'I'd blush if i could': Digital assistants, disembodied cyborgs and the problem of gender. In: Word and Text 6, S. 95–113.

Berger, Peter A. (1995): Anwesenheit und Abwesenheit. Raumbezüge sozialen Handelns. In: Berliner Journal für Soziologie 5, H. 1, S. 99–111.

Berger, Peter L. / Luckmann, Thomas (1969/2004): Die gesellschaftliche Konstruktion der Wirklichkeit. Eine Theorie der Wissenssoziologie. Frankfurt / M.: Fischer Verlag.

Bergmann, Jörg (1987): Klatsch. Zur Sozialform der diskreten Indiskretion. Berlin / New York: De Gruyter.

Bergmann, Jörg (1987/1988): Ethnomethodologie und Konversationsanalyse. Studienbrief mit 3 Kurseinheiten. Hagen: FernUniversität GHS Hagen.

Bergmann, Jörg (1988): Haustiere als kommunikative Ressource. In: Soeffner, Hans-Georg (Hrsg.): Kultur und Alltag. Sonderband der Sozialen Welt. Göttingen: Schwartz, S. 299–312.

Bergmann, Jörg (2011): Von der Wechselwirkung zur Interaktion – Georg Simmel und die Mikrosoziologie heute. In: Hartmann, Tyrell / Rammstedt, Otthein / Meyer, Ingo (Hrsg.): Georg Simmels große „Soziologie“: Eine kritische Sichtung nach hundert Jahren. Bielefeld: transcript, S. 126–149.

Boden, Deidre / Molotch, Harvey L. (1994): The compulsion of proximity. In: Friedland, Roger / Boden, Deidre (Hrsg.): NowHere: Space, Time and Modernity. Berkeley: University of California Press, S. 257–286.

Bolhöfer, Walther (1912): Gruß und Abschied in althochdeutscher und mittelhochdeutscher Zeit. Dissertation. Universität Göttingen.

Bollmer, Grant / Suddarth, Adam (2022): Embodied parallelism and immersion in virtual reality gaming. In: Convergence: The International Journal of Research into New Media Technologies 28, H. 2, S. 579–594.

Bommes, Michael/Tacke, Veronika (2006): Das Allgemeine und das Besondere des Netzwerks. In: Bommes, Michael/Tacke, Veronika (Hrsg.): Netzwerke in der funktional differenzierten Gesellschaft. Wiesbaden: VS Verlag, S. 25–50.
Bourdieu, Pierre (1998): Die feinen Unterschiede. Kritik der gesellschaftlichen Urteilskraft. Frankfurt/M.: Suhrkamp.
Brandt, Keri (2004): A language of their own: an interactionist approach to human-horse communication. In: Society & Animal 12, H. 4, S. 299–316.
Braun-Thürmann, Holger (2002): Künstliche Interaktion – Wie Technik zur Teilnehmerin sozialer Wirklichkeit wird. Wiesbaden: Westdeutscher Verlag.
Burkart, Günter (1994): Die Entscheidung zur Elternschaft. Eine empirische Kritik von Individualisierungs- und Rational-Choice-Theorien. Stuttgart: Enke.
Burkart, Günter (1996): Grenzen biographischer Planbarkeit und die Entscheidung zur Elternschaft. In: Bundeszentrale für gesundheitliche Aufklärung (Hrsg.): Kontrazeption, Konzeption, Kinder oder keine. Dokumentation einer Expertentagung. Forschung und Praxis der Sexualaufklärung, Band 6. Köln, S. 27–50.
Burow, Johannes F. (2022): Beieinander an getrennten Orten. Baden-Baden: Nomos.
Butler, Carly (2008): Talk and social interaction in the playground. Ashgate: Aldershot.
Campos-Castillo, Celeste/Hitlin, Steven (2013): Copresence: revisiting a building block for social interaction theories. In: Sociological Theory 31, H. 2, S. 168–192.
Carter, Bob/Charles, Nickie (2018): The animal challenge to sociology. In: European Journal of Social Theory 21, H. 1, S. 79–97.
Castells, Manuel (2009): Communication power. Oxford: Oxford University Press.
Cicourel, Aaron (1981): Notes on the integration of micro- and macro-levels of analysis. In: Knorr-Cetina, Karin/Cicourel, Aaron (Hrsg.): Advances in social theory and methodology: toward an integration of micro- and macro-sociologies. London: Routledge & Kegan Paul.
Cockain, Alex (2014): Becoming quixotic? A discussion on the discursive construction of disability and how this is maintained through social relations. In: Disability & Society 29, H. 9, S. 1473–1485.
Coleman, James S. (1986): Social theory, social research, and a theory of action. In: American Journal of Sociology 91, H. 6, S. 1309–1335.
Collins, Randall (2000): Über die mikrosozialen Grundlagen der Makrosoziologie. In: Müller, Hans-Peter/Sigmund, Steffen (Hrsg.): Zeitgenössische amerikanische Soziologie. Wiesbaden: Springer VS, S. 99–134.
Collins, Randall (2004): Interaction ritual chains. Princeton: Princeton University Press.
Collins, Randall (2008): Violence. A micro-sociological theory. Princeton and Oxford: Princeton University Press.
Collins, Randall (2020): Social distancing as a critical test of the micro-sociology of solidarity. In: American Journal of Cultural Sociology 8, H. 3, S. 477–497.
Compagna, Diego/Marquardt, Manuela (2015): Zur Evaluation von Mensch-Roboter Interaktionen (MRI) – ein methodischer Beitrag aus soziologischer Perspektive. In: Working Papers kultur- und techniksoziologische Studien 3.
Coulter, Jeff (1996): Human practices and the observability of the macrosocial. In: Zeitschrift für Soziologie 25, H. 5, S. 337–345.
Cresswell, Tim (2006): On the move. Mobility in the modern western world. New York und London: Routledge.
Crolic, Cammy/Thomaz, Felipe/Hadi, Rhonda/Stephen, Andrew T. (2022): Blame the bot: anthropomorphism and anger in customer–chatbot interactions. In: Journal of Marketing 86, H. 1, S. 132–148.
Cromdal, Jacob (2008): Childhood and social interaction in everyday life: Introduction to the special issue. In: Journal of Pragmatics 41, H. 8, S. 1473–1476.

Cunningham, Hugh (2005): Children und childhood in western society since 1500. London: Routledge.
Degener, Theresia (1985): "Mit drei Jahren wurden mir die ersten Schmuckhände verpasst…". In: Ewinkel, Carola/Hermes, Giesela. u. a. (Hrsg.): Geschlecht behindert. Besonderes Merkmal Frau, München: AG SPAK.
Denstadli, Jon Martin/Julsrud, Tom Erik/Hjorthol, Randi Johanne (2012): Videoconferencing as a mode of communication: a comparative study of the use of videoconferencing and face-to-face meetings. In: Journal of Business and Technical Communication 26, H. 1, S. 65–91.
Deppermann, Arnulf (2018): Sprache in der multimodalen Interaktion. In: Deppermann, Arnulf/Reineke, Silke (Hrsg.): Sprache im kommunikativen, interaktiven und kulturellen Kontext. Berlin u. a.: De Gruyter, S. 51–85.
Diessel, Holger (2006): Demonstratives, joint attention, and the emergence of grammar. In: Cognitive linguistics 17, H. 4, S. 463–489.
Döbler, Marie-Kristin (2020): Nicht-Präsenz in Paarbeziehungen. Lieben und Leben auf Distanz. Wiesbaden: Springer VS.
Döbler, Marie-Kristin/Müller, Marion/Zillien, Nicole (2023): Geschlechtsdifferente Elternschaft – Mütter und Väter im Übergang zum „Empty-Nest". Unveröffentlichtes Manuskript.
Dourish, Paul/Adler, Annette/Bellotti, Victoria/Henderson, Austin (1996): Your place or mine? Learning from long-term use of audio–video communication. In: Computer Supported Cooperative Work (CSCW) 5, H. 1, S. 33–62.
Dreitzel, Hans Peter (1983): Peinliche Situationen. In: Baethge, Martin/Essbach, Wolfgang (Hrsg.): Soziologie: Entdeckungen im Alltäglichen. Hans Paul Bahrdt. Festschrift zu seinem 65. Geburtstag. Frankfurt/M. und New York: Campus, S. 148–173.
Drosten, Christian (2020): „Die Pandemie ist kein unabwendbares Schicksal". Dokumentation der Schillerrede in Marbach. www.zeit.de/kultur/2020-11/schillerrede-christian-drosten-virologe-deutsches-literaturarchiv-marbach (Abfrage: 08.06.2023).
Due, Brian/Licoppe, Christian (2021): Video-mediated interaction (VMI): Introduction to a special issue on the multimodal accomplishment of VMI institutional activities. In: Social Interaction. Video-Based Studies of Human Sociality 3, H. 3. tidsskrift.dk/socialinteraction/article/view/123836/170815 (Abfrage: 08.06.2023).
Durkheim, Émile (1897/1983): Der Selbstmord. Frankfurt/M.: Suhrkamp.
Durkheim, Émile (1901/1984): Die Regeln der soziologischen Methode. Frankfurt/M.: Suhrkamp.
Durkheim, Émile (1912/1997): Die elementaren Formen des religiösen Lebens. Frankfurt/M.: Suhrkamp.
Ebbinghaus, Horst/Heßmann, Jens (1989): Gehörlose. Gebärdensprache. Dolmetschen: Chancen der Integration einer sprachlichen Minderheit. Internationale Arbeiten zur Gebärdensprache und Kommunikation Gehörloser, Band 7. Hamburg.
Elgen, Mike (2018): The case against teaching kids to be polite to Alexa. Fast Company vom 24.06.2018. https://www.fastcompany.com/40588020/the-case-against-teaching-kids-to-be-polite-to-alexa (Abfrage: 08.06.2023).
Esposito, Elena (2001): Strukturelle Kopplung mit unsichtbaren Maschinen. In: Soziale Systeme 7, H. 2, 241–253.
Esposito, Elena (2017): Artificial communication? The production of contingency by algorithms. In: Zeitschrift für Soziologie 46, H. 4, S. 249–265.
Esposito, Elena (2022): Artificial communication. How algorithms produce social intelligence. Cambridge, Massachusetts: The MIT Press.
Esser, Hartmut (1996): Soziologie. Allgemeine Grundlagen. Frankfurt/M. und New York: Campus.
Essner, Cornelia/Conte, Eduard (1996): „Fernehe", „Leichentrauung" und „Totenscheidung". Metamorphosen des Eherechts im Dritten Reich. In: Vierteljahresheft für Zeitgeschichte 44, H. 2, S. 201–227.

Fagundes, David (2017): The social norms of waiting in line. In: Law & Social Inquiry 42, H. 4, S. 1179–1207.
Fauville, Geraldine / Mufan, Luo / Queiroz, Anna C.M. / Bailenson, Jeremy N. / Hancock, Jeff (2021): Zoom Exhaustion & Fatigue Scale. In: Computers in Human Behavior Reports 4. https://ssrn.com/abstract=3786329 (Abfrage 29.05.2023).
Fiedler, Matthias (2008): Hier kommt die Tinnitus-Attacke. Pieptonfolter gegen Jugendliche. In: Spiegel Online vom 23.04.2018. www.spiegel.de/lebenundlernen/schule/pieptonfolter-gegen-jugendliche-hier-kommt-die-tinnitus-attacke-a-549176.html (Abfrage 19.05.2023).
Fiske, Amelia / Henningsen, Peter / Buyx, Alena (2019): Your robot therapist will see you now: ethical implications of embodied artificial intelligence in psychiatry, psychology, and psychotherapy. In: Journal of Medical Internet research 21, H. 5, e13216.
Fletcher, James R. (2022): Situational expectations and surveillance in families affected by dementia: organizing uncertainties of ageing and cognition. In: Health Sociology Review 31, H. 1, S. 64–80.
Forrester, Michael (2010): Ethnomethodology and adult-child conversation: Whose development? In: Gardner, Hilary / Forrester, Michael A. (Hrsg.): Analysing Interactions in Childhood: Insights from Conversation Analysis. Oxford: Wiley-Blackwell, S. 42–58.
Fosslien, Liz / Duffy, Mollie W. (2020): How to combat Zoom fatigue. www.hbr.org/2020/04/how-to-combat-zoom-fatigue (Abfrage: 08.06.2023).
Foster, Mary Ellen (2019): Face-to-face conversation: why embodiment matters for conversational user interfaces. In: CUI '19: Proceedings of the 1st International Conference on Conversational User Interfaces, S. 1–3.
Frie, Ewald (2007): Militärische Massenrituale. In: Sportwissenschaft 37, H. 4, S. 381–393.
Fuchs, Peter (1991): Kommunikation mit Computern. Zur Korrektur einer Fragestellung. In: Sociologica Internationalis 29, S. 1–30.
Fuchs, Thomas (2022): Understanding Sophia? On human interaction with artificial agents. In: Phenomenology and the Cognitive Sciences.
Gall, Dominik / Roth, Daniel / Stauffert, Jan-Philipp / Zarges, Julian / Latoschik, Marc Erich (2021): Embodiment in virtual reality intensifies emotional responses to virtual stimuli. In: Frontiers in Psychology 12.
Gambetta, Diego (2009): Codes of the underworld. How criminals communicate. Princeton: Princeton University Press.
Ganß, Michael / Margraf, Kirsten / Ulmer, Eva Maria / Wißmann, Peter (2014): Interaktion mit allen Sinnen (IMAS). „Kompetent bleiben". Kulturell geprägte Interaktionsformen bleiben erhalten. Explorative Studie zur Interaktion in der Begleitung von Menschen mit Demenz. Stuttgart. www.demenz-support.de/media/imas_endversion.pdf (Abfrage 19.05.2013).
Gardner, Carol Brooks (1980): Passing by: Street Remarks, Address Rights, and the Urban Female. In: Sociological Inquiry 50, H. 3–4, S. 328–356.
Gardner, R. Allen / Gardner, Beatrice T. (1969): Teaching sign language to a chimpanzee. In: Science 165, Nr. 3894, S. 664–672.
Garfinkel, Harold (1967): Studies in ethnomethodology. Englewood Cliffs, N.J.: Prentice Hall.
Gerstewitz, Julia / Müller, Marion / Zillien, Nicole (2021): Essensgelüste in der Schwangerschaft – Zum Othering werdender Mütter. In: Keller, Reiner / Meuser, Michael (Hrsg.): Die Körper der Anderen. Körperwissen III. Wiesbaden: Springer VS, S. 249–268.
Geser, Hans (2004): Towards a Sociology of the Mobile Phone. In: Sociology in Switzerland: Sociology of the Mobile Phone. Online Publications. Zürich, Mai 2004 (Release 3.0) www.socio.ch/mobile/t_geser1.pdf (Abfrage: 20.11.2022).
Geser, Hans (2007): Me, myself and my avatar. Some microsociological reflections on "Second Life". In: Sociology in Switzerland: Towards Cybersociety and Vireal Social Relations. www.geser.net/intcom/t_hgeser17.pdf (Abfrage: 20.11.2022).

Geser, Hans (1989): Der PC als Interaktionspartner. In: Zeitschrift für Soziologie 18, H. 3, S. 230–243.
Giddens, Anthony (1984): Interpretative Soziologie: Eine kritische Einführung. Frankfurt/M. und New York: Campus Studium.
Goffman, Erving (1964): The neglected situation. In: American Anthropologist 66, H. 6, Teil 2, S. 133–136.
Goffman, Erving (1971): Verhalten in sozialen Situationen. Strukturen und Regen der Interaktion im öffentlichen Raum. Gütersloh: Bertelsmann.
Goffman, Erving (1972): Asyle. Über die soziale Situation psychiatrischer Patienten und anderer Insassen. Frankfurt/M.: Suhrkamp.
Goffman, Erving (1973a): Einleitung. In: Ders.: Interaktionsrituale. Über Verhalten in direkter Kommunikation. Frankfurt/M.: Suhrkamp, S. 7–9.
Goffman, Erving (1973b): Vorwort. In: Ders.: Interaktion: Spaß am Spiel/Rollendistanz. München: Piper, S. 7–16.
Goffman, Erving (1973c): Rollendistanz. In: Ders.: Interaktion: Spaß am Spiel/Rollendistanz. München: Piper, S. 93–171.
Goffman, Erving (1973d): Techniken der Imagepflege. In: Ders.: Interaktionsrituale. Über Verhalten in direkter Kommunikation. Frankfurt/M.: Suhrkamp, S. 10–53.
Goffman, Erving (1973e): Über Ehrerbietung und Benehmen. In: Ders.: Interaktionsrituale. Über Verhalten in direkter Kommunikation. Frankfurt/M.: Suhrkamp, S. 54–105.
Goffman, Erving (1973f): Spaß am Spiel. In: Ders.: Interaktion: Spaß am Spiel/Rollendistanz. München: Piper, S. 17–91.
Goffman, Erving (1973g): Verlegenheit und soziale Organisation. In: Ders.: Interaktionsrituale. Über Verhalten in direkter Kommunikation. Frankfurt/M.: Suhrkamp, S. 106–123.
Goffman, Erving (1974a): Die Territorien des Selbst. In: Ders.: Das Individuum im öffentlichen Austausch. Mikrostudien zur öffentlichen Ordnung. Frankfurt/M.: Suhrkamp, S. 54–96.
Goffman, Erving (1974b): Der korrektive Austausch. In: Ders.: Das Individuum im öffentlichen Austausch. Mikrostudien zur öffentlichen Ordnung. Frankfurt/M.: Suhrkamp, S. 138–254.
Goffman, Erving (1974c): Der bestätigende Austausch. In: Ders.: Das Individuum im öffentlichen Austausch. Mikrostudien zur öffentlichen Ordnung. Frankfurt/M.: Suhrkamp, S. 97–137.
Goffman, Erving (1974d): Beziehungszeichen. In: Ders.: Das Individuum im öffentlichen Austausch. Mikrostudien zur öffentlichen Ordnung. Frankfurt/M.: Suhrkamp, S. 255–317.
Goffman, Erving (1976): Gender advertisements. New York: Harper & Row.
Goffman, Erving (1980): Rahmen-Analyse. Ein Versuch über die Organisation von Alltagserfahrungen. Frankfurt/M.: Suhrkamp.
Goffman, Erving (1981a): Geschlecht und Werbung. Frankfurt/M.: Suhrkamp.
Goffman, Erving (1981b): Forms of talk. Philadelphia: University of Pennsylvania Press.
Goffman, Erving (1983a): Wir alle spielen Theater. Die Selbstdarstellung im Alltag. München und Zürich: Piper.
Goffman, Erving (1983b): The interaction order. In: American Sociological Review 48, H. 1, S. 1–17.
Goffman, Erving (1994a): Das Arrangement der Geschlechter. In: Ders.: Interaktion und Geschlecht. Frankfurt/M. und New York, S. 105–158.
Goffman, Erving (1994b): Die Interaktionsordnung. In: Ders.: Interaktion und Geschlecht. Frankfurt/M. und New York, S. 50–104.
Goffman, Erving (1999): Stigma. Über Techniken der Bewältigung beschädigter Identität. Frankfurt/M.: Suhrkamp.
Goffman, Erving (2005): Rede-Weisen. Formen der Kommunikation in sozialen Situationen. Konstanz: UVK Verlag.
Goode, David (2007): Playing with my dog Katie. An ethnomethodological study of dog-human interaction. West Lafayette, Indiana: Purdue University Press.
Goodwin, Charles/Goodwin, Marjorie H. (1986): Gesture and coparticipation in the activity

of searching for a word. In: Semiotica 62, H. 1–2, S. 51–76.
Goodwin, Majorie H. (1990): He-said-she-said: talk as social organization among black children. Bloomington/Indianapolis: Indiana University Press.
Gouldner, Alvin W. (1974): Die westliche Soziologie in der Krise. Reinbek: Rowohlt.
Graham, Laurie (2020): A death. Live-streamed: my husband's Skype funeral. www.spectator.co.uk/article/a-death-live-streamed-my-husbands-skype-funeral (Abfrage: 08.06.2023).
Greschke, Heike (2009): Daheim in www.cibervalle.com. Zusammenleben im medialen Alltag der Migration. Stuttgart: Lucius & Lucius.
Greschke, Heike (2019): Hier, dort und füreinander-da-sein: Zum Verhältnis von Kopräsenz, Lokalität und Fürsorge im mediatisierten Alltag transstaatlich organisierter Familien. In: Marx, Konstanze/Schmidt, Axel (Hrsg.): Interaktion und Medien. Interaktionsanalytische Zugänge zu medienvermittelter Kommunikation. OraLingua 17. Heidelberg: Universitätsverlag Winter, S. 85–98.
Groce, Nora Ellen (1990): Jeder sprach hier Gebärdensprache. Erblich bedingte Gehörlosigkeit auf der Insel Martha's Vineyard. Hamburg: Signum.
Grunow, Daniela/Evertsson, Marie (2016): Couples' transitions to parenthood: Analysing gender and work in Europe. Cheltenham, UK: Edward Elgar Publishing.
Guéguen, Nicolas/Ciccotti, Serge (2008): Domestic dogs as facilitators in social interaction: an evaluation of helping and courtship behaviors. In: Anthrozoös 21, H. 4, S. 339–349.
Gugutzer, Robert (2015): Soziologie des Körpers. 5. vollständig überarbeitete Auflage Bielefeld: transcript.
Gugutzer, Robert/Holterman, Natascha (2017): Der Dackelblick. Phänomenologie einer besonderen Hund-Mensch-Vergemeinschaftung. In: Burzan, Nicole/Hitzler, Ronald (Hrsg.): Auf den Hund gekommen. Interdisziplinäre Annäherung an ein Verhältnis. Wiesbaden: Springer VS, S. 265–284.
Gumbrecht, Hans Ulrich (2012): Präsenz. 3. Auflage. Frankfurt/M.: Suhrkamp.
Hahn, Alois (2002): Absichtliche Unabsichtlichkeit. In: Sozialer Sinn 1: S. 37–57.
Hall, Edward T. (1959): The Silent Language. Garden City, New York: Doubleday.
Hall, Edward T. (1966): The Hidden Dimension. New York: Anchor Books.
Hannibal, Glenda/Weiss, Astrid (2020): Envisioning social robotics. In: Interaction Studies. Social behaviour and communication in biological and artificial systems, Jg. 21, H. 1, S. 1–6.
Haraway, Donna (2003): The companion species manifest. Dogs, people, and significant otherness. Chicago: Prickly Paradigm Press.
Hart, Lynette/Hart, Benjamin/Bergin, Bonita (1987): Socializing effects of service dogs for people with disabilities. In: Anthrozoös 1, H. 1, S. 41–44.
Hatch, Amos (1987): Impression management in kindergarten classrooms: an analysis of children's face-work in peer interactions. In: Anthropology & Education Quarterly 18, H. 2, S. 100–115.
Hausen, Karin (1976): Die Polarisierung der „Geschlechtscharaktere". Eine Spiegelung der Dissoziation von Erwerbs- und Familienleben. In: Conze, Werner (Hrsg.): Sozialgeschichte der Familie in der Neuzeit Europas. Stuttgart: Klett-Cotta, S. 363–401.
Hays, Sharon (1996): The cultural contradictions of motherhood. New Haven: Yale University Press.
Heimerl, Birgit (2013): Die Ultraschallsprechstunde. Eine Ethnografie pränataldiagnostischer Situationen. Bielefeld: transcript.
Heimerl, Birgit/Hofmann, Peter (2016): Wie konzipieren wir Kinderkriegen? In: Zeitschrift für Soziologie 45, H. 6, S. 410–430.
Heintz, Bettina (1993): Die Herrschaft der Regel. Zur Grundlagengeschichte des Computers. Frankfurt/M. und New York: Campus.
Heintz, Bettina (1995): Papiermaschinen – Die sozialen Voraussetzungen maschineller Intelligenz. In: Rammert, Werner (Hrsg.): Soziologie und künstliche Intelligenz. Produkte und Probleme einer Hochtechnologie. Frankfurt/M. und New York: Campus, S. 37–64.

Heintz, Bettina (2004): Emergenz und Reduktion. Neue Perspektiven auf das Mikro-Makro-Problem. In: Kölner Zeitschrift für Soziologie und Sozialpsychologie 56, H. 1, S. 1–31.
Heintz, Bettina (2007): Soziale und funktionale Differenzierung. Überlegungen zu einer Interaktionstheorie der Weltgesellschaft. In: Soziale Systeme 13, H. 1–2, S. 341–354.
Heintz, Bettina (2014): Die Unverzichtbarkeit von Anwesenheit. Zur weltgesellschaftlichen Bedeutung globaler Interaktionssysteme. In: Heintz, Bettina/Tyrell, Hartmann (Hrsg.): Interaktion – Organisation – Gesellschaft revisited. Sonderheft der Zeitschrift für Soziologie. Stuttgart: Lucius und Lucius, S. 229–250.
Heintz, Bettina (2014): Die Unverzichtbarkeit von Anwesenheit. Zur weltgesellschaftlichen Bedeutung globaler Interaktionssysteme. In: Heintz, Bettina/Tyrell, Hartmann (Hrsg.): Interaktion – Organisation – Gesellschaft revisited: Anwendungen, Erweiterungen, Alternativen. Berlin und Boston: De Gruyter, S. 229–250.
Hillebrandt, Frank (2009): Praxistheorie. In: Kneer, Georg/Schroer, Markus (Hrsg.): Soziologische Theorien. Ein Handbuch. Wiesbaden: VS Verlag, S. 369–394.
Hitzler, Ronald (2018): Professionelle Sichtweisen. Eine Typologie medizinischer Deutungen von Menschen im Wachkoma. In: Burzan, Nicole/Hitzler, Ronald (Hrsg.): Typologische Konstruktionen. Wiesbaden: Springer, S. 181–200.
Hirschauer, Stefan (1999): Die Praxis der Fremdheit und die Minimierung von Anwesenheit. Eine Fahrstuhlfahrt. In: Soziale Welt 50, H. 3, S. 221–246.
Hirschauer, Stefan (2014a): Intersituativität. Teleinteraktionen und Koaktivitäten jenseits von Mikro und Makro. In: Heintz, Bettina/Tyrell, Hartmann (Hrsg): Interaktion – Organisation – Gesellschaft revisited. Zeitschrift für Soziologie, Sonderheft. Stuttgart: Lucius und Lucius, S. 109–133.
Hirschauer, Stefan (2014b): Un/doing Differences. Die Kontingenz sozialer Zugehörigkeiten. In: Zeitschrift für Soziologie 43, H. 3, S. 170–191.
Hirschauer, Stefan (2016): Verhalten, Handeln, Interagieren. Zu den mikrosoziologischen Grundlagen der Praxistheorie. In: Schäfer, Hilmar (Hrsg.): Praxistheorie. Ein soziologisches Forschungsprogramm. Bielefeld: transcript, S. 45–70.
Hirsh-Pasek, Kathy/Treiman, Rebecca (1980): Doggerel: motherese in a new context. In: Journal of Children Language 9, H. 1, S. 229–237.
Höbel, Thomas (2014): Organisierte Plötzlichkeit. Eine prozesssoziologische Erklärung antisymmetrischer Gewaltsituationen. In: Zeitschrift für Soziologie 43, H. 6, S. 441–457.
Holmes, Mary (2006): Love lives at a distance. Distance relationships over the lifecourse. In: Sociological Research Online 11, H. 3, S. 1–11.
Horowitz, Andrea (2011): Theory of mind in dogs? Examining method and concept. In: Learning & Behavior 39, H. 4, S. 314–317.
Horton, Donald/Wohl, Richard (1956): Mass communication and para-social interaction. In: Psychiatry: Interpersonal and biological processes 19 (3), S. 215–229.
Jäckel, Michael (1995): Interaktion. Soziologische Anmerkungen zu einem Begriff. In: Rundfunk und Fernsehen 43, H. 4, S. 463–476.
Jackson, Pat (2012): Situated activities in a dog park. Identity and conflict in human-animal space. In: Society & Animals 20, H. 3, S. 254–272.
Jahraus, Oliver (2012): Psychisches System. In: Jahraus, Oliver/Nassehi, Armin/Grizelj, Mario/Saake, Irmhild/Kirchmeier, Christian/Müller, Julian (Hrsg.): Luhmann-Handbuch. Leben – Werk – Wirkung. Stuttgart, Weimar: J. B. Metzler, S. 111–113.
James, Allison/Jenks, Chris/Prout, Alan (1998): Theorizing childhood. Hoboken, New Jersey: Wiley & Sons Ltd.
Jennings, Nancy/Wartella, Ellen (2013): Digital technology and families. In: Vangelisti, Anita L. (Hrsg.): Routledge handbook of family communication. 2. Auflage. New York, NY: Routledge, S. 448–462.

Johnson, Christopher / Kelch, Jordan / Johnson, Roxanna (2017): Dementia at the end of life and family partners: a symbolic interactionist perspective on communication. In: Behavioral Sciences 7, H. 42. www.mdpi.com/2076-328X/7/3/42 (Abfrage 19.05.2023).

Johnson, Peter (2016): Goffman, growing up, and experienced relationality. In: Symbolic Interaction 39, H. 3, S. 446–462.

Kaminski, Juliane / Pitsch, Andrea / Tomasello, Michael (2013): Dogs steal in the Darl. In: Animal Cognition 16, H. 3, S. 385–394.

Kantor, Jodi / Twohey, Megan (2019): She said. Breaking the sexual harassment story that helped ignite a movement. London: Bloomsbury.

Karrebæk, Martha Sif (2011): It farts: The situated management of social organization in a kindergarten peer group. In: Journal of Pragmatics 43, H. 12, S. 2911–2931.

Kaufmann, Stefan (2009): Handlungstheorie. In: Gertenbach, Lars / Kahlert, Heike / Kaufmann, Stefan / Rosa, Hartmut / Weinbach, Christine (Hrsg.): Soziologische Theorien. Paderborn: Fink (UTB), S. 13–87.

Keller, Reiner (2012): Das Interpretative Paradigma. Eine Einführung. Wiesbaden: Springer VS.

Kieserling, André (1999): Kommunikation unter Anwesenden. Studien über Interaktionssysteme. Frankfurt / M.: Suhrkamp.

Kieserling, André (2012): Legitimation durch Verfahren (1969). In: Jahraus, Oliver / Nassehi, Armin / Grizelj, Mario / Saake, Irmhild / Kirchmeier, Christian / Müller, Julian (Hrsg.): Luhmann Handbuch. Leben – Werk – Wirkung. Stuttgart / Weimar: Metzler, S. 145–150.

Klemperer, Victor (1998): Ich will Zeugnis ablegen bis zum letzten. Tagebücher 1933–1941. Berlin: Aufbau Verlag.

Koh, Jeffrey T.K.V. / Dunstan, Belinda J. / Silvera-Tawil, David / Velonaki, Mari (Hrsg.) (2016): Cultural Robotics. Cham: Springer International Publishing. https://doi.org/10.1007/978-3-319-42945-8 (Abruf 16.06.2023).

Knoblauch, Hubert (2020): Learning to dance: Social Distancing und die Rekonfiguration der Interaktionsordnung. www.sfb1265.de/blog/learning-to-dance-social-distancing-und-die-refiguration-der-interaktionsordnung/(Abfrage: 08.06.2023).

Knoblauch, Hubert / Hitzler, Ronald / Honer, Anne / Reichertz, Jo (2001): Neuer Wein in neuem Schlauch. Zur Umbenennung der ‚Sektion Sprachsoziologie' in ‚Sektion Wissenssoziologie'. In: Rundbrief Nr. 1 der Sektion Wissenssoziologie.

Knorr-Cetina, Karin (1981): Introduction: The micro-sociological challenge of macro-sociology: towards a reconstruction of social theory and methodology. In: Knorr-Cetina, Karin / Cicourel, Aaron V. (Hrsg.): Advances in social theory and methodology. Boston: Routlegde & Kegan Paul, S. 1–47.

Knorr-Cetina, Karin (1988): The micro-social order. Towards a reconception. In: Fielding, Nigel G. (Hrsg.): Actions and structure: research methods and social theory. London: Sage Publications, S. 21–53.

Knorr-Cetina, Karin (2012a): Die synthetische Situation. In: Ayaß, Ruth / Meyer, Christian (Hrsg.): Sozialität in Slow Motion. Theoretische und empirische Perspektiven. Festschrift für Jörg Bergmann. Wiesbaden: VS Verlag, S. 81–109.

Knorr-Cetina, Karin (2012b): Skopische Medien: Am Beispiel der Architektur von Finanzmärkten. In: Krotz, Friedrich / Hepp, Andreas (Hrsg.): Mediatisierte Welten. Wiesbaden: VS Verlag, S. 167–195.

Knorr-Cetina, Karin / Brügger, Urs (2005): Globale Mikrostrukturen der Weltgesellschaft. Die virtuellen Gesellschaften von Finanzmärkten. In: Windolf, Paul (Hrsg.): Finanzkapitalismus. Analysen zum Wandel von Produktionsregimen. Wiesbaden: VS Verlag, S. 145–171.

Kracauer, Siegfried (1977): Das Ornament der Masse. In: Ders.: Das Ornament der Masse. Essays. Frankfurt / M.: Suhrkamp, S. 50–63.

Krähenbühl, Peter (1977): Der Blinde in gemischten sozialen Situationen. Rheinstetten: Schindele-Verlag.

Kramme, Rüdiger / Rammstedt, Angela / Rammstedt, Otthein (Hrsg.) (2001a): Psychologie der Koketterie. In: Ders.: Georg Simmel Gesamtausgabe Band 12: Aufsätze und Abhandlungen 1909–1918, Band 1. Frankfurt/M.: Suhrkamp, S. 37–50.
Kramme, Rüdiger / Rammstedt, Angela / Rammstedt, Otthein (Hrsg.) (2001b): Soziologie der Geselligkeit. In: Ders.: Georg Simmel Gesamtausgabe Band 12: Aufsätze und Abhandlungen 1909–1918, Band 1. Frankfurt/M.: Suhrkamp, S. 177–193.
Kramme, Rüdiger / Rammstedt, Angela / Rammstedt, Otthein (Hrsg.) (1903/1995): Die Großstädte und das Geistesleben. In: Ders.: Georg Simmel Gesamtausgabe Band 7: Aufsätze und Abhandlungen 1901–1908, Band 1. Frankfurt/M.: Suhrkamp, S. 116–131.
Krell, Felix / Wettmann, Nico (2023): Corporeal interactions in VR-chat: situational intensity and body synchronization. In: Symbolic Interaction 46, H. 2, S. 159–181.
Krummheuer, Antonia (2010): Interaktion mit virtuellen Agenten? Zur Aneignung eines ungewohnten Artefakts. Stuttgart: Lucius&Lucius.
Kühl, Stefan (2014): Gruppen, Organisationen, Familien und Bewegungen. Zur Soziologie mitgliedschaftsbasierter Systeme zwischen Interaktion und Gesellschaft. In: Heintz, Bettina / Tyrell, Hartmann (Hrsg): Interaktion – Organisation – Gesellschaft revisited. Sonderheft der Zeitschrift für Soziologie. Stuttgart: Lucius und Lucius, S. 65–85.
Kühl, Stefan (2020): Jeder lacht für sich allein. Zum Unterschied von Interaktion unter Anwesenden und unter Abwesenden. In: Forschung & Lehre 27, H. 5, S. 398–399.
Kühl, Stefan (2021): Mal wieder ein neuer „Turn" in der Gewaltforschung. Zu den Möglichkeiten und Grenzen eines prozesssoziologischen Zugangs zur Gewalt. In: Berliner Journal 31, S. 505–530.
Länger, Carolin (2002): Im Spiegel von Blindheit. Oldenbourg: De Gruyter.
Larsen, Jonas / Urry, John / Axhausen, Kay (2008): Coordinating face-to-face meetings in mobile network societies. In: Information, Communication & Society 11, H. 5, S. 640–658.
Latour, Bruno (1996): On actor-network theory: a few clarifications. In: Soziale Welt 47, H. 4, S. 369–381.
Latour, Bruno (2001): Eine Soziologie ohne Objekt? Anmerkungen zur Interobjektivität. In: Berliner Journal für Soziologie 11, H. 2, S. 237–252.
Latour, Bruno (2006): Über technische Vermittlung. Philosophie, Soziologie, Genealogie. In: Bellinger, Andréa / Krieger, David J. (Hrsg.): ANThology. Ein einführendes Handbuch zur Akteur-Netzwerk-Theorie. Bielefeld: transcript, S. 483–528.
Latour, Bruno (2007): Eine neue Soziologie für eine neue Gesellschaft. Frankfurt/M.: Suhrkamp.
Latour, Bruno (2010): Das Parlament der Dinge. Für eine politische Ökologie. Frankfurt/M.: Suhrkamp.
Lenney, Michael / Sercombe, Howard (2002): ‚Did you see that guy in the wheelchair down the pub?' Interactions across difference in a public place. In: Disability & Society 17, H. 1, S. 5–18.
Lenz, Karl (2016): zur Alltagsmoral der Blicke. In: Hettlage, Robert / Bellebaum, Alfred (Hrsg.): Alltagsmoralen. Die kulturelle Beeinflussung der fünf Sinne. Wiesbaden: Springer VS, S. 85–120.
Levi, Primo (1992): Ist das ein Mensch? Ein autobiographischer Bericht. München: dtv.
Lindemann, Gesa (2002): Die Grenzen des Sozialen. Zur sozio-technischen Konstruktion von Leben und Tod in der Intensivmedizin. München: Wilhelm Fink Verlag.
Lindemann, Gesa (2009): Das Soziale von seinen Grenzen her denken. Weilerswist: Velbrück.
Lindemann, Gesa / Barth, Jonas (2020): Gewalt in der stationären Pflege. Zum Akteurstatus von Menschen mit Demenz. In: Reichertz, Jo (Hrsg.): Grenzen der Kommunikation. Kommunikation an den Grenzen. Weilerswist: Velbrück, S. 271–286.
Ling, Richard (1997): „One can talk about common manners!": The use of mobile telephones in inappropriate situations. In: Haddon, Leslie (Hrsg.): Themes in mobile telephony. Final report of the COST 248 Home and Work group. Stockholm.
Ling, Richard (2012): Taken for grantedness: The embedding of mobile communication into society. Cambridge, MA: MIT Press.

Louis, Édouard (2017): Im Herzen der Gewalt. Frankfurt/M.: Fischer Verlag.
Löw, Martina/Ruhne, Renate (2011): Prostitution. Herstellungsweisen einer anderen Welt. Berlin: Suhrkamp.
Luckmann, Thomas (1980): Über die Grenzen der Sozialwelt. In: Ders.: Lebenswelt und Gesellschaft. Paderborn u. a.: Schöningh, S. 56–92.
Luckmann, Thomas (1983): Das Gespräch und eine soziologische Theorie kommunikativer Gattungen. Vortrag im Fachgruppenkolloquium am 22.06.1983 (unveröffentlichtes Manuskript).
Luff, Paul/Heath, Christian/Yamashita, Naomi/Kuzuoka, Hideaki/Jirotka, Marina (2016): Embedded reference: translocating gestures in video-mediated interaction. In: Research on Language an Social Interaction 49, H. 4, S. 342–361.
Luhmann, Niklas (1964/1999): Funktionen und Folgen formaler Organisationen. 5. Auflage. Berlin: Duncker & Humblot.
Luhmann, Niklas (1972): Einfache Sozialsysteme. In: Zeitschrift für Soziologie 1, H. 1, S. 51–65.
Luhmann, Niklas (1975/2005): Interaktion, Organisation und Gesellschaft. In: Ders: Soziologische Aufklärung 2. Aufsätze zur Theorie der Gesellschaft. 5. Auflage. Wiesbaden: Springer VS, S. 9–24.
Luhmann, Niklas (1979): Schematismen der Interaktion. In: Kölner Zeitschrift für Soziologie und Sozialpsychologie 31, H. 2, S. 237–255.
Luhmann, Niklas (1987): Soziale Systeme. Grundriss einer allgemeinen Theorie. Frankfurt/M.: Suhrkamp.
Luhmann, Niklas (1991): Die Form „Person". In: Soziale Welt 42, H. 2, S. 166–175.
Luhmann, Niklas (1997): Die Gesellschaft der Gesellschaft. Frankfurt/M.: Suhrkamp.
Luhmann, Niklas (1998): Die Gesellschaft der Gesellschaft. Band 1. Frankfurt/M.: Suhrkamp.
Luhmann, Niklas (2014): Vertrauen. 4. Auflage. Konstanz: UVK Verlag.
Macay, Robert W. (1975): Conceptions of children and models of socialization. In: Turner, Roy (Hrsg.): Ethnomethodology: selected readings. Harmondsworth: Penguin.
Malsch, Thomas (2005): Kommunikationsanschlüsse. Zur soziologischen Differenz von realer und künstlicher Sozialität. Wiesbaden: VS Verlag.
Mayntz, Renate (2009): Sozialwissenschaftliche Erkenntnisinteressen und Erkenntnismöglichkeiten: Eine Einführung. In: Dies.: Sozialwissenschaftliches Erklären. Probleme der Theoriebildung und Methodologie. Frankfurt/M. und New York: Campus, S. 7–36.
Mayntz, Renate (2009): Sozialwissenschaftliches Erklären. Probleme der Theoriebildung und Methodologie. Frankfurt/M. und New York: Campus.
McClelland, David (1961): The achieving society. New York: Free Press.
Mead, George H. (1934/1973): Geist, Identität und Gesellschaft. Frankfurt/M.: Suhrkamp.
Mechling, Jay (1989): 'Banana cannon' and other folk traditions between human and non-human animals. In: Western Folklore 48, H. 4, S. 312–323.
Menchik, Daniel A./Tian, Xialoli (2008): Putting social context into text: the semiotics of e-mail interaction. In: American Journal of Sociology 114, H. 2, S. 332–370.
Meyer, Christian (2014): „Metaphysik der Anwesenheit". Zur Universalitätsfähigkeit soziologischer Interaktionsbegriffe. In: Heintz, Bettina/Tyrell, Hartmann (Hrsg.): Interaktion – Organisation – Gesellschaft revisited. Sonderheft der Zeitschrift für Soziologie. Stuttgart: Lucius und Lucius, S. 321–345.
Meyer, Christian (2014): Menschen mit Demenz als Interaktionspartner. Eine Auswertung empirischer Studien vor dem Hintergrund eines dimensionalisierten Interaktionsbegriffs. In: Zeitschrift für Soziologie 43, H. 2, S. 95–112.
Meyer, Christian (2016): Interaktionskrisen oder anthropologische Normalität? Über liminale Interaktionen im 21. Jahrhundert. In: Österreichische Zeitschrift für Soziologie 41, H. 1, S. 75–95.
Meyrowitz, Joshua (1985): No sense of place. The impact of electronic media on social behaviour. Oxford: Oxford University Press.

Meyrowitz, Joshua (1990): Redefining the situation: Extending dramaturgy into a theory of social change and media effects. In: Riggins, Stephen Harold (Hrsg.): Beyond Goffman: studies on communication, institution, and social interaction. Berlin und New York: De Gruyter, S. 65–96.

Miao, Fred/Kozlenkova, Irina V./Wang, Haizhong/Xie, Tao/Palmatier, Robert W. (2022): An emerging theory of avatar marketing. In: Journal of Marketing 86, 1, S. 67–90.

Misra, Shalini/Cheng, Lulu/Genevie, Jamie/Yuan, Miao (2016): The iPhone effect: the quality of in-person social interactions in the presence of mobile devices. In: Environment and Behavior 48, H. 2, S. 275–298.

Mitchell, Robert W. (2001): American's talk to dogs: similarities and differences with talk to infants. In: Research on Language and Social Interaction 34, H. 2, S. 183–210.

Mitchell, Robert W./Hamm, Mark (1997): The interpretation of animal psychology. Anthropomorphism or behavior reading. In: Behaviour 134, H. 3/4, S. 173–204.

Mollenhauer, Rafael/Meier zu Verl, Christian (Hrsg.) (2023): Interaktion und Kommunikation im Alter. Weilerswist: Velbrück.

Mondada, Lorenza/Bänninger, Julia/Bouaouina, Sofian A./Camus, Laurent/Gauthier, Guillaume/Hänggi, Philipp/Koda, Mizuki/Svensson, Hanna/Tekin, Burak S. (2020): Human sociality in the times of the COVID-19 pandemic: A systematic examination of change in greetings. In: Journal of Sociolinguistics 24, H. 4, S. 441–468.

Moore, Robert J./Ducheneaut, Nicolas/Nickell, Eric (2006): Doing virtually nothing: awareness and accountability in massively Multiplayer online Worlds. In: Computer Supported Cooperative Work 16, H. 3, S. 265–305.

Muhle, Florian (2018): Sozialität von und mit Robotern? Drei soziologische Antworten und eine kommunikationstheoretische Alternative. In: Zeitschrift für Soziologie 47, H. 3, S. 147–163.

Muhle, Florian (2023): Soziale Robotik aus Perspektive der Sozialwissenschaften – Zur Einführung. In: Ders. (Hrsg.): Soziale Robotik. Eine sozialwissenschaftliche Einführung. Berlin und Boston: De Gruyter, S. 1–10.

Mülder-Bach, Inka (2004): Die „Feuerprobe der Wahrheit". Fall-Studien zur weiblichen Ohnmacht. www.goethezeitportal.de/db/wiss/epoche/muelder-bach_ohnmacht.pdf (Abfrage: 02.08.2022).

Müller, Fernanda (2021): I cry, therefore I am: an anthropological study of babies' interactions. In: Learning, Culture and Social Interaction 31, H. 3. https://www.sciencedirect.com/science/article/abs/pii/S2210656121000738 (Abruf: 08.06.2023).

Müller, Marion (2009): Fußball als Paradoxon der Moderne: Historische und ethnographische Analysen zur Bedeutung ethnischer, nationaler und geschlechtlicher Differenzen im Profifußball. Wiesbaden: VS Verlag.

Müller, Marion (2014): Kopräsenz und Körperlichkeit im Sport. Zum Verhältnis von face-to-face-Interaktion und sozialer Praxis am Beispiel des Fußballspiels. In: Heintz, Bettina/Tyrell, Hartmann (Hrsg.): Interaktion – Organisation – Gesellschaft revisited. Sonderheft der Zeitschrift für Soziologie. Stuttgart: Lucius und Lucius, S. 346–368.

Müller, Marion (2016): Interaktion als soziologischer Grundbegriff. In: Raab, Jürgen/Keller, Reiner (Hrsg.): Wissensforschung – Forschungswissen. Beiträge und Debatten zum 1. Sektionskongress der Wissenssoziologie. Weinheim: Beltz Juventa, S. 332–343.

Müller, Marion/Zillien, Nicole (2016): Das Rätsel der Retraditionalisierung familialer Arbeitsteilung – Zur Verweiblichung von Elternschaft in Geburtsvorbereitungskursen. In: Kölner Zeitschrift für Soziologie und Sozialpsychologie 68, H. 3, S. 409–433.

Müller, Thomas (2007): Baby-TV statt Gute-Nacht-Geschichten? Hirnforscher sind davon nicht begeistert. In: ÄrzteZeitung vom 29.11.2007. https://www.aerztezeitung.de/Medizin/Baby-TV-statt-Gute-Nacht-Geschichten-Hirnforscher-sind-davon-nicht-begeistert-400311.html (Abfrage 08.06.2023).

Muster, Judith (2013): Welchen kommunikativen Stellenwert haben Haustiere? Eine kommunikationssoziologische Betrachtung der Mensch-Tier-Beziehung. In: Pfau-Effinger, Birgit/Buschka, Sonja (Hrsg.): Gesellschaft und Tiere. Soziologische Analysen zu einem ambivalenten Verhältnis. Wiesbaden: Springer VS, S. 165–192.

Mutlu, Bilge/Shiwa, Toshiyuki/Kanda, Takayuki/Ishiguro, Hiroshi/Hagita, Norihiro (2009): Footing in human-robot conversations: how robots might shape participant roles using gaze cues. In: HRI '09: Proceedings of the 4th ACM/IEEE international conference on Human robot interaction, S. 61–68.

Nazarkiewicz, Kirsten (1999): Die Reflexivität der Stereotypenkommunikation. In: Bergmann, Jörg/Luckmann, Thomas (Hrsg.): Kommunikative Konstruktion von Moral, Band 1: Struktur und Dynamik der Formen moralischer Kommunikation. Wiesbaden: Westdeutscher Verlag, S. 352–380.

Neckel, Sighard (1991): Status und Scham. Zur symbolischen Reproduktion sozialer Ungleichheit. Frankfurt/M.: Campus.

Neuberger, Christoph (2007): Interaktivität, Interaktion, Internet. Eine Begriffsanalyse. In: Publizistik 52, H. 1, S. 33–50.

Nielsen, Michael F. (2014): Not meeting your eyes. Skype and the gaze of family and friendship conference. Microsoft Research Lab. Cambridge.

Nielsen, Michael F. (2019): Adjusting or verbalizing visuals in ICT mediated professional encouners. In: Day, Dennis/Wagner, Johannes (Hrsg.): Objects, bodies and work practices. Bristol: Multilingual Matters, S. 191–215.

Nietzsche, Friedrich (1886/2013): Jenseits von Gut und Böse. Vorspiel einer Philosophie der Zukunft. Berliner Ausgabe. Edition Holzinger. CreateSpace Independent Publishing Platform, Scotts Valley, California.

Nowak, Kristine L./Fox, Jesse (2018): Avatars and computer-mediated communication: a review of the definitions, uses, and effects of digital representations. In: Review of Communication Research 6, S. 30–53.

Oevermann, Ulrich (1996): Theoretische Skizze einer revidierten Theorie professionalisierten Handelns. In: Combe, Arno/Helsper, Werner (Hrsg.): Pädagogische Professionalität. Untersuchungen zum Typus pädagogischen Handelns. Frankfurt/M.: Suhrkamp, S. 70–182.

Olien, Jessie L./Rogelberg, Steven G./Lehmann-Willenbrock, Nale/Allen, Joseph A. (2015): Exploring meeting sciece: key questions and answers. In: Allen, Joseph A./Lehmann-Willenbrock, Nale/Rogelberg, Steven G. (Hrsg.): The Cambridge handbook of meeting science. Cambridge: Cambrdige University Press, S. 12–19.

Omarov, Batyrkhan/Narynov, Sergazi/Zhumanov, Zhandos (2023): Artificial intelligence-enabled chatbots in mental health: a systematic review. In: Computers, Materials & Continua, Jg. 74, H. 3, S. 5105–5122.

Opitz, Sven (2020): Luftsicherheitszonen. Atmosphären des Selbst in Zeiten von COVID-19. In: Volkmer, Michael/Werner, Karin (Hrsg.): Die Corona-Gesellschaft. Analysen zur Lage und Perspektiven für die Zukunft. Bielefeld: transcript, S. 125–134.

Opp, Karl-Dieter (2014): Methodologie der Sozialwissenschaften. Einführung in Probleme ihrer Theorienbildung und praktischen Anwendung. 7. Auflage. Wiesbaden. Springer VS.

Ott, Marion (2011): Der (in-)kompetente Kinderkörper. Performanz und Produktion von Körperwissen in entwicklungsdiagnostischen Praktiken. In: Keller, Reiner/Meuser, Michael (Hrsg.): Körperwissen. Wiesbaden: VS, S. 229–248.

Parsons, Talcott (1937/1968): The structure of social action. Band 2. New York: The Free Press.

Parsons, Talcott (1957): Towards a general theory of action. Cambridge: Harvard University Press.

Petzke, Martin (2014): Religion im Schema von Interaktion, Organisation und Weltgesellschaft. Der Fall des pfingstlich-evangelikalen Christentums. In: Zeitschrift für Soziologie 43, Sonderheft, S. 294–317.

Pika, Simone / Sima, Miriam Jennifer / Blum, Christian R. / Herrmann, Esther / Mundry, Roger (2020): Ravens parallel great apes in physical and social cognitive skills. In: Scientific Report 10, H. 1, Artikel 20617.
Plessner, Helmuth (1975): Die Stufen des Organischen und der Mensch. Berlin / New York: De Gruyter.
Popitz, Heinrich (1976): Prozesse der Machtbildung. 3. unveränderte Auflage. Tübingen: Mohr Siebeck.
Prokop, Pavol / Fančovičová, Jana (2016): Mothers are less disgust sensitive than childless females. In: Personality and Individual Differences 96, S. 65–69.
Raab, Jürgen (2022): Frame analysis. An essay on the organization of experience. In: Lenz, Karl / Hettlage, Robert (Hrsg.): Goffman Handbuch. Leben – Werk – Wirkung. Berlin: J. B. Metzler, S. 331–338.
Rammert, Werner / Schulz-Schaeffer, Ingo (Hrsg.) (2002): Können Maschinen handeln? Soziologische Beiträge zum Verhältnis von Mensch und Technik. Frankfurt / M. und New York: Campus.
Rammstedt, Otthein (Hrsg.) (1992): Georg Simmel Gesamtausgabe Band 11: Soziologie: Untersuchungen über die Formen der Vergesellschaftung. Frankfurt / M.: Suhrkamp.
Rasmussen, Gitte / Dalby Kristiansen, Elisabeth / Muth Andersen, Elisabeth (2019): Working out availability, unavailability and awayness in social face-to-face encounters: The case of dementia. In: Discourse Studies 21, H. 3, S. 258–279.
Rastetter, Daniela (1994): Sexualität und Herrschaft in Organisationen: eine geschlechtervergleichende Analyse. Wiesbaden: Springer VS.
Reckwitz, Andreas (2003): Grundelemente einer Theorie sozialer Praktiken. Eine sozialtheoretische Perspektive. In: Zeitschrift für Soziologie 32, H. 4, S. 282–301.
Reeves, Stuart / Porcherin, Martin / Fischer, Joel (2018): "This is not what we wanted": Designing for conversation with voice interfaces. In: Interactions 26, H. 1, S. 46–51.
Rettie, Ruth (2009): Mobile phone communication: Extending Goffman to mediated interaction. In: Sociology 43, H. 3, S. 421–438.
Richardson, Samuel (1740/2008): Pamela: Or virtue rewarded. Oxford and New York: Oxford University Press.
Rieger, Stefan / Schäfer, Armin / Tuschling, Anna (2021): Virtuelle Lebenswelten: Zur Einführung. In: Rieger, Stefan / Schäfer, Armin / Tuschling, Anna (Hrsg.): Virtuelle Lebenswelten. Oldenbourg: De Gruyter, S. 1–10.
Riesman, David (1966): Geselligkeit, Zwanglosigkeit, Egalität. In: Ders.: Wohlstand wofür? Frankfurt / M.: Suhrkamp, S. 115–149.
Robins, Douglas M. / Sanders, Clinton R. / Spencer, Cahill E. (1991): Dogs and their people. Pet-facilitated interaction in a public setting. In: Journal of Contemporary Ethnography 20, H. 1, S. 3–25.
Rogers, John / Hart, Lynette A. / Boltz, Ronald P. (1993): The role of pet dogs in casual conversations of elderly adults. In: The Journal of Social Psychology 133, H. 3, S. 265–277.
Röhl, Tobias (2017): Wohlwollende Zuhörer. Lesehunde in Schulen als Quasi-Akteure. In: Burzan, Nicole / Hitzler, Ronald (Hrsg.): Auf den Hund gekommen. Interdisziplinäre Annäherung an ein Verhältnis. Wiesbaden: Springer VS, S. 121–138.
Rosenbaum, Laura / Refaeli, Sheizaf / Kurzon, Dennis (2016): Blurring the boundaries between domestic and digital spheres. In: Pragmatics. Quarterly Publication of the International Pragmatics Association (IPrA) 26, S. 291–304.
Roth, Philip / Laut, Christina (2023): Die Geteiltheit virtueller Situationen. In: Zeitschrift für Soziologie 52, H. 1, S. 105–121.
Sabat, Steven R. / Cagigas, Xavier E. (1997): Extralinguistic communication compensates for the loss of verbal fluency: a case study of Alzheimer's disease. In: Language and Communication 17, H. 4, S. 341–351.

Sacks, Harvey (1992): Lectures on conversation. Oxford: Blackwell.
Sacks, Oliver (1990): Der Mann, der seine Frau mit einem Hut verwechselte. Reinbek: Rowohlt.
Saerberg, Siegfried (2007): Über die Differenz des Geradeaus. Alltagsinszenierungen von Blindheit. In: Waldschmidt, Anne / Schneider, Werner (Hrsg.): Disability Studies, Kultursoziologie und Soziologie der Behinderung. Erkundungen in einem neuen Forschungsfeld. Bielefeld: transcript, S. 201–223.
Samson, Jacques Ghoul (2022): Challenging the asymmetry of online interactions between humans and avatars in an online video game space: a unique example of relative independence and autonomy. In: Hybrid 9. https://journals.openedition.org/hybrid/2539 (Abruf 16.06.2023).
Sanders, Clinton R. (1990): Excusing tactics: social responses to the public misbehavior of companion animals. In: Anthrozoös 4, H. 2, S. 82–90.
Sanders, Clinton R. (1999): Understanding dogs. Living and working with canine companions. Philadelphia: Temple University Press.
Sanders, Clinton R. (2003): Actions speak louder than words: close relationships between humans and nonhuman animals. In: Symbolic Interaction 26, H. 3, S. 405–426.
Schatzki, Theodore R. (1996): Social practices: a Wittgensteinian approach to human activity and the social. Cambridge: Cambridge University Press.
Schatzki, Theodore R. (2001): Introduction practice theory. In: Schatzki, Theodore R. / Knorr-Cetina, Karin / Savigny, Eike von (Hrsg.): The practice turn in contemporary theory. London: Routledge, S. 1–14.
Scheffer, Thomas / Schmidt, Robert (2019): Für eine multiparadigmatische Soziologie in Zeiten existentieller Probleme. In: Soziologie 48, H. 2, S. 153–173.
Schegloff, Emanuel A. (1968): Sequencing in conversational openings. In: American Anthropologist 70, H. 6, S. 1075–1095.
Schimank, Uwe (2000): Handeln und Strukturen. Einführung in die akteurtheoretische Soziologie. Weinheim und München: Juventa.
Schlögel, Karl (2017): Das sowjetische Jahrhundert. Archäologie einer untergegangenen Welt. München: C. H. Beck.
Schlögl, Rudolf (2008): Kommunikation und Vergesellschaftung unter Anwesenden. Formen des Sozialen und ihre Transformation in der Frühen Neuzeit. In: Geschichte und Gesellschaft 34, H. 2, S. 155–224.
Schmidt, Robert (2012): Soziologie der Praktiken. Konzeptionelle Studien und empirische Analysen. Frankfurt / M.: Suhrkamp.
Schoeck, Helmut (1969): Kleines Soziologisches Wörterbuch. Freiburg u. a.: Herder.
Schroeder, Ralph (Hrsg.) (2002a): The social life of avatars. Presence and interaction in shared virtual environments. London: Springer.
Schroeder, Ralph (2002b): Social interaction in virtual environments: key issues, common themes, and a framework for research. In: Ders. (Hrsg.): The social life of avatars. Presence and interaction in shared virtual environments. London: Springer, S. 1–18.
Schultz, Tanjev (2001): Mediatisierte Verständigung. In: Zeitschrift für Soziologie 30, H. 2, S. 85–102.
Schulz, Miklas (2020): Doing Identity im Spannungsfeld von Dis- / Ability. Ein (Macht-)Spiel um Deutungsweisen in Interaktionen. In: Leontiy, Halyna / Schulz, Miklas (Hrsg.): Ethnographie und Diversität. Wissensproduktion an den Grenzen und die Grenzen der Wissensproduktion. Wiesbaden: Springer VS, S. 395–416.
Schulz-Schaeffer, Ingo (2014): Atomismus versus Holismus: Wie entsteht das Soziale? In: Lamla, Jörn / Laux, Henning / Rosa, Hartmut / Strecker, David (Hrsg.): Handbuch der Soziologie. Konstanz / München: UTB, S. 99–114.
Schürmann, Thomas (1994): Tisch- und Grußsitten im Zivilisationsprozess. Münster: Waxmann.
Schütz, Alfred (1971): Gesammelte Aufsätze I. Das Problem der sozialen Wirklichkeit. Den Haag: Martinus Nijhoff.

Schütz, Alfred (1972): Über die mannigfaltigen Wirklichkeiten. In: Ders.: Gesammelte Aufsätze I. Das Problem der sozialen Wirklichkeit. Den Haag: Martinus Nijhoff, S. 237–298.
Schütz, Alfred / Luckmann, Thomas (2003): Strukturen der Lebenswelt. Weinheim: UVK Verlag.
Schütze, Fritz (1975): Sprache soziologisch gesehen. Band 2. München: Fink.
Schützeichel, Rainer (2004): Soziologische Kommunikationstheorien. Konstanz: UVK Verlag.
Schwartzman, Helen (1989): The meeting: gathering in organizations and communities. New York: Plenum.
Shakespeare, Pamela (1998): Aspects of confused speech: A study of verbal interaction between confused and normal speakers. Mahwah, NJ: Lawrence Erlbaum Associates.
Simmel, Georg (1903/1995): Die Großstädte und das Geistesleben. In: Ders.: Aufsätze und Abhandlungen 1901–1908. Band I. Frankfurt / M.: Suhrkamp, S. 116–131.
Simmel, Georg (1908a/1992): Soziologie. Untersuchungen über die Formen der Vergesellschaftung. Frankfurt / M.: Suhrkamp.
Simmel, Georg (1908b/1992): Exkurs über die Soziologie der Sinne. In: Ders.: Soziologie. Untersuchungen über die Formen der Vergesellschaftung. Frankfurt / M.: Suhrkamp, S. 722–742.
Simmel, Georg (1909/2001a): Psychologie der Koketterie. In: Ders.: Aufsätze und Abhandlungen 1909–1918, Band I. Gesamtausgabe Band 12. Frankfurt / M.: Suhrkamp, S. 37–50.
Simmel, Georg (1910/2001b): Soziologie der Geselligkeit. In: Ders.: Aufsätze und Abhandlungen 1909–1918, Band I. Gesamtausgabe Band 12. Frankfurt / M.: Suhrkamp, S. 177–193.
Sorokin, Vladimir (1999): Die Schlange. Frankfurt / M.: Fischer Verlag.
Speier, Matthew (1976): The child as conversationalist: some culture contact features of conversational interactions between adults and children. In: Hammersley, Martyn / Woods, Peter (Hrsg.): The Process of Schooling: A Sociological Reader. London: Routledge & Kegan Paul, S. 98–103.
Stallones, Lorann / Marx, Martin B. / Garrity, Thomas F. / Johnson, Timothy P. (1988): Attachment to companion animals among elder pet owners. In: Anthrozoös 2, H. 2, S. 118–124.
Standaert, Willem / Muylle, Steve / Basu, Amit (2022): Business meetings in a postpandemic world: When and how to meet virtually. In: Business Horizons 65, H. 3, S. 267–275.
Stichweh, Rudolf (1996): Professionen in einer funktional differenzierten Gesellschaft. In: Combe, Arno / Helsper, Werner (Hrsg.): Pädagogische Professionalität. Untersuchungen zum Typus pädagogischen Handelns. Frankfurt / M.: Suhrkamp, S. 49–69.
Stollberg-Rilinger, Barbara (2008): Des Kaisers alte Kleider. Verfassungsgeschichte und Symbolsprache des Alten Reiches. München: Beck.
Stollberg-Rilinger, Barbara (2019): Rituale. 2. Aktualisierte Auflage. Frankfurt / M. und New York: Campus.
Straub, Ilona (2016): 'It looks like a human!' The interrelation of social presence, interaction and agency ascription: a case study about the effects of an android robot on social agency ascription. In: AI & Society 31, H. 4, S. 553–571.
Strübing, Jörg (2005): Pragmatistische Wissenschafts- und Technikforschung. Theorie und Methode. Frankfurt / M. und New York: Campus.
Sutter, Tilman (1999): Medienkommunikation als Interaktion? Über den Aufklärungsbedarf eines spannungsreichen Problemfelds. In: Publizistik 44, H. 3, S. 288–300.
Tannen, Deborah (2004): Talking the dog: framing pets as interactional resources in family discourse. In: Research on Language and Social Interaction 37, H. 4, S. 399–420.
Taylor, T.L. (2002): Living digitally: embodiment in virtual worlds. In: Schroeder, Ralph (Hrsg.): The Social life of avatars. Presence and interaction in shared virtual environments. London: Springer VS, S. 40–62.
Temerlin, Maurice K. (1975): Lucy: growing up human. A chimpanzee daughter in a psychotherapist's family. Michigan: Science and Behavior Books.
Thompson, John B. (2020): Mediated interaction in the digital age. In: Theory, Culture & Society 37, H. 1, S. 3–28.

Thorne, Barrie (1987): Re-Visioning women and social change: Where are the children? In: Gender & Society 1, H. 1, S. 85–109.
Tirschmann, Felix (2020): Kommunikation mit Kommunikationslosen. In: Reichertz, Jo (Hrsg.): Grenzen der Kommunikation. Kommunikation an den Grenzen. Weilerswist: Velbrück, S. 255–270.
Tomasello, Michael (2008): Origins of human communication. Cambridge und London: The MIT Press.
Torres Cajo, Sarah (2016): Mensch-Tier-Interaktion als soziale Praxis – Eine gesprächsanalytische Betrachtung von Adressierungsverhalten in Gassigesprächen. In: Arens, Katja/Torres Cajo, Sarah (Hrsg.): Sprache und soziale Ordnung. Studentische Beiträge zu sozialen Praktiken in der Interaktion. Münster: Mosenstein und Vannerdat, S. 57–78.
Turkle, Sherry (1984): Die Wunschmaschine. Vom Entstehen der Computerkultur. Reinbek bei Hamburg: Rowohlt.
Turkle, Sherry (1996): Parallel lives: working on identity in virtual space. In: Grodin, Debra/Lindlof, Thomas R. (Hrsg.): Constructing the self in a mediated world. Thousand Oaks: Sage Publications, S. 156–175.
Turkle, Sherry (1998): Leben im Netz – Identität in Zeiten des Internets. Reinbek bei Hamburg: Rowohlt.
Turkle, Sherry (2015): Reclaiming conversation: The power of talk in a digital age. London: Penguin Press.
Turner, Ralph H. (1962): Role-taking: Process versus conformity. In: Arnold, Rose (Hrsg.): Human behavior and social processes. London: Routledge, S. 20–40.
Tyrell, Hartmann (1976): Konflikt als Interaktion. In: Zeitschrift für Soziologie 28, H. 2, S. 255–271.
Tyrell, Hartmann (1983): Zwischen Interaktion und Organisation: Gruppe als Systemtyp. In: Neidhardt, Friedhelm (Hrsg.): Gruppensoziologie. Perspektiven und Materialien. Kölner Zeitschrift für Soziologie und Sozialpsychologie, Sonderheft 25. Opladen: Westdeutscher Verlag, S. 75–87.
Uhlig, Anne C. (2012): Ethnographie der Gehörlosen. Kultur – Kommunikation – Gemeinschaft. Bielefeld: transcript.
Urry, John (2002): Mobility and Proximity. In: Sociology 36, H. 2, S. 255–274.
Urry, John (2007): Mobilities. Cambridge: Polity Press.
Wacquant, Loïc J. D. (2003): Leben für den Ring. Boxen im amerikanischen Ghetto. Konstanz: UVK Verlag.
Waldschmidt, Anne (2008): „Wir Normalen" – „die Behinderten"?: Erving Goffman meets Michel Foucault. In: Rehberg, Karl-Siegbert (Hrsg.): Die Natur der Gesellschaft: Verhandlungen des 33. Kongresses der Deutschen Gesellschaft für Soziologie in Kassel 2006. Teilband 1–2. Frankfurt/M.: Campus, S. 5799–5809.
Walker, Taylor (2020): "Alexa, are you a feminist?": Virtual assistants doing gender and what that means for the world. In: The iJournal: Graduate student journal of the faculty of information 6, H. 1, S. 1–16.
Walsh, Michael James/Clark, Shannon Jay (2018): Co-present conversations as "socialized trance": talk, involvement obligations, and smart-phone disruption. In: Symbolic Interaction 42, H. 1, S. 6–26.
Weber, Max (1921/1980): Wirtschaft und Gesellschaft: Grundriss der verstehenden Soziologie. 5. überarbeitete Auflage. Tübingen: Mohr.
Weizenbaum, Joseph (1966): ELIZA – A computer program for the study of natural language communication between man and machine. Reprinted in: Communications of the ACM 9, H. 1, S. 36–45.
Wiedenmann, Rainer E. (2011): Gesellschaftliche Differenzierung und moralische Widersprüche in Mensch-Tier-Beziehungen: ein soziologischer Abriss. In: TIERethik 3, H. 3, S. 66–85.

Wiedenmann, Rainer E. (2019): Interaktion – (Inter-)Agency: Probleme einer konzeptuellen Einhegung humanimalischer Sozialität. Komplexe Dynamiken globaler und lokaler Entwicklungen. Verhandlungen des 39. Kongresses der Deutschen Gesellschaft für Soziologie in Göttingen 2018. publikationen.soziologie.de/index.php/kongressband_2018/article/view/1170/1253 (Abfrage 19.05.2023).

Wieder, D. Lawrence (1980): Behavioristic operationalism and the life-world: chimpanzees and chimpanzee researchers in face-to-face interaction. In: Sociological Inquiry 50, H. 3–4, S. 75–103.

Wilson, Thomas P. (1970/1974): Normative and interpretive paradigms in sociology. In: Douglas, Jack D. (Hrsg.): Understanding everyday life. Toward the reconstruction of sociological knowledge. Chicago: Aldine, S. 57–79.

Woodward, Matthew (2022): Zoom user statistics: How many people use Zoom in 2022? www.matthewwoodward.co.uk/work/zoom-user-statistics/(Abfrage: 20.11.2022).

Wootton, Anthony J. (1997): Interaction and the development of mind. Cambridge, U.K.: Cambridge University Press.

Worboys, Michael / Strange, Julie-Marie / Pemberton, Neil (2018): The invention of the modern dog. Breed and blood in Victorian Britain. Baltimore: Johns Hopkins University Press.

Yates, Richard (2008): Zeiten des Aufruhrs. Übersetzung von Hans Wolf. München: dtv.

Yong, Ed (2022): Die erstaunlichen Sinne der Tiere. Erkundungen einer unermesslichen Welt. München: Kunstmann.

Zentralverband Zoologischer Fachbetriebe (ZZF) (2023): Der deutsche Heimtiermarkt. Struktur & Umsatzdaten 2021. www.zzf.de/marktdaten/heimtiere-in-deutschland (Abfrage 19.05.2023).